日商簿記 1級

合格のための ステップアップ問題集
応用力アップ↗

工簿・原計

資格の大原

大原出版

まえがき

　簿記を経理担当者だけが必要とする知識と考えている方が多くいます。しかし、昨今のきびしい経済状況を考えると、企業の経営状態を数値化し、客観的に示すことのできる簿記の技術を身に付けることはビジネスマンにとって必須です。

　簿記を学ぶことによって、企業の採算性、コスト管理、さらには、資金繰りといった企業の運営にとって必要な知識を身に付けることができます。また、これを基に、企業が将来進むべき方向性も明確になります。

　この簿記の知識を身に付けるため、日本商工会議所が主催する簿記検定試験（通称、日商簿記検定）にチャレンジすることはたいへん有意義なことです。

　本書は日商簿記検定1級に合格するための実力を養成することを主眼に作成しました。本書をフルに活用し、本試験問題を確実に解答できる力を身に付けてください。

　本書を学習された皆さんが合格することを心よりお祈り申し上げます。

資格の大原 簿記講座

本書の特長

解答・解説には

迷った時や、より解答を導きやすくするための「解答へのアプローチ」を掲載！

図解を多数掲載

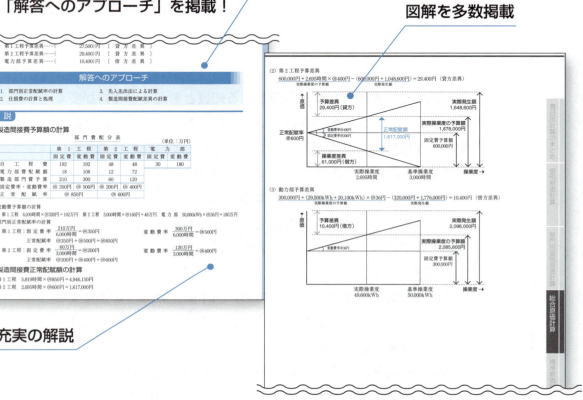

充実の解説

解答用紙が

抜き取り方式になっており、学習の際に便利です！

学習の状況をチェック！

解答の正誤などを常にチェックすることにより、苦手科目や重点的に復習すべき所を把握できます。

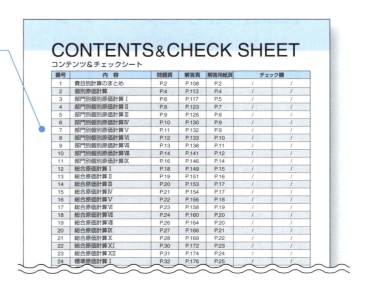

★関連法規改正にいち早く対応

関連法規改正にいち早く対応しています。近年の日本の会計は、頻繁に改正が行われています。それに伴い、現在の会計に沿う内容に修正しておりますので、現行法令等に沿った内容で解答することができます。

本書の利用方法

1 出題傾向をチェック

日商簿記1級の出題傾向を掲載しています。問題を解く前に一度ご確認ください。

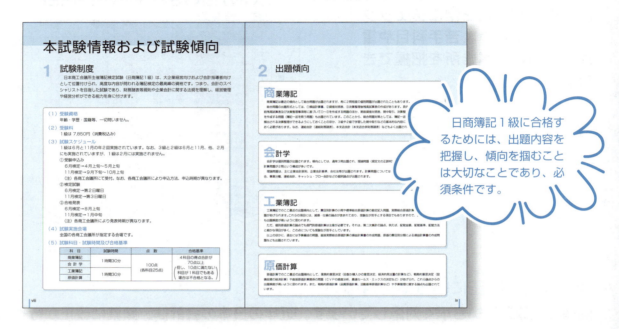

2 問題を解く

3 解答の確認

解答後は、必ず、解答・解説を確認し、結果をチェックシートに記入して下さい。

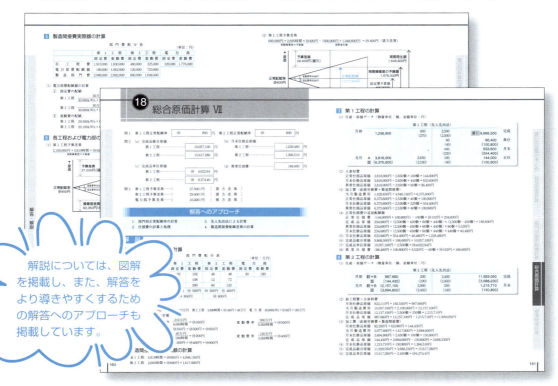

解説については、図解を掲載し、また、解答をより導きやすくするための解答へのアプローチも掲載しています。

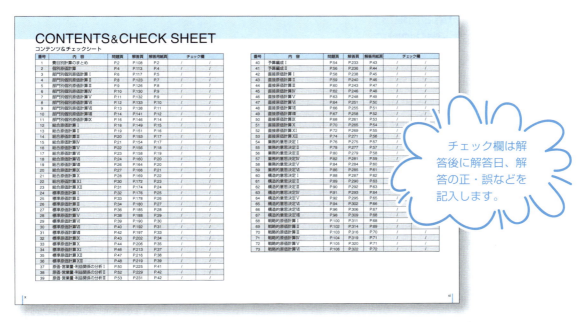

チェック欄は解答後に解答日、解答の正・誤などを記入します。

本試験情報および試験傾向

1 試験制度

　日本商工会議所主催簿記検定試験（日商簿記1級）は、大企業経営向けおよび会計指導者向けとして位置付けられ、高度な内容が問われる簿記検定の最高峰の資格です。つまり、会計のスペシャリストを目指した試験であり、財務諸表等規則や企業会計に関する法規を理解し、経営管理や経営分析ができる能力を身に付けます。

（1）受験資格
年齢・学歴・国籍等、一切問いません。

（2）受験料
1級は 8,800円（消費税込み）

（3）試験スケジュール
1級は6月と11月の年2回実施されています。なお、3級と2級は6月と11月、他、2月にも実施されていますが、1級は2月には実施されません。
①受験申込み
　6月検定→4月上旬〜5月上旬
　11月検定→9月下旬〜10月上旬
　（注）各商工会議所にて受付。なお、各商工会議所により申込方法、申込時期が異なります。
②検定試験
　6月検定→第2日曜日
　11月検定→第3日曜日
③合格発表
　6月検定→8月上旬
　11月検定→1月中旬
　（注）各商工会議所により発表時期が異なります。

（4）試験実施会場
全国の各商工会議所が指定する会場です。

（5）試験科目・試験時間及び合格基準

科　目	試験時間	点　数	合格基準
商業簿記	1時間30分	100点 （各科目25点）	4科目の得点合計が 70点以上 （但し、10点に満たない 科目が1科目でもある 場合は不合格となる。）
会計学			
工業簿記	1時間30分		
原価計算			

2 出題傾向

商業簿記

　商業簿記は最近の傾向として総合問題が出題されますが、希に２問程度の個別問題が出題されたこともあります。

　総合問題の出題形式としては、①損益計算書、②貸借対照表、③決算整理後残高試算表の作成があります。具体的には、期末の決算整理前残高試算表及び決算整理事項等に基づいて①〜③を作成する問題のほか、期首貸借対照表、期中取引、決算整理事項等に基づいて①〜③を作成する問題（簿記一巡を問う問題）も出題されています。このことから、総合問題対策としては、簿記一巡の手続きを理解し、１級で頻出される決算整理ができるようにしておくことのほか、３級や２級で学習した期中取引などの基本的な内容についてもできるようにしておく必要があります。なお、連結会計（連結財務諸表）、本支店会計（本支店合併財務諸表）などもよく出題される内容です。

会計学

　会計学は個別問題が出題されます。傾向としては、通常３問出題され、理論問題（規定文の正誤判定、規定文の会計用語穴埋めなど）と計算問題が２問という構成が多いです。

　理論問題は、主に企業会計原則、企業会計基準、会社法等が出題されます。計算問題については、リース会計、為替換算会計、企業結合、事業分離、連結会計、キャッシュ・フロー会計などの個別論点が出題されます。

工業簿記

　工業簿記でのここ最近の出題傾向として、費目別計算の小問や標準総合原価計算の勘定記入問題、実際総合原価計算の損益計算書作成問題があげられます。これらの項目には、減損・仕損の論点が含まれており、受験生が苦手とする項目でもありますので、個別原価計算よりも出題頻度が高いように思われます。

　ただ、個別原価計算の論点でも部門別原価計算は注意が必要です。それは、第二次集計の論点、例えば、配賦金額、配賦基準、配賦方法と細かな項目が多く、この点についても受験生が苦手としています。

　以上のほかに、過去には予算編成の問題、直接実際総合原価計算の損益計算書の作成問題、原価の費目別分類による損益計算書の作成問題なども出題されています。

原価計算

　原価計算でのここ最近の出題傾向として、業務的意思決定（自製か購入かの意思決定、経済的発注量の計算など）、戦略的意思決定（設備投資の経済計算）や直接原価計算関係の問題（ＣＶＰの感度分析、最適セールス・ミックスの決定など）があげられ、これら論点からの出題頻度が高いように思われます。また、戦略的原価計算（品質原価計算、活動基準原価計算など）や予算管理に関する論点も出題されています。

CONTENTS&CHECK SHEET

コンテンツ&チェックシート

番号	内　容	問題頁	解答頁	解答用紙頁	チェック欄	
1	費目別計算のまとめ	P.2	P.108	P.2	/	/
2	個別原価計算	P.4	P.113	P.4	/	/
3	部門別個別原価計算Ⅰ	P.6	P.117	P.5	/	/
4	部門別個別原価計算Ⅱ	P.8	P.123	P.7	/	/
5	部門別個別原価計算Ⅲ	P.9	P.126	P.8	/	/
6	部門別個別原価計算Ⅳ	P.10	P.130	P.9	/	/
7	部門別個別原価計算Ⅴ	P.11	P.132	P.9	/	/
8	部門別個別原価計算Ⅵ	P.12	P.133	P.10	/	/
9	部門別個別原価計算Ⅶ	P.13	P.138	P.11	/	/
10	部門別個別原価計算Ⅷ	P.14	P.141	P.12	/	/
11	部門別個別原価計算Ⅸ	P.16	P.146	P.14	/	/
12	総合原価計算Ⅰ	P.18	P.149	P.15	/	/
13	総合原価計算Ⅱ	P.19	P.151	P.16	/	/
14	総合原価計算Ⅲ	P.20	P.153	P.17	/	/
15	総合原価計算Ⅳ	P.21	P.154	P.17	/	/
16	総合原価計算Ⅴ	P.22	P.156	P.18	/	/
17	総合原価計算Ⅵ	P.23	P.158	P.19	/	/
18	総合原価計算Ⅶ	P.24	P.160	P.20	/	/
19	総合原価計算Ⅷ	P.26	P.164	P.20	/	/
20	総合原価計算Ⅸ	P.27	P.166	P.21	/	/
21	総合原価計算Ⅹ	P.28	P.169	P.22	/	/
22	総合原価計算ⅩⅠ	P.30	P.172	P.23	/	/
23	総合原価計算ⅩⅡ	P.31	P.174	P.24	/	/
24	標準原価計算Ⅰ	P.32	P.176	P.25	/	/
25	標準原価計算Ⅱ	P.33	P.178	P.26	/	/
26	標準原価計算Ⅲ	P.34	P.180	P.27	/	/
27	標準原価計算Ⅳ	P.36	P.185	P.28	/	/
28	標準原価計算Ⅴ	P.38	P.188	P.29	/	/
29	標準原価計算Ⅵ	P.39	P.190	P.30	/	/
30	標準原価計算Ⅶ	P.40	P.192	P.31	/	/
31	標準原価計算Ⅷ	P.42	P.197	P.33	/	/
32	標準原価計算Ⅸ	P.43	P.202	P.34	/	/
33	標準原価計算Ⅹ	P.44	P.206	P.35	/	/
34	標準原価計算ⅩⅠ	P.46	P.213	P.37	/	/
35	標準原価計算ⅩⅡ	P.47	P.216	P.38	/	/
36	標準原価計算ⅩⅢ	P.48	P.219	P.39	/	/
37	原価・営業量・利益関係の分析Ⅰ	P.50	P.225	P.41	/	/
38	原価・営業量・利益関係の分析Ⅱ	P.52	P.229	P.42	/	/
39	原価・営業量・利益関係の分析Ⅲ	P.53	P.231	P.42	/	/

番号	内　容	問題頁	解答頁	解答用紙頁	チェック欄	
40	予算編成 I	P.54	P.233	P.43	/	/
41	予算編成 II	P.56	P.236	P.44	/	/
42	直接原価計算 I	P.58	P.238	P.45	/	/
43	直接原価計算 II	P.59	P.240	P.46	/	/
44	直接原価計算 III	P.60	P.243	P.47	/	/
45	直接原価計算IV	P.62	P.246	P.48	/	/
46	直接原価計算 V	P.63	P.248	P.49	/	/
47	直接原価計算VI	P.64	P.251	P.50	/	/
48	直接原価計算VII	P.66	P.255	P.51	/	/
49	直接原価計算VIII	P.67	P.258	P.52	/	/
50	直接原価計算IX	P.68	P.261	P.53	/	/
51	直接原価計算 X	P.70	P.265	P.54	/	/
52	直接原価計算XI	P.72	P.269	P.55	/	/
53	直接原価計算XII	P.74	P.271	P.56	/	/
54	業務的意思決定 I	P.76	P.275	P.57	/	/
55	業務的意思決定 II	P.78	P.277	P.57	/	/
56	業務的意思決定III	P.80	P.279	P.58	/	/
57	業務的意思決定IV	P.82	P.281	P.59	/	/
58	業務的意思決定 V	P.84	P.284	P.60	/	/
59	業務的意思決定VI	P.86	P.285	P.61	/	/
60	構造的意思決定 I	P.88	P.287	P.62	/	/
61	構造的意思決定 II	P.89	P.290	P.63	/	/
62	構造的意思決定III	P.90	P.292	P.63	/	/
63	構造的意思決定IV	P.91	P.293	P.64	/	/
64	構造的意思決定 V	P.92	P.295	P.65	/	/
65	構造的意思決定VI	P.94	P.302	P.66	/	/
66	構造的意思決定VII	P.96	P.306	P.67	/	/
67	構造的意思決定VIII	P.98	P.309	P.68	/	/
68	戦略的原価計算 I	P.100	P.311	P.68	/	/
69	戦略的原価計算 II	P.102	P.314	P.69	/	/
70	戦略的原価計算III	P.103	P.316	P.70	/	/
71	戦略的原価計算IV	P.104	P.319	P.71	/	/
72	戦略的原価計算 V	P.105	P.320	P.71	/	/
73	戦略的原価計算VI	P.106	P.322	P.72	/	/

問題編

1

| 標準解答時間 | 45分 | 解答用紙 | 別冊 **P.2** | 解答・解説 | **P.108** |

費目別計算のまとめ

第1問

　次の資料に基づいて、材料勘定およびその他勘定の記入を行って、材料関係勘定体系図を完成しなさい。なお、勘定記入は、□の中に適切な名称を、また、借方または貸方の（　　）の中に計算した金額を記入しなさい。

1.　A材料は、実際消費量を継続記録法により、消費価格を予定消費価格（1kgあたり@140円）により材料費を計算し、B材料は、実際消費量を棚卸計算法により、消費価格を総平均法により計算している。なお、A材料の実際消費価格は先入先出法による。また、C材料（現金で購入）は出入記録を行っていない。

2.　月初棚卸高および月末実地棚卸高

	月初棚卸高		月末棚卸高
	数　量	金　額	数　量
A 材 料	1,000kg	142,000円	1,120kg
B 材 料	400kg	30,400円	350kg

3.　当月実際購入高

	数　量	購入代価	引取運賃	買入手数料
A 材 料	5,000kg	670,000円	10,000円	15,000円
B 材 料	1,600kg	120,000円	5,000円	4,600円
C 材 料	200kg	6,000円	―円	―円

4.　当月のA材料庫出に関するデータ

(1)　製造指図書番号の記載のある庫出票……4,000kg

(2)　製造指図書番号の記載のない庫出票…… 850kg

第2問

　次の資料に基づいて、賃金給料勘定を完成しなさい。なお、勘定記入は、□の中に適切な名称を、また、借方または貸方の（　　）の中に計算した金額を記入しなさい。

1.　直接工の予定消費賃率は、支払賃金のほか、諸手当を含めて計算している。

直接工労務費年間予算	基 本 賃 金	8,640,000円
	加 給 金	2,880,000円
	諸 手 当	1,440,000円
直接工年間予定就業時間		28,800時間

2.　直接工の8月中における作業時間数および就業時間数は次のとおりである。

	No.1	No.2	No.3	間接作業時間	就 業 時 間
8/1～8/20	600時間	435時間	――時間	375時間	1,440時間
8/21～8/31	――時間	175時間	500時間	270時間	960時間
	600時間	610時間	500時間	645時間	2,400時間

3.　当月の実際支給総額（7/21～8/20）は次のとおりである。

	直 接 工	間 接 工	事 務 職 員	合　　計
基 本 賃 金	720,000円	180,000円	80,000円	980,000円
加 給 金	240,000円	56,000円	9,500円	305,500円
諸 手 当	120,000円	38,000円	8,000円	166,000円
	1,080,000円	274,000円	97,500円	1,451,500円

4.　7月末の未払賃金および8月末の未払額は次のとおりである。ただし、直接工の未払賃金は予定消費賃率をもって計算する。

	直 接 工	間 接 工	事 務 職 員
7月末未払賃金	425,250円	106,000円	33,800円
8月末未払賃金	？円	108,000円	34,500円

第3問
問1　次の製造間接費に関する資料および会話文に基づき、解答用紙に示す各問に答えなさい。

斉藤　「製造間接費は、機械稼働時間を基準に正常配賦する予定である。そこで、基準操業度の選択であるが、実際的生産能力（実現可能操業度）と期待実際操業度（短期正常操業度）のいずれを採用すれば良いだろうか。」

佐藤　「企業の操業水準がフル操業であれば、　（A）　を基準操業度として採用すべきです。しかし、当社の直面している環境はそのような状況ではなく、しかも長期的に生産量を予測することは不可能です。そこで、　（B）　を採用するのが良いと思います。」

斉藤　「それでは、　（B）　を採用することにしよう。次に、予算であるが固定予算と変動予算では、いずれが適しているだろうか。」

佐藤　「　（C）　では、実際操業度と基準操業度が異なる場合でも、実際操業水準に修正されることなく基準操業度の予算額が管理標準として使用されます。そこで実際操業度と基準操業度が異なる場合に、製造間接費の中に操業度との関係において変動的部分と、固定的部分があるにもかかわらず、すべて固定的なものとするため、管理者の責任基準として合理的ではありません。そこで、　（D）　を採用するのが良いと思います。」

斉藤　「なるほど、それでは　（D）　を採用することにしよう。なお、　（D）　は、公式法と実査法があるようだがいずれを採用しようか。」

佐藤　「当社では、　（E）　より　（F）　のほうが優れていると思います。なぜなら監督者給料、間接工賃金のような準固定費、残業手当、夜業手当のような準変動費が、正常操業圏内では、相対的に僅少なため、およそ間接費予算額が直線的に推移するからです。」

斉藤　「よし、それでは　（F）　を採用しよう。」

〔資　料〕
1. 年間の操業水準に関するデータ
   (1) 当工場では、主要設備が17台の機械からなる。
   (2) 17台の機械は、1日3交代制で24時間稼働させている。
   (3) 年間の作業可能日数は305日である。
   (4) 年間の不可避的な作業休止時間は4,440時間である。
   (5) 当該機械で生産されるH製品は、1個あたり8時間の加工を必要とする。
   (6) 当期首のH製品在庫量は300個であった。なお、当期のH製品販売予定量は11,800個、当期末のH製品必要在庫量は500個である。
   (7) H製品の当期を含めた今後5年間の販売予定量は58,600個であり、5年後のH製品必要在庫量は200個である。
2. 当月の実際機械稼働時間　　　　　　　　　　　7,500時間
3. 公式法変動予算に関するデータ
   変動製造間接費　　1機械稼働時間あたり　　600円
   固定製造間接費　　　　　　　月間　6,000,000円
4. 実査法変動予算に関するデータ

費　　目	7,000時間	8,000時間	9,000時間	10,000時間
減 価 償 却 費	2,250,000円	2,250,000円	2,250,000円	2,250,000円
監 督 者 給 料	1,260,000円	1,260,000円	1,650,000円	1,650,000円
電 　力 　料	1,530,000円	1,710,000円	1,890,000円	2,070,000円
そ 　の 　他	5,250,000円	5,580,000円	5,640,000円	6,030,000円
合 　　　計	10,290,000円	10,800,000円	11,430,000円	12,000,000円

5. 当月の製造間接費実際発生額　　　　10,590,000円

問2　次の資料に基づき、解答用紙に示す製造間接費勘定を作成しなさい。
1. 月間の基準操業度（機械稼働時間）　　　　　10,000時間
2. 固定予算による月間の製造間接費予算　　12,000,000円
3. 実際機械稼働時間および製造間接費実際発生額は上記問1の資料を使用すること。

3

| 標準解答時間 | **45分** | 解答用紙 | 別冊 **P.4** | 解答・解説 | **P.113** |

2 個別原価計算

　大原工業株式会社は、製品の受注生産を行っており、実際単純個別原価計算を採用している。受注製品は、工程の始点で材料 A を投入し、終点で外注部品を投入して完成する。下記 2 月の資料に基づいて各問に答えなさい。なお、製造間接費は機械稼働時間を基準とした公式法変動予算を採用し、変動費率1,200円/時間、固定費予算額42,000,000円（年間）、基準操業度30,000時間（年間）により正常配賦している。

1. 材料Aに関する資料は次のとおりである。なお、材料費の計算は予定消費価格7,000円/kgを採用している。また、実際消費価格の計算は先入先出法を採用し、材料の月末実地棚卸量は60kgであった。

日　付	入　庫　記　録		
2 月 1 日	前月繰越	676,800円	96kg
6 日	購 入 高	844,800円	120kg
15日	購 入 高	1,278,000円	180kg
21日	購 入 高	828,000円	120kg

日　付	出　庫　記　録	
2 月 8 日	製造指図書＃201への庫出	100kg
18日	製造指図書＃202への庫出	106kg
22日	製造指図書＃202-1への庫出	110kg
23日	製造指図書＃203への庫出	112kg
28日	製造指図書＃201-1への庫出	12kg

2. 当月の給与計算期間は 1 月21日から 2 月20日までであり、各従業員の賃金給料に関する資料は次のとおりである。なお、直接工の消費賃金と 2 月末未払賃金給料の計算は、支払賃金（＝基本給＋加給金）を賃率算定の基礎とした予定消費賃率2,200円/時間を採用している。
   (1) 直接工の実際作業時間
   ① 直 接 作 業 時 間

＃101	＃201	＃202	＃203	＃201-1	＃202-1
200時間	500時間	800時間	100時間	40時間	810時間

   ② 間 接 作 業 時 間　　　290時間
   ③ 手 　待 　時 　間　　　 42時間（正常な状態において発生したものである。）
   ④ 就 　業 　時 　間　　 2,782時間（内、 2 月21日から 2 月28日までの作業時間は550時間である。）
   (2) 直接工の賃金
   ① 当 月 支 給 総 額　　6,852,700円（内、諸手当は620,000円であり、支払額をもって消費額とする。）
   ② 当月社会保険料未払額　　504,000円（内、60％を企業が負担する。）
   ③ 前 月 末 未 払 額　　1,201,200円
   (3) 間接工の賃金
   ① 当 月 支 給 総 額　　380,000円
   ② 当 月 要 支 払 額　　400,000円
   ③ 当月社会保険料未払額　　84,000円（内、60％を企業が負担する。）
   (4) 工場事務職員の給料
   ① 当 月 支 給 総 額　　1,020,000円
   ② 当 月 要 支 払 額　　1,000,000円
   ③ 当月社会保険料未払額　　252,000円（内、60％を企業が負担する。）

3. その他の資料は次のとおりである。
(1) 製品加工用機械修繕料は以下のとおりである。
　　　前月末未払額　40,000円、当月支払額　120,000円、当月末未払額　60,000円
(2) 外注部品は、材料B（実際購入価格4,000円/個）を加工したもので、その加工には特殊設備を必要とするため下請業者に委託している。材料Bは下請業者へ無償支給し、外注部品は受入検査後ただちに作業現場に引き渡される。なお、当月支給した材料Bの外注加工賃（翌月払い）は以下のとおりである。

	＃101	＃201	＃202	＃201-1	＃202-1
外注部品消費量	50個	60個	55個	5個	55個
外 注 加 工 賃	2,400円/個	2,100円/個	2,300円/個	2,100円/個	2,300円/個

　　注：外注部品は受注製品により仕様が異なる。よって、指図書により外注加工賃も異なっている。
(3) 減価償却費年間見積額は7,200,000円であり、当月分を計上する。なお、負担割合は本社60%、工場40%である。
(4) 上記から判明するもの以外で間接材料費980,000円、間接労務費400,000円および間接経費1,329,000円がある。
(5) 当月において製造指図書ごとの実際直接作業時間と実際機械稼働時間は一致していた。
(6) 当月において製造指図書＃201の命令数の内、一部が仕損となった。この仕損品は、補修によって回復することができるため、補修指図書＃201-1を発行し補修を行った。補修によって生じた仕損費は当該製造指図書に賦課する。また、製造指図書＃202の命令数の全部が仕損となったため、新たに代品製造指図書＃202-1を発行して完成させた。この仕損品には総額82,000円の処分価値があると見込まれており、異常な状態で発生したものであるため仕損費は非原価項目として処理する。

問1　原価計算表を作成しなさい。ただし、金額がマイナスになる場合は「△」を付すこと。
問2　仕掛品勘定の記入を行いなさい。
問3　当月の製造間接費実際発生額の内訳を計算しなさい。
問4　解答用紙に従って各種原価差異の計算を行いなさい。

部門別個別原価計算 Ⅰ

3

| 標準解答時間 **45分** | 解答用紙 別冊 **P.5** | 解答・解説 **P.117** |

第1問

次の資料に基づいて、各問ごとの解答用紙に示す、各製造部門の製造間接費予算額（年間）および正常配賦率を求め、月間の製造指図書別正常配賦額を計算しなさい。

1. 各部門の実際的生産能力における製造間接費年次予算

製造間接費年次予算表 （単位：千円）

費　　　　目	切　削　部		組　立　部		材料倉庫部		動　力　部	
	固定費	変動費	固定費	変動費	固定費	変動費	固定費	変動費
部 門 費 合 計	99,600	86,400	75,840	56,640	16,200	9,720	43,200	32,400

2. 年間実際的生産能力における補助部門の操業度

	切　削　部	組　立　部	材料倉庫部	動　力　部	合　　　計
動力供給量（kWh）	144,000	72,000	24,000	—	240,000
材料出庫額（万円）	1,500	1,200	—	300	3,000

3. 製造部門の年間実際的生産能力（基準操業度）および月間実際作業時間

部　門　名	年間実際的生産能力	月間実際作業時間
切　削　部	12,000 機械作業時間	900 機械作業時間

製造指図書 No.1　　400時間
〃　　 No.2　　500時間
合　　　計　　900時間

組　立　部	8,000 直接作業時間	600 直接作業時間

製造指図書 No.1　　400時間
〃　　 No.2　　200時間
合　　　計　　600時間

問1　直接配賦法により補助部門費を配賦する場合
問2　簡便法としての相互配賦法により補助部門費を配賦する場合
問3　階梯式配賦法により補助部門費を配賦する場合

第2問

　次の資料に基づいて、連立方程式法の相互配賦法により補助部門費を配賦し、各製造部門の製造間接費予算額（年間）および正常配賦率を求め、月間の製造指図書別正常配賦額を計算しなさい。

1.　各部門の実際的生産能力における製造間接費年次予算

製造間接費年次予算表

（単位：千円）

費　　　　　　目	切　　削　　部		組　　立　　部		材 料 倉 庫 部		動　　力　　部	
	固定費	変動費	固定費	変動費	固定費	変動費	固定費	変動費
部 門 費 合 計	99,680	86,080	74,440	56,690	15,480	9,630	43,200	32,400

2.　年間実際的生産能力における補助部門の操業度

	切　　削　　部	組　　立　　部	材 料 倉 庫 部	動 力 部	合　　　　計
動力供給量（kWh）	144,000	72,000	24,000	—	240,000
材料出庫額（万円）	1,500	1,200	—	300	3,000

3.　製造部門の年間実際的生産能力（基準操業度）および月間実際作業時間

部　門　名	年間実際的生産能力	月 間 実 際 作 業 時 間
切　削　部	12,000 機械作業時間	900 機械作業時間

　　　　　　　　　　　　　　　　　　　　　　製造指図書 No.1　　400時間
　　　　　　　　　　　　　　　　　　　　　　　〃　　No.2　　500時間
　　　　　　　　　　　　　　　　　　　　　　合　　計　　900時間

組　立　部	8,000 直接作業時間	600 直接作業時間

　　　　　　　　　　　　　　　　　　　　　　製造指図書 No.1　　400時間
　　　　　　　　　　　　　　　　　　　　　　　〃　　No.2　　200時間
　　　　　　　　　　　　　　　　　　　　　　合　　計　　600時間

| 標準解答時間 **30分** | 解答用紙 別冊 **P.7** | 解答・解説 **P.123** |

4 部門別個別原価計算 Ⅱ

大原工業㈱の動力部は、製造部門である切削部と組立部に動力を供給している。次の資料および会話文に基づき、各問に答えなさい。

1. 20X5年部門別年間予算データ

	切 削 部	組 立 部	動 力 部
動 力 消 費 能 力	79,200kWh	22,200kWh	（ 101,400kWh）
正 常 動 力 消 費 量	63,000kWh	21,000kWh	（ 84,000kWh）
変 動 費	225,000,000円	150,000,000円	80,220,000円
固 定 費	187,000,000円	187,500,000円	70,980,000円

2. 20X5年10月部門別実績データ

	切 削 部	組 立 部	動 力 部
標 準 動 力 消 費 量	5,025kWh	1,675kWh	（ 6,700kWh）
実 際 動 力 消 費 量	5,100kWh	1,700kWh	（ 6,800kWh）
変 動 費	19,775,000円	13,525,000円	6,568,000円
固 定 費	15,787,500円	15,500,000円	5,927,000円

（注）当社は、正常動力消費量を基準操業度として採用している。

問1 （1）10月の動力部費の1kWhあたりの実際配賦率および（2）切削部に対する実際配賦額を計算しなさい。

3. 20X5年11月初めに開催された原価会議での議論

切 削 部 長 「当社の補助部門費配賦は、単一基準配賦法による実際配賦で計算を行ってきた。しかし、10月の動力部費を実際配賦すると、われわれ製造部門は動力部の浪費まで負担させられることになるから不当である。」

原価計算課長 「それなら実際配賦をやめて、直接配賦法による正常配賦をすればよいでしょう。そうすれば動力部勘定に変動費および固定費の予算差異が残り、製造部門に配賦されることはありません。」

問2 原価計算課長が提案した方法により、解答用紙に示した勘定に記入（単位：円）しなさい。

動 力 部 長 「その方法では　a　差異まで動力部の勘定に残ってしまう。動力部にとって　a　差異は管理不能であり、動力部の固定費は製造部門が負担すべきだ。」

原価計算課長 「それでは、動力部の変動費は　b　し、固定費は製造部門の動力　c　の割合で　d　を配賦する　e　配賦法によるのがよいと思います。」

問3 上記会話文の空欄を埋めるとともに、原価計算課長が提案した方法により、解答用紙に示した勘定に記入（単位：円）しなさい。

組 立 部 長 「固定費についてはよいと思う。ただし、変動費については、実際用役提供割合に基づいて正常配賦を行うと、動力部の不能率までわれわれ製造部門が負担することになる。」

原価計算課長 「固定費については上記のままでよいとして、変動費については能率差異が動力部門に残るように配賦すれば解決できます。」

問4 原価計算課長が提案した方法により、解答用紙に示した勘定に記入（単位：円）しなさい。

5 部門別個別原価計算 Ⅲ

標準解答時間 30分 | **解答用紙 別冊 P.8** | **解答・解説 P.126**

　大原工業㈱の東京工場では 2 製造部門（切削部および組立部）と 3 補助部門（材料倉庫部、動力部、工場事務部）からなり製造間接費部門別個別原価計算を採用している。現在、補助部門費の他部門配賦については実際額を階梯式配賦法により、実際用役消費量に基づき配賦しているがその資料は次のとおりである。

1. 実際的生産能力におけるデータ（年間）

	切 削 部	組 立 部	材料倉庫部	動 力 部	工場事務部
製造間接費予算額（千円）					
変　動　費	158,400	83,664	72,000	56,880	―
固　定　費	116,640	101,520	51,840	44,496	28,800
材料倉庫部材料庫出額（千円）	30,000	18,000	―	12,000	―
動力部動力供給量	36万kWh	18万kWh	6 万kWh	―	―
各部門従業員数	200人	160人	100人	40人	20人

　　切削部　480,000機械作業時間（基準操業度）
　　組立部　384,000直接作業時間（基準操業度）

2. 当月中の部門別実際発生額および実際操業データ

	切 削 部	組 立 部	材料倉庫部	動 力 部	工場事務部
製造間接費実際発生額（千円）					
変　動　費	13,332	6,972	5,484	4,248	―
固　定　費	9,840	8,484	4,296	3,756	2,400
材料倉庫部材料庫出額（千円）	2,200	1,500	―	900	―
動力部動力供給量	2.5万kWh	1.5万kWh	0.5万kWh	―	―
各部門従業員数	200人	160人	100人	40人	20人

　　切削部　38,000機械作業時間（実際操業度）
　　組立部　31,000直接作業時間（実際操業度）

　　さて、上記データをふまえて工場長と経理課長との会話は、次のとおりであった。

工　場　長　「補助部門費の実際発生額を実際用役消費量に基づいて配賦しているが、切削部長および組立部長から、『自部門の責任で配賦額が多くなるなら承知できようが他部門における用役の消費いかんによって配賦額が変化するのでは、たまったものではない。また、補助部門における原価管理活動の良否の影響が実際配賦額のなかに混入してしまっているので自部門の原価管理活動が正しく行われない。』とクレームがあった。何か良い計算方法はないかね。」

経理課長　「まず、他部門における用役の消費いかんによって配賦額が変化しないようにするためには、（ⓐ）は実際の用役消費量に基づき、（ⓑ）は実際的生産能力における消費割合に基づいて配賦する方法を採用すれば解決出来ます。また、補助部門における原価管理活動の良否の影響が実際配賦額のなかに混入されないようにするためには先に述べた方法を採用するとともに、（ⓐ）については予定または正常配賦率を使用し、（ⓑ）については予算許容額を使用することによって解決できます。」

工　場　長　「それでは君が言うように各補助部門の実際操業度における（ⓒ）を（ⓓ）法により配賦することにしよう。」

　　上記資料に基づき（ⓐ）～（ⓓ）の中に適切な語句を下記の語群から選び解答欄にその数字を記入しなさい。また、経理課長の提案した方法により製造間接費部門別計算を行って、各部門における差異の分析をした上で解答用紙の勘定連絡図を完成させなさい。

① 直接材料費　② 変　動　費　③ 予定配賦額　④ 販　売　費　⑤ 複数基準配賦
⑥ 予算許容額　⑦ 単一基準配賦　⑧ 固　定　費　⑨ 部門個別費　⑩ 実　査

6 部門別個別原価計算 Ⅳ

標準解答時間 **30分** 　解答用紙 別冊 **P.9** 　解答・解説 **P.130**

　全部実際原価計算を採用している大原工場の補助部門費の配賦に必要なデータは、次のとおりである。
　当月のデータに基づき、連立方程式の相互配賦法と複数基準配賦法により補助部門費の配賦を行って、（1）相互に配賦し終えた最終の補助部門費を計算したうえで、（2）実際部門費配賦表を完成しなさい。なお、当工場では実際固定費は予算の計画比率で、実際変動費は経済的資源の実際消費量の比率で配賦している。

1.　月次予算データ

提供先　提供部門	合　計	製　造　部　門		補　助　部　門	
		加 工 部	組 立 部	材 料 部	動 力 部
材料部　材料出庫可能額（千円）	60,000	27,000	18,000	——	15,000
動力部　動力消費能力（kWh）	45,000	21,600	14,400	9,000	——

2.　当月実際データ

提供先　提供部門	合　計	製　造　部　門		補　助　部　門	
		加 工 部	組 立 部	材 料 部	動 力 部
材料部　実際材料出庫額（千円）	55,000	26,400	17,600	——	11,000
動力部　動力実際消費量（kWh）	43,000	19,780	12,470	10,750	——
第1次集計費					
固　　　定　　　費（千円）	250,000	110,000	70,000	30,000	40,000
変　　　動　　　費（千円）	300,000	102,100	125,000	27,000	45,900
合　　　　計（千円）	550,000	212,100	195,000	57,000	85,900

部門別個別原価計算 V

次の資料に基づいて、切削部の予算・実績比較表を作成しなさい。

1. 切削部の公式法変動予算と当月の実績

費　目	月次変動予算 固定費月額	変動費率	当月の実際発生額
補助材料費	268,700円	@ 50円	633,000円
間接工賃金	608,300円	@ 60円	1,042,000円
間接経費	600,000円	@ 30円	780,000円
部門費合計	1,477,000円	@ 140円	2,455,000円
動力部費	？ 円	@ ？ 円	？ 円
製造部費	？ 円	@ ？ 円	？ 円

（月間期待実際操業度 8,000 直接作業時間）

2. 切削部の当月実際作業時間 7,200 直接作業時間
3. 製造部門の動力消費量

	切削部	組立部	合　計
月間動力消費能力	1,800kWh	1,200kWh	3,000kWh
月間予想動力消費量	1,320kWh	1,080kWh	2,400kWh
当月実際動力消費量	1,250kWh	1,100kWh	2,350kWh

4. 当工場は、2つの製造部（切削部、組立部）と1つの補助部（動力部）を有している。なお、動力部費の変動費は正常配賦し、固定費は動力消費能力の割合で予算額を配賦している。すなわち、実際操業度における予算額を複数基準配賦法により配賦すること。

5. 動力部の公式法変動予算

費　目	月次変動予算 固定費月額	変動費率
燃料費	33,000円	@ 70円
間接工賃金	145,000円	@ 14円
間接経費	107,000円	@ 16円
補助部費	285,000円	@ 100円

（月間正常動力供給量2,400kWh）

8 部門別個別原価計算 Ⅵ

標準解答時間 **30分** 解答用紙 別冊 **P.10** 解答・解説 **P.133**

次の資料により、切削部の予算実績比較表を作成し、差異分析を行いなさい。

1. 切削部月次変動予算表（操業100%）および実際発生額

	固　定　費	変　動　費　率	実　際　発　生　額
補 助 材 料 費	120,000円	300円/時間	1,080,000円
工 場 消 耗 品 費	63,000円	150円/時間	576,000円
間 接 工 賃 金	608,400円	90円/時間	900,000円
給　　　　料	2,100,000円	—	2,106,000円
福 利 施 設 負 担 額	144,000円		144,000円
減 価 償 却 費	132,000円		132,000円
保　険　料	282,000円		282,000円
修　繕　料	120,000円	30円/時間	241,800円
旅 費 交 通 費	15,000円	—	12,600円
事 務 用 消 耗 品 費	6,000円	—	5,700円
計：部門固有費	3,590,400円	570円/時間	5,480,100円

（注）月間実際的生産能力は4,000時間であり、当月実際操業度は3,200時間である。

2. 補助部門月次変動予算表（操業100%）

	工場事務部門費	動 力 部 門 費	材料倉庫部門費
変 動 費	—	288,000円	31,500円
固 定 費	330,000円	406,500円	155,700円

（注）補助部門の配賦は階梯式配賦法によっている。

3. 補助部門実際的生産能力、実際給付量および実際発生額に関するデータ（月間）

(1) 材料倉庫部門

	実際的生産能力	実 際 給 付 量	実 際 発 生 額
切 削 部 へ	100万円	100万円	変動費　30,000円
組 立 部 へ	100万円	90万円	固定費 155,100円
動 力 部 へ	25万円	26万円	（注）材料庫出額により操業度を表している。
	225万円	216万円 （96%）	

(2) 動力部門

	実際的生産能力	実 際 給 付 量	実 際 発 生 額
切 削 部 へ	240万kWh	200万kWh	変動費 246,000円
組 立 部 へ	140万kWh	122万kWh	固定費 420,600円
材料倉庫部 へ	20万kWh	18万kWh	（注）動力供給量により操業度を表している。
	400万kWh	340万kWh （85%）	

(3) 工場事務部門

	実際的生産能力	実 際 給 付 量	実 際 発 生 額
切 削 部 へ	200人	200人	変動費　　—
組 立 部 へ	80人	80人	固定費 330,000円
動 力 部 へ	60人	60人	（注）従業員数により操業度を表している。
材料倉庫部 へ	60人	60人	
	400人	400人 （100%）	

4. その他

(1) 補助部門の配賦は固定費は月間予算を実際的生産能力により、変動費は正常変動費率により計算を行う。

(2) 上記において切削部が操業時間の変動とともに動力および材料を消費すると仮定する。

(3) 補助部門の配賦は階梯式配賦法による。なお、配賦順位の決定は、用役提供数が同数の場合、第1次集計額の多い部門を先順位とする。

(4) 計算上生ずる端数は四捨五入せず解答すること。

部門別個別原価計算 Ⅶ

標準解答時間 30分　解答用紙 別冊 P.11　解答・解説 P.138

大原工業㈱では、実際部門別個別原価計算を採用している。次の資料に基づき各問に答えなさい。

1. 当工場は、直接労務費について部門別予定平均賃率、製造間接費について部門別正常配賦率（配賦基準は直接作業時間）によって計算している。なお、当年度の部門別予定平均賃率は、切削部@800円、組立部@1,000円である。

2. 当月の実績データ

	No.101	No.102	No.103	合　計
直接材料費	3,175,000円	2,117,000円	1,341,000円	6,633,000円
直接作業時間				
切削部	2,880時間	2,520時間	1,800時間	7,200時間
組立部	2,200時間	3,300時間	──時間	5,500時間

3. 当工場では、2つの製造部（切削部、組立部）と1つの補助部（動力部）を有している。なお、動力部の変動費は正常配賦し、固定費は動力消費能力の割合で予算額を配賦している。すなわち実際操業度における予算額を複数基準配賦法により配賦すること。

4. 当年度における公式法年次変動予算

	切削部変動予算		組立部変動予算		動力部変動予算	
費　目	固定費年額	変動費率	固定費年額	変動費率	固定費年額	変動費率
補助材料費	3,224,400円	@ 50円	1,890,000円	@ 13円	──円	@ ──円
燃料費	──円	@ ──円	──円	@ ──円	396,000円	@ 70円
間接工賃金	7,299,600円	@ 60円	11,418,000円	@ 60円	1,740,000円	@ 14円
間接経費	7,200,000円	@ 30円	5,772,000円	@ 45円	1,284,000円	@ 16円
計	17,724,000円	@ 140円	19,080,000円	@ 118円	3,420,000円	@ 100円
動力部費	? 円	@ ? 円	? 円	@ ? 円		
合計	? 円	@ ? 円	? 円	@ ? 円		
基準操業度	96,000時間		72,000時間		28,800kWh	
	（直接作業時間）		（直接作業時間）		（動力供給量）	

5. 製造部の動力消費量

	切削部	組立部	合　計
年間動力消費能力	21,600kWh	14,400kWh	36,000kWh
年間予想動力消費量	15,840kWh	12,960kWh	28,800kWh
当月実際動力消費量	1,250kWh	1,100kWh	2,350kWh

6. 当月製造間接費実際発生額

	切削部	組立部	動力部
補助材料費	633,000円	230,000円	──円
燃料費	──円	──円	192,500円
間接工賃金	1,042,000円	1,275,000円	170,500円
間接経費	780,000円	750,000円	151,000円
計	2,455,000円	2,255,000円	514,000円
動力部費	? 円	? 円	
合計	? 円	? 円	

問1　当月の指図書別原価計算表を作成しなさい。なお、上記指図書はすべて当月に着手されたものである。
問2　各部門の関係勘定を完成させなさい。

| | 標準解答時間 | 45分 | 解答用紙 | 別冊 P.12 | 解答・解説 | P.141 |

10 部門別個別原価計算 Ⅷ

　大原工業㈱の東京工場は、2つの製造部門（切削部、組立部）と3つの補助部門（材料倉庫部、動力部、工場事務部）からなり、製造間接費部門別個別原価計算を採用している。次の資料に基づき解答用紙に示す勘定を完成させなさい。

1.　材料に関するデータ
（1）　材料の月初有高は20,000円であり、月末帳簿棚卸高は23,000円であった。なお、帳簿棚卸量と実地棚卸量は同量であった。
（2）　材料の購入代価は1,140,000円であり、外部材料副費は15,000円であった。なお、購入原価は、購入代価に外部材料副費を加算した金額とする。
（3）　材料費の計算は予定消費価格を採用しており、1,000円/kgである。

2.　賃金給料に関するデータ
（1）　月初未払賃金給料は75,000円、月末未払賃金給料は65,000円であり、支給総額は1,985,000円であった。
（2）　労務費の計算は予定消費賃率を採用しており、切削部が1,200円/時間、組立部が950円/時間である。

3.　経費に関するデータ
（1）　当月の経費発生額は、2,081,500円であり、すべて間接経費であった。

4.　当月の製造指図書別材料消費量と作業時間および仕掛品に関する資料は次のとおりである。

	＃101	＃102	＃103	番号無し	合　計
材 料 消 費 量	178kg	461kg	311kg	200kg	1,150kg
作 業 時 間					
切 削 部	―	400時間	500時間	95時間	995時間
組 立 部	470時間	250時間	―	80時間	800時間

　※　仕掛品勘定の月初有高は723,000円であり、製造指図書＃101に関するものである。なお、月末現在仕掛中の指図書は＃103であり、他の指図書はすべて完成した。

5.　製造間接費に関するデータ
　　実際的生産能力における各部門の年間予算および操業データ

	切 削 部	組 立 部	材料倉庫部	動 力 部	工場事務部
製造間接費予算額					
変　　動　　費	6,153,000円	3,843,000円	3,096,000円	2,268,000円	――
固　　定　　費	5,042,400円	3,746,400円	2,476,800円	1,814,400円	1,080,000円
直 接 作 業 時 間	12,000時間	9,600時間	――	――	――
材料倉庫部材料庫出額	7,500,000円	4,500,000円	――	3,600,000円	――
動 力 部 動 力 供 給 量	36,000kWh	18,000kWh	6,000kWh	――	――
各 部 門 従 業 員 数	100人	80人	50人	20人	10人

　　なお、各製造部門では直接作業時間を基準に正常配賦を行っている。また、実際的生産能力を基準操業度としている。

当月の部門別実際発生額および実際操業データ

	切 削 部	組 立 部	材料倉庫部	動 力 部	工場事務部
製造間接費実際発生額					
変　動　費	515,000円	320,500円	258,000円	190,000円	──
固　定　費	420,500円	312,500円	210,000円	155,000円	90,000円
材料倉庫部材料庫出額	600,000円	300,000円	──	300,000円	──
動力部動力供給量	3,000kWh	1,000kWh	400kWh	──	──
各部門従業員数	100人	80人	50人	20人	10人

6. その他のデータ

当月の補助部門費配賦に関する経理部長と原価計算課長との会話は、次のとおりであった。

経 理 部 長 「当社の実際月次損益計算では、実際補助部門費を直接配賦法と複数基準配賦法によって製造部門へ配賦してきたが、この方法では補助部門での浪費までも製造部門へ配賦してしまうと製造部長から文句が出ているので困っている。なにか良い計算方法はないだろうか。」

原価計算課長 「それならば、直接配賦法と複数基準配賦法を採用する際に、補助部門費変動費の配賦には、正常配賦率を使用しましょう。固定費の配賦に正常配賦率を使用すると、予算差異のみならず、操業度差異までも補助部門勘定に残ってしまいます。操業度差異は、補助部門の責任者にとって管理不能なことが多く、計画用の情報としては良いが、業績評価用には不適当なので固定費については、正常配賦率を使用せず、また実際発生額ではなく予算額を配賦するのが良いと思います。したがって、各補助部門の実際操業度における予算許容額を配賦すれば良いのではないでしょうか。」

上記の会話文を理解した上で、当月補助部門費の配賦を実際操業度における予算許容額を直接配賦法と複数基準配賦法によって製造部門へ配賦すること。なお、計算上生ずる端数は円位未満を四捨五入しなさい。

	標準解答時間 **45分**	解答用紙 別冊 **P.14**	解答・解説 **P.146**

11 部門別個別原価計算 Ⅸ

　下記のデータおよび条件に基づき実際個別原価計算を行い、その計算結果を、解答用紙の原価計算関係勘定における所定の場所に記入しなさい。ただし前月繰越額は、#101が602千円、#102が644千円である。

1. 当工場では、直接材料費は実際庫出単価、直接労務費は部門別予定平均賃率、製造間接費は部門別正常配賦率（配賦基準は直接作業時間）によって計算している。また原価計算期間は暦日の１ヵ月であるが、給与計算期間は、前月の21日から当月の20日までであって、給与は25日に支払われる。

2. 直接材料（素材）は切削部へ出庫され、機械加工される。６月末の直接材料の帳簿残高は48千円であったが、実際残高は46千円であった。これは、正常な差異である。

3. ６月の製造指図書別直接材料費（直接材料出庫額）と直接作業時間数は次のとおりであった。

	＃101	＃102	＃103	＃104	＃105	＃106	合　計
直接材料費（千円）	—	410	860	450	390	150	2,260
直接作業時間数：							
切削部（時間）	—	—	450	400	70	30	950
組立部（時間）	200	230	280	260	—	—	970

　　　（注）　＃105と＃106は６月末現在仕掛で、その他は６月中に完成した。

4. 本年度の部門別予定平均賃率および部門別正常配賦率は、下記の部門別年間予算データに基づき計算されている。

	賃金・手当予算	変動製造間接費予算	固定製造間接費予算	予定総就業時間	正常直接作業時間
切削部	11,040千円	5,940千円	1,980千円	13,800時間	13,200時間
組立部	8,904千円	3,600千円	2,400千円	12,720時間	12,000時間

5. 直接工作業時間票の要約（６／１～６／30）

	切削部	組立部
直接作業時間	950時間	970時間
間接作業時間	50時間	30時間
合　計	1,000時間	1,000時間

6. 直接工出勤票の要約（６／１～６／30）

		切削部	組立部
定時間内作業：	６／１～６／20	650時間	640時間
	６／21～６／30	350時間	310時間
定時間外作業：	６／29、６／30	—　時間	50時間
	合　計	1,000時間	1,000時間

　なお定時間外作業手当は、その時間数に部門別予定平均賃率の40％を掛けて計算し、原価計算上は、その部門の製造間接費として処理する。したがって部門別正常配賦率の中には、定時間外作業手当の予算額があらかじめ計上されている。

7. 直接工給与計算票の要約（5/21〜6/20）

	切削部	組立部	合　計
賃金・手当支給総額	770千円	791千円	1,561千円

8. 直接工の5月末未払賃金・手当総額は523千円であり、6月末未払賃金・手当は、部門別予定平均賃率で計算すること。なお間接工については、実際賃率で計算されているので、間接工の労務費計算からは賃率差異は生じない。したがって、間接工賃金・手当の前月未払、当月未払に関するデータは省略する。

9. 6月の製造間接費実際発生額は、次のとおりであった。

	切削部	組立部	工場管理部
間接材料費	123千円	105千円	7千円
直接工間接賃金	？千円	？千円	―千円
定時間外作業手当	―千円	？千円	―千円
その他の間接労務費	112千円	153千円	9千円
棚卸減耗費	？千円	―千円	―千円
その他の間接経費	320千円	164千円	8千円
部門費計	？千円	？千円	24千円
補助部門費配賦額	？千円	？千円	
製造部門費合計	？千円	？千円	
（従業員数	10人	20人	2人）

　上記？の部分は、各自計算しなさい。直接工間接賃金は、部門別予定平均賃率で計算すること。また工場管理部費の製造部門に対する配賦は、実際配賦によっており、配賦基準は従業員数である。製造間接費の部門別実際発生額は、部門別製造間接費勘定の借方に示した「諸勘定」に記入しなさい。

10. 製造間接費の部門別配賦差異を計算したのち、配賦差異を予算差異と操業度差異に分析しなさい。予算差異は、変動予算による予算差異を計算すること。

12 総合原価計算 Ⅰ

標準解答時間 **20分** | 解答用紙 別冊 **P.15** | 解答・解説 **P.149**

　大原工業㈱では、製品 X を製造している。その製造過程は、まず第 1 工程の始点で A 原料を投入し、これを加工して第 2 工程へ振替える。第 2 工程では、これに組立加工を行い完成する。製品 X の製造原価計算は、累加法の実際工程別総合原価計算である。

　そこで、次に示すデータに基づいて、第 1 工程の(1)月末仕掛品原価、(2)異常減損費、(3)完成品総合原価および(4)完成品単位原価を計算しなさい。また、第 2 工程の(1)月末仕掛品原価、(2)完成品総合原価および(3)完成品単位原価を計算しなさい。ただし、月末仕掛品原価の計算は、第 1 工程では平均法、第 2 工程では先入先出法によること。

　〔生産データ〕：カッコ内は、加工費の進捗度および正常減損の発生点を示す。

	第　1　工　程	第　2　工　程
月初仕掛品	600kg $(\frac{1}{2})$	500kg $(\frac{4}{5})$
当 月 投 入	5,200kg	5,100kg
合　計	5,800kg	5,600kg
差引：月末仕掛品	400kg $(\frac{3}{5})$	500kg $(\frac{1}{2})$
正 常 減 損	200kg $(\frac{1}{2})$	100kg（終点）
異 常 減 損	100kg $(\frac{3}{5})$	── kg
完　成　品	5,100kg	5,000kg

　〔原価データ〕

	第　1　工　程	第　2　工　程
月 初 仕 掛 品 原 価		
A　原　料　費	503,900円	── 円
加　工　費	109,300円	434,600円
前　工　程　費	── 円	620,400円
当 月 製 造 費 用		
A　原　料　費	4,368,100円	── 円
加　工　費	1,856,300円	5,237,100円
前　工　程　費	── 円	？ 円
合　　計	6,837,600円	？ 円

　なお、第 1 工程および第 2 工程の正常減損費は、正常減損度外視法により処理をし、良品および異常減損への負担のさせ方については、発生点の進捗度に基づいて判断し、計算しなさい。また、第 2 工程の正常減損は当月投入分より発生したものと仮定する。

13 総合原価計算 Ⅱ

標準解答時間 **30分**　解答用紙 別冊 **P.16**　解答・解説 **P.151**

　大原工業㈱では、製品 H を連続生産している。その製造過程は、まず第 1 工程の始点で A 素材を投入し、これを加工して第 2 工程へ振替える。第 2 工程では、工程の始点で B 原料を追加投入し、これを加工して完成する。そこで、以下に示す当月のデータに基づき、解答用紙に示す仕掛品関係勘定を完成させなさい。ただし、月末仕掛品原価の計算は、第 1 工程では平均法、第 2 工程では先入先出法によること。なお、当社では累加法による実際工程別総合原価計算を採用している。

〔生産データ〕

	第 1 工 程	第 2 工 程
月初仕掛品	500個（60%）	300個（50%）
当 月 投 入	4,800個	4,500個
合 　 計	5,300個	4,800個
差引：正 常 仕 損	200個（50%）	― 個
異 常 仕 損	100個（60%）	― 個
月 末 仕 掛 品	500個（75%）	400個（50%）
完 　 成 　 品	4,500個	4,400個

　　（注）（　）内は、加工進捗度および仕損の発生点を示す。

〔原価データ〕

	第 1 工 程	第 2 工 程
月初仕掛品原価		
前 工 程 費	― 円	148,200円
当 工 程 費		
A 素 材 費	64,800円	― 円
B 原 料 費	― 円	33,000円
加 工 費	88,200円	54,350円
小 　 計	153,000円	235,550円
当 月 製 造 費 用		
前 工 程 費	― 円	? 円
当 工 程 費		
A 素 材 費	571,200円	― 円
B 原 料 費	― 円	693,000円
加 工 費	1,523,000円	1,481,850円
小 　 計	2,094,200円	? 円
合 　 　 計	2,247,200円	? 円

　第 1 工程において仕損が生じているが、その処分価格は 1 個あたり25円（主に材料の価値）であり、計算に際しては、正常仕損費を分離して把握し、良品および異常仕損品に配賦する。

　（注）計算上もし割り切れなければ、小数点以下第 3 位を四捨五入しなさい。

14 総合原価計算 Ⅲ

標準解答時間 **15分** ｜ 解答用紙 別冊 **P.17** ｜ 解答・解説 **P.153**

　大原工業㈱では、単一工程において工程の始点で原料を投入し、これに加工を行うことで製品Aを量産しており、製品原価の計算は実際単純総合原価計算を採用している。そこで、次の資料に基づいて、月末仕掛品原価、完成品総合原価および完成品単位原価を計算しなさい。

1.　生産データ

月　初　仕　掛　品		400kg（？）
当　月　投　入		4,200kg
投　入　合　計		4,600kg
差引：正常減損	100kg	
月末仕掛品	500kg $\left(\frac{2}{5}\right)$	
小　　　計	600kg	600kg
完　　成　　品		4,000kg

　（注）上記（　）内は、加工費の進捗度を示す。なお、正常減損は工程を通じて平均的に発生する。

2.　原価データ

月初仕掛品原価		当月製造費用	
原　料　費	156,200円	原　料　費	1,591,800円
加　工　費	143,850円	加　工　費	1,927,600円
合　　計	300,050円	合　　計	3,519,400円

3.　計算に際しては、正常減損量にかかる原価を分離して把握し、これを良品に負担させること。

4.　月末仕掛品原価の計算方法は、各自推定して計算すること。

15 総合原価計算 Ⅳ

標準解答時間 **20分** 解答用紙 別冊 **P.17** 解答・解説 **P.154**

製品Ｘを単一工程において量産する大原工業㈱では、実際単純総合原価計算を採用しており、当月のデータは次のとおりである。

1. 生産データ

月初仕掛品	2,800個	$\left(\frac{3}{4}\right)$
当月投入	16,400個	
投入合計	19,200個	
差引：異常仕損	900個 $\left(\frac{1}{3}\right)$	
正常仕損	200個 $\left(\frac{1}{4}\right)$	
月末仕掛品	3,100個 $\left(\frac{1}{2}\right)$	
小計	4,200個	4,200個
完成品		15,000個

Ｈ材料は、工程の始点で投入し、Ｋ材料は、加工進捗度60%の段階で投入する。上記（　）内は、加工費の進捗度を示す。正常仕損は、加工作業工程の $\frac{1}{4}$ の検査点で発見され、それ以外では発生しない。また、正常仕損は月初仕掛品の作業とは関係がなく、すべて当月着手分から発生する。

2. 原価データ

月初仕掛品原価		当月製造費用	
Ｈ材料費	285,600円	Ｈ材料費	1,722,000円
Ｋ材料費	67,200円	Ｋ材料費	292,800円
加工費	275,100円	加工費	2,060,000円
合計	627,900円	合計	4,074,800円

3. 当社製品Ｘは、販売量の季節的変動が大きく、月々の操業度がかなり大きく変動するので、加工費については正常配賦を行っている。正常配賦に関する資料は次のとおりである。

　加工費予算（年間）
　　変動費率・・・・・・・・・・・１時間あたり680円
　　固定費・・・・・・・・・・・・・・・・・19,200,000円
　機械運転時間（基準操業度）・・・・・9,600時間
　当月実際機械運転時間・・・・・・・・・・・740時間

4. 正常仕損品には、１個あたり17円の処分価格があり、異常仕損品のそれは１個あたり13円である。

以上のデータに基づき、正常仕損非度外視法（正常仕損費を分離して計算し、次いで正常仕損費を良品に負担させる方法）および先入先出法によって、①月末仕掛品原価、②正常仕損費、③異常仕損費、④完成品総合原価、⑤完成品単位原価を計算しなさい。ただし、正常仕損費は異常仕損品に負担させること。また、加工費の正常配賦による、⑥加工費配賦差異および、原因別分析を行い、⑦予算差異および⑧操業度差異を計算しなさい。

| 16 | 標準解答時間 **30分** | 解答用紙 別冊 **P.18** | 解答・解説 **P.156** |

総合原価計算 Ⅴ

　大原工業㈱では、製品Yを製造販売しており、その製造過程は、第1工程において工程の始点でA原料を投入し、熱処理を加えて中間製品Xを製造する。中間製品Xは、貯蔵用タンクに保存し、必要量を第2工程に投入している。第2工程では、工程の始点で、中間製品XとB原料を混合して投入し、C原料を工程を通じて平均的に投入し、さらに工程の終点でD原料を投入している。以下の資料に基づいて、仕掛品関係勘定連絡図を完成させなさい。なお当社では、累加法による実際工程別総合原価計算を採用しており、月末仕掛品原価の計算は先入先出法によること。

Ⅰ　第1工程資料

1. 生産データ

月初仕掛品	400kg	$(\frac{4}{5})$
当月投入	7,600kg	
合　計	8,000kg	
正常減損	20kg	$(\frac{1}{2})$
異常減損	80kg	$(\frac{2}{5})$
月末仕掛品	900kg	$(\frac{2}{3})$
完成品	7,000kg	

　　（注）（　）内は、加工進捗度を表す。

2. 原価データ

月初仕掛品原価	73,700円
当月製造費用	
A原料費	1,140,000円
加工費	549,150円

3. 正常減損および異常減損は（　）内で示された進捗度の点で発生し、それらはすべて月初仕掛品の加工作業とは関係なく、当月着手分から生じている。

4. 計算に際しては、正常および異常減損量の原価を分離して把握し、正常減損費を関係品に配賦する。

Ⅱ　第2工程資料

1. 月初製品Y仕掛量　　　500ガロン$(\frac{1}{2})$

内訳：前工程費	中間製品X	
		54,388円
自工程費	B原料費	
	C原料費	5,602円
	加工費	20,250円

2. 当月投入

内訳：前工程費	中間製品X	7,000kg	?　円
自工程費	B原料費	28,000ガロン	648,900円
	C原料費	14,000ポンド	1,106,700円
	D原料費	3,500kg	440,720円
	加工費		2,561,220円

3. 当月製品Y完成量　　　31,480ガロン

4. 月末製品Y仕掛量　　　520ガロン$(\frac{3}{4})$

5. 中間製品Xの月初棚卸高は467,600円（2,000kg）であり、払出価格の計算は先入先出法によること。
　　なお、当月は第2工程への投入以外の払出しはないものとする。

17 総合原価計算 Ⅵ

標準解答時間 **15分**　解答用紙 別冊 **P.19**　解答・解説 **P.158**

　大原工場では、製品 H を製造している。その製造過程は、まず第 1 工程の始点で A 素材を投入し、これを加工して第 2 工程へ振替える。第 2 工程では工程の始点で B 部品を投入し、これを加工し組立てて完成する。製品 H の製造原価計算は、累加法の実際工程別総合原価計算である。そこで次に示す当月のデータに基づき、解答用紙に示す金額を計算しなさい。ただし、完成品と月末仕掛品への原価の配分は、第 1 工程は平均法、第 2 工程は先入先出法によること。

〔生産データ〕

	第 1 工程		第 2 工程	
月初仕掛品量	1,000個	（60%）	2,000個	（50%）
当月投入量	5,000個		5,000個	
投入量合計	6,000個		7,000個	
差引：月末仕掛品量	940個	（50%）	2,500個	（50%）
正常仕損量	60個		200個	
異常仕損量			100個	
完成品量	5,000個		4,200個	

　（注）（　　）内は、加工の進捗度を示す。

〔原価データ〕

	第 1 工程	第 2 工程
月初仕掛品原価		
前工程費	── 円	1,424,000円
当工程費		
A 素材費	505,640円	── 円
B 部品費	── 円	637,000円
加 工 費	118,940円	167,000円
小　計	624,580円	2,228,000円
当月製造費用		
前工程費		? 円
当工程費		
A 素材費	2,500,000円	── 円
B 部品費	── 円	1,753,750円
加 工 費	986,000円	760,000円
小　計	3,486,000円	? 円
合　計	4,110,580円	? 円

〔その他〕
1. 第 1 工程の正常仕損は工程の途中で発生し、評価額はない。
2. 第 2 工程の仕損は、工程終点で発生し、正常仕損費を異常仕損費には負担させない。
　 なお、第 2 工程の正常仕損費の良品に対する負担のさせ方については、発生点の進捗度に基づいて判断し計算すること。また、仕損品に評価額はない。
3. 第 2 工程の仕損は、当月着手分から生じている。
4. 単位原価の計算上端数が生じる場合は、円未満第 1 位で四捨五入しなさい（例：1,234.56…円→1,235円）。

| | 標準解答時間 | **45分** | 解答用紙 | 別冊 **P.20** | 解答・解説 | **P.160** |

18 総合原価計算 Ⅶ

　当工場では、累加法による実際工程別総合原価計算を採用している。当工場での製品製造過程は、第1工程の始点でA素材を投入し、これを加工して中間製品Xを製造する。第2工程では中間製品XとB原料を工程の始点で混合投入し、加工して最終製品Yを製造する。なお、当工場での月々の操業度はかなり変動するので、製造間接費については正常配賦を行っている。そこで以下の資料に基づいて各問に答えなさい。

Ⅰ. 公式法変動予算

	第 1 工 程		第 2 工 程		電 力 部	
	月間固定費	変 動 費 率	月間固定費	変 動 費 率	月間固定費	変 動 費 率
(1) 自 工 程 費	192万円	320円/時間	48万円	160円/時間	30万円	36円/kWh
(2) 補助部門費配賦額 電 力 部 費	?万円	?円/時間	?万円	?円/時間	―万円	―円/kWh
合 計 (1)＋(2)	?万円	?円/時間	?万円	?円/時間	30万円	36円/kWh
月間正常機械作業時間	6,000時間		――			
月間正常直接作業時間	――		3,000時間			
月間正常電力消費量	30,000kWh		20,000kWh			
月間正常電力供給量	――		――		50,000kWh	

　電力部は正常な状態では、5万kWhの電力を3：2の割合で第1工程と第2工程へ供給している。そこで電力部の固定費は、両工程の月間正常電力消費量の割合を基準にし、変動費は、正常配賦率に月間正常電力消費量を掛けて両工程へ配賦する。かくして、両工程に集計された製造間接費予算に基づき、第1工程は機械作業時間、第2工程では直接作業時間を基準にして正常配賦率が計算される。

Ⅱ. 第1工程資料

(1) 製造に関するデータ

月初仕掛品	450個 $\left(\frac{3}{5}\right)$	1,296,900円
当月投入		
A 素 材	2,650個	3,816,000円
直接労務費		1,429,450円
製造間接費		? 円
合 計	3,100個	? 円
正 常 仕 損	100個 $\left(\frac{2}{5}\right)$	
異 常 仕 損	60個 $\left(\frac{2}{3}\right)$	
月 末 仕 掛 品	440個 $\left(\frac{1}{2}\right)$	
完 成 品	2,500個	
合 計	3,100個	

(2) 当月実際機械作業時間　5,819時間

(3) 当月実際電力消費量　29,500kWh

(4) 生産データの（　　）内の数値はそれぞれの加工進捗度を表す。

(5) 正常および異常仕損はすべて（　　）内の進捗度の点で発生し、すべて当月着手分から生じた。

(6) 正常仕損の処理は、正常仕損非度外視法による。なお、正常仕損費は異常仕損品に負担させること。

(7) 正常仕損、異常仕損ともに評価額は1個あたり102円である。

Ⅲ．第2工程資料

(1) 月初仕掛品　製　品　Y　　　　200個($\frac{1}{2}$)　　1,132,090円

内訳：前 工 程 費　　822,110円
B 原 料 費　　165,550円
直接労務費　　 82,350円
製造間接費　　 62,080円
　　　　　　1,132,090円

(2) 当 月 投 入　中間製品X　　2,500個‥‥‥‥‥‥前 工 程 費　　　？　円
　　　　　　　　B　原　料　　8,500kg‥‥‥‥‥B 原 料 費　　2,100,000円
　　　　　　　　　　　　　　　　　　　　　　直接労務費　　2,077,600円
　　　　　　　　　　　　　　　　　　　　　　製造間接費　　　？　円
　　　　　　　　　　　　　　　　　　　　　　　　　　　　　　？　円

(3) 月末仕掛品　製　品　Y　　250個($\frac{2}{5}$)
(4) 完　成　品　製　品　Y　　2,450個
(5) 当月実際直接作業時間　　2,695時間
(6) 当月実際電力消費量　　20,100kWh

Ⅳ．当月実際製造間接費

(1)

第1次集計額	第 1 工 程	第 2 工 程	電 力 部
固 定 費	1,910,000円	480,000円	320,000円
変 動 費	1,830,000円	325,000円	1,776,000円

(2) 電力部費の配賦は、正常配賦率を計算した場合と同様に、固定費については、予算額を関係部門の用役消費能力の割合、または正常消費量の割合で配賦する。変動費については、正常配賦率に関係部門の用役実際消費量を掛けて配賦する。

(3) 第1工程と第2工程における製造間接費の配賦は正常配賦による。

問1　第1工程および第2工程の製造間接費正常配賦率を求めなさい。

問2　先入先出法によって、各工程の(a)完成品総合原価、(b)月末仕掛品原価、(c)完成品単位原価、(d)第1工程の異常仕損費を計算しなさい。

問3　第1工程、第2工程および電力部の予算差異を求めなさい。

19 総合原価計算 Ⅷ

標準解答時間 **30分** 解答用紙 別冊 **P.20** 解答・解説 **P.164**

大原工業㈱では、製品甲・製品乙の2種類の製品を製造している。下記の資料により各問に答えなさい。

1. 生産データ

	製　品　甲	製　品　乙
月初仕掛品	1,000個 $\left(\frac{1}{2}\right)$	2,000個 $\left(\frac{1}{2}\right)$
当月投入量	3,000個	3,500個
計	4,000個	5,500個
月末仕掛品	1,500個 $\left(\frac{2}{3}\right)$	1,000個 $\left(\frac{1}{4}\right)$
仕損	500個 $\left(\frac{1}{2}\right)$	500個 $\left(\frac{1}{2}\right)$
当月完成品	2,000個	4,000個

2. 原価データ

	製　品　甲	製　品　乙
月初仕掛品		
直接材料費	2,510,000円	2,440,000円
直接労務費	1,185,000円	2,760,000円
製造間接費	2,275,000円	4,450,000円
当月製造費用		
直接材料費	7,500,000円	4,200,000円
直接労務費	6,462,500円	9,607,500円
製造間接費	?　　円	?　　円
直接作業時間	2,750時間	3,500時間

(注) 製造間接費は、直接作業時間を基準として両製品に正常配賦する。なお、正常配賦率は1時間あたり4,500円である。

3. その他

(1) 直接材料は、すべて工程始点で投入される。

(2) 仕損はすべて正常なものであり、仕損品の処分価格は両製品ともに1個あたり2,500円である。なお、正常仕損費は分離して把握したうえで、関係する良品に対して負担させること。

　また、正常仕損は月初仕掛品の作業とは関係がなくすべて当月着手分から発生する。

(3) 生産データの（　）内は、加工進捗度および仕損の発生点を示している。

(4) 月末仕掛品原価の計算は、先入先出法によること。

(5) 当月製造間接費実際発生額は28,300,000円である。

問1 製品甲および製品乙の①月末仕掛品原価、②完成品総合原価、③完成品単位原価を求めなさい。

　（注）計算上端数が生じた場合は、円位未満第3位を四捨五入すること。

問2 当月の製造間接費配賦差異を求めなさい。

20 総合原価計算 IX

大原工業㈱では、製造工程として第1工程および第2工程を設け、異種製品を連続生産しており、工程別組別総合原価計算を採用している。下記に示す当月の原価情報に基づいて、各問に答えなさい。

1. 生産データ

	第 1 工 程		第 2 工 程	
	A 製 品	B 製 品	A 製 品	B 製 品
月初仕掛品	100個（$\frac{1}{2}$）	50個（$\frac{1}{2}$）	200個（$\frac{1}{2}$）	300個（$\frac{1}{3}$）
当月着手	2,000個	1,800個	1,900個	1,750個
計	2,100個	1,850個	2,100個	2,050個
月末仕掛品	200個（$\frac{1}{2}$）	100個（$\frac{1}{2}$）	300個（$\frac{2}{3}$）	200個（$\frac{1}{2}$）
完 成 品	1,900個	1,750個	1,800個	1,850個

（注）材料は第1工程始点で投入される。また（　）内は加工進捗度を示す。

2. 原価データ

	第 1 工 程		第 2 工 程	
月初仕掛品原価	A 製 品	B 製 品	A 製 品	B 製 品
直 接 材 料 費	8,380円	2,500円	── 円	── 円
直 接 加 工 費	5,190円	1,035円	7,860円	12,870円
組 間 接 費	3,380円	565円	2,520円	5,770円
前 工 程 費	── 円	── 円	50,800円	34,385円
当月直接材料費	160,000円	90,000円	── 円	── 円
当月直接作業時間	975時間	355時間	570時間	925時間
当月機械運転時間	520時間	340時間	228時間	555時間
予 定 平 均 賃 率	@ 200円		@ 250円	
組間接費予定配賦率	@ 120円		@ 180円	
当 月 前 工 程 費	── 円	── 円	? 円	? 円

3. 当月組間接費実際発生額

	第 1 工 程	第 2 工 程
間 接 材 料 費	54,000円	32,000円
間 接 労 務 費	66,000円	51,000円
間 接 経 費	31,200円	59,600円
合 計	151,200円	142,600円

4. その他
（1）月末仕掛品原価の計算は先入先出法によること。
（2）工程費の計算は累加法によること。
（3）直接加工費の配賦は、両工程とも直接作業時間を基準に行い、組間接費の配賦は、第1工程は直接作業時間、第2工程は機械運転時間を基準とすること。なお、直接加工費は直接労務費のみである。

問1　第1工程仕掛品－A、第2工程仕掛品－A、第1工程仕掛品－B、第2工程仕掛品－Bの各勘定を完成させなさい。

問2　第1工程組間接費配賦差異および第2工程組間接費配賦差異を計算しなさい。

21 総合原価計算 X

標準解答時間 **45分** 解答用紙 別冊 **P.22** 解答・解説 **P.169**

第1問

大原工業㈱は製品 H および製品 K を製造販売している。各製品は形状の違う同種製品であるため、全部実際単一工程等級別総合原価計算を採用している。下記資料に基づき、解答用紙に示した仕掛品勘定の記入を行いなさい。なお、各製品の単位あたり製造原価をあわせて計算しなさい。

(1) 原価データ

	直 接 材 料 費	加 工 費	合 計
月初仕掛品原価	788,304円	675,670円	1,463,974円
当月製造費用	6,854,400円	12,348,000円	19,202,400円

(2) 生産データ

月 初 仕 掛 品	5,400台	(0.5)
当 月 投 入	48,000台	
計	53,400台	
月 末 仕 掛 品	3,000台	(0.5)
正 常 仕 損	320台	
異 常 仕 損	80台	
完 成 品	50,000台	
内訳：製品H	20,000台	
製品K	30,000台	

(注)（　）内は加工進捗度を示す。

(3) 等価係数

製 品 H		製 品 K
1	:	0.8

(4) その他のデータ

① 月末仕掛品原価の計算は、先入先出法によること。

② 正常仕損は工程の $\frac{1}{2}$ の検査点で発見されたものであり、仕損の正常発生量を超えたものは、異常仕損としている。なお、仕損品は40台あたり4,430円で売却することができる。また、この仕損品の価値は加工によって生じたものである。

③ 仕損は当月着手分のみから発生し、月初仕掛品の加工作業とは関係がないものとする。

④ 正常仕損費は度外視法により進捗度に応じて負担させる。なお、正常仕損費は異常仕損に負担させない。

⑤ 直接材料は工程の始点で全量投入している。

第2問

　当社では、同一工程において、製品 X と製品 Y を連続生産している。これら製品 X と製品 Y の製造原価に関する資料は下記のとおりである。なお、製品原価の計算方法は等級別総合原価計算を採用している。

〔原価データ〕

	製　品　X	製　品　Y
1.　月 初 仕 掛 品 原 価		
原　料　費	3,037,500円	3,159,000円
加　工　費	1,310,760円	946,440円
2.　当 月 製 造 費 用		
原　料　費	43,256,700円	
加　工　費	34,200,000円	

〔生産データ〕

	製品 X	製品 Y
1.　月 初 仕 掛 品	500個 $\left(\frac{2}{5}\right)$	800個 $\left(\frac{1}{2}\right)$
2.　月 末 仕 掛 品	600個 $\left(\frac{2}{3}\right)$	1,000個 $\left(\frac{2}{5}\right)$
3.　完　　成　　品	3,200個	8,000個

〔等価係数〕

原　料　費	1.0	:	0.6
加　工　費	1.0	:	0.5

〔その他の計算条件〕

(1)　仕掛品に付した（　　）内は、加工費の進捗度を示す。

(2)　製品 X から200個、製品 Y から400個の仕損がともに工程の $\frac{1}{2}$ の検査点で把握される。正常仕損品 1 個あたりの処分価格は製品 X は866.4円、製品 Y は720円である。

(3)　原料は工程の始点で全量投入している。

(4)　月末仕掛品原価の計算は、平均法によること。

(5)　正常仕損費の良品への負担は、発生点の加工進捗度により判断すること。

問　　当月製造費用を按分する際に等価係数を使用して計算する方法および正常仕損度外視法によって解答用紙に示す各金額を計算しなさい。なお、仕損品の価値は主として原料によるものである。

22 総合原価計算 XI

標準解答時間 **30分**　解答用紙 別冊 **P.23**　解答・解説 **P.172**

　大原工業株式会社では、製品 X および製品 Y を製造・販売している。その製造にはまず第 1 工程の始点で原料 S を投入し、これを加工して中間製品 X および中間製品 Y が完成する。中間製品 X および中間製品 Y は第 1 工程の終点で分離するが、これらは連産品であり、第 1 工程の完了品原価を正常市価基準により各連産品に按分している。その後、第 2 工程では中間製品 X を始点で受け入れ加工し、最終製品 X を産出する。第 3 工程では中間製品 Y を始点で受け入れ加工し、最終製品 Y を産出している。当月の計算に必要な資料は次のとおりである。

1. 第 1 工程生産データ

月 初 仕 掛 品	4,200kg	$\left(\frac{1}{3}\right)$
当 月 投 入	18,000kg	
合　　　　計	22,200kg	
月 末 仕 掛 品	4,400kg	$\left(\frac{2}{5}\right)$
正 常 減 損	800kg	
完　了　品	17,000kg	

完了品内訳 { 中間製品 X　12,000kg / 中間製品 Y　5,000kg

注：(1)　月初仕掛品および月末仕掛品に付した（ ）内は加工進捗度である。
　　(2)　正常減損は工程の終点で発生しており、正常減損費は完了品に自動的に負担させる。
　　　　　なお、正常減損はすべて月初仕掛品の加工作業とは関係なく、当月着手分から生じた。
　　(3)　製造原価の月末仕掛品および完了品への原価配分計算は、先入先出法を採用している。

2. 第 1 工程原価データ
(1)　当月製造費用に関するデータ
　　原 料 S　　9,900,000円　　　　　加 工 費　　15,436,000円
(2)　月初仕掛品に関するデータ
　　原 料 S　　2,562,000円　　　　　加 工 費　　1,197,000円

3. 当月の第 2 工程、第 3 工程および最終製品の販売に関する見積データ（これらはすべて正常値である）

	製　品　X	製　品　Y
産　　出　　量	12,000kg	5,000kg
最終製品正常販売価格	2,500円/kg	4,000円/kg
第 2 工程見積個別加工費	650円/kg	──
第 3 工程見積個別加工費	──	1,450円/kg
最終製品見積個別販売費	225円/kg	450円/kg

4. 当月の第 2 工程、第 3 工程および最終製品の販売に関する実際データ

	製　品　X	製　品　Y
産　　出　　量	12,000kg	5,000kg
最終製品実際販売価格	2,550円/kg	3,980円/kg
第 2 工程実際個別加工費	645円/kg	──
第 3 工程実際個別加工費	──	1,550円/kg
最終製品実際個別販売費	230円/kg	490円/kg

注：第 2 工程、第 3 工程ともに月初・月末仕掛品は存在しなかった。

　上記資料に基づいて、次の各問に答えなさい。

問 1　第 1 工程の原価計算表を作成しなさい。
問 2　第 1 工程の完了品原価（連結原価）を中間製品 X および中間製品 Y に正常市価基準（負担能力主義に基づく計算）により按分するための連結原価配分表を作成しなさい。なお、正常市価は、最終製品正常販売金額から見積個別加工費および販売費を控除して算定すること。
問 3　問 2 の計算結果をもとに、当月の製品別実績損益計算書を作成しなさい。なお、当月生産した最終製品 X および最終製品 Y はすべて販売されたものとする。また月初、月末製品は存在しなかった。

23 総合原価計算 XII

標準解答時間 **30分** 解答用紙 別冊 **P.24** 解答・解説 **P.174**

　当社では、主力製品である練乳とバタークリームを大阪工場で生産している。これらの製品を作るために大阪工場では、第1工程の始点で原乳を投じ、それに加工を加えることによって同工程の終点で牛乳とクリームを生産している。これらの生産物は、第1工程の加工後終点において必然的に分離生産されるが、大阪工場では、牛乳を第2工程始点で原料Qとともに投入し、クリームを第3工程始点で投入し、それぞれ追加加工を行うことによって練乳とバタークリームにしている。なお、第1工程終点で分離される牛乳およびクリームの連結原価の配賦計算は、正常市価基準により行っているが、正常市価は、最終製品の正常市価から分離後の追加加工費および販売費を控除して算定している。そこで、下記の資料に基づいて各問に答えなさい。

Ⅰ　当月の生産データ

1.　第1工程始点において原乳を18,200kg投入し、終点において8,000kgの牛乳と10,000kgのクリームを完成させた。なお、月初仕掛品は1,800kg（進捗度50%）、月末仕掛品は2,000kg（進捗度60%）であった。

2.　第2工程始点において第1工程で生産した牛乳と原料Qを混合投入し、練乳10,800kgを完成させた。

3.　第3工程始点において第1工程で生産したクリームを投入し、バタークリームを9,500kg完成させた。

4.　第2工程、第3工程ともに月初および月末仕掛品は存在しなかった。また、第1工程の完成品は全量各工程に振替えている。

5.　減損の実際発生割合および原料Qの投入割合は見込みどおりであった。

Ⅱ　実際データ

1.　月初仕掛品原価

　　　第1工程　原　　乳　　441,000円、加 工 費　　234,000円

2.　当月製造費用

　　　第1工程　原　　乳　　4,550,000円、加 工 費　　5,490,000円

　　　第2工程　原 料 Q　　342,000円、前工程費　　　　?　　円、加 工 費　14,660,000円

　　　第3工程　前工程費　　　　?　　円、加 工 費　10,200,000円

3.　販売価格　練乳1kgあたり2,100円、バタークリーム1kgあたり1,900円

4.　販　売　費　練乳1kgあたり110円、バタークリーム1kgあたり62円

5.　月末仕掛品の計算は先入先出法とする。

Ⅲ　見積データ

1.　販売価格は練乳、バタークリームともに1kgあたり2,000円である。

2.　販売費は練乳1kgあたり100円、バタークリーム1kgあたり60円である。

3.　加工費は投入量1kgあたり第2工程は1,350円、第3工程は1,000円である。

4.　第2工程における原料Qの投入割合は牛乳投入量の50%であり、その単価は1kgあたり80円である。

5.　減損は、第2工程では投入量（原料Q投入後）の10%が始点において、第3工程では投入量の5%が終点において発生する見込みである。

Ⅳ　当月の販売データ

1.　練乳の月初および月末の在庫は存在しない。

2.　バタークリームの月初の在庫は存在しないが、月末の在庫は950kgであった。

問1　第1工程完成品の連結原価および第1工程完成品の牛乳とクリームそれぞれの連結原価配賦額を求めなさい。

問2　解答用紙に示した製品別月次損益計算書を完成させなさい。

| | 標準解答時間 | 30分 | 解答用紙 | 別冊 P.25 | 解答・解説 | P.176 |

24 標準原価計算 Ⅰ

H工場では製品Kを製造し、標準原価計算制度を採用している。当月の資料は次のとおりである。

1. 製品K1kgあたりの標準原価

	標準消費量		標準価格		金額
直接材料費	1.0 kg	× @	180円	=	180円
直接労務費	1.4時間	× @	150円	=	210円
製造間接費	1.4時間	× @	250円	=	350円

（注）上記標準原価のほかに、正常減損費が完成した良品に対して2％発生する。

2. 生産データ

月初仕掛品	4,500kg	$(\frac{2}{3})$
当月投入	50,750kg	
合計	55,250kg	
月末仕掛品	4,000kg	$(\frac{3}{4})$
減損	1,250kg	
完成品	50,000kg	

（1）材料は、工程の始点ですべて投入されている。
（2）減損の発生点は、工程の終点である。
（3）仕掛品に付したカッコ書きは、加工費の進捗度を示す。

3. 当月実際製造直接費

（1）直接材料費

実際直接材料費	材料実際消費量
9,150,000円	50,750kg

（2）直接労務費

実際直接労務費	実際直接作業時間
10,950,000円	72,000時間

4. 製造間接費

（1）固定製造間接費予算額および基準操業度（月間）

固定製造間接費予算額	基準操業度
10,875,000円	72,500時間 （直接作業時間）

（2）製造間接費実際発生額

固定製造間接費	変動製造間接費
10,900,000円	7,429,000円

上記の資料に基づいて、(A)正常減損費を明示した「製品K1kgあたりの標準原価カード」を作成し、(B)標準原価計算勘定体系図の作成および原価差異の分析を行いなさい。なお、解答にあたり下記に注意すること。

〔注意事項〕
① 標準原価計算勘定体系図作成において、直接材料費および直接労務費については、責任会計の見地から工程の管理者にとって管理可能な差異のみを仕掛品勘定で把握する方法によること。
② 製造間接費差異の原因別分析において能率差異は標準配賦率により計算すること。
③ 勘定体系図において異常減損費（減損差異）は原価差異に含めて記入すること。

標準解答時間 **30分** | 解答用紙 別冊 **P.26** | 解答・解説 **P.178**

25 標準原価計算 Ⅱ

　大阪工業㈱の淀川工場では単一工程にて製品Hを連続生産している。なお、当社は標準原価計算制度を採用している。下記の資料に基づいて各問に答えなさい。

1.　標準原価データ（製品H1個あたり）

	標準消費量			標準価格		金　額
直 接 材 料 費	10　kg	×	@	180円	=	1,800円
直 接 労 務 費	15時間	×	@	130円	=	1,950円
製 造 間 接 費	15時間	×	@	150円	=	2,250円

　上記標準原価には、正常仕損費が含まれていない。なお、正常仕損費については、完成した良品に対して2％負担させる。また、仕損品には1個あたり500円の評価額があり、直接材料費からその価格を控除する。

2.　生産データ

月 初 仕 掛 品	450個	$\left(\frac{2}{3}\right)$
当 月 投 入	5,100個	
合　　計	5,550個	
月 末 仕 掛 品	400個	$\left(\frac{3}{4}\right)$
仕 損 品	150個	
完 成 品	5,000個	

（1）　材料は、工程の始点ですべて投入されている。
（2）　仕損の発生点は、工程の終点である。
（3）　仕掛品に付した（　　）は、加工進捗度を示す。

3.　当月実際製造直接費
（1）　実際直接材料費 ………………… 9,250,000円（実 際 消 費 量　51,250kg）
（2）　実際直接労務費 …………………10,200,000円（実際直接作業時間　77,550時間）

4.　製造間接費に関するデータ（月間）
（1）　固定製造間接費予算額 ……………………………………………………6,685,250円
（2）　基 準 操 業 度 ………………………………………… 78,650時間（直接作業時間）
（3）　変動費実際製造間接費 ……………………………………………………5,234,000円
（4）　固定費実際製造間接費 ……………………………………………………6,789,000円

問1　解答用紙に示す正常仕損費を明示した「製品H1個あたりの標準原価カード」を作成しなさい。

問2　解答用紙に示す標準原価計算勘定連絡図を完成させなさい。なお、作成する際、直接材料費および直接労務費については、責任会計の見地から工程の管理者にとって管理可能な差異のみを仕掛品勘定より把握し、製造間接費については、操業度差異、変動費予算差異、固定費予算差異および能率差異（変動費および固定費を含む）が把握できるように勘定の記入を行いなさい。また、仕掛品勘定の作成にあたり異常仕損費（仕損費差異）は原価差異に含めて記入すること。

26 標準原価計算 Ⅲ

標準解答時間 **45分** | 解答用紙 別冊 **P.27** | 解答・解説 **P.180**

全部標準総合原価計算を採用している大原工業株式会社（以下当社という）では、製品αを量産している。製品αは、工程始点で材料を投入しこれを加工することにより完成品となる。なお、工程終点において品質検査を行っており、仕損が検出される。正常仕損率は良品に対し２％であり、これを超えて発生した仕損は異常仕損とする。仕損品には正常および異常ともに処分価値はないため廃棄している。また、正常仕損費は異常仕損品に負担させない。下記資料に基づき各問に答えなさい。

1. 製品αの原価標準に関するデータ
 （1） 製品α１個あたりの生産には材料を５kg必要とする。
 （2） 材料１kgあたりの標準価格は500円である。
 （3） 製品α１個あたりの生産には２時間の直接作業を必要とする。
 （4） １時間あたりの直接工標準賃率は800円である。
 （5） 月間製造間接費予算は42,480,000円（内固定費は28,320,000円）である。
 （6） 製造間接費は、直接作業時間を基準に配賦率を算定しており、月間基準操業度（期待実際操業度）は17,700時間である。
 （7） 上記資料に正常仕損費は含まれていない。

2. 生産データ

月初仕掛品	800個	（20%）
当月投入量	8,900個	
合　　計	9,700個	
月末仕掛品	1,000個	（25%）
仕損品	200個	
当月完成量	8,500個	

 注：（　　）内は、加工進捗度を示す。

3. 実際原価データ
 （1） 当月の材料実際購入量は44,570kgであり、購入代価は21,950,725円、外部材料副費は441,243円であった。なお、購入原価の算定にあたっては、購入代価に外部材料副費を加算する。
 （2） 月初材料棚卸量は4,000kg（2,014,052円）であり、月末材料帳簿棚卸量は4,050kgであった。なお、材料はすべて直接材料として消費しており、消費価格は先入先出法により計算している。また、帳簿棚卸量と実地棚卸量は一致していた。
 （3） 当月の直接工賃金支給総額は13,616,000円であり、前月末未払額は4,550,300円、当月末未払額は5,005,500円であった。なお、当社は支給総額を賃率算定の基礎としている。したがって、支給総額に当月末未払額および前月末未払額を加減した金額を就業時間で除すことにより実際賃率を算定している。また、直接工は直接作業以外従事しておらず、当月実際直接作業時間は17,600時間であり就業時間と一致した。
 （4） 当月の製造間接費実際発生額は42,389,490円（内固定費28,324,210円）であった。

4. 製造間接費は公式法変動予算を採用し、製造間接費差異の分析は、能率差異を標準配賦率により計算する3分法によること。

5. 製品 α の原価標準に正常仕損費を組み込む方法としては、各原価要素別標準消費量を増加させる方法と、正味標準製造原価に正常仕損費を特別費として加算する方法がある。当社は、正味標準製造原価に正常仕損費を特別費として加算する方法を採用している。

問1 当社が採用している方法により、解答用紙に示す標準原価カードを作成しなさい。

問2 問1で作成した標準原価カードを用いて、解答用紙に示す仕掛品勘定をパーシャル・プランにより作成しなさい。

問3 仮に当社が度外視法を採用していたとする。すなわち製品 α の原価標準に正常仕損費を組み込む方法として、各原価要素別標準消費量を増加させる方法を採用しているということである。その場合、解答用紙に示す標準原価カードを作成しなさい。

問4 問3で作成した標準原価カードを用いて解答用紙に示す仕掛品勘定をパーシャル・プランにより作成しなさい。

問5 問3で作成した標準原価カードを用いて解答用紙に示す各種原価差異を計算しなさい。

27 標準原価計算 Ⅳ

標準解答時間 **45分** 解答用紙 別冊 **P.28** 解答・解説 **P.185**

当工場では甲直接材料および乙直接材料を投入・加工して製品Pを製造している。まず、甲材料を工程始点で投入し、これを加工した上で、加工費進捗度90%の段階で検査を行っている。その合格品に乙材料を追加投入し、残りの加工作業を施して製品Pを完成させている。先月の実績は、次のとおりであった。

製品P完成品数量	3,000単位
製品P月初仕掛品数量	0単位
製品P月末仕掛品数量	500単位（加工費進捗度80%）
甲直接材料消費量	31,000個
乙直接材料消費量	12,000個
直接作業時間	3,800時間
製造費用発生額：	
直接材料費（甲）	65,255千円
直接材料費（乙）	28,800千円
直接労務費	11,020千円
製造間接費	80,040千円
合　計	185,115千円

なお、検査点で仕損品が発見されたが、先月の製造作業は正常な状態で行われており、正常仕損と判断されたため、仕損品数量は記録されていない。

以上の条件のもとで、問1から問4に答えなさい。なお、計算の過程で端数が生じても、計算の途中では四捨五入せず、最終の答えの段階において千円未満で四捨五入すること。また、解答用紙の（　　）内には、有利差異であれば「F」、不利差異であれば「U」と記入すること。差異の金額を「0」と解答した場合は、（　　）内は「―」と記入すること。

問1 当工場の先月の製造実績に対してパーシャル・プランの標準原価計算を行って、解答用紙の表を完成しなさい。
ただし、製品Pの原価標準は次のとおりである。

直接材料費（甲）	2,095円/個 × 8個	16,760円
直接材料費（乙）	2,410円/個 × 4個	9,640円
直接労務費	2,800円/時 × 1時間	2,800円
製造間接費	20,800円/時 × 1時間	20,800円
合　計		50,000円

なお、この原価標準には正常仕損費は含まれていない。当工場では、正常な状態で作業が行われる場合、検査点において通過する良品の10%の仕損品が出ると想定されている。

問2　問1で計算した標準原価差異を分析し、解答用紙の表を完成しなさい。ただし、製造間接費差異については変動予算を用いた差異分析を行い、能率差異は標準配賦率を用いて計算すること。固定製造間接費予算は月額41,800千円、基準操業度は月間3,800時間である。

問3　問2で「正常仕損費を含まない原価標準で良品の原価を計算する場合」に計算された直接材料消費量差異、直接労働時間差異、製造間接費能率差異を、それぞれ、仕損関連の差異と仕損無関連の差異に分解し、解答用紙の表を完成しなさい。なお、仕損関連の差異とは仕損が原因で生じている差異をいう。

問4　当工場は仕損ゼロの方針で品質改善に取り組むこととした。先月の実際仕損品数量を調べたところ、想定どおり良品の10%、300単位であった。この現状を前提として、品質原価計算の観点から、予防原価と評価原価の合計額の上限を、標準原価計算を行っている場合について計算しなさい。なお、失敗原価の計算では仕損品の処理に要するコスト等さまざまな内部失敗原価や外部失敗原価を計算する必要があるが、ここでは与えられたデータの範囲内で計算すればよい。また、品質原価計算では品質原価を差額原価で計算することもあるが、ここでは全部原価で計算すること。

28 標準原価計算 Ⅴ

標準解答時間 30分　**解答用紙** 別冊 P.29　**解答・解説** P.188

　製品 H を量産する K 工業では、パーシャル・プランの全部標準原価計算を採用しており、原価要素別の仕掛品勘定が設定されている。製造間接費の差異は、変動予算と四分法（総差異を、①変動予算による予算差異、②変動費能率差異、③固定費能率差異、④操業度差異に分析する方法）によって分析している。この製品の製造間接費関係のデータは次のとおりである。

1.　製品 H 1 個あたりの標準製造間接費
 (1)　機械稼働時間あたりの標準製造間接費配賦率は、次のように設定されている。

$$標準配賦率 = \frac{年間製造間接費予算7,488,000円}{年間正常機械稼働時間9,600時間} = 780円/時$$

 (2)　製品 H の製造には、工程の終点で正常仕損が発生する。正常仕損率は、良品に対し 1 ％であり、正常仕損品に売却価値はない。
 (3)　製品 H 1 個あたりの（正常仕損製造間接費を含まない）正味標準製造間接費
　　　＝780円/時×0.2時/個＝156円/個
 (4)　製品 H の原価標準では、1 個あたりの正常仕損製造間接費は、上記正味標準製造間接費の中に組み込まれず、それとは区別され、別個に設定されている。

2.　5 月と 6 月の生産データ

	5 月	6 月
月 初 仕 掛 品	500個（40%）	560個（50%）
当 月 受 入	4,100個	3,840個
合　　　計	4,600個	4,400個
差引：正 常 仕 損	40個	39個
異 常 仕 損	0個	11個
月 末 仕 掛 品	560個（50%）	450個（40%）
合　　　計	600個	500個
当月完成品合計	4,000個	3,900個
実際機械稼働時間	850時間	790時間

　　（注）（　　）内の％は、仕掛品の進捗度。6 月の異常仕損は工程の終点で発生し、異常仕損品に売却価値はない。

3.　5 月の製造間接費差異分析において、操業度差異＝25,000円（貸方）であった。

4.　6 月の製造間接費差異分析において、総差異＝0 円であった。
　以上のデータに基づき、下記の問いに答えなさい。

問 1　製造間接費の発生額を費目別に管理するために役立つ差異は、①予算差異、②変動費能率差異、③固定費能率差異、④操業度差異のうち、どの差異かを答えなさい。答えは該当する差異の番号を 1 つ選んで□内に記入すること。

問 2　6 月の「仕掛品－製造間接費」勘定の [　　] 内には適切な名称を、□内には、該当する数値を記入し、この勘定記入を締切り、完成させなさい。

問 3　6 月の標準製造間接費差異分析を行って、その計算結果を、それぞれ該当する差異勘定の借方または貸方に記入しなさい。

29 標準原価計算 Ⅵ

標準解答時間 **25分**　解答用紙 別冊 **P.30**　解答・解説 **P.190**

製品 H を生産する大原工業㈱は、全部標準原価計算制度を採用している。

1.　製品 H の原料費標準

　　製品 H 8 kgを生産するために必要な原料の種類とそれらの標準配合割合は、下記のとおりである。

原 料 種 類	標準消費量	標 準 単 価	標準原料費
P	5 kg	@80円	400円
Q	3 kg	@60円	180円
R	2 kg	@30円	60円
投入量合計	10kg		640円

2.　当月の実際原料費

原 料 種 類	実際消費量	実 際 単 価	実際原料費
P	19,750kg	@81円	1,599,750円
Q	12,150kg	@58円	704,700円
R	8,100kg	@32円	259,200円
合　計	40,000kg		2,563,650円

3.　製品 H の当月実際生産量は31,800kgであった。

4.　大原工業㈱では、月末に仕掛品は残らぬように生産しているので、月初および月末仕掛品はない。

　　上記のデータに基づいて、下記の各問に答えなさい。

問 1　当月の標準原料費と実際原料費とを比較して、(1) 原料費の総差異（歩留差異を含む）を計算し、次に総差異を原料種類別に、(2) 価格差異と消費量差異に分け、さらに消費量差異を歩留差異と配合差異に分析しなさい。

　　　なお、（　　）内には、借方差異なら「－」、貸方差異なら「＋」の記号を記入しなさい。

問 2　上記問 1 で計算した結果を解答用紙の原価計算関係諸勘定の（　　）内に記入しなさい。なお、大原工業㈱では、原料を出庫し仕掛－原料費勘定に借記するときに、価格差異および原料配合差異を算出し、仕掛－原料費勘定から製品勘定へ完成品の標準原料費を振り替えるときに、原料歩留差異を算出している。また、不要な（　　）内には、「－」を記入しなさい。

30 標準原価計算 Ⅶ

標準解答時間 **45分** | 解答用紙 別冊 **P.31** | 解答・解説 **P.192**

第1問

　製品Hを製造・販売する当社は、全部標準原価計算を採用している。当社では、原料はすべて掛けで仕入れている。原料を掛けで仕入れたとき標準単価で原料勘定に借記し、原料受入価格差異を算出している。

　また、原料を出庫し仕掛－原料費勘定に借記するときに、原料配合差異を算出し、仕掛－原料費勘定から製品勘定へ完成品の標準原料費を振り替えるときに、原料歩留差異を算出している。

　そこで、次に示す当月の資料に基づいて、原料受入価格差異、原料出庫額、原料配合差異、原料歩留差異および完成品標準原料費をそれぞれ計算し、解答用紙に示す標準原価計算関係勘定連絡図を完成させなさい。

【当月の資料】

（1）製品Hの原料費標準

　　　製品H12kgを生産するために必要な原料の種類とそれらの標準配合割合は、下記のとおりである。

原料種類	標準消費量	標準単価	標準原料費
P	7.5kg	@ 140円	1,050円
Q	4.5kg	@ 80円	360円
R	3.0kg	@ 130円	390円
投入量合計	15.0kg		1,800円

（2）当月の原料記録：先月と当月において、実際購入単価に変動はなかった。

原料種類	月初在庫量	当月購入量	月末在庫量	実際購入単価
P	560kg	24,150kg	710kg	@ 142円
Q	320kg	13,400kg	520kg	@ 78円
R	215kg	11,315kg	230kg	@ 133円

（3）製品Hの当月実際生産量は38,000kgであった。

（4）製品Hの月初仕掛品は1,500kgであり、月末仕掛品は2,000kgである。

（5）製品Hの当月実際歩減量は10,000kgであり、工程の終点で発生した。

第2問

　標準原価計算制度を採用しているＨ社は、原料Ａ、原料Ｂおよび原料Ｃをある一定の割合で投入して製品Ｘを生産している。そこで、次の資料に基づいて、解答用紙に示す各金額を計算しなさい。

〔資　料〕
(1)　原価標準（原料10kgを投入すると、工程終点で2kgの歩減が発生する）
　　(a)　標準原料費（原料は工程の始点で投入している）

　　　　原　料　Ａ　　　5 kg　×　@ 144円 ＝　　　720円
　　　　原　料　Ｂ　　　3 kg　×　@ 164円 ＝　　　492円
　　　　原　料　Ｃ　　　2 kg　×　@ 154円 ＝　　　308円
　　　　　　　　　　　　10kg　　　　　　　　　　1,520円

　　(b)　標準直接労務費
　　　　　投入原料Ａ、Ｂ、Ｃ計10kgを8kgの製品に加工するために要する直接労務費
　　　　　　2時間×@500円＝1,000円
　　(c)　製造間接費予算（配賦基準は直接作業時間：公式法による変動予算を採用）
　　　　　月間の正常直接作業時間　5,000時間
　　　　　月間の正常製造間接費
　　　　　　変　動　費　率　　@120円
　　　　　　固定費総額　1,500,000円
(2)　当月の実績データ
　　(a)　原料費

原 料 種 類	月 初 在 庫 量	当 月 購 入 量	月 末 在 庫 量	実際消費単価
A	360kg	11,640kg	540kg	@ 145円
B	220kg	7,680kg	380kg	@ 160円
C	120kg	5,130kg	230kg	@ 155円

　　(b)　直接労務費
　　　　　実際総平均賃率　　　@ 508円
　　　　　実際直接作業時間　　4,850時間
　　(c)　製造間接費実際発生額合計　　　2,104,000円
(3)　その他の生産データ
　　　　月初仕掛品量　　4,000kg（進捗度　40%）
　　　　当月完成品量　18,000kg
　　　　月末仕掛品量　　5,000kg（進捗度　50%）

| 標準解答時間 **45分** | 解答用紙 **別冊 P.33** | 解答・解説 **P.197** |

31 標準原価計算 Ⅷ

　札幌工業㈱の函館工場では、O 材料、K 材料、R 材料を一定割合で投入して製品 Q を量産し、標準原価計算による工程別総合原価計算を行っている。なお、製品 Q の製造工程については、第 1 工程および第 2 工程において行われており（第 1 工程完了品は全て第 2 工程へ振り替えられる）、また、第 2 工程はさらに N 作業と M 作業に細分される。そこで、下記の資料に基づいて〔問 1〕解答用紙に示す原価計算関係諸勘定を完成させなさい。なお、工程の管理者にとって管理可能な差異のみを把握できるように勘定記入をし第 1 工程の歩留差異は原価差異に含めること。〔問 2〕第 1 工程・第 2 工程の各種原価差異を計算しなさい。

1. 製品Q1個あたりの原価標準

	標準消費量	標準単価	第 1 工程	第 2 工程 N 作 業	第 2 工程 M 作 業	計
O　材　料	5.0kg	@　120円	600円	── 円	── 円	
K　材　料	3.0kg	@　 80円	240円	── 円	── 円	
R　材　料	2.0kg	@　180円	360円	── 円	── 円	
計					標準直接材料費	1,200円
第 1 工程	4.0時間	@　600円	2,400円	── 円	── 円	
N　作　業	1.2時間	@　500円	── 円	600円	── 円	
M　作　業	0.8時間	@　500円	── 円	── 円	400円	
計					標準直接労務費	3,400円
第 1 工程	4.0時間	@　900円	3,600円	── 円	── 円	
N　作　業	1.2時間	@　800円	── 円	960円	── 円	
M　作　業	0.8時間	@　800円	── 円	── 円	640円	
計					標準製造間接費	5,200円
					製品Q1個あたりの標準原価	9,800円

　なお、材料は第 1 工程の始点で投入される。また、第 1 工程においては、材料10kgを投入し 8 kgの第 1 工程完了品が完了する。また、第 2 工程の作業は、N 作業が完了してから M 作業が行われる。

2. 生産データ

	第 1 工程			第 2 工程	
月初仕掛品	1,250kg	$(\frac{2}{5})$	月初仕掛品	875個	
当 月 投 入	57,000kg		当 月 投 入	5,625個	
計	58,250kg		計	6,500個	
月末仕掛品	1,750kg	$(\frac{1}{5})$	月末仕掛品	500個	
歩　　減	11,500kg		完　成　品	6,000個	
完 了 品	45,000kg				

(1) 第 1 工程に付したカッコ書きは、加工進捗度を示す。なお、第 2 工程の月初仕掛品は N 作業、月末仕掛品は M 作業の途中であり、加工進捗度はそれぞれ40%である。

(2) 歩減は第 1 工程の終点で発生し、第 2 工程では発生しなかった。

3. 実際原価データ

(1) 直接材料費（月初・月末の在庫はない）

	当月購入量	実 際 単 価
O　材　料	28,800kg	@122円
K　材　料	16,900kg	@ 78円
R　材　料	11,300kg	@175円

(2) 直接労務費

	直接作業時間	実 際 賃 率
第 1 工程	22,750時間	@598円
N　作　業	7,450時間	@502円
M　作　業	5,000時間	@502円

(3) 製造間接費（直接作業時間基準）

	月間期待実際操業度	月間固定費予算額	製造間接費実際発生額
第 1 工程	23,000時間	11,500,000円	20,750,000円
第 2 工程	12,500時間	5,625,000円	9,975,000円

32 標準原価計算 IX

標準原価計算を採用する大原製作所では、2つの連続する工程（切削工程と組立工程）で製品Aを量産している。なお、組立工程は第1作業、第2作業からなっている。以下の資料に基づいて各問に答えなさい。

1. 原価標準（製品A1個あたり）

   I. 直接材料費
       原料A   2 kg × @150円 =   300円
   II. 直接労務費
       切削工程   5 時間 × @400円 = 2,000円
       組立工程
         第1作業   2 時間 × @250円 =   500円
         第2作業   4 時間 × @200円 =   800円
   III. 製造間接費
       切削工程   5 時間 × @350円 = 1,750円
       組立工程
         第1作業   2 時間 × @400円 =   800円
         第2作業   4 時間 × @400円 = 1,600円
                                       7,750円

2. 生産データ

   切 削 工 程
   完 成 品   3,000個
   月初仕掛品   300個（加工進捗度50％）
   月末仕掛品   150個（加工進捗度50％）

   組 立 工 程
   完 成 品   3,150個
   月初仕掛品   550個（第1作業の50％まで終了）
   月末仕掛品   400個（第2作業の25％まで終了）

   なお、原料Aは切削工程の始点において、全量投入される。

3. 製造間接費公式法月次変動予算

   切 削 工 程
   基準操業度   14,700直接作業時間
   固 定 費   2,205,000円
   変動費率   @200円

   組 立 工 程
   基準操業度   20,000直接作業時間
   固 定 費   5,000,000円
   変動費率   @150円

4. 当月の実際原価データ
   (1) 原料費
       原料A   867,500円（実際消費量　5,720kg）
   (2) 直接労務費
       切削工程   5,900,000円（実際直接作業時間　14,650時間）
       組立工程
         第1作業   1,687,000円（実際直接作業時間　6,700時間）
         第2作業   2,640,000円（実際直接作業時間　13,080時間）
   (3) 製造間接費
       切削工程   5,150,000円
       組立工程   7,975,000円

問1　切削工程－仕掛品勘定および組立工程－仕掛品勘定の記入を累加法で行いなさい。なお、勘定記入は修正パーシャル・プランによる。

問2　解答用紙に示した原価差異の原因別分析を行いなさい。なお、能率差異は標準配賦率により計算すること。

| | 標準解答時間 45分 | 解答用紙 別冊 P.35 | 解答・解説 P.206 |

33 標準原価計算 Ⅹ

　製品Hを量産している大原工業㈱では工程別標準総合原価計算（累加法）により製品原価の計算を行っている。下記資料に基づき、修正パーシャルプランにより、解答用紙に示す勘定記入を行いなさい。なお、直接材料は、それぞれの作業の始点で投入される。また、能率差異は標準配賦率により計算すること。

1.　製品Hの標準原価カード

				第 1 工 程		第 2 工 程	
	材 料 品 目	標準消費量	標 準 単 価	第 1 作 業	第 2 作 業	第 3 作 業	第 4 作 業
直接材料費	K－1	2 kg	1,000円/kg	2,000円			
	K－2	6 kg	250円/kg		1,500円		
	K－4	2 kg	625円/kg				1,250円
						標準直接材料費‥‥‥‥‥‥‥‥‥‥4,750円	

				第 1 工 程		第 2 工 程	
	作 業 番 号	標 準 時 間	標 準 賃 率	第 1 作 業	第 2 作 業	第 3 作 業	第 4 作 業
直接労務費	T－1	0.30時間	1,750円/時間	525円			
	T－2	0.10時間	1,750円/時間		175円		
	T－3	0.12時間	2,500円/時間			300円	
	T－4	0.08時間	5,000円/時間				400円
						標準直接労務費‥‥‥‥‥‥‥‥‥‥1,400円	

				第 1 工 程		第 2 工 程	
	配 賦 基 準	標 準 時 間	標 準 配 賦 率	第 1 作 業	第 2 作 業	第 3 作 業	第 4 作 業
製造間接費	機械作業時間	0.30時間	2,000円／時間	600円			
	機械作業時間	0.10時間	2,000円／時間		200円		
	直接作業時間	0.12時間	3,000円／時間			360円	
	直接作業時間	0.08時間	3,000円／時間				240円
						標準製造間接費‥‥‥‥‥‥‥‥‥‥ 1,400円	
						製品1個あたりの標準製造原価‥‥ 7,550円	

2.　公式法による月間変動予算（単位：円）

	第 1 工 程		第 2 工 程		動 力 部	
	固 定 費	変 動 費	固 定 費	変 動 費	固 定 費	変 動 費
固 有 費	39,200,000	12,600,000	26,800,000	13,400,000	4,000,000	2,000,000
動力部費配賦額	2,800,000	1,400,000	1,200,000	600,000		
合 計	42,000,000	14,000,000	28,000,000	14,000,000		
基 準 操 業 度	28,000機械作業時間		14,000直接作業時間		200,000kWh	
変 動 費 率	500円/時間		1,000円/時間			
固 定 費 率	1,500円/時間		2,000円/時間			
合 計	2,000円/時間		3,000円/時間			
動 力 消 費 能 力	140,000kWh		60,000kWh			

　なお、当社の基準操業度は、実際的生産能力である。

3. 当月生産データ

	第 1 工 程	第 2 工 程
月 初 仕 掛 品 量	4,000個（第1作業完了）	1,000個（第3作業の $\frac{1}{2}$）
当 月 投 入 量	70,000個	71,000個
投 入 量 合 計	74,000個	72,000個
完 成 品 量	71,000個	68,000個
月 末 仕 掛 品 量	3,000個（第1作業の $\frac{1}{2}$）	4,000個（第4作業の $\frac{1}{2}$）
産 出 量 合 計	74,000個	72,000個

（注）カッコ内は各工程における加工進捗度を示す。

4. 直接材料に関する資料（標準価格により受入記帳を行っている）

材料品目	月 初 在 庫 量	当月実際購入量	当月実際消費量	月 末 在 庫 量	当月実際購入単価
K－1	8,000kg	140,000kg	140,080kg	7,920kg	1,005.0円/kg
K－2	20,000kg	420,000kg	426,400kg	13,600kg	250.0円/kg
K－4	8,000kg	144,000kg	144,200kg	7,800kg	622.5円/kg

（注）なお、月初在庫量については、価格差異は生じなかったものと仮定する。

5. 当月実際直接労務費に関する資料

作業番号	実 際 賃 率	実際機械（直接）作業時間	実際直接労務費
T－1	1,775円/時間	20,600時間	36,565,000円
T－2	1,800円/時間	7,200時間	12,960,000円
T－3	2,550円/時間	8,600時間	21,930,000円
T－4	5,000円/時間	5,610時間	28,050,000円

6. 当月実際製造間接費に関する資料

	第 1 工 程	第 2 工 程	動 力 部
固 有 費	52,476,000円	40,850,000円	6,100,000円
動力実際消費量	139,000kWh	61,000kWh	

（注）動力部費の各工程に対する配賦は、実際操業度における予算額を複数基準配賦法により配賦する。

34 標準原価計算 XI

標準解答時間 **45分** | 解答用紙 別冊 **P.37** | 解答・解説 **P.213**

大原工業㈱では、標準個別原価計算制度を採用し、製品 T－1、T－2 を受注生産している。よって、下記の資料に基づいて、各問に答えなさい。

1. 製品別標準原価カード（製品1個あたり）

	T－1	T－2
標準直接材料費	3 kg ×@250円＝ 750円	5 kg ×@250円＝1,250円
標準直接労務費	4 時間×@350円＝1,400円	8 時間×@350円＝2,800円
標準製造間接費	4 時間×@400円＝1,600円	8 時間×@400円＝3,200円
	3,750円	7,250円

2. 生産実績

指図書番号	品種	受注量	生産状況
No.79	T－1	300個	前月末現在 200個完成、100個仕掛中（進捗度60%） 当月完成、当月引渡済
No.80	T－1	800個	当月着手、当月完成、当月引渡済
No.81	T－2	350個	当月着手、当月末現在 150個完成、200個仕掛中（進捗度80%）

3. 月間製造間接費公式法変動予算および月間基準操業度

変 動 費 率	@160円
固定費予算額	1,404,000円
基 準 操 業 度	5,850直接作業時間

4. 当月実際原価データ

（1） 材料実際購入原価

1,045,800円（4,150kg）

（2） 給与データ

前月末未払額	351,800円
当月総支給額	2,060,000円
当月末未払額	343,200円

（3） 製造間接費実際発生額

2,350,100円

（4） 製造指図書別消費の内訳

	No.79	No.80	No.81	合 計
材料実際庫出量	―kg	? kg	? kg	? kg
超過材料消費量	―kg	―kg	14kg	14kg
材 料 戻 入 数 量	―kg	30kg	―kg	30kg
実際直接作業時間	165時間	3,190時間	2,488時間	5,843時間

5. その他のデータ

（1） 材料の受け入れは標準価格で記帳している。

（2） 材料は、作業着手時にすべて投入している。

（3） 直接工は、直接作業のみを行っている。

問1 シングル・プランによる仕掛品勘定の記入および指図書別原価計算表を作成しなさい。

問2 原価差異の原因別分析を行いなさい。なお、能率差異については標準配賦率で算定すること。

35 **標準原価計算 XII**

標準解答時間 **45分** | 解答用紙 別冊 **P.38** | 解答・解説 **P.216**

　大原工業㈱では、標準個別原価計算を採用し、製品K－1、K－2、K－3を受注生産している。よって、下記の資料に基づいて、解答用紙の標準原価計算関係勘定連絡図（シングル・プラン）を完成させなさい。

1．製品別標準原価カード（製品1個あたり）

	K－1	K－2	K－3
標準直接材料費			
H　材　料	3 kg ×@500円＝1,500円	5 kg ×@500円＝ 2,500円	7 kg ×@500円＝ 3,500円
標準直接労務費	4 時間×@700円＝2,800円	8 時間×@700円＝ 5,600円	12時間×@700円＝ 8,400円
標準製造間接費	4 時間×@800円＝3,200円	8 時間×@800円＝ 6,400円	12時間×@800円＝ 9,600円
合　　計	7,500円	14,500円	21,500円

2．生産実績

指図書番号	品　種	受注量	生　産　状　況
No.78	K－2	400個	前月完成、当月引渡済
No.79	K－3	300個	前月末現在200個完成、100個仕掛中（進捗度60%）
			当月完成、当月引渡済
No.80	K－1	800個	当月着手、当月完成、当月引渡済
No.81	K－3	350個	当月着手、当月完成、当月在庫
No.82	K－2	200個	当月着手、当月末現在100個完成、100個仕掛中（進捗度50%）

　（注）製品の引き渡しについては、受注量がすべて完成してからの一括納入である。

（1）月次製造間接費変動予算および月間正常操業度

変　動　費　率	@320円
月間固定費予算	4,416,000円
月間正常操業度	9,200直接作業時間

（2）当月実際原価データ

① H材料実際購入原価　2,795,520円（5,460kg）　　② 補助材料実際購入原価　1,108,000円

③ 材料実地棚卸高

	H　材　料	補助材料
前月末棚卸高	1,083kg	112,000円
当月末棚卸高	637kg	134,000円

④ 給与データ

	直　接　工	間接工等
前月末未払額	1,050,000円	472,400円
当月総支給額	6,360,000円	1,804,000円
当月末未払額	1,090,000円	457,600円

⑤ 製造間接費実際発生額（上記資料より判明するものを除く）　4,461,170円

⑥ 当月製造指図書別消費の内訳

	No.79	No.80	No.81	No.82	合　計
H材料実際庫出量	—	? kg	? kg	? kg	? kg
超過材料消費量	—	30kg	46kg	14kg	90kg
材料戻入数量	—	—	34kg	—	34kg
実際直接作業時間	487時間	3,190時間	4,250時間	1,240時間	9,167時間

3．その他のデータ

（1）H材料の受け入れは標準価格で記帳しており、購入時に材料受入価格差異を把握している。なお、材料受入価格差異については、会計年度末に庫出分と在庫分に先入先出法に基づいて配賦している。
　　　また、前月末に係る材料受入価格差異は10,286円（不利）であり、当月は会計年度末に該当する。

（2）H材料は、作業着手時にすべて投入している。

（3）直接工については、直接作業のみ行っている。

（4）勘定記入については、《　　》に適切な勘定科目を、（　　）に計算した金額を記入しなさい。

（5）製造間接費差異は、予算差異、操業度差異、能率差異（変動費および固定費を含む）に分析すること。

47

| 標準解答時間 | 45分 | 解答用紙 | 別冊 P.39 | 解答・解説 | P.219 |

36 標準原価計算 XIII

第1問

　当社は製品Bを製造・販売し、シングル・プランの標準純粋総合原価計算を採用している。直接材料費関係のデータは、下記のとおりである。

1. 製品Bの直接材料費標準
　　M－1　標準単価11円×標準消費量35kg＝385円
　　（注）M－1は工程の始点で投入される。

2. 当期の年間取引データ要約
　(1)　期首材料、期首仕掛品、期首製品はなかった。
　(2)　材料M－1は、掛けで購入したときに標準単価で受け入れている。
　(3)　材料購入高と消費高

	実際購入単価	実際購入量	実際消費量	期末在庫量
M－1	15円	250,000kg	213,000kg	37,000kg

　(4)　期中製品完成量5,000個、期中製品販売量4,500個
　(5)　期末仕掛品140個

　　上記の条件および年間のデータに基づき、シングル・プランの標準原価計算を行って、その結果を材料、仕掛品、製品、売上原価、材料受入価格差異、材料数量差異の諸勘定に記入をしている。ここで計算された材料受入価格差異と材料数量差異は、異常な状態で発生したものではないが、予定価格等が不適当なため、比較的多額に発生したものであるとする。この場合、外部報告目的のために標準原価差異の会計処理を行わなければならない。そこで材料受入価格差異と材料数量差異の発生額を関係諸勘定へ追加配賦する計算を行い、その計算結果を解答用紙に記載された各関係諸勘定に記入しなさい。

　　なお、標準原価差異を追加配賦する際の注意事項としては、(1)追加配賦した結果得られた各関係諸勘定の期末残高が、できるだけ実際原価に一致するように追加配賦すること、(2)配賦計算上端数が生じたときは、1円未満を四捨五入して計算すること。配賦すべき総額と配賦された個々の金額の合計額とが、四捨五入のため一致しない場合には、売上原価に配賦された金額を修正して総額と一致させること。

第2問

　K工業では製品Pを製造・販売し、パーシャル・プランの全部標準純粋総合原価計算を採用している。下記の条件に基づき各問に答えなさい。

1. 製品Pの1kgあたりの原価標準

原料費	原料R－1	標準単価	60円×標準消費量	5kg	300円/kg
	R－2	標準単価	20円×標準消費量	10kg	200円/kg
	原料費計				500円/kg
加工費	標準加工費率800円/時×標準機械加工時間			0.5時/kg	400円/kg
	製品P 1kgあたりの製造原価				900円/kg

　　なお原料R－1は工程の始点で投入し、R－2は工程を通じて平均的に投入する。

2. 加工費変動予算と製品別配賦

　　加工費については公式法変動予算が設定されている。年間の正常機械加工時間（基準操業度）は3,000時間であり、そのときの年間変動加工費予算は1,350,000円、年間固定加工費予算は1,050,000円である。

48

3. 19X7年度の年間取引データ

(1) 原料購入量と消費量

原料種類	実際購入単価	実際購入量	実際消費量
R－1	80円	25,000kg	23,500kg
R－2	35円	46,000kg	45,500kg

(2) 原料R－1、R－2は掛けで購入したときに、標準単価で原料勘定に借方記入している。

(3) 期首原料、期首仕掛品、期首製品はなかった。

(4) 年間生産量と販売量および販売単価

期首仕掛品	— kg	期 首 製 品	— kg
当 期 投 入	4,200kg	当期完成品	4,000kg
合 計	4,200kg	合 計	4,000kg
当期完成品	4,000kg	当期販売量	3,500kg
期末仕掛品	200kg（進捗度50%）	期 末 製 品	500kg

なお、製品の1kgあたりの販売価格は2,300円であった。

(5) 年間実際加工費発生額　2,401,000円は、仕掛品勘定の借方に集計している。

(6) 年間実際販売費および一般管理費発生額　1,839,681円

(7) 原価差異分析

原料費については、原料受入価格差異と原料消費量差異に分析し、加工費については、加工費配賦差異を計算するのみにとどめている。

(8) 使用している勘定科目の主なものは、買掛金、原料、加工費、仕掛品、製品、売上原価、販売費および一般管理費、原料受入価格差異、原料消費量差異、加工費配賦差異、損益である。

問1　上記の条件および年間のデータに基づき、パーシャル・プランの標準原価計算を行って、(1)原料受入価格差異、(2)原料消費量差異、(3)加工費配賦差異を計算し、解答用紙に記入しなさい。

問2　上記のすべての原価差異は異常な状態で発生したものではなく、予定が不適当であったため、比較的多額の差異が発生してしまったとする。そこで、外部報告目的のための標準原価差異の会計処理を行って、その結果を仕掛品勘定、製品勘定および売上原価勘定へ記入し、それぞれの実際原価を計算して各勘定を締切りなさい。

標準原価差異を追加配賦する際には、(1)追加配賦して得られた各関係勘定の期末残高が、できるだけ実際原価に一致するように追加配賦すること。(2)配賦計算上端数が生じたときは、1円未満を四捨五入して計算すること。配賦すべき総額と配賦された個々の金額の合計額が、四捨五入のため一致しないときは、売上原価に配賦された金額を修正して総額と一致させること、を注意されたい。

問3　前問で計算した実際売上原価を利用して、当年度の実際営業利益を計算しなさい。

| | 標準解答時間 **45分** | 解答用紙 別冊 **P.41** | 解答・解説 **P.225** |

37 原価・営業量・利益関係の分析 I

第1問

問題1　大原工業㈱の直接作業時間（X）と製造原価（Y）の実績記録は、下記のとおりである。これらはすべて正常なデータである。なお、月間の固定費をa、変動費率をbとして、原価直線は、Y＝a＋bXで表せるものとする。

	直接作業時間（X）	製造原価（Y）
4 月	160時間	69万円
5 月	80時間	36万円
6 月	240時間	81万円
7 月	320時間	114万円

問1　上記のデータに基づいて、高低点法によって原価分解しなさい。

問2　上記のデータに基づいて、最小自乗法によって原価分解しなさい。

問題2　大原工業㈱では、来年度の利益計画を検討中である。下記の資料に基づいて（1）年間の損益分岐点の販売量、（2）売上高営業利益率が20％になる販売量、（3）安全率および損益分岐点比率（販売量5,000個を前提）を計算しなさい。

1. 製品1個あたりの予算販売価格および予算変動製造・販売費

　　　販売価格　15,000円

　　　変 動 費

　　　　原料費　　5,000円

　　　　加工費　　3,700円

　　　　販売費　　　300円

2. 年間固定費予算は、加工費が7,000,000円、販売費・一般管理費が5,000,000円である。

第2問

製品Dを生産販売する当社では、来年度の利益計画のため、次の予算原案を検討中である。

1. 製品D1個あたりの予算販売価格および予算変動製造・販売費

　　　販売価格　2,400円

　　　変 動 費

　　　　原料費　　600円

　　　　加工費　　550円

　　　　販売費　　50円

2. 年間固定費予算は、加工費が7,500,000円、販売費・一般管理費が4,500,000円である。

3. 年間計画生産量（15,000個）と計画販売量とは等しい。また、期首および期末仕掛品は少ないので無視する。

問1　上記資料に基づいて（1）計画販売量15,000個における経営レバレッジ係数を求めなさい。また、（2）仮に計画販売量の15,000個が3.5％増減した場合の営業利益の増減率を求めなさい。

問2　さらに、下記の条件を追加し、（1）年間目標使用総資本経常利益率を達成する税引前の目標経常利益額および（2）その目標経常利益額を達成する年間目標販売量を計算しなさい。

4. 来年度の予想使用総資本は28,000,000円で、税引後の年間目標使用総資本経常利益率（税引後年間経常利益÷年間予想使用総資本×100）は12％である。ただし、法人税の税率は40％とする。

5. 年間営業外収益見積額は970,000円であり、年間営業外費用見積額は770,000円である。これらは年間固定費の修正項目として処理する。

問3 さらに、下記の条件を追加し、当社が全部原価計算制度を採用していると仮定した場合、損益分岐点の年間販売量を計算しなさい。

   6. 来年度はやや景気にかげりが予想されるので、製品Dの計画生産量と計画販売量とを下記のように修正した。

   期首見積在庫量　　　340個　　　計画販売量　14,500個
   計画生産量　14,360個　　　期末見積在庫量　　　200個

   7. 固定加工費は年間の正常生産量を基準に製品へ正常配賦し、製品D1個あたりの固定加工費は年間固定加工費7,500,000円÷製品Dの年間正常生産量15,000個により算出する。なお、予定操業度差異は予算に計上する。

第3問

大原工業㈱は製品Kの製造販売を行っており、直接標準原価計算制度を採用している。下記資料に基づき問に答えなさい。

なお、下記資料はすべて来年度予算データである。

1. 製品K1個あたりの原価標準

   直接材料費……2,000円/個
   変動加工費……1,750円/個
   固定加工費…… 875円/個

   なお、製品K1個あたりの固定加工費は年間固定加工費予算8,750,000円を年間正常生産量10,000個で除して求めている。

2. 販売費、一般管理費予算

   変動販売費……375円/個
   年間固定販売費・一般管理費……3,600,000円

3. 製品K1個あたりの予想販売金額……12,500円/個

4. 年間営業外収益見積額……1,560,000円
   年間営業外費用見積額……1,945,000円

   なお、営業外損益は固定費の修正項目として処理すること。

5. 期首、期末の仕掛品は少量のため、無視すること。

6. 来年度は景気にかげりが見られるため、年間の生産・販売量を次のように見積もった。

   製品K生産販売量…… 8,000個

7. 来年度の目標利益をベースにした配当性向
   （税引後当期純利益に対する配当金の割合）……40%

8. 来年度の利益をベースにした株主に対する配当率
   （資本金に対する配当金の割合）……10%

9. 来年度予想使用総資本……75,000,000円（うち資本金は30%である）

10. 法人税率は40%で計算すること。

問1 目標の配当を可能にする来年度の①目標税引後当期純利益、②目標営業利益はいくらか。

問2 問1により求めた目標利益を達成する製品Kの月間の販売量はいくらか。

問3 当社が標準全部原価計算制度を採用していると仮定し、問1により求めた目標利益を達成する製品Kの月間販売量を求めなさい。

　　なお、この計算においては予算操業度差異のみを考慮して計算し、販売量に端数の生じる場合には年間販売量の段階では端数処理せず、最終の解答のみを端数処理すること。

38 原価・営業量・利益関係の分析 Ⅱ

標準解答時間 **30分** 解答用紙 別冊 **P.42** 解答・解説 **P.229**

製品Hおよび製品Kを製造販売する大原工業㈱の次の資料に基づいて、各問に答えなさい。

〔来期における製品1個あたりの資料〕

	製　品　H	製　品　K
販 売 価 格	@　2,500円	@　3,000円
製 造 原 価		
原 料 費	@　1,100円	@　1,250円
変 動 加 工 費	@　　770円	@　　820円
固 定 加 工 費	@　　132円	@　　165円
変 動 販 売 費	@　　130円	@　　180円

なお、両製品とも、年間の正常生産量は10,000個である。

〔来期の営業固定費予算〕

固 定 販 売 費　　　1,550,000円
一 般 管 理 費　　　1,224,000円

上記固定費は、製品HおよびKにとって、共通のものである。

〔来期の見積営業外損益項目〕　　　　　　〔来期の予想使用総資本〕

見積営業外収益　　541,250円　　　　　　　　30,000,000円
見積営業外費用　　737,250円

これらは固定費の修正項目として処理する。

第1問

製品Hと製品Kの販売量割合を3：2と考え、各問に答えなさい。

問1　来期の損益分岐点における販売量を求めなさい。

問2　来期の税引後総資本経常利益率（＝税引後年間目標経常利益÷年間使用総資本×100）が15％であるとして、この目標を達成するための税引前年間目標経常利益額を求めなさい。なお、法人税の税率は50％である。

問3　来期の目標を達成するための販売量を求めなさい。

第2問

製品Hと製品Kの売上高割合を3：2と考え、各問に答えなさい。

問1　来期の損益分岐点における売上高を求めなさい。

問2　来期の税引後総資本経常利益率（＝税引後年間目標経常利益÷年間使用総資本×100）が11％であるとして、この目標を達成するための税引前年間目標経常利益額を求めなさい。なお、法人税の税率は50％である。

問3　来期の目標を達成するための売上高を求めなさい。

原価・営業量・利益関係の分析 Ⅲ

H社は、製品Aを製造・販売し、実際正常原価計算制度を採用している。

問1

(1) 20X4年度予算原価データは、次のとおりであった。

a．製品Aの1kgあたりの変動製造・販売費　　原　料　費　　520円/kg
　　　　　　　　　　　　　　　　　　　　　　変動加工費　　350円/kg
　　　　　　　　　　　　　　　　　　　　　　変動販売費　　 40円/kg

b．製品Aの固定製造・販売・一般管理費許容額（多桁式予算、正常生産量は16,000kg）

（単位：円）

生産量	0～6,400kg未満	6,400kg～12,800kg未満	12,800kg～19,200kg未満
操業度	0～40%未満	40～80%未満	80～120%未満
監督者給料	500,000	558,091	615,568
その他	946,832	946,832	946,832
固定加工費計	1,446,832	1,504,923	1,562,400
給料	600,000	600,000	600,000
その他	360,000	360,000	360,000
固定販売・一般管理費計	960,000	960,000	960,000
固定費合計	2,406,832	2,464,923	2,522,400

(2) 20X5年度の利益計画上予想される事項は、次のとおりである。

a．競争相手が製品の販売価格を値下げしたので、当社も製品A1kgあたりの販売価格1,400円を、5％引下げざるをえない。
b．輸入原料の値下がりで、製品A1kgあたりの原料費は2％引下げることにする。
c．電力料金が値下がりしたので、製品Aの変動加工費は4％引下げる。
d．運賃が値上がりしたので、製品Aの変動販売費は1kgあたり1％引上げる。
e．火災保険料、賃借料などが値上がりしたので、固定加工費予算は60,000円、固定販売・一般管理費予算は40,000円だけ、前年度より増加する。
f．営業外収益は200,000円、営業外費用は214,200円発生する見込みである。
g．期首・期末の仕掛品、製品は無視する。

上記データに基づき20X5年度について、①損益分岐点の販売量、②売上高経常利益率が10％になる販売量を求めよ。また年間の使用総資本は15,600,000円で、法人税等の税率は40％であり、税引後の目標総資本経常利益率が20％であるとして、③この目標総資本経常利益率を達成する税引前の目標経常利益額、および④その目標経常利益額を達成する販売量を求めよ。さらに⑤その目標販売量のときの安全率（margin of safety）を計算しなさい。ただし営業外収益、営業外費用については、固定費総額の修正により処理すること。また計算の途中で端数が生ずるときは四捨五入せず、分数で計算しなさい。安全率については、最終の答えの段階で、1％未満を四捨五入して求めなさい。

問2 上述の問1の条件のうち、(2) g．のみを除外し、さらに次の条件を加える。

(1) 20X5年度は好況なので正常生産量よりも多く生産するが、加工費の配賦は正常生産量を基準として行い、予定操業度差異は予算に計上する。
(2) 20X5年度における製品Aの計画生産・販売量
　　　　期首見積在庫量　　5,000kg　　計 画 販 売 量　　18,000kg
　　　　計 画 生 産 量　　17,000kg　　期末所要在庫量　　4,000kg

以上の条件に基づき、⑥20X5年度における損益分岐点の販売量を求めなさい。ただし、計算によって求めた損益分岐点の販売量で1kg未満の端数は切り上げなさい。

40 予算編成 Ⅰ

標準解答時間 **30分** 解答用紙 別冊 **P.43** 解答・解説 **P.233**

製品 A を量産する当社は、直接標準原価計算を採用しており、現在、次期（20X1年度）の予算を編成中である。そこで下記の条件に基づき、20X1年度の予算を編成し、予定損益計算書および予定貸借対照表を作成しなさい。ただし、予定損益計算書は直接原価計算方式で作成し、固定費調整を行って全部原価計算の営業利益（操業度差異は売上原価に賦課して計算した営業利益）に修正すること、また、予定貸借対照表は全部原価計算方式によって作成しなさい。

〔計算条件〕

(1) 製品原価標準

直 接 材 料 費	40円/kg×10kg/個	…………	400円/個
直 接 労 務 費	100円/時 × 1 時/個	…………	100円/個
変動製造間接費	150円/時 × 1 時/個	…………	150円/個
変動製造原価合計	……………………………		650円/個

(2) 20X0年度期末貸借対照表（単位：万円）

流 動 資 産		流 動 負 債	
現 金	1,250	買 掛 金	598
売 掛 金	1,400	未 払 法 人 税 等	480
製 品	210	流 動 負 債 計	1,078
材 料	220	固 定 負 債	
そ の 他	880	社 債	2,500
流 動 資 産 計	3,960	負 債 計	3,578
固 定 資 産		純 資 産	
土 地	2,040	資 本 金	3,600
建 物 ・ 設 備	5,600	利 益 準 備 金	900
減価償却累計額	(600)	新 築 積 立 金	1,722
固 定 資 産 計	7,040	繰 越 利 益 剰 余 金	1,200
資 産 合 計	11,000	純 資 産 計	7,422
		負債・純資産合計	11,000

(3) 20X0年度の繰越利益剰余金1,200万円は、配当金を支払った後、340万円を新築積立金とし、残額は次期へ繰越す。

(4) 20X1年度予算データ

① 製品年間計画販売量119,000個、販売単価1,000円、製品はすべて掛売りである。期首製品在庫量は3,000個、期末製品所要在庫量は2,000個。製品 A の製造に必要な主材料の期首在庫量は55,000kg、期末所要在庫量は50,000kgであって、その仕入単価は 1 kgあたり40円である。主材料の購入はすべて掛買いであり、仕掛品の在庫は無視する。

② 製造間接費予算は、公式法変動予算が設定されており、その許容額は、150円/時×直接作業時間＋600万円で計算される。なお600万円の固定費のうち、50万円は減価償却費であって、その他の固定費および変動費はすべて現金支出原価である。もし全部標準原価計算を行う場合には、年間正常生産量は120,000個であり、この正常生産量を基準に製造間接費は配賦される。

③ 販売費予算についても公式法変動予算が設定されており、その許容額は、80円/個×製品販売量＋850万円で計算される。一般管理費予算（すべて固定費）は年間930万円である。なお、販売費・一般管理費の予算中に、40万円の減価償却費（固定費）が含まれ、減価償却費以外はすべて現金支出原価である。

④　予想現金収支（単位：万円）

	四　半　期				
	1	2	3	4	合　計
売掛金回収	3,240	2,920	2,600	3,100	11,860
支　　出					
主　材　料	1,209	1,241	1,002	1,288	4,740
労　務　費	975	995	915	935	3,820
経　　費	700	600	520	552	2,372
法　人　税	480				480
社　債　利　息		75		75	150
機　械　購　入		900			900
配　当　金	610				610
支　出　合　計	3,974	3,811	2,437	2,850	13,072

⑤　各四半期末に保有すべき最低現金残高は1,000万円である。四半期末の現金残高が1,000万円に満たないと予想される場合は、あらかじめその四半期の期首に、500万円の倍数額で最低必要額を、銀行から年利4％で借りておく。その後各四半期の期末資金が1,000万円を超えると予想される場合には、1,000万円を超える現金残高により、借りた元金をできるだけ早く、500万円の倍数で各四半期末に返済する。なおその場合利息は、返済する元金分の利息だけを、元金とともに支払う。ただし、この借入金は短期借入金なので、借入期間は1年間を超えてはならない。

⑥　法人税等の税率は、40％とする。

⑦　計算上生ずる1万円未満の端数は、四捨五入しなさい。

| 41 | 予算編成 Ⅱ | 標準解答時間 **45分** | 解答用紙 別冊 **P.44** | 解答・解説 **P.236** |

製品Kを量産する当社は、全部標準原価計算を採用している。そこで、下記の条件に基づき、次期（20X6年度）の予算を策定し、解答用紙に示す予定損益計算書および予定貸借対照表を完成させなさい。

1. 製品原価標準

直 接 材 料 費	10 kg ×@ 80円 =	800円
直 接 労 務 費	1 時間×@200円 =	200円
変動製造間接費	1 時間×@300円 =	300円
固定製造間接費	1 時間×@100円 =	100円
合計：製品K 1 個あたりの標準原価		1,400円

2. 20X5年度期末の貸借対照表（単位：万円）

現　　　　　金	2,500	買　　掛　　金	1,196
売　　掛　　金	2,800	未 払 法 人 税 等	960
製　　　　　品	420	社　　　　　債	5,000
材　　　　　料	440	資　　本　　金	7,200
その他流動資産	1,760	利 益 準 備 金	1,800
土　　　　　地	4,080	新 築 積 立 金	3,444
建 物 ・ 設 備	11,200	繰越利益剰余金	2,400
減 価 償 却 累 計 額	△ 1,200		
資 産 合 計	22,000	負債・純資産合計	22,000

3. 20X5年度の繰越利益剰余金2,400万円は、配当金を支払った後、680万円を新築積立金とし、残額を次期に繰越す。

4. 20X6年度の予算データ

 (1) 計画販売データ

期 首 製 品	3,000個
当期生産量	118,000個
合　　計	121,000個
期 末 製 品	2,000個
当期販売量	119,000個

（注）販売価格は@2,000円であり、すべて掛売りをしている。
　　　なお、期首仕掛品と期末仕掛品は微量であるため無視する。

 (2) 計画主材料入出庫データ

	仕入単価	期首在庫量	当期購入量	当期消費量	期末在庫量
主材料	80円	55,000kg	1,175,000kg	1,180,000kg	50,000kg

　　　なお、主材料はすべて掛けで購入している。

 (3) 売掛金回収計画および買掛金支払計画

売掛金回収計画		買掛金支払計画	
年 間 売 上 高 予 算	23,800万円	年間主材料購入予算	9,400万円
期 首 売 掛 金 残 高	2,800万円	期 首 買 掛 金 残 高	1,196万円
合　　　　計	26,600万円	合　　　　計	10,596万円
当 期 売 掛 金 回 収 高	23,720万円	当 期 買 掛 金 支 払 高	9,480万円
期 末 売 掛 金 残 高	2,880万円	期 末 買 掛 金 残 高	1,116万円

(4) 製造間接費公式法変動予算

変　動　費　率	@300円
年間固定費予算額	1,200万円

(5) 販売費・一般管理費予算

変　動　販　売　費	@160円
固　定　販　売　費	1,700万円
一般管理費（固定費）	1,860万円

（注）固定費1,200万円のうち100万円は減価償却費であり、その他の固定費および変動費はすべて現金支出原価である。なお、年間正常直接作業時間は120,000時間であり、操業度差異は、売上原価に加減すること。

（注）販売費・一般管理費の予算の中には減価償却費80万円が含まれており、減価償却費以外はすべて現金支出原価である。

(6) 20X6年度の予想現金収支表（単位：万円）

	第　1　期	第　2　期	第　3　期	第　4　期	合　　　計
入金：売掛金回収	6,480	5,840	5,200	6,200	23,720
支出：主　材　料	2,418	2,482	2,004	2,576	9,480
労　務　費	1,950	1,990	1,830	1,870	7,640
経　　費	1,400	1,200	1,040	1,104	4,744
法　人　税	960	—	—	—	960
社債利息	—	150	—	150	300
機械購入	—	1,800	—	—	1,800
配　当　金	1,220	—	—	—	1,220
支出合計	7,948	7,622	4,874	5,700	26,144

(7) 各四半期に保有すべき最低現金残高は2,000万円である。なお、各四半期末の現金残高が2,000万円に満たないと予想される場合には、あらかじめ、その各四半期の期首に1,000万円の倍数額で最低必要額を銀行から年利4％で借りておく。その後、各四半期の期末資金が2,000万円を超えると予想される場合には、2,000万円を超える現金残高により、借りた元金をできるだけ早く1,000万円の倍数で各四半期末に返済する。

また、その場合の利息は、返済する元金分の利息だけを元金とともに支払う。ただし、この借入金は短期借入金なので、借入期間は１年間を超えてはならない。

(8) 法人税などの税率は50％とする。

42 直接原価計算 Ⅰ

標準解答時間 **45分** | 解答用紙 別冊 **P.45** | 解答・解説 **P.238**

H事業部の東京営業所は、製品Kを販売しており、20X5年4月の営業成績は、次のとおりであった。

東京営業所業績報告書

	予 算（利 益 計 画）	実 績
売　上　高	4,000台×@12,000円＝48,000,000円	3,870台×@11,800円＝45,666,000円
標準売上原価	4,000台×@ 8,500円＝34,000,000円	3,870台×@ 8,500円＝32,895,000円
標準売上総利益	14,000,000円	12,771,000円
販　売　費		
変動販売費	4,000台×@　360円＝ 1,440,000円	1,520,000円
固定販売費	2,560,000円	2,551,000円
営　業　利　益	10,000,000円	8,700,000円

さて、上記報告書を入手した斉藤事業部長と佐藤東京営業所長の会話は、次のとおりであった。

斉　　藤　「君の営業所では、予算より1,300,000円も営業利益が少なくなってしまったようだが、どうしたのかね。今後の営業活動の参考資料として、その原因を知りたいのだが。」

佐　　藤　「それでは、原価計算担当者に分析させましょう。まず、売上高の差異は、売上価格差異と売上数量差異に分けましょう。」

斉　　藤　「よろしい。さらに、売上数量差異は、市場占拠率差異と市場総需要量差異に分析できるだろう。というのは、君の営業所が予算を策定したとき、目標市場占拠率が8％だったが、実際市場占拠率は9％であった。したがって、努力して市場占拠率を増やしたことにより、売上高がいくら増加したかを示すとともに、東京地区の総需要量が減少しているので、その原因により売上高がいくら減少したのかも知りたいのだが。」

佐　　藤　「わかりました。前者を市場占拠率差異、後者を市場総需要量差異として、区別して計算させます。」

斉　　藤　「次に、予算販売量より実際販売量のほうが少ないので、それによる売上原価の減少分を区別しなければならない。」

佐　　藤　「そうですね。それでは工場における能率の良し悪しを影響させないために、実際製造原価では評価しないことにします。」

斉　　藤　「販売費のほうはどうかね。」

佐　　藤　「問題は変動販売費ですが、利益計画用の予算と変動予算との差額を変動販売費数量差異とし、変動予算と実績との差額を変動販売費予算差異と名付けることとします。」

斉　　藤　「販売費の差異については総額だけでなく、費目別に細分してもらいたいのだが。」

佐　　藤　「承知しました。それでは販売費の費目別の予算と実績比較表も作成します。」

上記の資料に基づき、（A）東京営業所の予算と実績を比較し差異分析を行って、解答用紙に示したように、予算営業利益に各種差異をプラス、マイナスして、実際営業利益を導き出しなさい。

さらに、（B）解答用紙に示す販売費予算・実績比較表も完成させなさい。

43 直接原価計算 Ⅱ

標準解答時間 45分　解答用紙 別冊 P.46　解答・解説 P.240

製品 H を製造・販売する当社の最近 2 年間の財務資料は、次のとおりである。

	20X4年度	20X5年度
平均販売単価	50円	48円
年間販売量	40,000個	39,000個
売　上　高	2,000,000円	1,872,000円
市場占拠率	25%	26%
変　動　費		
変動売上原価	920,000円	858,000円
変動販売費	120,000円	195,000円
固　定　費		
製造固定費	550,000円	500,000円
販売・一般管理固定費	170,000円	169,240円
経　営　資　本	2,500,000円	2,080,000円

問 1　20X4年度と比較して、20X5年度の営業利益はいくら減少したか。

問 2　20X4年度と比較して、20X5年度の経営資本営業利益率（＝営業利益÷経営資本×100）は何%減少したか。20X5年度の経営資本営業利益率から20X4年度の経営資本営業利益率を差し引いて計算しなさい。

問 3　解答用紙の営業利益差異分析表を完成しなさい。この分析表は、20X4年度の営業利益に各種差異をプラス、マイナスして20X5年度の営業利益を算出した表である。
　　（1）売上高差異は、二分法により製品販売価格差異と製品販売数量差異に分析すること。なお、製品販売価格差異は、20X5年度の販売数量に基づいて計算しなさい。（2）製品販売数量差異はさらに市場総需要量差異（この製品市場全体の需要の増減による差異）と当社の市場占拠率の増減による差異とに分析すること。（3）製品の変動売上原価についても、変動売上原価価格差異（販売した製品の変動製造単位原価の増減による差異）と変動売上原価数量差異（製品販売量の増減による差異）に、（4）変動販売費についても、変動販売費価格差異（製品単位あたり変動販売費の増減による差異）と変動販売費数量差異（製品販売量の増減による差異）に分析し、（5）固定費の差異は、製造固定費差異と販売・一般管理固定費差異とに分析しなさい。

問 4　解答用紙の経営資本営業利益率差異分析表を完成しなさい。この分析表は、20X4年度と20X5年度との経営資本営業利益率の差を、売上高営業利益率の増減による差異と経営資本回転率の増減による差異とに分析した表である。

44 直接原価計算 Ⅲ

標準解答時間 **45分** 解答用紙 別冊 **P.47** 解答・解説 **P.243**

第1問

大原工業㈱の大阪事業部では、従来製造・販売している製品に加え、新製品Xの販売を検討している。

1. 大阪事業部の新製品X導入前の年次財務諸表（単位：万円）

年次貸借対照表			年次損益計算書		
流 動 資 産	10,000		売 上 高	48,000	
固 定 資 産	30,000		費 用	40,400	
資 産 合 計	40,000		税 引 前 利 益	7,600	
流 動 負 債	2,000				
固 定 負 債	7,000				
負 債 合 計	9,000				
純 資 産	31,000				
負債・純資産合計	40,000				

2. 新製品X導入案に関するデータ

(1) 新製品Xの製造・販売に要する原価
    変 動 費　　@ 0.4万円
    年間固定費　　3,000万円

(2) 新製品Xの販売価格および予測販売量
    販 売 価 格　　@ 1.0万円
    年間予測販売量　　8,000個

(3) 新製品Xの製造・販売導入に要する投資額
    投 資 額　　10,000万円（内、流動資産1,200万円、固定資産8,800万円）
    資本源泉　　流動負債200万円、固定負債1,800万円、株主資本8,000万円

3. 法人税率は40％であり、大阪事業部の税引後加重平均資本コスト率は7％とする。

問1 新製品X導入前、新製品X導入案および新製品X導入後の税引後利益、投資額、投資利益率をそれぞれ求めなさい。

問2 新製品X導入前、新製品X導入案および新製品X導入後の資金使用資産総額（固定資産額と運転資本の合計）および経済的付加価値額を求めなさい。

第2問

K社は、ハンバーガーを主力製品とするファースト・フード・レストランを経営する会社である。国内で20の支店をもっているが、中でも東京の新宿店と渋谷店の成長はめざましく、両店とも料理の種類にピザを加える可能性を検討中である。

1. 両支店のピザ導入前の年次貸借対照表と年次損益計算書（単位：万円）

年次貸借対照表	新宿店	渋谷店	年次損益計算書	新宿店	渋谷店
流動資産	8,000	4,000	売上高	48,000	18,000
固定資産	32,000	8,000	費 用	40,000	15,000
資産合計	40,000	12,000	税引前利益	8,000	3,000
流動負債	5,000	3,000			
固定負債	11,000	1,800			
負債合計	16,000	4,800			
純資産	24,000	7,200			
負債・純資産合計	40,000	12,000			

2. 新宿店または渋谷店にピザを導入する場合の共通のデータ

(1) ピザの製造・販売に要する月間の原価予測

製造・販売量	4,000枚	8,000枚
原 価 予 測 額	290.0万円	370.0万円

(2) ピザ導入に要する投資額は、8,000万円であって、その内訳は、流動資産500万円、固定資産7,500万円であり、資本源泉では流動負債100万円、固定負債3,100万円、株主資本4,800万円を充てる予定である。

(3) ピザの販売単価は800円であり、月間の予想販売量は6,000枚である。

3. 法人税率と資本コスト率

この計算上、法人税率は40%とする。また、K社の全社的資本調達源泉別の資本コスト率は下記のとおりである。

調達源泉	構成割合	源泉別資本コスト率
負 債	40%	8 %（支払利子率）
株主資本	60%	10%

上記の条件に基づき、次の問に答えなさい。

問1　ピザの製造・販売に要する月間の原価予測データの原価分解を行って、月間の原価予想総額（ Y ）を Y ＝ a ＋ b X の形で答えなさい。ただし、 a ＝月間の固定費、 b ＝変動費率、 X ＝ピザの製造・販売枚数とする。

問2　ピザ1枚の販売単価は800円である。ピザの月間の損益分岐点販売量を求めなさい。

問3　ピザ投資案の年間投資利益率を、税引後利益を用いて計算しなさい。以下、投資利益率の計算では、すべて税引後利益で計算すること。

問4　ピザの年間投資利益率が21.6%になるような月間のピザ販売量は何枚か。

問5　新宿店と渋谷店について、ピザ投資案を導入する前と導入した後の年間投資利益率を計算しなさい。

問6　下記は K 社の社長と常務との会話である。この文の中の①から⑩までの ⬚ の中の不要な文字を消すか、あるいは適切な文字または数値を記入して文章を完成しなさい。

社長　「支店の業績を評価する尺度として、投資利益率を採用してきたが、この尺度に問題はないだろうか。」

常務　「現在、新宿店と渋谷店では、ピザ投資案の採否を検討中です。もしピザ投資案を採用すると、新宿店の投資利益率は① 増加、減少 しますが、渋谷店の投資利益率は② 増加、減少 します。したがって、新宿店長はピザ投資案を③ 採用する、採用しない が、渋谷店長はこれを④ 採用する、採用しない でしょう。しかし全社的に見れば、ピザ投資案はかなり⑤ 有利、不利 な投資案です。全社と支店との目標整合性の観点からすると、支店の業績評価は、投資利益率よりも残余利益によるほうがよいと思われます。」

社長　「なるほど。しかしわが社の資本コスト率はいくらだろうか。」

常務　「当社の調達源泉別加重平均資本コスト率は⑥ ⬚ ％です。最近、残余利益法の一種である経済的付加価値法が注目されています。この方法では、支店の税引後の利益から、支店の資金使用資産総額（つまり固定資産額と運転資本の合計額）に全社の加重平均資本コスト率を掛けて計算した資本コストを差し引いて経済的付加価値額を計算します。この方法によれば、ピザ投資案を採用する場合、新宿店の資金使用資産総額は⑦ ⬚ 万円、経済的付加価値額は⑧ ⬚ 万円となり、渋谷店の資金使用資産総額は⑨ ⬚ 万円、経済的付加価値額は⑩ ⬚ 万円となるので、どちらもピザ投資案を喜んで採用するでしょう。」

45 直接原価計算 Ⅳ

標準解答時間 **30分**　解答用紙 別冊 **P.48**　解答・解説 **P.246**

　当工場では直接実際個別原価計算を採用している。下記データに基づき、当工場の11月の原価計算を行い、その計算結果を解答用紙の（Ａ）製造指図書別変動製造原価計算表、（Ｂ）原価計算関係勘定連絡図、（Ｃ）工場の生産損益計算書におけるそれぞれの所定の場所に記入しなさい。ただし前月繰越額は、解答用紙に印刷されている。

(1)　当工場では、直接材料費は実際出庫単価、変動加工費は部門別正常配賦率（配賦基準は機械稼働時間）によって計算している。

(2)　製造指図書別受注金額、11月の実際直接材料費と実際機械稼働時間数

	#100	#101	#102	#103	#104	#105	合　計
受 注 金 額（千円）	420	680	1,900	1,100	1,200	600	5,900
直 接 材 料 費（千円）	120	230	410	350	330	110	1,550
機械稼働時間：							
切削部（時）	400	480	580	440	360	140	2,400
仕上部（時）	400	350	450	400	300	―	1,900

　（注）　#103と#105は11月末現在仕掛中で、その他は11月中に完成し営業所に引渡した。

(3)　本年度の部門別加工費年間予算データおよび11月の実際加工費データ（単位：千円）

	切　削　部		仕　上　部		工場事務部	
	（年間予算）	（当月実績）	（年間予算）	（当月実績）	（年間予算）	（当月実績）
変 動 費 計	4,500	483	6,720	487		
固 定 費 計	3,600	294	2,400	200	1,896	165
合　　　計	8,100	777	9,120	687	1,896	165
正常機械稼働時間（時）	30,000		24,000			

(4)　各部門別の変動加工費については、公式法変動予算で変動予算差異が算出され、また各部門別固定加工費勘定では、その借方に実際発生額を、その貸方に月次予算額を計上することによって固定費の予算差異が各部門別の固定加工費勘定で算出される方式となっている。

(5)　当工場では解答用紙（Ｃ）で示すように、月次に経営管理用の生産損益を計算している。すなわち、製品を受注金額で評価して工場の収益（生産品の販売金額）とし、それから工場の原価を差し引いて、工場貢献利益および工場営業利益を計算する。その際に、変動加工費予算差異は翌月以降に繰延べて処理し、固定加工費予算差異は当月の生産収益に賦課することとしているので、表示を簡略にするため、生産損益計算書上は、固定加工費予算差異を明示せず、固定加工費の当月実際発生額のみを計上している。ただし、これらの工場利益を算出する際に、営業所や本社で発生する費用を差し引かなければ、工場の業績を正しく判断できない。変動販売費の予算は、各製品の受注金額の10％と定められており、固定販売費・一般管理費予算は月額335千円である。
　　これに対し実際発生額は、

	#100	#101	#102	#104	合　計
変 動 販 売 費	50千円	70千円	200千円	150千円	470千円

であって、固定販売費・一般管理費の11月の実際発生額は、400千円であった。そこで工場の業績を評価するためには、生産損益を計算する際に、営業所や本社で発生する費用を予算額で計上すべきか、あるいは実際発生額で計上すべきかを判断した上で、（Ｃ）の損益計算書を作成しなさい。

46 直接原価計算 V

標準解答時間 **30分**　解答用紙 別冊 **P.49**　解答・解説 **P.248**

製品Yを製造・販売する大原製作所につき、下記の条件により各問に答えなさい。

1.　製品Yの製造原価は原料費と加工費からなる。原料費については、完成品と月末仕掛品への原料費の配分は先入先出法によることとし、実際総合原価計算を適用している。加工費については、製品生産量を配賦基準として、変動費と固定費とを区別し、それぞれ別個の配賦率により年間を通じて正常配賦している。製品Yの年間正常生産量は120,000kgであり、加工費の年間予算は、変動加工費が21,600,000円、固定加工費が14,400,000円である。

2.　当月の生産・販売データ

月初仕掛品量	1,500kg $(\frac{2}{3})$	月初製品在庫量	2,000kg
当月投入量	10,000kg	当月完成量	9,000kg
合　計	11,500kg	合　計	11,000kg
月末仕掛品量	2,500kg $(\frac{3}{5})$	月末製品在庫量	3,000kg
当月完成量	9,000kg	当月販売量	8,000kg

（注）原料は工程の始点で投入される。上記の（　）内は加工費の進捗度を示す。

3.　当月の実際製造原価データ
（1）　月初仕掛品原価

　　原料費 …………………………………765,000円
　　変動加工費配賦額 ……………………　？　円
　　固定加工費配賦額 ……………………　？　円

（2）　当月製造費用

　　原料費 …………………………………4,980,000円
　　変動加工費 ……………………………1,750,000円
　　固定加工費 ……………………………1,170,000円

4.　当月の実際販売価格および営業費のデータ
（1）　製品販売価格 …………………………………1,350円/kg
（2）　販売費

　　変動販売費 ……………………………………30円/kg
　　固定販売費 ……………………………………587,000円

（3）　一般管理費（固定費）…………………1,142,000円

5.　月初製品有高は1,616,000円（うち、原料費は1,016,000円）であり、製品の庫出単価の計算は先入先出法によること。

6.　加工費の当月配賦差額は、当月の売上原価に賦課する。

　　以上の条件に基づき、各問に答えなさい。

問1　当月の月末仕掛品原価総額を、(1)全部原価計算を採用した場合と、(2)直接原価計算を採用した場合に分けて計算しなさい。

問2　当月の損益計算書を、(1)全部原価計算を採用した場合と、(2)直接原価計算を採用した場合に分けて作成し、さらに直接原価計算による損益計算書の末尾に固定費調整を行って、直接原価計算による営業利益を全部原価計算による営業利益に修正しなさい。

47 直接原価計算 Ⅵ

標準解答時間 **45分** 解答用紙 別冊 **P.50** 解答・解説 **P.251**

　北海道製作所は製品Ｈを製造販売し、累加法による実際工程別総合原価計算を採用している。製品Ｈは、第1工程と第2工程を経て完成する。第1工程では、工程始点で原料Ａを、また工程を通じて平均的に原料Ｂを投入して加工する。第2工程では、第1工程完成品を加工するが、工程を通じて平均的に原料Ｃを投入し、さらに工程終点で材料Ｄを投入する。

　北海道製作所の下記の資料に基づいて、解答用紙の全部原価計算による損益計算書と直接原価計算による損益計算書を完成しなさい。また、直接原価計算による営業利益に固定費調整を行って、全部原価計算の営業利益に修正しなさい。ただし、原材料費の計算は、原料Ａには平均法、他の原材料には先入先出法を用いて行うこと。各工程の完成品と月末仕掛品への原価配分および製品の庫出単価の計算には先入先出法を用いること。製造活動から生じた原価差異は、当月の売上原価に賦課すること。減損費は適切な方法で良品に負担させること。なお、加工費は変動加工費と固定加工費とに分け、工程別に変動予算が設定されている。また、加工費の配賦は製品Ｈの生産量を基準にして予定配賦（正常配賦）すること。

〔資　料〕

1.　製品Ｈの販売実績データ

月初在庫量	500個
当月生産量	1,600個
計	2,100個
月末在庫量	400個
当月販売量	1,700個

　　　（注1）　製品Ｈの販売単価は、13,000円である。

　　　（注2）　月初製品の単位原価は、6,400円（変動費4,085円、固定費2,315円）である。

2.　各工程の生産実績データ

	第1工程		第2工程	
月初仕掛品	300個	$(\frac{1}{3})$	300個	$(\frac{2}{3})$
当月着手	1,700個		1,600個	
計	2,000個		1,900個	
月末仕掛品	400個	$(\frac{1}{2})$	200個	$(\frac{1}{2})$
正常減損	0個		100個	
完成品	1,600個		1,600個	

　　　（注1）（　　）内の数値は、仕掛品の加工費進捗度を示す。

　　　（注2）減損は、第2工程の終点で発生する。

3.　月初仕掛品の原価データ

（1）　第1工程月初仕掛品原価

　　　原材料費：原料Ａ 346,000円、原料Ｂ 125,000円

　　　変動加工費：80,000円、固定加工費：150,000円

（2）　第2工程月初仕掛品原価

　　　原材料費：原料Ｃ　20,000円

　　　変動加工費：100,000円、固定加工費：160,000円

　　　前工程費：1,385,000円（変動費935,000円、固定費450,000円）

4. 原材料の購入・消費実績データ

	原料A	原料B	原料C	材料D
月初在庫量	300kg @ 1,060円	150kg @ 2,400円	50kg @ 200円	60ケース @ 600円
当月購入量	1,800kg @ 1,200円	800kg @ 2,500円	650kg @ 250円	150ケース @ 640円
当月消費量	1,700kg	856kg	650kg	160ケース

（注）製品Hは10個ごとに箱詰めにしており、材料Dはその包装箱である。材料Dは、工程終点で減損が発生した後で投入される。

5. 加工費の年間予算データ
  (1) 第1工程　予定（正常）生産量　　21,600個
  　　　　　　　変動加工費予算　　17,280,000円
  　　　　　　　固定加工費予算　　32,400,000円
  (2) 第2工程　予定（正常）生産量　　21,600個
  　　　　　　　変動加工費予算　　10,800,000円
  　　　　　　　固定加工費予算　　17,280,000円

6. 加工費の当月実績データ
  (1) 第1工程　変動加工費　　1,380,000円
  　　　　　　　固定加工費　　2,700,000円
  (2) 第2工程　変動加工費　　　800,000円
  　　　　　　　固定加工費　　1,450,000円

7. 販売費・一般管理費の当月実績データ
  (1) 変動販売費　　1,360,000円
  (2) 固定販売費　　1,800,000円
  (3) 固定一般管理費　3,120,000円

48 直接原価計算 Ⅶ

標準解答時間 **45分** ｜ 解答用紙 別冊 **P.51** ｜ 解答・解説 **P.255**

　大原工業株式会社では、製品 H を製造販売しており、標準直接原価計算を採用している。製品 H に関する下記の資料に基づき、各問に答えなさい。なお、変動製造間接費については直接作業時間を基準に正常配賦を行っている。

1. 原価標準（製品 H 1 個あたり）

	標準消費量	標準価格	金　　額
直 接 材 料 費	5 kg	500円/kg	2,500円
直 接 労 務 費	6 時間	600円/時間	3,600円
変動製造間接費	6 時間	400円/時間	2,400円
合　　計			8,500円

2. 20X5年度の固定製造間接費、販売活動および一般管理活動に関する予算データ

固定製造間接費	販　売　価　格	計 画 販 売 量
21,600,000円	20,000円/個	12,000個

変 動 販 売 費	固 定 販 売 費	一 般 管 理 費	
1,000円/個	8,600,000円	9,400,000円	（注）一般管理費はすべて固定費である。

3. 20X5年度の生産に関する実際データ

   (1) 生産状況

期 首 仕 掛 品	200個	(0.4)	（注1）（　　）内は加工進捗度を示す。
当 期 投 入	11,900個		（注2）直接材料はすべて工程の始点で投入される。
合　　計	12,100個		
期 末 仕 掛 品	300個	(0.5)	
当 期 完 成 品	11,800個		

   (2) 製造原価発生状況

   直 接 材 料 費 実 際 発 生 額　29,253,000円（実際消費量　59,700kg）
   直 接 労 務 費 実 際 発 生 額　43,089,360円（実際直接作業時間　71,340時間）
   変動製造間接費実際発生額　28,508,000円
   固定製造間接費実際発生額　21,658,000円

4. 20X5年度の販売活動および一般管理活動に関する実績データ

   (1) 製品販売状況

期 首 製 品	200個
当 期 完 成 品	11,800個
合　　計	12,000個
期 末 製 品	300個
当 期 販 売 品	11,700個

   (2) 実際販売価格、販売費および一般管理費実際発生額

実 際 販 売 価 格	変 動 販 売 費	固 定 販 売 費	一 般 管 理 費
19,800円/個	1,100円/個	8,720,000円	9,370,000円

   （注）一般管理費はすべて固定費である。

問1　20X5年度における予算損益計算書を作成しなさい。

問2　20X5年度の実績損益計算書を作成しなさい。

問3　20X5年度の営業利益差異分析表を作成しなさい。

問4　販売量差異をさらに市場総需要量差異と市場占拠率差異に分析しなさい。なお、目標市場占拠率は25%、実際市場占拠率は26%である。

49 直接原価計算 Ⅷ

標準解答時間 **30分** | 解答用紙 別冊 **P.52** | 解答・解説 **P.258**

大原工業㈱では、製品 A および製品 B を製造販売し直接標準原価計算制度を採用している。下記の資料および会話文に基づき各問に答えなさい。

1. 製品1台あたりの標準変動費

	製　品　A			製　品　B		
直 接 材 料 費	10kg	×@　750円 =	7,500円	12kg	×@　750円 =	9,000円
直 接 労 務 費	2 直接作業時間×	@2,000円 =	4,000円	3 直接作業時間×	@2,000円 =	6,000円
製 造 間 接 費	2 直接作業時間×	@　875円 =	1,750円	3 直接作業時間×	@　875円 =	2,625円
販 　 売 　 費			500円			625円
合 　 計			13,750円			18,250円

2. 製品1台あたりの販売価格は製品Aが21,250円であり、製品Bが26,350円である。

3. 年間固定費予算額は、56,364,000円であり、製品Aおよび製品Bにとって共通固定費である。

4. 期首および期末において、仕掛品・製品は存在せず、生産量と販売量は等しいものとする。

20X5年度の予算編成会議において、下記の論議が交わされた。

社　　　長　「20X5年度において現在の状況から考えると、引き続き製品Aおよび製品Bを販売することになる。もし、両製品の販売割合が変更可能だとした場合、どのような組み合わせで製造販売すれば最大の営業利益があげられるだろうか。なお、製品Aおよび製品Bは20X5年度において、それぞれ年間最大需要量が製品A 9,000台、製品B 7,000台と見込まれている。」

資材部長　「製品Aおよび製品Bを製造するのに共通して使用する直接材料の20X5年度年間購入数量は、132,000kgと見込まれます。」

販売部長　「製品Aおよび製品Bは類似製品であるため、両製品の年間合計需要量は最大で12,000台と見込まれます。」

問1　20X5年度の販売量が20X4年度の販売実績（製品 A 8,000台、製品 B 4,000台）と同量だとした場合の予算営業利益を求めなさい。

問2　前期の販売割合を前提とした場合の各製品の損益分岐点における販売量を求めなさい。

問3　社長および資材部長の意見を考慮した場合の予算販売量と予算営業利益を求めなさい。なお、20X4年度の販売割合は考慮外とする（以下問4および問5にも適用する）。

問4　社長および販売部長の意見を考慮した場合の予算販売量と予算営業利益を求めなさい。

問5　3者の意見を考慮した場合の予算販売量と予算営業利益を求めなさい。

50 直接原価計算 Ⅸ

標準解答時間 **30分**　解答用紙 別冊 **P.53**　解答・解説 **P.261**

第1問

　製品 A を量産する K 社は、直接標準原価計算を実施している。製品 A の販売単価に占める変動製造原価の割合は52%で、変動販売費の割合は 3 %である。月間の固定費は、製造固定費が2,457万円、販売・一般管理固定費が693万円である。また法人税率は40%である。

　上記の条件に基づき、以下の問に答えなさい。

問1　K 社の月間の損益分岐点の売上高を計算しなさい。

問2　税引前の営業利益が、売上高の10%になる売上高を求めなさい。

問3　月間の目標営業利益が税引後で、1,443.15万円であるとして、この目標を達成する売上高を求めなさい。

第2問

　製品 X_1 および X_2 を量産する D 社では、直接標準原価計算を採用している。

（1）　両製品とも、材料を機械加工部で加工し、次いで組立部で組み立てて完成する。これらの製造部門における各製品 1 個あたりの標準作業時間と月間の生産能力は、次のとおりである。

	機械加工部	組　立　部
X_1　1 個あたりの標準作業時間	2.0時間	1.5時間
X_2　1 個あたりの標準作業時間	4.0時間	1.0時間
月間生産能力	12,000時間	6,000時間

（2）　D 社の市場占拠率の関係から、X_1 に対する需要限度は3,500個、X_2 に対する需要限度は4,000個であって、それを超えて製造・販売することはできない。

（3）　両製品に関する財務データは、次のとおりである。

製　　　品	X_1	X_2
販売単価	3,000円	4,500円
製品単位あたり標準変動費	1,800円	2,500円

　なお両製品の月間共通固定費予算は、460万円である。

　上記の条件に基づき、次の問に答えなさい。

問1　X_1 および X_2 を月間何個ずつ生産・販売すれば、最大の営業利益が得られるか、すなわち月間の最適セールス・ミックスを求めなさい。なおこの問題は、簡単なグラフを描いて考えると、容易に解けるであろう。

問2　最適セールス・ミックスのときの、税引前の月間営業利益はいくらか。

問3　製品 X_2 については、将来さらに競争が激化し、値下げをする可能性が予想される。そこで他の条件に変化はないものとして、この製品 1 個あたりの貢献利益が、いくらより少なくなれば、上で求めた最適セールス・ミックスが変化するであろうか。

第3問

　大原工業株式会社の大阪工場は、製品 H 、製品 T および製品 K の製造販売を行っている。次期の利益計画について、下記の資料に基づき各問に答えなさい。なお、法人税は考慮しないものとする。

1.　製品1個あたりの資料

	製 品 H	製 品 T	製 品 K
販 売 価 格	4,000円	4,500円	5,000円
製 造 原 価			
原 料 費	1,600円	1,700円	2,150円
変動加工費	1,400円	1,200円	1,100円
変動販売費	200円	250円	250円

2.　年間固定費予算額

　　固 定 製 造 原 価　　4,937,000円
　　固 定 販 売 費　　2,290,980円
　　一 般 管 理 費　　2,644,020円

　　　注：固定製造原価、固定販売費および一般管理費は、すべて各製品に共通して発生するものである。

問1　製品 H 、製品 T および製品 K の販売量割合を 1：2：3 とした場合の損益分岐点における年間販売量を計算しなさい。

問2　販売量割合は問1と同様とし、年間目標営業利益16,792,000円を達成するための年間販売量を計算しなさい。

問3　製品 H 、製品 T および製品 K の売上高割合を 3：2：1 とし、問2の年間目標営業利益を達成するための年間売上高を計算しなさい。

問4　上記の資料に下記の追加資料を考慮した場合の最適セールス・ミックス（利益が最大となる販売量の組み合わせ）およびそのときの年間営業利益額を計算しなさい。なお、問1から問3までの販売量割合、年間目標営業利益および売上高割合に関する資料は考慮外とする。

3.　追加資料

	製 品 H	製 品 T	製 品 K	備　　　　考
年間最大需要量	15,000個	12,000個	10,000個	――――
1個あたりの機械稼働時間	2.0時間	3.0時間	2.0時間	年間最大機械稼働時間は、70,000時間である。
1個あたりの直接作業時間	1.0時間	2.0時間	1.5時間	年間最大直接作業時間は、45,000時間である。
1個あたりの材料消費量	1.0kg	1.5kg	2.0kg	年間可能購入量は、55,000kgである。

51　直接原価計算 X

標準解答時間 **45分**　解答用紙 別冊 **P.54**　解答・解説 **P.265**

第1問

　当社は作業工具を製造・販売する中小企業であり、19X1年度の第1四半期の予算を編成中である。そこで下記の条件に基づき各問に答えなさい。

〔条　件〕

1.　当社では4種類の製品を製造・販売しており、第1四半期の製品品種別計画生産・販売量の予算原案は次のとおりである。

製品品種	計画生産・販売量	長期契約最低販売量	予想最大販売量
A	10,000個	5,000個	12,000個
B	4,000個	1,000個	5,000個
C	9,000個	4,000個	9,000個
D	12,000個	6,000個	16,000個
合計	35,000個	16,000個	42,000個

　なお長期契約最低販売量とは、当社が小売店に長期契約で第1四半期中に供給しなければならない最低の販売量のことであり、予想最大販売量とは第1四半期中に見込まれる最大の販売量のことで、販売部長によるかなり精度の高い予測値である。

2.　製品品種別機械加工時間

製品品種	製品単位あたり機械加工時間		計画生産量		計画加工時間合計
A	0.3時間	×	10,000個	……	3,000時間
B	0.5時間	×	4,000個	……	2,000時間
C	0.8時間	×	9,000個	……	7,200時間
D	0.4時間	×	12,000個	……	4,800時間
合計			35,000個		17,000時間

　なお製品単位あたり機械加工時間とは、各製品に共通に使用される主要設備の機械加工時間のことであり、この主要設備の最大生産能力は17,000時間である。したがって予算原案の計画生産量は、主要設備をその生産能力限界まで利用する計画案である。

3.　製品品種別1個あたりの販売価格（市場価格）と原料費

	A	B	C	D
販 売 単 価	1,000円	5,000円	4,000円	2,000円
原料費単価	250円	2,550円	560円	480円

4.　製造加工費、販売費および一般管理費

　製造加工費については、機械加工時間が6,800時間のときは17,340,000円、17,000時間のときは30,600,000円が第1四半期の許容予算である。また製品別計算では、加工費は、機械加工時間（基準操業度17,000時間）に基づき、各製品品種に配賦している。なお第1四半期の販売費および一般管理費予算は、変動費はなく、固定費が13,300,000円である。

問1　上記資料に基づき加工費の原価分解を行って、機械加工時間あたり変動加工費率と固定加工費（第1四半期予算額）を計算しなさい。

問2　予算原案について、直接原価計算方式により予定損益計算書を作成し、予算営業利益を計算しなさい。

問3　予算原案を検討してみると、セールス・ミックス（売上高中に占める各製品品種の構成割合）を改善すれば、さらに営業利益を増加せしめる可能性がある。そこで前記資料に示された条件の下で、最大の営業利益が得られる最適セールス・ミックスを求めなさい。それを予算原案にたいする改訂案とし、改訂案を採用した場合の予定損益計算書を作成したうえで、予算原案よりも営業利益がいくら増加するかを計算しなさい。

第2問

　大原製作所では、ビデオ・カセット・レコーダーを製造・販売している。製品には、標準モデル（ST）とデラックス・モデル（DX）とがあり、両製品品種の1台あたりの売価と変動費（製造原価、販売費・一般管理費中の変動費）は、下記のとおりである。

	ST	DX
1台あたりの販売価格	50,000円	60,000円
1台あたりの変動費	30,000円	33,000円

　また固定費については、個別固定費はなく、月間の共通固定費は724万円である。ST製品とDX製品の販売量は、5：3の割合で販売するものとする。

問1　上記の条件にもとづき、ST製品とDX製品について、損益分岐点の月間販売量を求めなさい。

問2　同じ条件の下で月間の目標営業利益が905万円であるとする。この場合のST製品とDX製品の目標販売量を求めなさい。

第3問

　上記大原製作所につき、5：3の割合で販売するという条件および月間の目標営業利益が905万円であるとする条件は削除し、それ以外の条件（すなわち両製品の1台あたりの販売価格と変動費、月間の共通固定費の条件）は有効であるとして、さらに次の条件を追加する。ST製品とDX製品の両品種とも、機械加工部をへて組立部で完成する。両品種の部門別標準作業時間は次のとおりである。

	機械加工部	組立部
ST1台あたり標準作業時間	2時間	1時間
DX1台あたり標準作業時間	2時間	2時間
各部門の月間生産能力	1,400時間	900時間

　ただしDX製品は、マイクロチップスの入手が困難なため、月間300台までしか生産できない。

問1　上記の条件にもとづき、ST製品とDX製品を月間何台ずつ生産・販売すれば、最大の営業利益が得られるであろうか。

問2　さらに（1）マイクロチップスの入手に努力した結果、DX製品を月間300台でなく、400台まで生産することが可能となった。（2）市場におけるST製品の販売競争が激化し、ST製品の販売価格を1台あたり50,000円から40,000円に引下げざるをえなくなった。以上の条件を追加した場合、ST製品とDX製品を月間何台ずつ生産・販売すれば、最大の営業利益が得られるであろうか。

52 直接原価計算 XI

標準解答時間 **30分** 解答用紙 別冊 **P.55** 解答・解説 **P.269**

第1問

当社はA事業部で部品B、C事業部で製品Dの生産・販売をしており、事業部制度を採用している。平成X年度における事業部別予算損益計算書は次のとおりである。（期首・期末棚卸資産は無視する）

（単位：千円）

	A事業部：部品B		C事業部：製品D	
売 上 高：外部市場	4千個× @9,000円 … 36,000		2千個× @60,000円 … 120,000	
C事業部	2千個×（　　　）…（　　　）	（　　　）	—— 120,000	
標準変動費：製造原価	16,620		（　　　）	
販 売 費	1,800	18,420	4,500	（　　　）
差引：貢 献 利 益		（　　　）		（　　　）
個別固定費		15,000		25,000
差引：事業部利益		（　　　）		（　　　）
総投資額に対する資本コスト	90,000×10%…（　　　）		150,000×15%…（　　　）	
差引：税引前純残余利益		（　　　）		（　　　）

〔資　料〕

1. 部品Bの外部市場への外部販売価格および製品Dの販売価格は、正常市価に基づき算定した。
2. 上記損益計算書の部品BのC事業部への内部振替価格は、外部の競争市場が存在しているため、その市価を利用して算定する。（市価差引基準）
3. 部品BをC事業部へ内部販売した場合、変動販売費は不要となる。
4. C事業部の変動製造原価には、A事業部からの部品Bの振替高が含まれ、製品D1個の生産には部品B1個を使用する。なお、部品B以外の変動製造原価は1個あたり11,600円である。
5. 個別固定費のうち物的生産販売能力の維持費は、総額でA事業部2,000千円、C事業部3,000千円であって、長期の生産販売能力に関する意思決定によって発生するものであり、この意思決定権はすべて本社にある。
6. 個別固定費のうち原価の投入とそれによって生じる効果との因果関係が不明である費用は、総額でA事業部13,000千円、C事業部22,000千円であって、これらは事業部長の方針によって発生額が変化するものである。
7. 上記予算損益計算書には、本部費用および事業部共通費予算額6,000千円は含められていないが、事業部の業績評価用の損益計算書作成のためにA事業部40%、C事業部60%を負担させる。
8. 各事業部総投資額のうち各事業部長にとって管理可能な金額は、A事業部77,750千円、C事業部133,000千円である。

問1 資料の内容をふまえて、事業部別予算損益計算書を作成し直しなさい。

問2 C事業部長の業績測定尺度には、資本と利益の関係を収益性すなわち比率（%）で示したものと、金額で示したものがあるが、上記問1の事業部別予算損益計算書に基づき、それぞれの名称を答え計算を行いなさい。なお、計算上端数が生じる場合は、小数点以下第3位（0.598→0.60）を四捨五入しなさい。

問3 問1は、外部に競争市場が存在するという前提で内部振替価格を決定したが、振替品が特殊で外部の競争市場がなく、市価が利用できない場合もある。よって、差額原価加算基準を採用した場合の内部振替価格を求めなさい。なお、計算にあたっては、事業部別予算損益計算書の数値を使い、製品Dの販売により生ずる全社的な貢献利益を求め、それを差額原価を基準に按分することにより、振替価格を計算する。

第2問

　次の資料に基づいて、全部原価加算基準による部品 S の内部振替価格を計算しなさい。なお、 A 事業部（供給事業部）で生産した部品 S を B 事業部（受入事業部）に50,000個振替えたものとする。

1.　A事業部に関するデータ
（1）　部品 S 1 個あたりの原価データ
①　直接材料費　@400円
②　変動加工費　@300円
③　変動販売費　@100円
（2）　部品 S に対する固定費は、総額24,000,000円である。
（3）　固定資本は95,000,000円、変動資本は売上高の20%である。
（4）　目標資本利益率は10%である。

2.　B事業部に関するデータ
（1）　製品 T 1 個の生産には、部品 S を 1 個必要とする。
（2）　製品 T の市場価格　@3,600円
（3）　製品 T 1 個あたりの原価データ
①　買入部品費（部品 S ）　@　？　円
②　変動加工費　@1,080円
③　変動販売費　@　120円
（4）　製品 T に対する固定費は、総額26,000,000円である。
（5）　製品 T を50,000個販売した。

53 直接原価計算 XII

標準解答時間 **30分** 解答用紙 別冊 **P.56** 解答・解説 **P.271**

　大原電機株式会社は事業部制を採用しており、事業部 A 、事業部 B および事業部 C を有している。当社は 3 種類の製品を製造・販売しており、事業部 A は製品 P 、事業部 B は製品 Q 、事業部 C は製品 R に関する製造責任を有している。

　さらに各事業部は互いに製品を融通し合いながら、それぞれ外部の顧客に製品を販売している。外部の顧客に対する販売にあたり、自事業部と他事業部の製品とも市価を販売価格としている。

　当年度に関する以下の資料に基づき、下記の各問に答えなさい。また、解答で小数点以下が生じる場合は、小数点以下第 1 位を四捨五入（例えば8.7％ならば 9 ％とする）し、マイナスになる場合は数字の前に△をつけなさい。

〈資　料〉

(1)　製品に関する資料（単位：円/個）

	製品 1 個あたりの市価	製品 1 個あたりの変動製造費	製品 1 個あたりの固定製造費	製品 1 個あたりの変動販売費
製品 P	1,500	600	450	100
製品 Q	1,200	420	240	100
製品 R	900	270	270	100

(2)　各事業部における外部顧客に対する製品の販売個数に関する資料（単位：個）

	製品 P	製品 Q	製品 R
A 事業部	650	450	―
B 事業部	250	720	150
C 事業部	120	240	350

　なお、各事業部とも当期の期首製品棚卸高と期末製品棚卸高はないものとする。

(3)　事業部別固定費（販売費および一般管理費）に関する資料（単位：円）

	A 事業部	B 事業部	C 事業部
事業部固定費	356,000	462,000	224,000
（うち事業部で管理不能な固定費）	（125,000）	（132,000）	（112,000）

(4)　事業部別投資に関する資料（単位：円）

	A 事業部	B 事業部	C 事業部
事業部別投資額	1,100,000	2,100,000	950,000
（うち事業部で管理不能な投資額）	（500,000）	（550,000）	（300,000）

(5)　資本コストに関する資料

調達源泉	構成割合	資本コスト率
負　債	40％	5 ％（税引前）
留保利益	20％	15％
普 通 株	40％	18％

　ただし、負債はすべて有利子負債（借入金および社債）とし、法人税率は40％とする。

問1　下記の注（1）を参照して、①市価差引基準、②全部原価基準、③変動費基準、の各基準を用いた場合における製品Pの内部振替価格を求めなさい。ただし、市価差引基準における販売費節約額には製品1個あたりの変動販売費を使用する。

問2　下記の注（2）を参照して、市価差引基準によった場合の事業部損益計算書（税引前管理可能残余利益まで）を完成させなさい。

問3　市価差引基準によった場合、各事業部の管理可能資本対営業利益率を求めなさい。

問4　問2と問3の解答を参考にして、以下の文の空欄に入るべき適当な言葉を解答用紙の解答欄に記入しなさい。

「内部振替基準を市価差引基準にして、当社の事業部の評価を行った。その結果、税引前管理可能残余利益によれば、最も優秀な事業部は事業部（　ア　）であり、最も業績の悪かった事業部は事業部（　イ　）であった。また、管理可能資本対営業利益率によれば、最も優秀な事業部は事業部（　ウ　）であり、最も業績の悪かった事業部は事業部（　エ　）であった。」

注（1）　ある事業部から他の事業部に製品を販売する場合、他の事業部に引き渡す価格を内部振替価格というが、その決定基準には、①市価差引基準（節約される販売費を市価から差し引いたものを内部振替価格とする）、②全部原価基準（全部原価を用いる）および③変動費基準（変動製造費を用いる）がある。

　　（2）　ここで資本コストとは、事業部別の投資額に一律の資本コスト率を乗じたものであり、資本コスト率には調達資本ごとの資本コストを加重平均したものを利用する。また、各事業部で発生したすべての固定製造費は、その事業部で管理可能なものとする。

54 業務的意思決定 Ⅰ

標準解答時間 **45分** 解答用紙 別冊 **P.57** 解答・解説 **P.275**

第1問

　大原製作所の甲製造部門では、次期（1年間）の生産計画において、設備稼働能力に1,000時間の余裕が見込まれる。そこで、この遊休能力を利用し、新たに部品Oを当部門で製造すべきか、あるいはこの遊休能力はそのままとし、部品Oを外部から購入すべきかを検討中である。下記の資料に基づいて、各問に答えなさい。

1. 部品Oの購入原価

     1個あたりの購入代価………4,500円
     年間の引取運賃……………360,000円

2. 部品Oの変動製造原価

     直 接 材 料 費　　2 kg　×　600円＝1,200円
     直 接 労 務 費　0.5時間×1,500＝　750円
     変動製造間接費　0.5時間×3,600＝1,800円
     　1個あたりの変動製造原価…………3,750円

     年間の特殊設備リース料…………1,800,000円

3. 原料Sの割引条件

     部品Oを製造する場合には、その主材料は原料Sで、原料Sの年間購入契約量が3,000kgを超える場合は、購入契約量のうち、3,000kgまでは1kgあたり600円で購入するが、3,001kg以上は、前記購入単価の10％引きで購入できる。したがって、全購入契約量の購入単価が10％引きになるわけではない。

4. その他

     本問の解答にあたっては、数量化しえない要素や長期的な考慮は除外する。

問1　部品Oの年間必要量が2,000個の場合、甲製造部門で部品Oを自製（内製）する案をA案、1,000時間の遊休時間はそのままとし、外部からこれを購入する案をB案とすると、両案を比較して、どちらの案が原価が低く有利になるかを答えなさい。

問2　部品Oの年間必要量2,000個を度外視した場合、部品Oの年間必要量が何個以上であれば、どちらの案が有利になるかを答えなさい。なお、解答上1個未満の端数が生じる場合には、小数点以下第1位を切り上げて解答すること。（例：1,234.56個→1,235個）

第2問

　大原製作所の甲製造部門では、部品 C を製造するのみでは設備稼働能力に月間500時間の余裕が見込まれる。そこで、この遊休能力を利用し、新たに部品 O を当部門で製造すべきか、あるいはこの遊休能力はそのままとし、部品 O を外部から購入するほうが有利か、を検討中である。そこで、下記の資料に基づいて、各問に答えなさい。

1. 部品 O に関するデータ
 (1) 部品 O の月間必要量は1,000個である。これを外部から購入する場合には、購入代価が 1 個あたり2,500円、引取費が月間150,000円である。
 (2) 部品 O を製造する場合には、 1 個の製造につき原料 S を 2 kg必要とする。また、原料 S の月間購入契約量が1,500kgを超える場合は、購入契約量のうち1,500kgまでは 1 kgあたり600円で購入するが、1,501kg以上は、前記購入単価の 1 割引で購入できる。
 (3) 部品 O の 1 個あたりの直接作業時間は0.5時間であり、 1 時間あたりの賃率は500円であるが、この部品 O を製造するためには、残業をしなければならなくなるため、前記賃率の25%の残業手当が必要となる。
　　　なお、残業手当は、この計算では直接労務費として処理し、直接作業時間と設備稼働時間とは等しいものとする。
 (4) 甲製造部門の製造間接費の正常配賦額は、直接作業時間に基づき変動費率が400円で、固定費率が300円である。
 (5) 部品 O を製造するには新たに特殊設備が必要であり、そのリース料は生産量とは関係なく、月間600,000円である。

2. 部品 K に関するデータ
　　部品 O を外部から購入する場合、500時間の遊休能力をそのまま遊ばせないで、この時間を従来購入していた部品 K の製造に利用する案も考えられる。部品 K の資料は次のとおりである。
 (1) 部品 K の月間必要量は500個で、購入原価は 1 個あたり4,000円である。
 (2) 部品 K を製造する場合には、原料 T を部品 K 1 個の製造につき 1 kg必要とする。その購入原価は 1 kgあたり2,000円で、数量による割引はない。
 (3) この部品の 1 個あたりの加工時間は 1 時間で、直接工の賃率や残業手当および製造間接費に関する条件は、上記 1 の資料と同様である。ただし、この部品の製造には、特殊設備は不要であり、したがってリース料は発生しない。

3. その他のデータ
　　本問の解答にあたっては、数量化しえない要素や長期的な考慮は除外する。
　　以上の条件に基づき、次の問に答えなさい。

問1　本問は、ⓐ次に示す原価計算目的のどれに属するか、ⓑまた、この問題を解決するための最も適切な原価を、下記の中からひとつ選び番号で答えなさい。
　　ⓐ　原価計算目的
　　　(1) 財務諸表作成目的　　(2) 戦略的意思決定目的　　(3) 価格決定目的
　　　(4) 原価管理目的　　　　(5) 短期利益計画目的　　　(6) 業務執行的意思決定目的
　　ⓑ　最も適切な原価
　　　(1) 全部原価　　(2) 標準原価　　(3) 直接原価　　(4) 差額原価　　(5) 実際原価
　　　(6) 総原価

問2　甲製造部門で、新たに部品 O を自製する案を P − 1 案、500時間の遊休時間はそのままとして、外部からこれを購入する案を P − 2 案とすると、どちらの案が有利になるかを答えなさい。

問3　部品 O の月間必要量1,000個を度外視した場合、部品 O の月間必要量が何個以上なら、P − 1 案、P − 2 案のいずれかが有利になるのかを答えなさい。

問4　部品 O 1,000個を外部から購入し、500時間の遊休能力を従来購入していた部品 K の製造に利用する案も考えられる。この案を P − 3 案とすると、P − 1 案（部品 O は自製するので、部品 K は購入することとなる）と比較して、どちらの案が有利になるのかを答えなさい。

55 業務的意思決定 Ⅱ

標準解答時間 **30分** ｜ 解答用紙 別冊 **P.57** ｜ 解答・解説 **P.277**

　大原工業㈱は各種のステレオを製造・販売しているが、その中のＡ型ステレオ用のスピーカーは、東京工場の第3製造部で製造している。

1. 　過去6カ月間の第3製造部の生産および原価データ
 (1) 　生産データ　Ａ型ステレオ用のスピーカー　2,000組（期首と期末の仕掛品はなかった）
 (2) 　原価データ　直接材料費（変動費）　4,000万円　　直接労務費（変動費）　3,400万円
 　　　　　　　　製造間接費（準変動費）　2,992万円
 (3) 　製造間接費データの月間内訳（これらはすべて正常値）

月	製造間接費発生額	スピーカー完成量
7	438万円	250組
8	424万円	240組
9	494万円	330組
10	510万円	350組
11	534万円	380組
12	592万円	450組
合計	2,992万円	2,000組

2. 　乙社からのスピーカーの売り込み

　　かねて取引関係がある乙社から、Ａ型ステレオ用のスピーカーを1組あたり4.9万円で売りたいという申し入れがあった。東京工場長は、乙社の製品の品質は高く、しかも売り込み価格が安いので、とりあえず次期の6カ月間は、このスピーカーの内製をやめて購入に切り換えたいと考え、原価計算担当者に調査を命じたところ、次の情報を得た。

3. 　原価計算担当者の調査結果
 (1) 　次期6カ月の原価発生状況を予測すると、原価財の価格や消費能率に変化はなさそうなので、変動費率と固定費の発生額は上記過去6カ月間と同様と思われる。ただし、不況に入ってきたので2,000組の生産は難しい。
 (2) 　乙社からの購入に切替えた場合は、
 　① 　第3製造部の直接工は、全員人手不足の他の製造部へ、同じ賃率と作業量で転用できる見込である。なお、自製の場合は、第3製造部と同じ賃率で臨時工を雇うことになる。
 　② 　第3製造部の機械は遊休にする。
 (3) 　第3製造部の固定製造間接費総額（6カ月間の発生総額）の内訳は次のとおりである。まず300万円は工場全体の共通管理費配賦額である。また500万円は、機械の減価償却費、固定資産税、火災保険料からなる。これらのほか72万円の固定製造間接費は、購入に切替えることによりその発生が回避可能であると予想された。あとに残る固定製造間接費は、第3製造部長の給料であって、もし購入に切り替えた場合は、第2製造部長が定年で退職するため、そのあとに第3製造部長を従来と同額の給料で配置換えできる。ただし内製の場合は、第2製造部長は外部から第3製造部長の給料と同額で雇うことになる。

　　以上の条件に基づき、原価が安ければ購入に切り換えるものとして、次の問に答えなさい。

問1　第3製造部の製造間接費について高低点法により原価分解を行って、(1)製品1組あたりの変動製造間接費、(2)(6カ月間ではなく)月間の固定製造間接費を計算しなさい。

問2　第3製造部長の6カ月間の給料総額はいくらか。

問3　第3製造部の次期6カ月間の生産量が不明である点を考慮した上で、A型ステレオ用のスピーカーを内製するほうが有利か、あるいは購入するほうが有利かを判断しなさい。

問4　上記のほか、さらに次の条件を追加および変更する。

(a)　購入に切替えた場合は、第3製造部の空いたスペースを利用して第2製造部の部品倉庫に転用すると、外部倉庫の賃借が不要となり、その結果6カ月間で外部倉庫の賃借料を53万円節約できる。

(b)　乙社の売込価格が1組あたり4.9万円でなく、次のような条件であったとする。すなわち、大原工業㈱の購入量が6カ月間で1,200組までは1組あたり5.0万円であるが、1,200組を越えると値引きして1組あたり4.8万円にするという申し入れであったとする。したがって、例えば6カ月間の購入量が、1,300組であれば、1,200組までは1組あたり5.0万円で購入し、あとの100組は1組あたり4.8万円で購入できることになる。なお、(a)の倉庫料節約の追加条件は、購入量とは関係がない。

さて、上記の追加および変更条件を考慮すると、

(1)　短期の業務的意思決定計算に使用される原価概念としては、外部倉庫の賃借料節約額は、内製というコース選択にとって、いかなる原価といえるか。最も適切な原価を下記の中から1つ選びなさい。答えは、番号のみでよい。

①　個　別　費　　②　製 造 間 接 費　　③　埋　没　原　価　　④　見　積　原　価

⑤　機　会　原　価　　⑥　予　算　原　価　　⑦　直　接　費

(2)　上記の追加および変更条件を考慮し、内製が有利か購入が有利かを判断しなさい。

(注)　解答用紙の ☐ 内に計算結果を記入しなさい。問3、問4では、内製、購入のうち、該当する文字または文章を〇印で囲み、不要な文字または文章を二重線で消しなさい。また、問4の〔　　〕内には適切な番号を記入しなさい。

56 業務的意思決定 Ⅲ

第1問
　製品Hを製造販売している大原製作所㈱では、新規の顧客K社から製品Hに対する特別注文1,500個の申し入れがあった。この件に関して同社の社長より次のような話があった。
　「当社の製品の一般販売価格は15,000円/個であり、申し入れがあった価格は7,500円/個と安いが、この注文を断った方が良いか、それとも引き受けた方が良いかを検討してくれたまえ。」とのことである。よって、下記の資料に基づいて各問に答えなさい。

〔資料1〕製品Hの変動予算

　1．変動費　　　　　　　　　　　　　2．固定費
　（1）製造原価　　　　　　　　　　　　（1）加　工　費　5,800,000円
　　　原　料　費　2,000円/個　　　　　（2）販　売　費　6,700,000円
　　　加　工　費　1,000円/個　　　　　（3）一般管理費　6,500,000円
　（2）販売費
　　　梱包費用　　500円/個
　　　販売員手数料　600円/個
　　　発　送　費　900円/個

　※　当該予算は、予定販売量8,000個（操業80％）に基づくものであり、期首・期末の仕掛品および製品はないものとする。

〔資料2〕その他

1. この注文を引き受けた場合、製造は残業により行うことになる。これにより特別注文分については、変動加工費が250円/個だけ増加することになる。
2. K社から価格が安いことの代償として、当社負担の発送費について、K社が負担する旨の連絡があった。
3. この注文は、直接会社に対してなされたものであり、両者のトップ間で商談が進められているため販売員手数料は発生しない。
　　しかし、この製品にはK社自身の商標（プライベート・ブランド）をつけて販売するため、当社の商標をつけた場合（当社の商標印刷費用100円/個は、変動加工費に含まれている）よりも商標印刷費用50円/個増加する。
4. この注文を引き受けても、従来からの得意先に影響は与えない。
5. この注文に対する検討会議の一部は下記のとおりである。
　営業部長　「製品Hの一般販売価格が15,000円/個であるのに対し、申し入れのあった価格は7,500円/個と、かなり安すぎる。また、直接注文であることおよび発送費をK社が負担してくれることにより原価が販売員手数料600円/個、発送費900円/個安くなることを考慮しても、まだ6,000円/個の差があるため、この注文は引き受けるべきではない。」
　原価部長　「あなたの考えでは、単純に売価により比較をしているようですが、これは （イ） ですから関連する原価と関連する収益、つまり （ロ） と （ハ） により判断すべきではないでしょうか。」
　営業部長　「わかりました。ではその資料を作成してもらえますか。」
　原価部長　「はい、わかりました。」
　社　長　　「では、その資料を見たうえで決定しよう。」

問1　会話文の （イ）、（ロ）、（ハ） に入る適切な語句を下記の語群から選択しその番号を記入しなさい。
　（イ）　1．継続的意思決定　2．原価管理　3．業務執行的意思決定　4．戦略的意思決定　5．CVP分析
　（ロ）　1．変動費　2．直接原価　3．製造原価　4．差額原価　5．総原価
　（ハ）　1．売上高　2．機会原価　3．限界利益　4．売上総利益　5．差額収益

問2　当社はこの注文を引き受けるべきか否かを判断しなさい。

第 2 問

　大原工業㈱では、製品 H を製造・販売しているが、急激に需要が減少し、来月、製品 H の販売量は400個にとどまる見通しである。なお、当社では、当分の間、需要の回復は見込めないと予測している。そこに K 工業㈱から製品 H を試験的に50個購入したいとの申し入れがあった。 K 工業㈱の話によると、納期・品質等で満足が得られれば、毎月50個の購入を検討しているという。下記に示す製品 H のデータと K 工業㈱の提示してきた申し入れ条件のみを考慮した場合、この注文に応じるべきか否か判断しなさい。

資料 1 ．　製品 H の原価資料
　　(1)　月間正常操業度1,800時間の原価標準
　　　　　直 接 材 料 費　　　　　　　　……………　200円/個
　　　　　直 接 労 務 費　　20円 × 4 時間　……………　80円/個
　　　　　製 造 間 接 費　　18円 × 4 時間　……………　72円/個
　　　　　変 動 販 売 費　　　　　　　　　8円/個
　　①　大原工業㈱では期間工を雇用しておらず、工員への賃金の支払いはすべて月給制である。
　　②　製造間接費は直接作業時間を基準に配賦している。
　　③　製造間接費72円/個のうち、変動費分は32円/個である。なお、過去分析結果では、変動費発生額と直接作業時間との間にきわめて高い相関関係が認められる。
　　(2)　K 工業㈱からの申し入れ条件
　　①　購入価格　　　280円/個
　　②　購入個数　　　　50個
　　③　K 工業㈱用の製品は特別仕様となる。その結果、直接作業時間が 1 個あたり30分多くかかる。
　　④　直接作業時間が1,800時間を超えると超過勤務となる。超過勤務分については、25%増しの超過勤務手当てを支給する。
　　⑤　製品は K 工業㈱に直送されるため、変動販売費は輸送費のみとなり、 2 円/個と見積もられる。
　　⑥　通常ルートでの製品 H 販売単価は、440円/個である。

57 業務的意思決定 Ⅳ

| 標準解答時間 45分 | 解答用紙 別冊 P.59 | 解答・解説 P.281 |

第1問

　製品 A および製品 B を生産販売する大原工業㈱は、H 株式会社より、製品 B を 1 缶あたり1,560円で2,000缶を平成18年11月末納入の条件で追加注文を受けた。

　この追加注文についての意見は、次のとおりであった。

〈甲案〉……　追加注文の売価が通常の受注価格より低い。よって断るべきである。

〈乙案〉……　工場の生産能力に余裕があるため、受注すべきである。なお、11月の全生産量が正常操業度を上回る場合は、残業してでも受注すべきである。

〈丙案〉……　残業は従業員の反発を招くので、残業すべきでない。よって、正常操業度内で生産可能量を生産し、正常操業度を上回る量は他社から購入したうえで納入する。

〈丁案〉……　追加注文量全部を購入する。その方が、購入価格や値引きの点で有利である。

　以上の各案について差額利益または差額損失を計算し、どの案が最も有利なのかを答えなさい。以下、計算のためのデータである。

1. 製品別の標準原価データ

	製品 A 1 缶 あ た り	製品 B 1 缶 あ た り
直接材料費		
原　料　O	1.4 ℓ ×@ 300円＝ 420円	——
原　料　P	——	1.4 ℓ ×@ 270円＝ 378円
原　料　Q	0.6 ℓ ×@ 240円＝ 144円	0.6 ℓ ×@ 240円＝ 144円
直接労務費		
第 1 工 程	0.20時間×@ 1,200円＝ 240円	0.20時間×@ 1,200円＝ 240円
第 2 工 程	0.16時間×@ 1,500円＝ 240円	0.18時間×@ 1,500円＝ 270円
製造間接費		
第 1 工 程	0.20時間×@ 1,440円＝ 288円	0.20時間×@ 1,440円＝ 288円
第 2 工 程	0.16時間×@ 1,200円＝ 192円	0.18時間×@ 1,200円＝ 216円
	1,524円	1,536円

2. 月間製造間接費公式法変動予算

	第 1 工 程	第 2 工 程
変 動 費 率	750円/時間	600円/時間
固 定 費 予 算 額	2,484,000円	1,848,000円
正 常 操 業 度	3,600時間	3,080時間

3. 平成18年11月月初において確定した販売データ（追加注文については考慮していない。）

	「製品A」	「製品B」
受 注 量	8,000缶	9,000缶
販 売 価 格（1 缶あたり）	1,890円	1,950円
変 動 販 売 費（1 缶あたり）		
販 売 員 手 数 料	180円	150円
積 送 諸 掛	105円	90円

4. 残業に掛かる労務費は25%の割増で支払うが、それ以外に増加するものとして下記のものがある。
　　　第1工程固定費　　30,000円　　　　　　　　第2工程固定費　　45,000円

5. 他社から購入する製品Bの品質は当社のものとまったく同一であると仮定する。なお、その購入条件および追加発生手数料は下記のとおりである。

購入数量	500缶	1,000缶	1,500缶	2,000缶
送状価額（1缶あたり）	1,800円	1,800円	1,800円	1,800円
仕入値引	ナシ	10%	14%	18%
引取諸掛	30,000円	30,000円	60,000円	60,000円

6. 追加注文は当社に直接なされたものであるので、販売員手数料はかからない。

7. 追加注文を引き受けても、既に受注済み製品の販売価格および将来の販売に一切影響を与えることはない。

第2問

(1) 当社は、製品Hの製造販売を行っている。なお、製造原価、販売費および一般管理費について、多桁式変動予算を採用している。下記資料に基づき問に答えなさい。

操　業　度	60%	70%	80%	90%	100%	（単位：万円）
固　定　費						
製　造　原　価	60.0	60.0	60.0	60.0	60.0	
販　　売　　費	7.5	7.5	7.5	7.5	7.5	
一　般　管　理　費	22.5	22.5	22.5	22.5	22.5	
準　固　定　費						
製　造　原　価	26.25	30.0	30.0	33.75	35.25	
販　　売　　費	3.75	6.0	6.0	9.75	13.5	
一　般　管　理　費	7.5	9.0	9.0	9.0	11.25	
変　動　費						
製　造　原　価	121.5	141.75	162.0	182.25	202.5	
販　　売　　費	13.5	15.75	18.0	20.25	22.5	
合　計（総原価）	262.5	292.5	315.0	345.0	375.0	
生　産　量	6,000個	7,000個	8,000個	9,000個	10,000個	
平　均　単　価	@437.5円	@417.9円	@393.8円	@383.3円	@375.0円	

(2) 当社の現在の操業は80%であり、製品Hの販売単価は420円である。

(3) 前記 (1) における変動販売費予算（操業度100%）の内訳は次のとおりである。

変動販売費の内訳	変動費率	操業度100%の予算許容額
販　売　員　手　数　料	@ 7.5円	75,000円
製　品　積　送　費	@15.0円	150,000円
合　　　　　計	@22.5円	225,000円

(4) このような状況のもとで、新規顧客より当社の製品H 2,000個を@370円で購入したいとの申し入れがあった。なお、安い注文価格の代償として製品積送費は、買い手側が負担する。また、この新規注文は会社に対して直接なされたものであるため、新規注文2,000個分に対して、販売員手数料は発生しない。

問題

当社は、この新規注文を引き受けるべきか否か判断しなさい。なお、この新規注文を引き受けることにより従来の得意先への影響はないものとする。

58 業務的意思決定 Ⅴ

標準解答時間 **30分** 解答用紙 別冊 **P.60** 解答・解説 **P.284**

第1問

当社は、製品Hを製造販売しており、次期における見積損益計算書は下記のとおりである。

製品Hの見積損益計算書

売　上　高	40,000,000円	(@　10,000円)
売　上　原　価		
変動製造原価	11,840,000円	(@　　2,960円)
固定製造原価	21,200,000円	
計	33,040,000円	
差引：売上総利益	6,960,000円	
販　売　管　理　費		
変動販売費	216,000円	(@　　　　54円)
固定販売管理費	3,356,000円	
計	3,572,000円	
差引：営業利益	3,388,000円	

(注) 見積製造販売量は、4,000kgである。なお、固定製造原価および固定販売管理費は、全社的費用である。

　工場長は、原価計算会議の中で、「製品Hの需要は、年々低下傾向にある。そのため、製品Hに追加加工を行い、新製品Kとして販売した方が需要が増加するのではないか。」と意見を述べた。

　そこで、下記資料を考慮し、製品Hを追加加工すべきか否かを解答用紙に示す損益計算書を作成し判断しなさい。なお、無関連収益および無関連原価も含めて作成しなさい。

〈資　料〉
(1) 製品Kは、製品HにP原料を配合投入して製造する。配合割合は製品Hの投入量に対し20％である。
(2) 製品Kの工程終点では、投入量（P原料配合後）に対し5％の歩減が発生する。なお、完了品の12.5％が副産物として分離される。
(3) P原料は、1kgあたり700円である。
(4) 追加加工費は、投入量（P原料配合後）1kgあたり940円である。
(5) 製品Kの販売には、新たに広告宣伝費として2,000,000円（年間固定費）を投じる。
(6) 製品Kの変動販売費は1kgあたり260円である。
(7) 製品Kは1kgあたり11,400円、副産物は1kgあたり3,780円で販売できる。

第2問

　大原工業株式会社は、下記に示す3種類の製品を製造販売している。今年度の見積セグメント別損益計算書の結果、製品Aおよび製品Cが赤字であると予測された。なお、共通固定費の1,550,000円は、建物と機械の減価償却費および保険料である。下記の資料に基づき各問に答えなさい。

見積セグメント別損益計算書

(単位：円)

項　目 ＼ 製　品	製　品　A	製　品　B	製　品　C	合　　計
Ⅰ　売　上　高	3,222,500	1,695,000	1,332,500	6,250,000
Ⅱ　変動売上原価	1,933,500	762,800	646,000	3,342,300
変動製造マージン	1,289,000	932,200	686,500	2,907,700
Ⅲ　変動販売費	257,800	186,400	153,500	597,700
貢　献　利　益	1,031,200	745,800	533,000	2,310,000
Ⅳ　固　定　費				
1.　個別固定費	245,200	178,200	272,600	696,000
2.　共通固定費	799,180	420,360	330,460	1,550,000
営　業　利　益	− 13,180	147,240	− 70,060	64,000

問1　製品Aおよび製品Cの製造販売を継続すべきか、中止にすべきか、セグメント・マージンで判断しなさい。

問2　販売努力により、製品A、製品B、製品Cの1種類のみ販売を増加することができたとする。なお、当社に生産能力の不足はない。ただし、個別固定費を増加させることにより、いずれの製品も、1,200,000円が追加販売努力の限度であるとする。その場合、個別固定費は、下記のとおり増加させるものとする。

	製　品　A	製　品　B	製　品　C
個別固定費	100,000円	140,000円	80,000円

以上の条件を追加し、どの製品を追加販売すべきか判断しなさい。

59 業務的意思決定 Ⅵ

標準解答時間 **20分** 解答用紙 別冊 **P.61** 解答・解説 **P.285**

　福岡工業㈱の材料購入部では、合理的な在庫管理を検討中であり、材料購入部長が原価計算課長のところへ相談にやってきた。「Ｙ材料の年間予定総消費量は、１日あたりの平均消費量が936個、年間の操業日数が250日なので234,000個と思われます。そこで、もし234,000個を１度に購入すれば発注費は１回分ですむけれども、相当量の材料をかかえこむため材料の保管費が高くなるし、そうかといって１回に１日分の消費量しか購入しなければ、毎日発注することになり、たとえ保管費がかからなくとも発注費が巨額に発生することになる。そこでＹ材料の年間の発注費と保管費の合計額が、最も少なくてすむ１回あたりの発注量（経済的発注量）を知りたいのです。」と材料購入部長が言った。そこで原価計算課長は、次のデータを集めた。

【発注量の計算データ】
- (1)　Ｙ材料１個あたりの購入価格（送り状価格）　……………………………　2,400円
- (2)　Ｙ材料１個あたりの引取運賃　……………………………………………　100円
- (3)　材料購入部長の給与月額（残業はない）　……………………………… 500,000円
- (4)　Ｙ材料発注１回に要する事務用消耗品費　…………………………………　3,000円
- (5)　Ｙ材料発注１回に要する通信費　……………………………………………　3,500円
- (6)　Ｙ材料発注１回に要する受入材料積下ろし作業に関するアルバイト料　…… 32,500円
- (7)　材料倉庫の減価償却費月額　……………………………………………… 250,000円
- (8)　材料倉庫の電灯料月額　…………………………………………………… 100,000円
- (9)　保管するＹ材料１個あたりの年間火災保険料　……………………………　75円
- (10)　Ｙ材料１個あたりの年間保管費の中には、Ｙ材料に対する投資額の９％（年利率）を、資本コストとして計上する。

以上の資料に基づき、下記の各問に答えなさい。

問1　年間の材料関係費用（年間発注費と年間保管費の合計）が最小となる１回あたりの発注量（経済的発注量）を計算し、また、その発注量における年間発注費、年間保管費を計算しなさい。なお、異常時のために備える安全在庫量や在庫切れの機会損失は考慮外とし、１回あたりの発注費は一定額であり発注回数に比例して発生し、年間保管費は平均在庫量に比例して発生するものとする。

問2　問１において、１回あたりの発注量は500個の倍数とした場合の経済的発注量を計算しなさい。

問3　問１において、納入業者より１回あたりの発注量を6,000個ずつ購入すれば、１個につき購入原価を２円ずつ値引くという申し入れがあった場合の年間発注費、年間保管費および材料値引額を計算しなさい。また、この数量値引を受け入れるべきか否かを検討しなさい。ただし、数量値引を受け入れても材料１個あたりの年間火災保険料や引取運賃は変わらないものとする。

MEMO

60 構造的意思決定 Ⅰ

標準解答時間 **30分** 解答用紙 別冊 **P.62** 解答・解説 **P.287**

第1問

大原工業では、新製品αの製造販売を検討中である。新製品αの製造には、新設備A（予想貢献年数 4 年）が必要であり、次の資料を入手した。なお、法人税の影響を考慮すること。

(1) 新設備Aに関する概要（減価償却は定額法による）

取 得 原 価　5,000万円　　法定耐用年数　　4 年

なお、減価償却費の計算上、残存（売却）価額はゼロとする。

(2) 新製品αの製造販売にともなう売上収入と原料費および変動加工費などの現金支出費用

	第1年度	第2年度	第3年度	第4年度
売 上 収 入	5,000万円	5,500万円	4,800万円	4,500万円
現金支出費用	3,000万円	3,300万円	3,000万円	2,800万円

(3) 法人税率は40%である。

問1　設備投資によって生じる年間平均キャッシュ・フローを使用して、回収期間を求めなさい。

問2　設備投資によって生じる累積的正味現金流入額を使用して、回収期間を求めなさい。

第2問

大原工業では、新製品βの製造販売を検討中である。新製品βの製造には、新設備 B（予想貢献年数 4 年）が必要であり、次の資料を入手した。そこで、下記資料に基づき、各問に答えなさい。なお、割引計算は解答用紙の現価係数表を使用すること。

(1) 新設備Bに関する概要（減価償却は定額法による）

取 得 原 価　10,000万円　　法定耐用年数　　4 年　　残 存 価 額　1,000万円

(2) 新製品βの製造販売にともなう純現金収入額（売上収入－現金支出費用）

	第1年度	第2年度	第3年度	第4年度
純現金収入額	3,000万円	5,000万円	3,500万円	2,500万円

(3) 投資終了時において、設備は残存価額をもって売却されるものとする。

(4) 資本コスト率は年10%とする。

問1　法人税の影響を考慮しないで、この投資の正味現在価値を求めなさい。

問2　法人税率40%の影響を考慮した上で、この投資の正味現在価値、収益性指数、内部利益率および割引回収期間を求めなさい。なお、資本コスト率は税引後年10%とする。

問3　この投資が有利か不利か判断しなさい。

第3問

下記資料に基づき、各問に答えなさい。

(1) 投 資 額　　　　12,000千円

(2) 耐 用 年 数　　　　4 年（残存（売却）価額はゼロ）

(3) 各年の増分利益額

1　年	2　年	3　年	4　年
4,000千円	5,000千円	4,000千円	3,500千円

問　当初投資額に基づく単純投下資本利益率を求めなさい。なお、算式は下記を参照すること。

$$当初投資額に基づく単純投下資本利益率 = \frac{年間平均増分利益額}{投資額} \times 100$$

61 構造的意思決定 Ⅱ

標準解答時間 30分　**解答用紙** 別冊 P.63　**解答・解説** P.290

　大原工業㈱では、次期の設備投資予算額を、どの設備を導入するために使用すべきか各設備投資案（A案、B案）を企画検討中である。なお、各設備投資案はいずれも独立投資案であるが、次期の設備投資予算額も不明であるため、すべての設備投資案を採用できるかどうかについても定かでない。よって、下記に示すデータを使用して、各問に答えなさい。

(1) 設備投資A案

① 設備投資A案では、新製品Aを生産・販売する新規設備投資の対象候補として2つの設備（H社製設備、K社製設備）が挙げられている。いずれの設備を導入しても新製品Aの生産は可能であるが、取得原価と原価の構成内容が下記のように各社異なっている。

	予定取得原価	耐用年数	1台あたりの変動費	減価償却費以外の年間固定費
H社製設備	9,000万円	3年	2.26万円	1,340万円
K社製設備	9,960万円	3年	2.24万円	1,300万円

② 各社設備の耐用年数は法定耐用年数、経済的耐用年数ともに等しく、残存（売却）価額は存在しないものとする。

　なお、各設備の減価償却費の計上は定額法によって行う。

③ 新製品Aの年々の予定販売数量は安定することが予想され、毎年2,000台を予定している。また、予定販売価格は1台あたり5万円と見積もられた。

④ 単純回収期間法により、どちらの設備を採用するか決定する。

(2) 設備投資B案

① 設備投資B案では、B設備を導入し、新製品Bを生産・販売する新規設備投資を企画しており、設備投資額（B設備の予定取得原価）は8,000万円、法定耐用年数は4年であるが経済的耐用年数は3年と見積もられる。

　また、B設備の残存（売却）価額は取得原価の10%であるが、経済的耐用年数経過後の予想処分価値は1,000万円である。なお、減価償却費の計算は定額法により行う。

② 新製品Bの予定販売価格は1台あたり4万円であり、予定販売数量は毎年1,500台で安定することが予想される。また、新製品Bの予定変動費は1台あたり1.4万円である。さらに、新製品Bを生産・販売するためには、上記減価償却費以外に毎年300万円（固定費）の支出が必要となる。

(3) その他の共通計算条件

① 各設備とも、必要となる正味運転資本は少額なので、計算上考慮外とする。

② 法人税率は40%とする。なお、固定資産税は計算上無視する。また、税引後資本コスト率は年9%である。

③ 減価償却費および固定資産売却損益以外の費用または収益は、すべてキャッシュ・フローを伴う。

問1　各設備投資案について、法人税の影響を考慮したうえで、年々のキャッシュ・フローを計算し、その金額を解答用紙の形式にしたがい記入しなさい。

問2　各設備投資プロジェクトの正味現在価値、内部利益率および収益性指数を計算しなさい。なお、計算に際しては、計算途中は四捨五入せずに、最終段階で解答用紙に記された単位未満を四捨五入しなさい。また、割引計算は解答用紙の現価係数表を使用すること。

62 構造的意思決定 Ⅲ

標準解答時間 **20分** | 解答用紙 別冊 **P.63** | 解答・解説 **P.292**

K工業㈱は、現有設備をいっそう能率のよい新設備に取り替えるべきか否かをめぐって検討中である。そこで、次の資料に基づき、解答用紙に示す表を完成させ、どちらを採用するか判断しなさい。

(1) A案………新設備を購入する案
 ① 取得価額 ………………………………… 40,000,000円
 ② 耐用年数 ……………………………… 3年
 ③ 3年後の残存（売却）価額 ……… 4,000,000円
 ④ 年間の設備稼働費現金支出額 …… 45,000,000円

(2) B案………現有設備をそのまま使用する案
 ① 取得価額 …………………………………100,000,000円
 ② 耐用年数 ……………………………… 9年
 ③ 残存（売却）価額 ………………… 10,000,000円
 ④ 年間の設備稼働費現金支出額 …… 60,000,000円
 ⑤ 現有設備は、取得後6年が経過している。
 ⑥ 現在時点における売却価額 ……… 20,000,000円
 ⑦ 現有設備を新設備に取り替えれば、現有設備の簿価と売却時価との差額だけ売却損が生じるが、この売却損の法人税に及ぼす影響は、第1年度中に発生するものの年度末よりも年度初めに近いので、第1年度期首（つまり現在）に計上する。また、この現有設備の売却に係るキャッシュ・フローは、B案に計上する。

(3) 共通の条件
 ① 両設備とも、必要となる正味運転資本は少額なので無視する。
 ② 資本コストは税引後で年10%とする。
 ③ 法人税率は40%とする。なお、K工業㈱は黒字経営である。
 ④ 減価償却は定額法による。

〔付属資料〕
税引後資本コスト10%の現価係数

1年	2年	3年	4年	5年
0.9091	0.8264	0.7513	0.6830	0.6209

63 構造的意思決定 Ⅳ

標準解答時間 30分　解答用紙 別冊 P.64　解答・解説 P.293

第1問

大原工業㈱は、現有設備をいっそう能率のよい新設備に取り替えるか否かをめぐって、次のA案とB案を検討中である。正味現在価値法を使用し、どちらの案が有利かを計算しなさい。

(1) A案………新設備を購入する案
① 取得原価 ……………………………… 40,000,000円
② 耐用年数 ……………………………… 3年
③ 残存価額……4,000,000円（最終年度末に帳簿価額の50％相当額で売却できる見込みである）
④ 年間の設備稼働費現金支出額 …… 45,000,000円

(2) B案………現有設備をそのまま使用する案
① 取得原価 ………………………………100,000,000円
② 耐用年数 ……………………………… 9年
③ 残存価額……10,000,000円（最終年度末に帳簿価額の40％相当額で売却できる見込みである）
④ 年間の設備稼働費現金支出額 …… 60,000,000円
⑤ 現有設備は、取得後6年が経過している。
⑥ 現在時点における売却価額 ……… 20,000,000円
⑦ 現有設備を新設備に取り替えれば、現有設備の簿価と売却価値との差額だけ特別損失が生じるが、この特別損失の法人税に及ぼす影響は、第1年度中に発生するものの年度初めに近いので、第1年度期首に計上する。また、この現有設備の売却に係るキャッシュ・フローはB案に計上する。

(3) 共通の条件
① 両設備とも、必要となる正味運転資本は少額なので無視する。
② 資本コストは税引後で年10％とする。
③ 法人税率は40％とする。なお、当社は黒字経営である。
④ 減価償却は定額法による。

第2問

設備投資案Zの予想データは、次のとおりである。
(1) 設備取得原価80,000,000円、耐用年数3年、残存（売却）価額8,000,000円、減価償却は定額法による。
(2) 上記設備を導入すると、将来3年間にわたって年々売上収入が63,233,000円得られ、そのための設備稼働費現金支出額が年々25,293,000円かかる見込みである。
(3) 法人税率は40％、投資資金の資本コストは税引後で年10％とする。

上記のデータに基づいて、この投資案の内部投資利益率を計算し、計算した内部投資利益率に基づいて、投資案Zを採用すべきか否かを判断しなさい。ただし、この計算では、投資資金の現在価値や法人税の影響を考慮すること。また、計算上の端数処理は、内部投資利益率の算定時のみ％の段階（最終の答えの段階）で小数点以下第2位を四捨五入し、計算途中で端数が生じてもそのまま計算すること。

64 構造的意思決定 Ⅴ

標準解答時間 **45分** | 解答用紙 別冊 **P.65** | 解答・解説 **P.295**

第1問

当工場では、一般市場向けの単一製品を製造している。単一の製品であるため年間生産能力は、年間生産量で表している。現有設備での年間生産能力は20,000個である。当工場の製品は現在注文が殺到しており、すべての注文に応えられていない状態である。そこで、年間生産能力が10,000個である追加設備を2005年度末に導入することを検討している。年間30,000個以上の需要が確保できると予想されている。

導入を計画している設備は、取得原価6,000万円、耐用年数6年、残存価額を600万円とする定額法により減価償却を行う。しかし、新規設備は、6年後にはいかなる価格においても売却できず、むしろ400万円の処分コストが発生すると予想される。現有設備は、取得原価1億円、耐用年数12年、残存価額を1,000万円とする定額法で減価償却を行っている。現有設備はすでに6年使用している。

製品の販売単価は、1個あたり10,000円である。この販売単価は当面維持できるため、値上げも値下げも行わない。この製品を1個作るのに必要な材料費は、4,000円である。新設備の場合、製品1個あたりに必要な変動製造間接費は2,000円である。ちなみに現有設備の場合は、製品1個あたりに必要な変動製造間接費は、3,000円である。なお、変動製造間接費はすべて現金支出費用である。新設備に係る固定製造間接費としては、減価償却費のほかに現金支出費用が年額で1,000万円ある。割引計算にあたっては、現金支出費用の支払いも含めすべてのキャッシュ・フローは年度末に発生すると仮定する。上記の変動費・固定費の区別は、正常操業圏80%～100%の範囲で有効なものとする。

なお、本問において、差額キャッシュ・フローとは、新規設備を導入しないという現状維持案を前提にした場合の、新規設備導入案の差額キャッシュ・フローを意味する。

法人税等の税率は40%であり、キャッシュ・フローの計算は税引き後で行う。当社は現在十分に利益を上げており、今後6年間黒字決算が見込まれる。資本コスト率は年5%である。

割引率5%の現価係数は以下のとおり。この現価係数を用いて割引計算を行うこと。

1年0.9524	4年0.8227
2年0.9070	5年0.7835
3年0.8638	6年0.7462

なお、解答は、現状維持案に比べて、正味のキャッシュ・イン・フローが減少する場合や正味のキャッシュ・アウト・フローが増加する場合、△記号を付けること。

問1 新規設備導入時の差額キャッシュ・フローを計算しなさい。

問2 新規設備の利用に係る1年あたりの差額キャッシュ・フローを計算しなさい。

問3 6年後、新規設備の除却に係る差額キャッシュ・フローを計算しなさい。

問4 問1から問3で計算した差額キャッシュ・フローを基に新規設備導入案の正味現在価値（NPV）を計算しなさい。現在価値は、2005年度末時点を基準として計算する。

問5 問1から問3で計算した差額キャッシュ・フローを基に、新規設備導入案の回収期間を単純回収期間法によって計算しなさい。小数点第2位を四捨五入して、小数点第1位までを答えなさい。

問6 今までは、年間30,000個以上の需要が確保されるという前提で計算してきたが、もし、年間28,000個の需要しか見込まれないと仮定すると、新規設備導入案の正味現在価値（NPV）はいくらになるか。ただし、28,000個を最適な設備利用で生産するものとする。

第2問

H工業では、製品Kを製造・販売している。従来は、甲Ⅰ型の設備を使用して生産を行ってきたが、当期末に、甲Ⅰ型の設備より高性能である乙Ⅰ型の設備に取替えるかどうかを検討している。以下の資料に基づき問に答えなさい。なお、解答で小数点以下が生じる場合は、小数点以下第1位を四捨五入し、またマイナスになる場合には、数字の前に△を付けなさい。

＜資　料＞

1．設備に関するデータ

	甲Ⅰ型	乙Ⅰ型
取　得　価　額	10,000万円	12,000万円
法　定　耐　用　年　数	8年	8年
残　存　価　額	取得原価の10%	取得原価の10%

（1）甲Ⅰ型は取得してから、当期末で4年経過する。なお、使用可能期間はあと4年である。また、この設備を当期末に売却すると4,000万円になり使用期間経過時での売却価額は残存価額と同額とする。

（2）乙Ⅰ型の使用可能期間は4年であり、使用期間経過時の売却価額は5,000万円になる。

（3）両設備の減価償却方法は定額法である。

2．製品Kは、毎年20,000個製造販売し、売価は1個あたり8,000円である。

3．甲Ⅰ型設備を使用する場合、製品K1個に対して材料Pが10kg投入される。材料Pは1kgあたり300円であり、毎年一定である。

4．乙Ⅰ型設備を導入する場合、材料Pより品質の高い材料Qを利用しなければならない。材料Qを利用することにより、製品K1個に対して8kg投入される。材料Qは高品質のため、高価ではあるが、毎年値引きが行われる。材料Qは、1年度が1kgあたり350円、2年度が1kgあたり340円、3年度が1kgあたり330円、4年度が1kgあたり320円になる。なお、材料Qを利用することにより、材料の保管費が毎年1,000,000円節約される。

5．甲Ⅰ型設備を使用する場合、年々の直接労務費は10,000,000円である。乙Ⅰ型設備を導入した場合、年々の直接労務費は7,000,000円である。なお、すべて固定費として扱うこと。

6．乙Ⅰ型設備を導入する場合、操作法の習得に工員の教育・訓練が必要となる。そのため、導入時に3,000,000円が必要になる。

7．甲Ⅰ型設備を使用する場合、維持費が毎年20,000,000円生じる。

8．乙Ⅰ型設備を導入する場合、維持費が毎年8,000,000円生じる。

9．当社の調達源泉別の資本構成は負債20%、留保利益30%、普通株50%である。また、年間の各調達源泉別の資本コスト率は負債5%（税引後）、留保利益10%、普通株16%である。

10．減価償却費を除き、すべて現金収入もしくは現金支出とすること。

11．法人税率は40%である。なお、当社は黒字企業である。

12．キャッシュ・フローは、各年度末に発生するものとする。

問1　当社の税引後加重平均資本コスト率を求めなさい。

問2　甲Ⅰ型設備、乙Ⅰ型設備の減価償却によって各期間に発生する法人税影響額（1年度分）を求めなさい。

問3　甲Ⅰ型設備を当期末で売却する際に生じる法人税影響額を求めなさい。

問4　乙Ⅰ型設備を4年度末で売却する際に生じる法人税影響額を求めなさい。

問5　乙Ⅰ型設備を導入した場合、導入時および1〜4年度の各期間における増分キャッシュ・フローを求めなさい。なお、本問において増分キャッシュ・フローとは、乙Ⅰ型設備を導入しないという現状維持案を前提にした場合の乙Ⅰ型設備導入案の増分キャッシュ・フローを意味する。

問6　当期末を現時点とした正味現在価値法により、乙Ⅰ型設備の投資案の採否について意思決定を行いなさい。ただし、問1の加重平均資本コスト率を割引率とし、正味現在価値の計算においては下記の現価係数表を使用すること。

〈現価係数表〉

資本コスト率／年数	1	2	3	4
8%	0.9259	0.8573	0.7938	0.7350
9%	0.9174	0.8417	0.7722	0.7084
10%	0.9091	0.8264	0.7513	0.6830
11%	0.9009	0.8116	0.7312	0.6587
12%	0.8929	0.7972	0.7118	0.6355
13%	0.8850	0.7831	0.6931	0.6133

65 構造的意思決定 Ⅵ

標準解答時間 **45分** 解答用紙 別冊 **P.66** 解答・解説 **P.302**

第 1 問

　OBS事業部では、製品 G を含む数種の製品を製造・販売しているが、来年度から製造を自動化するために製品 G 専用の自動設備購入を計画している。その候補として、H 社製、K 社製の設備が考えられ、以下のデータを入手した。

1. 自動設備の投資額と耐用年数に関するデータ（自動設備の減価償却は、定額法により計算）

	H 社 製 設 備	K 社 製 設 備
取 得 原 価	8,400万円	5,100万円
耐 用 年 数	3 年	2 年

2. 製品Gの製造・販売に関する原価データ（単位：万円）

	H 社 製 設 備 の 場 合		K 社 製 設 備 の 場 合	
	1個あたり	年間固定費	1個あたり	年間固定費
製 造 直 接 費	0.7		1.0	
製 造 間 接 費				
補 助 材 料 費	0.4	1,900	0.6	1,100
間 接 工 賃 金	0.4	500	0.2	550
減 価 償 却 費	──	2,800	──	2,550
そ の 他	0.2	300	0.5	50
販 売 費 ・ 管 理 費	0.3	500	0.3	500
合 計	2.0	6,000	2.6	4,750

　　（注）　自動設備の減価償却費以外の原価（製品 G 1 個あたり変動費および年間固定費）は、すべて現金支出原価である。

3. その他の条件

　　a．両設備とも、耐用年数経過後は再投資される見込みが高い。

　　b．法人税率は40%で、税引後の資本コストは年10%である。

　　c．インフレーションは考慮しない。

　　d．製品Gの販売価格は 1 個あたり 4 万円である。

　　e．以下の問においては、すべて正味現在価値法により解答すること。

　　f．割引率10%での現在価値計算のための係数は次のとおりである。

n	1	2	3	4	5	6
現 価 係 数	0.909	0.826	0.751	0.683	0.621	0.564

　　g．耐用年数は、年間の製造・販売量とは無関係であり、経済的耐用年数と法定耐用年数とは等しいものとする。また、計算を簡略にするため、設備の残存価額は無視（ゼロ）する。

　　h．解答上生じる端数については、万円未満を四捨五入すること。

問1　K社製の設備を考慮外として、仮にH社製の設備を採用し製品Gを年々5,000個ずつ製造・販売するものとした場合、以下の(1)～(4)に答えなさい。

(1)　法人税をまったく考慮せず、第1年度の年間純現金流入額を算定しなさい。

(2)　第1年度の年間税引後純現金流入額を算定しなさい。

(3)　税引後純現金流入額の現在価値合計を算定しなさい。

(4)　この自動設備の投資額を3年間における税引後純現金流入額で回収することができるか答えなさい。また、回収できる場合には、自動設備の投資額をいくら上回ることができるか算定しなさい。ただし、時間価値を考慮して計算しなさい。

問2　K社製の設備を考慮外として、仮にH社製の自動設備を採用し、3年間にわたり製品Gを年々同量ずつ製造・販売するものとして毎年何個以上の製品Gを製造・販売すればこの投資の採算がとれるか。換言すれば、この自動設備の投資額と資本コストを、年間の利益によって全額回収する損益分岐点の年間製造・販売量を答えなさい。

問3　H社製とK社製の自動設備を比較するにあたって次の(1)～(2)に答えなさい。

(1)　H社製とK社製の自動設備の耐用年数が異なるが、この場合何年間で比較すればよいか答えなさい。なお、両設備ともに使用後は再投資される点に留意すること。

(2)　仮に毎年製品Gの製造・販売量を5,000個とした場合、どちらの自動設備のほうが有利であるか答えなさい。

第2問

A社では、生産能力のほぼ等しい2つのX機械、Y機械のうち、どちらを購入すべきかを検討中である。関連資料は次のとおりである。

(1)

	X機械	Y機械
取得原価	6,400万円	8,000万円
耐用年数	2年	3年
残存(売却)価格	640万円	800万円
機械の年間稼働		
現金支出費用	3,800万円	?万円

(2)　両機械とも、除却の時点で反復投資される可能性が大きい。減価償却は定額法によって償却する。税法上の耐用年数と経済的耐用年数は等しいと仮定する。

(3)　投資に必要な資金は、A社の財務方針により、普通株60%、長期借入金40%の割合とし、普通株の資本コスト率は年8%、長期借入金の支払利子率は税引前で年利5%である。また法人税率は40%とする。

問1　A社の投資資金の税引後加重平均資本コスト率はいくらか。

問2　Y機械の場合、年間稼働現金支出費用が何万円以下であれば、X機械より有利であろうか。付属資料の現価係数表を用い、正味現在価値法によって計算しなさい。なお、計算途中では四捨五入せず、最終の答えについて、1万円未満を切り捨てなさい。

〔付属資料〕　現価係数表　$(1+r)^{-n}$

n＼r	4%	5%	6%	7%
1	0.9615	0.9524	0.9434	0.9346
2	0.9246	0.9070	0.8900	0.8734
3	0.8890	0.8638	0.8396	0.8163
4	0.8548	0.8227	0.7921	0.7629
5	0.8219	0.7835	0.7473	0.7130
6	0.7903	0.7462	0.7050	0.6663
7	0.7599	0.7107	0.6651	0.6227
8	0.7307	0.6768	0.6274	0.5820

66 構造的意思決定 Ⅶ

標準解答時間 **25分**　解答用紙 別冊 **P.67**　解答・解説 **P.306**

　大原工業の東京事業部では、製品Aを含む数種の製品を生産・販売し、現在、製品Aに関する設備の取り替えを検討中であり、次のデータを入手した。よって、各問に答えなさい。

　なお、各問とも共通の計算条件および現在価値への割引計算に必要な資料は、次の付属資料を使用すること。

〔付属資料〕

（1）当社は黒字経営であり、計算上は法人税等（税率40%）を考慮する。

（2）現有設備の生産能力は年間5,000個であり、新設備も変わらない。また、製品Aの販売価格は新設備の導入後も改訂しないため、売上収入は同一であると予想される。

（3）減価償却費は定額法により計算する。なお、経済的耐用年数と法定耐用年数は等しい（耐用年数は年間の生産販売量とは無関係）ものとする。また、減価償却費以外は現金支出原価である。

（4）当社の加重平均資本コストは税引後年10%であり、割引計算は下記の資料を利用する。

　　　　年金現価係数：3年……2.4869

　　　　現　価　係　数：3年……0.7513

（5）解答にあたり、計算の途中では四捨五入をしないこと。計算の最終段階で、正味現在価値は万円未満の端数を四捨五入（例　－987.65万円→－988万円）し、個数は1個未満の端数を切り上げ（例　543.21個→544個）て、答えを「万円」および「個」として求めなさい。

問1　取り替え設備の候補として、H社製設備とK社製設備に関するデータは次のとおりである。

1.　H社製設備に関するデータ

（1）投資額と耐用年数に関するデータ

　　　　取得原価……6,000万円　　耐用年数……3年　　残存（売却）価額……600万円

（2）H社製設備使用による製品Aの製造に関する年間の原価データ

　　　　変動製造費：5,000個×@1.5万円……7,500万円

　　　　年間固定費（減価償却費を含まず）…3,500万円

2.　K社製設備に関するデータ

（1）投資額と耐用年数に関するデータ

　　　　取得原価……7,000万円　　耐用年数……3年　　残存（売却）価額……700万円

（2）K社製設備使用による製品Aの製造に関する年間の原価データ

　　　　変動製造費：5,000個×@1.0万円……5,000万円

　　　　年間固定費（減価償却費を含まず）…5,000万円

　上記のデータに基づいて、(1)フル稼働（5,000個）を前提として、H社製およびK社製設備の正味現在価値を計算しなさい。なお、将来においてフル稼働するとは限らない。そこで、(2)フル稼働を前提としない場合に、どちらの設備が有利であるか。換言すれば、年間の生産販売量が何個以上であれば、どちらの設備が耐用年数全体を通じて現金支出総額が少なくて済むかを正味現在価値法により判断しなさい。また、(3)将来の3年間においてフル稼働時の90%以上の生産が維持できるとした場合、どちらの設備を導入すべきかを判断しなさい。

問2　製品Aの現有設備に関するデータは次のとおりである。

1.　現有設備の帳簿価額と残存耐用年数に関するデータ

　　　　帳簿価額……2,750万円　　残存耐用年数……3年　　3年後の残存（売却）価額……500万円

　　なお、現有設備は現在時点において1,000万円で売却できる。また、現有設備を売却すれば売却損が生じるが、この売却損の法人税に及ぼす影響額は、当年度期首（つまり現在）に計上する。

2.　現有設備使用による製品Aの製造に関する年間の原価データ

　　　　変動製造費：5,000個×@1.8万円……9,000万円

　　　　年間固定費（減価償却費を含まず）…4,000万円

　　上記のデータに基づいて、(1)現有設備の正味現在価値を計算し、(2)問1で選択した新設備の正味現在価値との比較を行い、設備の取り替えに関する判断を示しなさい。なお、フル稼働を前提に計算すること。

67 構造的意思決定 Ⅷ

標準解答時間 **45分** | 解答用紙 別冊 **P.68** | 解答・解説 **P.309**

　　新製品Kを製造・販売するために、新しい設備の導入を検討中である。そこで、次の資料に基づき、問1 加重平均資本コスト率を求め、問2 正味現在価値を求めなさい。

〈資　料〉

1. 取　得　原　価………………………80,000,000円
2. 法定耐用年数………………………6 年（経済的耐用年数は 5 年）
3. 残　存　価　額………………………取得原価の10%
4. 経済的耐用年数終了時に帳簿価額の50%相当額で売却できる見込みである。
5. 5 年間の販売量予測値とその事象の発生確率

	第 1 年度	第 2 年度	第 3 年度	第 4 年度	第 5 年度	発生確率
好　況	10,000個	12,000個	10,000個	9,000個	7,000個	35%
正　常	5,000個	6,000個	5,000個	4,500個	3,500個	50%
不　況	2,000個	2,400個	2,000個	1,800個	1,400個	15%

6. 販売価格および現金支出額に関するデータ
   (1) 販　売　価　格…………………………製品 1 個あたり12,500円である。
   (2) 現金支出額
   　① 機械運転・維持費
   　　(イ) 第　1　年　度………………10,000,000円
   　　(ロ) 第 2 年度以降………………12,000,000円
   　② 変　　　動　　　費……………製品 1 個あたり5,200円である。
7. 資本コストに関するデータ

資金源泉	留保利益	資本金	社債	長期借入金
金　額	24,750,000円	33,000,000円	66,000,000円	41,250,000円
資本コスト率	14.4%	14.85%	8.1%（税引前）	10%（税引前）

8. その他の資料
   (1) 減価償却費の計算は、定額法によること。
   (2) 法人税率は37.5%であり、法人税、住民税、事業税を考慮した実効税率は50%である。
   (3) 解答上、端数が生じた場合には、正味現在価値の段階で円未満を四捨五入すること。
   (4) 現価係数表 $(1 + r)^{-n}$

	1 年	2 年	3 年	4 年	5 年
7 %	0.9346	0.8734	0.8163	0.7629	0.7130
8 %	0.9259	0.8573	0.7938	0.7350	0.6806
9 %	0.9174	0.8417	0.7722	0.7084	0.6499

MEMO

| 標準解答時間 | **30分** | 解答用紙 | 別冊 **P.68** | 解答・解説 | **P.311** |

68 戦略的原価計算 Ⅰ

H工業では、主力製品X、Yおよび特殊受注製品Zを生産・販売している。

問1 下記の条件に基づき、伝統的全部原価計算によりX、Y、Zの製品単位あたり総原価を計算しなさい。

　(1) 製品単位あたり製造直接費に関する当期予算資料

製 品 品 種	X	Y	Z
直 接 材 料 費	600円	1,000円	500円
直 接 作 業 時 間	0.8時間	1.0時間	0.4時間

　　直接工の賃率は1,000円/時である。なお段取作業時間は、上記直接作業時間には含まれていない。

　(2) 当期計画生産・販売量　X…2,000個、Y…4,000個、Z…500個

　(3) 製造間接費、販売費および一般管理費の当期予算総額…7,250,000円、これらの原価は、各製品品種別直接作業時間を基準にして予定配賦している。

問2 H工業では、問1で求めた製品単位あたり総原価を基準にして、製品別の売上高営業利益率が20％になるように各製品の目標販売単価を設定している。各製品の目標販売単価を計算しなさい。

問3 H工業では、問2で求めた目標販売単価で営業活動を行ったところ、製品Xはほぼ目標販売単価で実際に売れたが、製品Yは大幅な値下げをしなければ売ることができなかった。他方、製品Zには注文が殺到し、販売単価を倍に値上げしても注文がくるという奇妙な状態に陥った。そこで経理部長は製品単位原価の正確性に疑問をもち、最近の講習会で聞いた活動基準原価計算を導入する許可を社長から得て、プロジェクトチームを編成し、業務活動を分析した結果、製造間接費、販売費および一般管理費は次のコスト・プールに集計できることがわかった。

	金 額
1. 機械作業コスト・プール	3,000,000円
2. 段取作業コスト・プール	130,000円
3. 生産技術コスト・プール	1,200,000円
4. 材料倉庫コスト・プール	545,000円
5. 品質保証コスト・プール	
Z専用検査機械減価償却費	80,000円
そ の 他 の 品 質 保 証 費	255,000円
6. 包装出荷コスト・プール	880,000円
7. 管理活動コスト・プール	1,160,000円
合　　　　計	7,250,000円

　次にこれらのコストをX、Y、Zに賦課するには、直接に製品品種に跡づけられるコストは直課し、その他のコストは、下記のコスト・ドライバーの中から適切なものを選んで配賦することとした。ただし、管理活動コスト・プールには適切な基準がないので、上述の直接作業時間を基準として採用することとした。なおこれらのコスト・ドライバーのデータで、製品単位あたりのデータ以外は、すべて当期の合計データである。？の部分は各自計算しなさい。

活動ドライバー	X	Y	Z
直接作業時間	?	?	?
段取時間（＝段取回数×1回あたりの段取時間）	10時間	20時間	100時間
製品仕様書作成時間	500時間	700時間	800時間
機械運転時間	1.25時/個	1.0時/個	2.0時/個
直接材料出庫金額	?	?	?
抜取検査回数	20回	40回	25回
出荷回数	4回	8回	10回

上記の資料および問1で示された直接材料費、直接労務費の関係資料を使用して、活動基準原価計算を行い、製品X、Y、Zの単位あたり総原価を計算しなさい。

問4　下記の文章において、（　）の中には計算した金額を、□の中には適切な一語を記入しなさい。

「伝統的全部原価計算によって製品品種別に計算した単位原価から、活動原価計算基準によって計算した製品品種別の単位原価をそれぞれ差引くと、製品品種別に原価の歪（ゆが）みが判明する。この単位あたりの原価の歪みに販売量をそれぞれ掛けると、製品間で原価の内部補助がどれほど行われていたかが明らかとなる。

すなわち製品Zは、総額で（　①　）円も原価が過 □②□ に負担させられているのに対し、製品Xは（　③　）円、製品Yは（　④　）円も原価が過 □⑤□ に負担させられている。そのことはこれらの原価の歪みを合計すれば、その合計額は（　⑥　）円となることから明らかである。」

69 戦略的原価計算 Ⅱ

標準解答時間 **30分** 解答用紙 別冊 **P.69** 解答・解説 **P.314**

第1問

ライフサイクル・コスティングに関する次の説明文の〔①〕から〔④〕に該当する原価概念を【資料1】から選択し、その金額を【資料2】に基づいて算定しなさい。

「ライフサイクル・コストは、主に4つのコストから構成されている。まず、初期投資額である購入にかかるコストには、製造業者側の生産準備段階までに発生する〔①〕コストと、製品を製造し、これを顧客仕様に適合させるために要する〔②〕コストがある。

また、製造業者側から顧客に製品を配給するために要するコストと購入後に使用者側が、その製品の使用上、負担するコストである〔③〕コストと、使用中または使用後の処分にかかる〔④〕コストがある。」

【資料1】

運用・支援　　　　生産・構築　　　　退役および廃棄　　　　研究・開発

【資料2】

製品企画費	800万円	製造用の材料費など	125,000万円
広告費	1,000万円	製品輸送費	200万円
生産施設の購入費	500,000万円	顧客仕様への改造費	2,000万円
使用者側の保全費	700万円	廃棄処分費用	500万円
製品システムや製造工程の設計費	200万円		

第2問

次の資料に基づき、問1 時間価値を無視した場合のライフサイクル利益を計算しなさい。また、問2 正味現在価値の計算をしなさい。なお、研究・開発コスト以外のキャッシュ・フローは、各期末に発生するものとみなすこと。

1. 販売に関するデータ

	第 2 期	第 3 期	第 4 期	第 5 期
販売量	1,600個	3,600個	4,000個	1,500個
販売価格	@700円	@700円	@650円	@600円

2. コストデータ

(1) 各期の予想キャッシュ・フロー

	第 1 期	第 2 期	第 3 期	第 4 期	第 5 期
生産・構築コスト	―円	268,000円	558,000円	580,000円	150,000円
運用・支援コスト	―円	237,000円	472,500円	522,000円	129,500円
退役および廃棄コスト	―円	―円	244,000円	330,000円	500,000円

(2) 研究・開発コストを第1期の初めに1,000,000円投入する。

3. その他のデータ

(1) 第1期は研究・開発のみ行い、第2期から販売活動を行う予定である。

(2) 資本コスト率は年10%であり、法人税等は考慮しない。また、資本コスト率10%の現価係数の資料は次のとおりである。

1年 0.9091　　2年 0.8264　　3年 0.7513　　4年 0.6830　　5年 0.6209

70 戦略的原価計算 Ⅲ

標準解答時間 **30分** 解答用紙 別冊 **P.70** 解答・解説 **P.316**

第1問

大原工業㈱は、営業用車両の購入に際して、次の3種類の車両を検討している。販売価格は、A車が1,500,000円、B車が1,800,000円、C車が2,050,000円である。いずれの場合も、購入に際しては付随費用がかかる。取得原価だけを見る限り、A車が最も安いが、ライフサイクル・コストを考慮するならば、どの車両が望ましいか。以下の資料を基に各問に答えなさい。

	A 車	B 車	C 車
販 売 価 格	1,500,000円	1,800,000円	2,050,000円
付 随 費 用	75,000円	90,000円	102,500円
取 得 原 価	1,575,000円	1,890,000円	2,152,500円
処 分 価 額	150,000円	200,000円	400,000円
保 険 料	30,000円/年	45,000円/年	60,000円/年
燃 費	10km/ℓ	15km/ℓ	18km/ℓ
要 整 備 距 離	9,000km	10,000km	12,000km

各車両とも耐用年数は4年、ライセンス料は100,000円/年、走行距離は36,000km/年であり、ガソリン価格は1ℓあたり100円、整備費は1回あたり6,000円である。

問1 B車、C車の毎年の整備回数を答えなさい。（A車については解答用紙に示してある）

問2 貨幣の時間価値を考慮しない場合の各車両のトータル・コストを計算し、いずれを購入すべきか判断しなさい。（最終年度の処分価額は収入概念、その他はすべて支出概念である）

問3 割引率を10％として、貨幣の時間価値を考慮する場合の各車両のトータル・コストを計算し、いずれを購入すべきか判断しなさい。ただし、上記の毎年のコストについては、毎年度末に一括して現金支出が行われるものとする。

　　割引率10％における現在価値係数

　　　1年　0.909　　2年　0.826　　3年　0.751　　4年　0.683

第2問

自動車メーカーである大原工業㈱は、新製品を開発しようとしている。開発には2年を要し、その後4年間にわたって製造販売することを見込んでいる。そこで次の予算資料に基づいて、解答用紙に適切な金額を記入しなさい。

【資料】

1.　1台あたりの販売価格と販売数量（4年間合計）は、800千円ならば6,000台（第1案）、920千円ならば4,150台（第2案）、1,050千円ならば3,000台（第3案）と予想されている。

2.　第1年度および第2年度

　　研究開発費　476,000千円
　　設 計 費　288,000千円

第 3 年 度 か ら 第 6 年 度	固 定 費	1台あたり変動費
製 造 原 価	461,000千円	480千円
マーケティングコスト	203,000千円	12千円
流 通 コ ス ト	12,000千円	28千円
顧客サービスコスト	45,000千円	21千円

71 戦略的原価計算 Ⅳ

標準解答時間 **10分** 解答用紙 別冊 **P.71** 解答・解説 **P.319**

H 社の付属資料に基づき、下記の文章中の〔　〕の中には適切な用語を、（　）の中には適切な数値（20X3年と20X5年との差額）を計算し記入しなさい。

「当社では、従来、製品の品質管理が不十分であったので、社長は、企業内のさまざまな部門で重点的に品質保証活動を実施するため、「予防－評価－失敗アプローチ」を採用し、その結果を品質原価計算で把握することにした。3年間にわたるその活動の成果にはめざましいものがあり、20X3年と20X5年とを比較すると、〔　①　〕原価と〔　②　〕原価との合計は、上流からの管理を重視したために、20X3年よりも（　③　）万円だけ増加したが、逆に下流で発生する〔　④　〕原価と〔　⑤　〕原価との合計は、20X3年よりも（　⑥　）万円も節約し、結局、全体として品質保証活動費の合計額は20X3年よりも、1,750万円も激減させることに成功した。」

〔付属資料〕　（順不同）

	20X3年	20X5年	（単位：万円）
品質保証教育費	100	170	
不良品手直費	1,200	150	
受入材料検査費	160	213	
他社製品品質調査費	50	62	
仕損費	850	250	
製品設計改善費	550	1,310	
販売製品補修費	1,100	100	
工程完成品検査費	640	845	
返品廃棄処分費	350	150	
品質保証活動費合計	5,000	3,250	

72 戦略的原価計算 Ⅴ

標準解答時間 **30分** 解答用紙 別冊 **P.71** 解答・解説 **P.320**

H社の下記データに基づき、社長と経理担当者の会話文についてa～fには適切な用語を記入し、g～iには適切な数値（20X3年と20X5年との差額）を計算し記入しなさい。併せて、20X5年データを基にc～fの金額も計算しなさい。

社　長　「当社の品質管理はどのように行っているのかね。」

担当者　「はい。当社では、さまざまな部門で重点的に品質保証活動を『予防－評価－失敗アプローチ』を採用して、その結果を品質原価で把握し、品質管理に役立てています。」

社　長　「では、その『予防－評価－失敗アプローチ』とは、どのようなものかね。」

担当者　「はい。これは大別すると（a）と（b）の2つに分けることができます。

　　　　まず、（a）は、製品品質を製品規格に一致させるために発生したコストのことであり、さらに、製品規格に一致しない製品の生産を予防するコストである（c）と製品規格に一致しない製品を発見するためのコストである（d）に分類することができます。

　　　　次に、（b）は、製品品質を製品規格に一致させられなかったために発生したコストのことであり、さらに、工場内で発生する部品、製品の仕損、補修のためのコストである（e）と欠陥製品等の販売によって発生するコストである（f）に分類することができます。」

社　長　「では、それらを具体的数値によって説明してくれないか。」

担当者　「はい。それでは20X3年と20X5年のデータを比較して説明しますと（c）と（d）の合計は、20X3年よりも（g）万円、原価が増加しています。これは、仕損品や不良品を製造または出荷しないように、事前管理を重視した結果になります。

　　　　また、（e）と（f）の合計は、20X3年よりも（h）万円、原価を節約しています。これは、仕損品原価や不良品を出荷したためにかかったアフター・サービスなど事後的原価が、あまり発生しなかったことを意味します。

　　　　したがって、全体の品質保証活動費の合計額は、20X3年よりも（i）万円も激減させることに成功し、これにより、品質管理に有用な情報が得られることになります。」

【20X3年と20X5年のデータ】

	20X3年	20X5年
品質保証教育費	900万円	1,530万円
不良品手直費	10,800万円	1,350万円
受入材料検査費	1,440万円	1,917万円
他社製品品質調査費	450万円	558万円
仕損費	7,650万円	2,250万円
製品設計改善費	4,950万円	11,790万円
販売製品補修費	9,900万円	900万円
製品出荷検査費	5,760万円	7,605万円
返品廃棄処分費	3,150万円	1,350万円
品質保証活動費合計	45,000万円	29,250万円

73 戦略的原価計算 Ⅵ

標準解答時間 **45分** 解答用紙 別冊 **P.72** 解答・解説 **P.322**

第1問

下記資料に基づき、文章中の〔　〕内に適切な語句を、（　）内に適切な数値を記入しなさい。

「〔　①　〕は、製品の企画・設計段階において、目標利益を確保するための原価を算定し、原価低減活動を行うことをいう。なお、その原価算定プロセスは、目標利益を設定し、売上高目標から目標利益を差し引いて〔　②　〕原価を算定する。その原価と、従来と同様の経営活動で発生すると予想される〔　③　〕原価との比較により、原価低減目標が決定され、ＶＥ活動を行った結果、達成可能ではあるが比較的レベルの高い目標数値が設定される。それが〔　④　〕原価である。

よって、〔　②　〕原価は（　⑤　）万円であり、〔　③　〕原価は（　⑥　）万円、そして原価低減目標額は（　⑦　）万円である。なお、生産準備段階での原価低減可能額は（　⑧　）万円のため、〔　④　〕原価は（　⑨　）万円である。

次に、製品の量産段階での原価低減活動として〔　⑩　〕や〔　⑪　〕がある。ここで〔　⑩　〕は標準原価や予算管理によって、〔　④　〕原価を維持する活動をいい、〔　⑪　〕は目標利益を実現するために、目標原価改善額を決定し、これを小集団活動による個別改善活動を通じて原価改善目標を実現する活動をいう。」

【資　料】

1. 販売部による市場調査の結果、予定販売価格は80万円/個、予定生産販売量は400個と見積もられた。
2. 年次利益計画により目標売上高利益率は20%とされた。
3. 生産技術・企画部が従来と同様の生産工程を前提に行った原価見積額算定資料は、以下のとおりであった。
   - (1) 直接材料費 ………… 1.8万円/kg、15kg/個
   - (2) 加　工　費 ………… 変動費率2.6万円/時間、固定費率2.9万円/時間、9時間/個
4. 〔　②　〕原価と〔　③　〕原価との差額に対し徹底的なＶＥ活動を行った。その結果、量産に入る前に削減可能な原価は次のとおりであった。
   - (1) 製品の品質自体は同水準に保ちつつ、安価な材料入手が可能となるため、当初の見積りより、直接材料費が1kgあたり10%低減できる。
   - (2) 生産工程の見直しにより、工程数を削減することが可能となる。その結果、固定加工費率が1時間あたり5%低減できる。
   - (3) 量産前までの原価低減は上記4.(1)および(2)が限界であり、残差は量産に入ってからの低減に期待する。

第2問

パソコンを製造・販売している当社は、新製品の開発および製造・販売を検討している。新製品の特性、競争企業の製品価格、当社の目標市場占拠率、顧客の支払能力などを勘案し、当社の新製品の目標価格は1台あたり250,000円と定めた。また、業界の平均売上高経常利益率は6%～10%であることから、目標価格の10%を所要利益として、許容原価を計算した。なお、許容原価は実現可能と判断され目標原価として採用し、製造原価だけの目標ではなく、新製品のライフサイクル・コストの合計である。ライフサイクル・コスト中に占める製造原価の割合は40%であり、この新製品を現状の技術水準で製造した場合の製造原価は1台あたり100,000円である。

問1　新製品の目標製造原価、成行製造原価および製造原価削減目標額を計算しなさい。

問2　問1で計算した目標製造原価と成行製造原価は、その製品の構成部品（機能）別に展開しなければならない。

それは、構成部品（機能）別に展開することにより、どの構成部品（機能）からいくら削減すべきかを明確にすることができ、削減方法を探求していくことができるからである。

そこで、付属資料を参照し、解答用紙の文章を完成させなさい。

解答解説編

費目別計算のまとめ

第1問

材　　　　料	（単位：円）		
月 初 棚 卸 高 （　172,400　）	直 接 材 料 費 （　560,000　）	→ 仕掛品勘定へ	
当月実際購入額	間 接 材 料 費		
購 入 代 価 （　790,000　）	A 材 料 費 （　119,000　）	→ 製造間接費勘定へ	
引 取 運 賃 （　15,000　）	B 材 料 費 （　132,000　）		
買 入 手 数 料 （　19,600　）	棚 卸 減 耗 費 （　4,170　）		
材料消費価格差異 （　1,850　）	月末実地棚卸高 （　183,680　）		
（　998,850　）	（　998,850　）		

材料消費価格差異		現　　金	
（　――　）	（　1,850　）	（　――　）	（　6,000　）

第2問

賃 　金 　給 　料	（単位：円）			
当月支給総額		前月末未払額 （　565,050）		
基 本 賃 金 （　980,000）	直　接　工		
加 給 金 （　305,500）	直 接 労 務 費 （　769,500）		
諸 手 当 （　166,000）	間 接 労 務 費 （　310,500）		
当月末未払額 （　574,500）	賃 率 差 異 （　6,750）		
		間接工および事務職員		
		間 接 労 務 費 （　374,200）		
（　2,026,000）		（　2,026,000）		

第3問

問1

① 問題文の　(A)　～　(F)　の中に適切な語句を記入しなさい。

(A)	実際的生産能力	(B)	期待実際操業度	(C)	固定予算
(D)	変動予算	(E)	実査法	(F)	公式法

② 資料1.に基づき、各操業水準の月間機械稼働時間を求めなさい。

理論的生産能力…　10,370　時間　　実際的生産能力…　10,000　時間

平 均 操 業 度…　7,800　時間　　期待実際操業度…　8,000　時間

③ 佐藤が推薦した基準操業度および予算を採用した場合の製造間接費勘定（単位：円）を作成しなさい。

製　造　間　接　費				
実 際 発 生 額 （　10,590,000　）		正 常 配 賦 額 （　10,125,000　）	
			予 算 差 異 （　90,000　）	
			操 業 度 差 異 （　375,000　）	

④ 上記③の基準操業度を（A）とした場合の製造間接費勘定（単位：円）を作成しなさい。

製　造　間　接　費

実 際 発 生 額	（	10,590,000 ）	正 常 配 賦 額	（	9,000,000 ）
			予 算 差 異	（	90,000 ）
			操 業 度 差 異	（	1,500,000 ）

⑤ 上記③の予算を（E）とした場合の製造間接費勘定（単位：円）を作成しなさい。

製　造　間　接　費

実 際 発 生 額	（	10,590,000 ）	正 常 配 賦 額	（	10,125,000 ）
			予 算 差 異	（	45,000 ）
			操 業 度 差 異	（	420,000 ）

問2

製　造　間　接　費　　　　　　　　　　（単位：円）

実 際 発 生 額	（	10,590,000 ）	正 常 配 賦 額	（	9,000,000 ）
予 算 差 異	（	1,410,000 ）	操 業 度 差 異	（	3,000,000 ）

解答へのアプローチ

第1問

1. 材料購入原価の計算
2. 予定価格による材料費の計算
3. 材料消費価格差異の計算
4. 棚卸減耗費の計算

第2問

1. 予定賃率による消費額の計算
2. 賃率差異の計算

第3問

1. 基準操業度および予算額の選択
2. 各予算における製造間接費正常配賦額の計算
3. 製造間接費差異の原因別分析

解　説

第1問

1 A 材料費の計算

(1) 予定消費価格による材料費

直接材料費　4,000kg×@140円＝560,000円

間接材料費　850kg×@140円＝119,000円

予定消費価格による材料費　679,000円

(2) 実際消費価格による材料費

$$142,000円 + \frac{695,000円^{※1}}{5,000kg}（=@139円）×（4,850kg-1,000kg）=677,150円$$

(3) 材料消費価格差異　679,000円－677,150円＝1,850円（貸方差異）

(4) 棚卸減耗費　（1,150kg$^{※2}$－1,120kg）×@139円＝4,170円

2 B 材料費の計算

(1) 実際消費量　400kg＋1,600kg－350kg＝1,650kg

(2) 間接材料費　$1,650kg × \dfrac{30,400円+129,600円^{※3}}{400kg+1,600kg}（=@80円）=132,000円$

※1　当月購入原価

670,000円＋10,000円＋15,000円
＝695,000円

※2　帳簿棚卸量

1,000kg＋5,000kg－4,000kg－850kg
＝1,150kg

※3　当月購入原価

120,000円＋5,000円＋4,600円
＝129,600円

費目別計算のまとめ

個別原価計算

部門別個別原価計算

総合原価計算

標準原価計算

109

第2問

1 予定消費賃率の計算

$$\frac{8,640,000円 + 2,880,000円 + 1,440,000円}{28,800時間} = @450円$$

2 直接工の労務費の計算

直接労務費　1,710時間[※1] × @450円 = 769,500円

間接労務費　（645時間 + 45時間[※2]）× @450円 = 310,500円

※1　直接作業時間

600時間 + 610時間 + 500時間
= 1,710時間

※2　手持時間

2,400時間 − 1,710時間 − 645時間
（就業時間）（直接作業時間）（間接作業時間）
= 45時間

3 直接工の当月末未払額の計算

960時間 × @450円 = 432,000円

4 賃率差異の計算（原価計算期間の要支払額）

(1) 直接工の予定労務費　769,500円 + 310,500円 = 1,080,000円
(2) 直接工の実際労務費　1,080,000円 − 425,250円 + 432,000円 = 1,086,750円
(3) 賃率差異　1,080,000円 − 1,086,750円 = 6,750円（借方差異）

5 間接工および事務職員の間接労務費の計算

$$\underset{\text{実際支給総額}}{(274,000円 + 97,500円)} - \underset{\text{7月末未払賃金}}{(106,000円 + 33,800円)} + \underset{\text{8月末未払賃金}}{(108,000円 + 34,500円)} = 374,200円$$

第3問

問1

① 理論的生産能力…　最高の能率で全く操業が中断されることのない、理想的な状態においてのみ達成される操業水準

　実際的生産能力…　理論的生産能力から、機械の故障などの不可避的な作業休止による生産量の減少分を差し引いて測定される実現可能な年間の最大操業水準

　平均操業度…　販売上予想される季節的および景気変動の影響による生産量の増減を、長期的に平均した操業水準

　期待実際操業度…　次期1年間に予想される操業水準

② 理論的生産能力…　$\dfrac{17台 × 24時間 × 305日}{12ヵ月} = 10,370時間$

　実際的生産能力…　$\dfrac{124,440時間 − 4,440時間}{12ヵ月} = 10,000時間$

　期待実際操業度…　$\dfrac{(11,800個 + 500個 − 300個) × 8時間}{12ヵ月} = 8,000時間$

　平均操業度…　$\dfrac{(58,600個 + 200個 − 300個) ÷ 5年 × 8時間}{12ヵ月} = 7,800時間$

解答・解説

110

③ 問より、基準操業度➡期待実際操業度、予算➡公式法変動予算

固定費率　$\dfrac{6,000,000円}{8,000時間} = @750円$

正常配賦率　@750円 + @600円 = @1,350円

正常配賦額　7,500時間 × @1,350円 = 10,125,000円

製造間接費差異の原因別分析

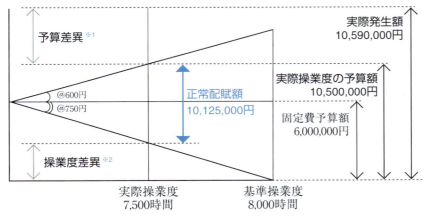

※1　予算差異　7,500時間 × @600円 + 6,000,000円 − 10,590,000円 = 90,000円（借方差異）

※2　操業度差異　(7,500時間 − 8,000時間) × @750円 = 375,000円（借方差異）

④ 問より、基準操業度➡実際的生産能力、予算➡公式法変動予算

固定費率　$\dfrac{6,000,000円}{10,000時間} = @600円$

正常配賦率　@600円 + @600円 = @1,200円

正常配賦額　7,500時間 × @1,200円 = 9,000,000円

製造間接費差異の原因別分析

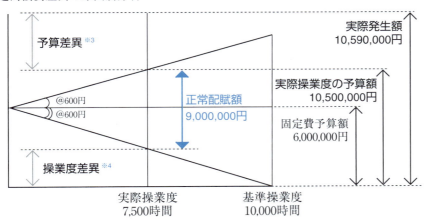

※3　予算差異　7,500時間 × @600円 + 6,000,000円 − 10,590,000円 = 90,000円（借方差異）

※4　操業度差異　(7,500時間 − 10,000時間) × @600円 = 1,500,000円（借方差異）

⑤ 問より、基準操業度➡期待実際操業度、予算➡実査法変動予算

正常配賦率　$\dfrac{10,800,000円}{8,000時間}$ ＝＠1,350円

正常配賦額　7,500時間×＠1,350円＝10,125,000円

製造間接費差異の原因別分析

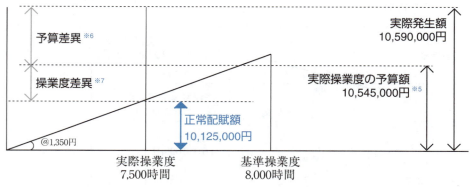

※5　実際操業度における予算額
　　10,290,000円＋(7,500時間－7,000時間)×＠510円＝10,545,000円

　　補間率　$\dfrac{10,800,000円－10,290,000円}{8,000時間－7,000時間}$ ＝＠510円

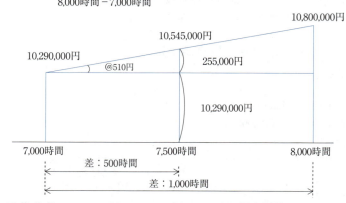

※6　予算差異　10,545,000円－10,590,000円＝45,000円（借方差異）
※7　操業度差異　10,125,000円－10,545,000円＝420,000円（借方差異）

問2

正常配賦額　7,500時間×＠1,200円＝9,000,000円

製造間接費差異の原因別分析

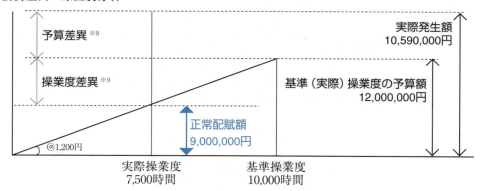

※8　予算差異　12,000,000円－10,590,000円＝1,410,000円（貸方差異）
※9　操業度差異　(7,500時間－10,000時間)×＠1,200円＝3,000,000円（借方差異）

2　個別原価計算

問1　原価計算表の作成（単位：円）

摘　　要	＃101	＃201	＃202	＃203	＃201-1	＃202-1
月初仕掛品原価	3,100,500	—	—	—	—	—
当月製造費用						
直接材料費	200,000	940,000	962,000	784,000	104,000	990,000
直接労務費	440,000	1,100,000	1,760,000	220,000	88,000	1,782,000
直接経費	120,000	126,000	126,500	—	10,500	126,500
製造間接費	520,000	1,300,000	2,080,000	260,000	104,000	2,106,000
小　　計	4,380,500	3,466,000	4,928,500	1,264,000	306,500	5,004,500
仕損品評価額	—	—	△　82,000	—	—	—
仕　損　費	—	306,500	△4,846,500	—	△306,500	—
製　造　原　価	4,380,500	3,772,500	0	1,264,000	0	5,004,500
備　　考	完成・販売	完成・販売	非原価項目	仕　掛　中	＃201へ賦課	完　　成

問2　仕掛品勘定の記入（単位：円）

仕　　掛　　品

前　月　繰　越	3,100,500	製　　　　品 （	13,157,500 ）
材　　　　料 （	3,980,000 ）	仕　損　損　失 （	4,846,500 ）
賃　金　給　料 （	5,390,000 ）	（仕　　掛　　品）（	306,500 ）
買　　掛　　金 （	509,500 ）	（仕　　　損　　品）（	82,000 ）
製　造　間　接　費 （	6,370,000 ）	次　月　繰　越 （	1,264,000 ）
（仕　　掛　　品）（	306,500 ）		
（	19,656,500 ）	（	19,656,500 ）

問3　製造間接費実際発生額の内訳

間　接　材　料　費　980,000　円

間　接　労　務　費　3,654,400　円

間　接　経　費　1,819,400　円

問4　各種原価差異の計算

材料消費価格差異　〔　借　方　〕　23,200　円

賃　率　差　異　〔　借　方　〕　121,100　円

予　算　差　異　〔　借　方　〕　13,800　円

操　業　度　差　異　〔　借　方　〕　70,000　円

解答へのアプローチ

1. 材料費会計の計算と処理
2. 労務費会計の計算と処理
3. 経費会計の計算と処理
4. 製造間接費会計の計算と処理
5. 個別原価計算における仕損の処理
6. 製品別計算

解　説

1 材料Aの計算

(1) 予定消費価格による材料費の計算

♯201	100kg×@7,000円＝	700,000円
♯202	106kg×@7,000円＝	742,000円
♯202－1	110kg×@7,000円＝	770,000円
♯203	112kg×@7,000円＝	784,000円
♯201－1	12kg×@7,000円＝	84,000円
	440kg	3,080,000円

(2) 実際消費価格による材料費の計算

$$676,800円 + 844,800円 + 1,278,000円 + (440kg - 96kg - 120kg - 180kg) \times \frac{828,000円}{120kg} \ (@6,900円) = 3,103,200円$$

2/1分　2/6分　2/15分　　実際消費量　2/1分　2/6分　2/15分

(3) 材料消費価格差異の計算　3,080,000円－3,103,200円＝23,200円（借方差異）

(4) 棚卸減耗費の計算

① 帳簿棚卸量の計算　96kg＋120kg＋180kg＋120kg－440kg＝76kg

② 棚卸減耗費の計算　（76kg－60kg）×@6,900円＝110,400円

2 労務費の計算

(1) 予定消費賃率による労務費の計算

① 直接労務費の計算

♯101	200時間×@2,200円＝	440,000円
♯201	500時間×@2,200円＝	1,100,000円
♯202	800時間×@2,200円＝	1,760,000円
♯203	100時間×@2,200円＝	220,000円
♯201－1	40時間×@2,200円＝	88,000円
♯202－1	810時間×@2,200円＝	1,782,000円
	2,450時間	5,390,000円

② 間接労務費の計算　（290時間＋42時間）×@2,200円＝730,400円
　　　　　　　　　　　間接作業時間　手待時間

③ 予定労務費の計算　5,390,000円＋730,400円＝6,120,400円

(2) 賃率差異の計算

① 直接工諸手当の処理　620,000円は全額間接労務費とする。

② 直接工支払賃金の計算　6,852,700円－620,000円＝6,232,700円
　　　　　　　　　　　　　支給総額　　　　諸手当

③ 直接工当月末未払額の計算　550時間×@2,200円＝1,210,000円

④ 直接工当月要支払額の計算　6,232,700円＋1,210,000円－1,201,200円＝6,241,500円

⑤ 賃率差異の計算　6,120,400円－6,241,500円＝121,100円（借方差異）

(3) 間接工賃金消費額の計算　当月要支払額400,000円が間接労務費となる。

(4) 工場事務職員給料の計算　当月要支払額1,000,000円が間接労務費となる。

(5) 社会保険料の処理（当月社会保険料未払額の60％が間接労務費）

直　接　工	504,000円×60％＝	302,400円
間　接　工	84,000円×60％＝	50,400円
工場事務職員	252,000円×60％＝	151,200円
		504,000円

（注）残額は、従業員負担額であるため、
　　　預り金を減額することになる。

3 経費の計算および材料Bの計算

(1) 製品加工用機械修繕料の計算（間接経費）

120,000円 + 60,000円 − 40,000円 = 140,000円

(2) 材料Bの計算（直接材料費）

無償支給であり、受入検査後ただちに工場現場へ引き渡しているため、庫出時（引き渡し時）に材料費として処理する。

＃101	50個×@4,000円 =	200,000円
＃201	60個×@4,000円 =	240,000円
＃202	55個×@4,000円 =	220,000円
＃201−1	5個×@4,000円 =	20,000円
＃202−1	55個×@4,000円 =	220,000円
		900,000円

(3) 直接経費の計算（外注加工賃）

無償支給であり、受入検査後ただちに工場現場へ引き渡しているため、外注部品受入時に、当該外注加工賃は直接経費として処理する。

＃101	50個×@2,400円 =	120,000円
＃201	60個×@2,100円 =	126,000円
＃202	55個×@2,300円 =	126,500円
＃201−1	5個×@2,100円 =	10,500円
＃202−1	55個×@2,300円 =	126,500円
		509,500円

(4) 減価償却費の計算（工場負担分：間接経費、本社負担分：一般管理費）

$$\frac{7,200,000円}{12ヵ月} × 40\% = 240,000円$$

4 製造間接費の計算

(1) 製造間接費正常配賦率の計算

$$@1,200円 + \frac{42,000,000円}{30,000時間} = @2,600円$$

(2) 製造間接費正常配賦額の計算

＃101	200時間×@2,600円 =	520,000円
＃201	500時間×@2,600円 =	1,300,000円
＃202	800時間×@2,600円 =	2,080,000円
＃203	100時間×@2,600円 =	260,000円
＃201−1	40時間×@2,600円 =	104,000円
＃202−1	810時間×@2,600円 =	2,106,000円
	2,450時間	6,370,000円

(3) 製造間接費実際発生額の計算

① 間接材料費の計算

980,000円

② 間接労務費の計算

730,400円 + 620,000円 + 400,000円 + 1,000,000円 + 504,000円 + 400,000円 = 3,654,400円

③ 間接経費の計算

110,400円 + 140,000円 + 240,000円 + 1,329,000円 = 1,819,400円

④ 製造間接費実際発生額の計算

980,000円 + 3,654,400円 + 1,819,400円 = 6,453,800円

(4) 製造間接費差異の原因別分析

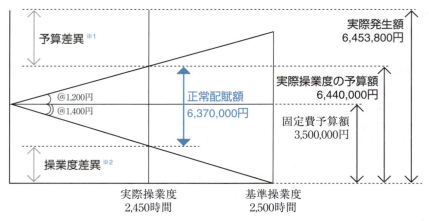

※1　予　算　差　異　2,450時間×@1,200円＋3,500,000円－6,453,800円＝13,800円（借方差異）
※2　操業度差異　（2,450時間－2,500時間）×@1,400円＝70,000円（借方差異）

5　原価計算表の作成

解答を参照。なお、原価計算表の作成上の注意点は以下のとおりである。
(1) 直接材料費は、材料A消費額＋材料B消費額で計算する。
(2) 個別原価計算における仕損の処理
　① ＃202については、異常な状態で発生したものであるため非原価項目とする。
　② ＃201については、一部仕損であり、補修によって回復でき製造指図書を発行していることから、補修指図書＃201－1に集計された金額を仕損費とする。なお、問題文の指示により、直接経費として処理する。

参　考

個別原価計算における仕損の処理
(1) 仕損品を補修によって回復でき、補修指図書を発行する場合
　　補修指図書に集計された製造原価を仕損費とする。
(2) 仕損品が補修によって回復できず、代品製作のために新製造指図書を発行する場合
　① 旧製造指図書の全部が仕損となった場合
　　　旧製造指図書に集計された製造原価を仕損費とする。
　② 旧製造指図書の一部が仕損となった場合
　　　新製造指図書に集計された製造原価を仕損費とする。
(3) 仕損品の補修または代品製作のための製造指図書を発行しない場合
　　仕損品の補修または代品製作に要する製造原価を見積って仕損費とする。
　　なお、代品を新たに製作する場合において、仕損品に売却価値または利用価値があれば、その見積額（評価額）を控除した額を仕損費とする。
　　また、軽微な仕損の場合には、仕損費を計算せず、単に仕損品の評価額を製造指図書に集計された製造原価から控除することができる。

部門別個別原価計算 I

第1問

問1 直接配賦法により補助部門費を配賦する場合

直接配賦法　　　　　　　　製造間接費予算部門別配賦表　　　　　　　　（単位：千円）

費　目	合　計	製造部門 切削部 固定費	変動費	組立部 固定費	変動費	補助部門 材料倉庫部 固定費	変動費	動力部 固定費	変動費
部門費合計	420,000	99,600	86,400	75,840	56,640	16,200	9,720	43,200	32,400
動力部費	75,600	28,800	21,600	14,400	10,800				
材料倉庫部費	25,920	9,000	5,400	7,200	4,320				
製造部門費	420,000	137,400	113,400	97,440	71,760				

部門別正常配賦率　　切削部　　@　　20.9　千円

　　　　　　　　　　組立部　　@　　21.15　千円

製造指図書別正常配賦額　　　No.1　　　　　No.2
　　切削部　　　　　　　　8,360千円　　　10,450千円
　　組立部　　　　　　　　8,460千円　　　 4,230千円
　　正常配賦額合計　　　　16,820千円　　　14,680千円

問2 簡便法としての相互配賦法により補助部門費を配賦する場合

簡便法としての相互配賦法　　　製造間接費予算部門別配賦表　　　　　　（単位：千円）

費　目	合　計	製造部門 切削部 固定費	変動費	組立部 固定費	変動費	補助部門 材料倉庫部 固定費	変動費	動力部 固定費	変動費
部門費合計	420,000	99,600	86,400	75,840	56,640	16,200	9,720	43,200	32,400
第1次配賦									
動力部費	75,600	25,920	19,440	12,960	9,720	4,320	3,240	—	—
材料倉庫部費	25,920	8,100	4,860	6,480	3,888	—	—	1,620	972
第2次配賦						4,320	3,240	1,620	972
動力部費	2,592	1,080	648	540	324				
材料倉庫部費	7,560	2,400	1,800	1,920	1,440				
製造部門費	420,000	137,100	113,148	97,740	72,012				

部門別正常配賦率　　切削部　　@　　20.854　千円

　　　　　　　　　　組立部　　@　　21.219　千円

製造指図書別正常配賦額　　　No.1　　　　　No.2
　　切削部　　　　　　　　8,341.6千円　　10,427.0千円
　　組立部　　　　　　　　8,487.6千円　　 4,243.8千円
　　正常配賦額合計　　　　16,829.2千円　　14,670.8千円

問3　階梯式配賦法により補助部門費を配賦する場合

階梯式配賦法

製造間接費予算部門別配賦表 （単位：千円）

費　　目	合　計	製　造　部　門				補　助　部　門			
		切　削　部		組　立　部		（材料倉庫部）		（動　力　部）	
		固定費	変動費	固定費	変動費	固定費	変動費	固定費	変動費
部 門 費 合 計	420,000	99,600	86,400	75,840	56,640	16,200	9,720	43,200	32,400
（動　力　部　費）	75,600	25,920	19,440	12,960	9,720	4,320	3,240		
（材料倉庫部費）	33,480	11,400	7,200	9,120	5,760	20,520	12,960		
製 造 部 門 費	420,000	136,920	113,040	97,920	72,120				

（注）（　　　）には補助部門の配賦順位を考慮し、適切な名称を記入しなさい。

部門別正常配賦率　　切削部　　@　　　　　　20.83　　千円

　　　　　　　　　　組立部　　@　　　　　21.255　　千円

製造指図書別正常配賦額	No. 1	No. 2
切　　　削　　　部	8,332千円	10,415千円
組　　　立　　　部	8,502千円	4,251千円
正 常 配 賦 額 合 計	16,834千円	14,666千円

第2問

連立方程式法の相互配賦法

製造間接費予算部門別配賦表 （単位：千円）

費　　目	合　計	製　造　部　門				補　助　部　門			
		切　削　部		組　立　部		材料倉庫部		動　力　部	
		固定費	変動費	固定費	変動費	固定費	変動費	固定費	変動費
部 門 費 合 計	417,600	99,680	86,080	74,440	56,690	15,480	9,630	43,200	32,400
動 力 部 費		27,120	20,220	13,560	10,110	4,520	3,370	△45,200	△33,700
材 料 倉 庫 部 費		10,000	6,500	8,000	5,200	△20,000	△13,000	2,000	1,300
製 造 部 門 費	417,600	136,800	112,800	96,000	72,000	0	0	0	0

部門別正常配賦率　　切削部　　@　　　　　　20.8　　千円

　　　　　　　　　　組立部　　@　　　　　　21.0　　千円

製造指図書別正常配賦額	No. 1	No. 2
切　　　削　　　部	8,320千円	10,400千円
組　　　立　　　部	8,400千円	4,200千円
正 常 配 賦 額 合 計	16,720千円	14,600千円

解答へのアプローチ

第1問

問1　1.　直接配賦法による補助部門費の配賦
　　　2.　部門別正常配賦率の算定
　　　3.　製造指図書別正常配賦額の計算

問2　1.　簡便法としての相互配賦法による補助部門費の配賦
　　　2.　部門別正常配賦率の算定
　　　3.　製造指図書別正常配賦額の計算

問3　1.　階梯式配賦法による補助部門費の配賦
　　　2.　部門別正常配賦率の算定
　　　3.　製造指図書別正常配賦額の計算

第2問

　　　1.　連立方程式法の相互配賦法による補助部門費の配賦
　　　2.　部門別正常配賦率の算定
　　　3.　製造指図書別正常配賦額の計算

解　説

第1問

問1

1　動力部費の配賦

固定費　$\dfrac{43,200千円}{144,000\text{kWh} + 72,000\text{kWh}} = @0.2千円$ 　　　変動費　$\dfrac{32,400千円}{144,000\text{kWh} + 72,000\text{kWh}} = @0.15千円$

切削部　$144,000\text{kWh} \times @0.2千円 = 28,800千円$ 　　　切削部　$144,000\text{kWh} \times @0.15千円 = 21,600千円$

組立部　$72,000\text{kWh} \times @0.2千円 = 14,400千円$ 　　　組立部　$72,000\text{kWh} \times @0.15千円 = 10,800千円$

2　材料倉庫部費の配賦

固定費　$\dfrac{16,200千円}{1,500万円 + 1,200万円} \times 100 = 60\%$ 　　　変動費　$\dfrac{9,720千円}{1,500万円 + 1,200万円} \times 100 = 36\%$

切削部　$1,500万円 \times 60\% = 9,000千円$ 　　　切削部　$1,500万円 \times 36\% = 5,400千円$

組立部　$1,200万円 \times 60\% = 7,200千円$ 　　　組立部　$1,200万円 \times 36\% = 4,320千円$

3　部門別正常配賦率の計算

切削部　$\dfrac{137,400千円 + 113,400千円}{12,000時間} = @20.9千円$ 　　　組立部　$\dfrac{97,440千円 + 71,760千円}{8,000時間} = @21.15千円$

4　製造指図書別正常配賦額の計算

切削部　　　　　　　　　　　　　　　　　　　　　　組立部

No. 1　$400時間 \times @20.9千円 = 8,360千円$ 　　　No. 1　$400時間 \times @21.15千円 = 8,460千円$

No. 2　$500時間 \times @20.9千円 = 10,450千円$ 　　　No. 2　$200時間 \times @21.15千円 = 4,230千円$

問 2

1 補助部門費の配賦計算

(1) 第1次配賦（純粋の相互配賦法）

① 動力部費の配賦

$$固 定 費 \quad \frac{43,200千円}{240,000kWh} = @0.18千円$$

切　削　部　　144,000kWh × @0.18千円 = 25,920千円
組　立　部　　 72,000kWh × @0.18千円 = 12,960千円
材料倉庫部　　 24,000kWh × @0.18千円 =　4,320千円

$$変 動 費 \quad \frac{32,400千円}{240,000kWh} = @0.135千円$$

切　削　部　　144,000kWh × @0.135千円 = 19,440千円
組　立　部　　 72,000kWh × @0.135千円 =　9,720千円
材料倉庫部　　 24,000kWh × @0.135千円 =　3,240千円

② 材料倉庫部費の配賦

$$固 定 費 \quad \frac{16,200千円}{3,000万円} × 100 = 54\%$$

切　削　部　　1,500万円 × 54% = 8,100千円
組　立　部　　1,200万円 × 54% = 6,480千円
動　力　部　　 300万円 × 54% = 1,620千円

$$変 動 費 \quad \frac{9,720千円}{3,000万円} × 100 = 32.4\%$$

切　削　部　　1,500万円 × 32.4% = 4,860千円
組　立　部　　1,200万円 × 32.4% = 3,888千円
動　力　部　　 300万円 × 32.4% =　972千円

(2) 第2次配賦（直接配賦法）

① 動力部費の配賦

$$固 定 費 \quad \frac{1,620千円}{144,000kWh + 72,000kWh} = @0.0075千円$$

切　削　部　　144,000kWh × @0.0075千円 = 1,080千円
組　立　部　　 72,000kWh × @0.0075千円 =　540千円

$$変 動 費 \quad \frac{972千円}{144,000kWh + 72,000kWh} = @0.0045千円$$

切　削　部　　144,000kWh × @0.0045千円 = 648千円
組　立　部　　 72,000kWh × @0.0045千円 = 324千円

② 材料倉庫部費の配賦

$$固 定 費 \quad \frac{4,320千円}{1,500万円 + 1,200万円} × 100 = 16\%$$

切　削　部　　1,500万円 × 16% = 2,400千円
組　立　部　　1,200万円 × 16% = 1,920千円

$$変 動 費 \quad \frac{3,240千円}{1,500万円 + 1,200万円} × 100 = 12\%$$

切　削　部　　1,500万円 × 12% = 1,800千円
組　立　部　　1,200万円 × 12% = 1,440千円

2 部門別正常配賦率の算定

$$切削部 \quad \frac{137,100千円 + 113,148千円}{12,000時間} = @20.854千円$$

$$組立部 \quad \frac{97,740千円 + 72,012千円}{8,000時間} = @21.219千円$$

3 製造指図書別正常配賦額の計算

切削部
No.1　400時間 × @20.854千円 =　8,341.6千円
No.2　500時間 × @20.854千円 = 10,427.0千円

組立部
No.1　400時間 × @21.219千円 =　8,487.6千円
No.2　200時間 × @21.219千円 =　4,243.8千円

問 3

1 配賦順位の決定

(1) 他の補助部門への提供数

動 力 部───→材料倉庫部……… 1つ ⎫
材料倉庫部───→動 力 部……… 1つ ⎬ 同数
⎭

(2) ① 第 1 次集計費

動 力 部　43,200千円 + 32,400千円 = 75,600千円
材料倉庫部　16,200千円 + 9,720千円 = 25,920千円

> 第 1 次集計費、用役提供額のいずれの場合でも動力部の金額が多いので、動力部を先順位とする。

② 用役提供額

動 力 部───→材料倉庫部　$75,600千円 \times \dfrac{24,000kWh}{240,000kWh} = 7,560千円$

材料倉庫部───→動 力 部　$25,920千円 \times \dfrac{300万円}{3,000万円} = 2,592千円$

2 動力部費の配賦

固 定 費　$\dfrac{43,200千円}{240,000kWh} = @0.18千円$　　変 動 費　$\dfrac{32,400千円}{240,000kWh} = @0.135千円$

切 削 部　144,000kWh × @0.18千円 = 25,920千円　　　切 削 部　144,000kWh × @0.135千円 = 19,440千円
組 立 部　72,000kWh × @0.18千円 = 12,960千円　　　組 立 部　72,000kWh × @0.135千円 = 9,720千円
材料倉庫部　24,000kWh × @0.18千円 = 4,320千円　　材料倉庫部　24,000kWh × @0.135千円 = 3,240千円

3 材料倉庫部費の配賦

固 定 費　$\dfrac{16,200千円 + 4,320千円}{1,500万円 + 1,200万円} \times 100 = 76\%$　　変 動 費　$\dfrac{9,720千円 + 3,240千円}{1,500万円 + 1,200万円} \times 100 = 48\%$

切 削 部　1,500万円 × 76% = 11,400千円　　　切 削 部　1,500万円 × 48% = 7,200千円
組 立 部　1,200万円 × 76% = 9,120千円　　　組 立 部　1,200万円 × 48% = 5,760千円

4 部門別正常配賦率の算定

切 削 部　$\dfrac{136,920千円 + 113,040千円}{12,000時間} = @20.83千円$　組 立 部　$\dfrac{97,920千円 + 72,120千円}{8,000時間} = @21.255千円$

5 製造指図書別正常配賦額の計算

切 削 部　No. 1　400時間 × @20.830千円 = 8,332千円
　　　　　No. 2　500時間 × @20.830千円 = 10,415千円
組 立 部　No. 1　400時間 × @21.255千円 = 8,502千円
　　　　　No. 2　200時間 × @21.255千円 = 4,251千円

第 2 問

1 補助部門の用役消費量割合

(1) 動力部から各部門への動力供給量割合

切削部　$\dfrac{144,000kWh}{240,000kWh} = 0.6$　組立部　$\dfrac{72,000kWh}{240,000kWh} = 0.3$　材料倉庫部　$\dfrac{24,000kWh}{240,000kWh} = 0.1$

(2) 材料倉庫部から各部門への材料出庫額割合

切削部　$\dfrac{1,500万円}{3,000万円} = 0.5$　組立部　$\dfrac{1,200万円}{3,000万円} = 0.4$　動力部　$\dfrac{300万円}{3,000万円} = 0.1$

2 補助部門に最終的に集計される補助部門費

(1) 固定費

最終的に集計される動力部固定費………a　　　最終的に集計される材料倉庫部固定費………b

$$\begin{cases} a = 43,200千円 + 0.1b \cdots\cdots ① \\ b = 15,480千円 + 0.1a \cdots\cdots ② \end{cases}$$

②式を①式に代入する。　　　　　　　　a＝45,200千円を②式に代入する。

$$a = 43,200 + 0.1 \times (15,480 + 0.1a)$$ 　　　b＝15,480＋0.1×45,200

$$a = 43,200 + 1,548 + 0.01a$$ 　　　　　　b＝15,480＋4,520

$$a - 0.01a = 43,200 + 1,548$$ 　　　　　　b＝20,000千円

$$0.99a = 44,748$$

$$a = 45,200千円$$

(2) 変動費

最終的に集計される動力部変動費………c　　　最終的に集計される材料倉庫部変動費………d

$$\begin{cases} c = 32,400千円 + 0.1d \cdots\cdots ③ \\ d = 9,630千円 + 0.1c \cdots\cdots ④ \end{cases}$$

④式を③式に代入する。　　　　　　　　c＝33,700千円を④式に代入する。

$$c = 32,400 + 0.1 \times (9,630 + 0.1c)$$ 　　　d＝9,630＋0.1×33,700

$$c = 32,400 + 963 + 0.01c$$ 　　　　　　d＝9,630＋3,370

$$c - 0.01c = 32,400 + 963$$ 　　　　　　d＝13,000千円

$$0.99c = 33,363$$

$$c = 33,700千円$$

3 動力部費の配賦

(1) 固定費

$$45,200千円 \times \begin{cases} 0.6 = 27,120千円　（切　削　部）\\ 0.3 = 13,560千円　（組　立　部）\\ 0.1 = 4,520千円　（材料倉庫部）\end{cases}$$

(2) 変動費

$$33,700千円 \times \begin{cases} 0.6 = 20,220千円　（切　削　部）\\ 0.3 = 10,110千円　（組　立　部）\\ 0.1 = 3,370千円　（材料倉庫部）\end{cases}$$

4 材料倉庫部費の配賦

(1) 固定費

$$20,000千円 \times \begin{cases} 0.5 = 10,000千円　（切削部）\\ 0.4 = 8,000千円　（組立部）\\ 0.1 = 2,000千円　（動力部）\end{cases}$$

(2) 変動費

$$13,000千円 \times \begin{cases} 0.5 = 6,500千円　（切削部）\\ 0.4 = 5,200千円　（組立部）\\ 0.1 = 1,300千円　（動力部）\end{cases}$$

5 部門別正常配賦率の算定

切削部　$\dfrac{136,800千円 + 112,800千円}{12,000時間} = @20.8千円$　　　組立部　$\dfrac{96,000千円 + 72,000千円}{8,000時間} = @21.0千円$

6 製造指図書別正常配賦額の計算

切削部

No.1　400時間×@20.8千円＝　8,320千円

No.2　500時間×@20.8千円＝10,400千円

組立部

No.1　400時間×@21.0千円＝　8,400千円

No.2　200時間×@21.0千円＝　4,200千円

部門別個別原価計算 Ⅱ

問1
(1) 10月の動力部費1kWhあたりの実際配賦率　1,837.5　円/kWh
(2) 切削部に対する実際配賦額　9,371,250　円

問2

動　力　部

変動費実際発生額	6,568,000	切削部への配賦額	9,180,000
固定費実際発生額	5,927,000	組立部への配賦額	3,060,000
		予　算　差　異	86,000
		操　業　度　差　異	169,000
	12,495,000		12,495,000

問3

a 操　業　度　　b 正　常　配　賦　　c 消　費　能　力
d 予　算　額　　e 複　数　基　準

動　力　部

変動費実際発生額	6,568,000	切削部への配賦額	9,490,500
固定費実際発生額	5,927,000	組立部への配賦額	2,918,500
		予　算　差　異	86,000
	12,495,000		12,495,000

問4

動　力　部

変動費実際発生額	6,568,000	切削部への配賦額	9,418,875
固定費実際発生額	5,927,000	組立部への配賦額	2,894,625
		総　　差　　異	181,500
	12,495,000		12,495,000

予　算　差　異　　　　　　　　　能　率　差　異
86,000　　　　―　　　　　　95,500　　　　―

解答へのアプローチ

1. 単一基準配賦法と実際配賦
2. 単一基準配賦法と正常配賦
3. 複数基準配賦法と実際操業度における予算額配賦
4. 複数基準配賦法と標準操業度における予算額配賦

解　説

1 実際配賦額の計算

(1) 実際配賦率の計算

$$\frac{6,568,000円 + 5,927,000円}{6,800kWh} = @1,837.5円$$

(2) 実際配賦額の計算

5,100kWh × @1,837.5円 = 9,371,250円
　　　　　　　　　　　　切削部に対する実際配賦額

2 動力部における正常配賦

実 際 部 門 費 振 替 表　　　　　　　　　　　　　　　　（単位：円）

	切 削 部 変動費	切 削 部 固定費	組 立 部 変動費	組 立 部 固定費	動 力 部 変動費	動 力 部 固定費
部 門 費 計	19,775,000	15,787,500	13,525,000	15,500,000	6,568,000	5,927,000
動 力 部 費	4,870,500	4,309,500	1,623,500	1,436,500		
部 門 費 合 計	24,645,500	20,097,000	15,148,500	16,936,500		

動力部費の配賦
　　固定費　　切削部　5,100kWh×@845円＝4,309,500円
　　　　　　　組立部　1,700kWh×@845円＝1,436,500円
　　変動費　　切削部　5,100kWh×@955円＝4,870,500円
　　　　　　　組立部　1,700kWh×@955円＝1,623,500円

原因別分析

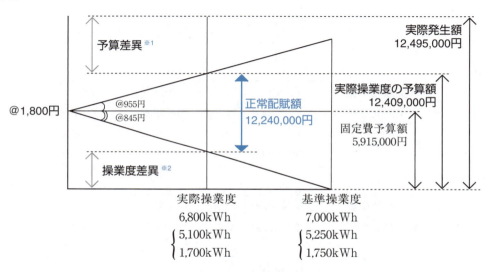

※1　予 算 差 異　6,800kWh×@955円＋5,915,000円－12,495,000円＝86,000円（借方差異）
※2　操業度差異　（6,800kWh－7,000kWh）×@845円＝169,000円（借方差異）

3 動力部の実際操業度における予算額の配賦

実 際 部 門 費 振 替 表　　　　　　　　　　　　　　　　（単位：円）

	切 削 部 変動費	切 削 部 固定費	組 立 部 変動費	組 立 部 固定費	動 力 部 変動費	動 力 部 固定費
部 門 費 計	19,775,000	15,787,500	13,525,000	15,500,000	6,568,000	5,927,000
動 力 部 費	4,870,500	4,620,000	1,623,500	1,295,000		
部 門 費 合 計	24,645,500	20,407,500	15,148,500	16,795,000		

動力部費の配賦
　　固定費　$\dfrac{5,915,000円}{6,600kWh＋1,850kWh}$ × $\begin{cases} 6,600kWh＝4,620,000円（切削部）\\ 1,850kWh＝1,295,000円（組立部） \end{cases}$
　　変動費　　切削部　5,100kWh×@955円＝4,870,500円
　　　　　　　組立部　1,700kWh×@955円＝1,623,500円

原因別分析

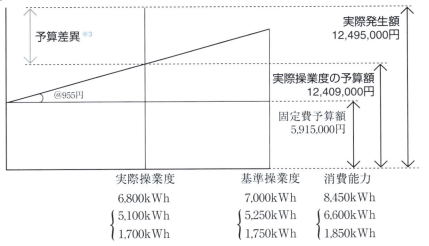

※3 予算差異　6,800kWh×@955円＋5,915,000円－12,495,000円＝86,000円（借方差異）

4 動力部の標準操業度における予算額の配賦

実際部門費振替表　　　　　　　　　　　（単位：円）

	切削部 変動費	切削部 固定費	組立部 変動費	組立部 固定費	動力部 変動費	動力部 固定費
部門費計	19,775,000	15,787,500	13,525,000	15,500,000	6,568,000	5,927,000
動力部費	4,798,875	4,620,000	1,599,625	1,295,000		
部門費合計	24,573,875	20,407,500	15,124,625	16,795,000		

動力部費の配賦

固定費　$\dfrac{5,915,000円}{6,600kWh＋1,850kWh} \times \begin{cases} 6,600kWh＝4,620,000円（切削部） \\ 1,850kWh＝1,295,000円（組立部） \end{cases}$

変動費　切削部　5,025kWh×@955円＝4,798,875円
　　　　組立部　1,675kWh×@955円＝1,599,625円

原因別分析

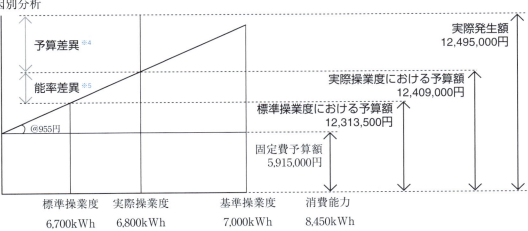

※4 予算差異　6,800kWh×@955円＋5,915,000円－12,495,000円＝86,000円（借方差異）
※5 能率差異　（6,700kWh－6,800kWh）×@955円＝95,500円（借方差異）

部門別個別原価計算 Ⅲ

ⓐ = ②   ⓑ = ⑧   ⓒ = ⑥   ⓓ = ⑤

勘定連絡（単位：千円）

切　削　部

(自) V	(	13,332)	(正)	(	34,656)
F	(	9,840)	予　算　差　異	(	240)
(工) F	(	960)	操業度差異	(	816)
(材) V	(	2,640)			
F	(	2,400)			
(動) V	(	3,300)			
F	(	3,240)			
	(	35,712)		(	35,712)

組　立　部

(自) V	(	6,972)	(正)	(	22,320)
F	(	8,484)	予　算　差　異	(	360)
(工) F	(	768)	操業度差異	(	384)
(材) V	(	1,800)			
F	(	1,440)			
(動) V	(	1,980)			
F	(	1,620)			
	(	23,064)		(	23,064)

動　力　部

(自) V	(	4,248)	V 切削部への配賦額	(	3,300)
F	(	3,756)	組立部への配賦額	(	1,980)
(工) F	(	192)	F 切削部への配賦額	(	3,240)
(材) V	(	1,080)	組立部への配賦額	(	1,620)
F	(	960)	〔予　算〕差　異	(	96)
	(	10,236)		(	10,236)

解答へのアプローチ

1. 階梯式配賦法における補助部門配賦順位の決定
2. 複数基準配賦法と実際操業度における予算額配賦
3. 予算部門費配賦表の作成
4. 実際部門費配賦表の作成

解説

1 予算部門費配賦表(年間)の作成

(単位:千円)

	切削部 変動費	切削部 固定費	組立部 変動費	組立部 固定費	動力部 変動費	動力部 固定費	材料倉庫部 変動費	材料倉庫部 固定費	工場事務部 固定費
部門費合計	158,400	116,640	83,664	101,520	56,880	44,496	72,000	51,840	28,800
工場事務部費	―	11,520	―	9,216	―	2,304	―	5,760	28,800
材料倉庫部費	36,000	28,800	21,600	17,280	14,400	11,520	72,000	57,600	500人
動力部費	47,520	38,880	23,760	19,440	71,280	58,320	60,000千円		
計	241,920	195,840	129,024	147,456	54万kWh				
基準操業度	480,000時間		384,000時間						
正常配賦率	0.504	0.408	0.336	0.384					

(1) 補助部門費の配賦順位決定は下記のとおり。
① 補助部門間の用役提供数が2つの工場事務部が最も多いため、第1順位とする。
② 補助部門間の用役提供数が1つの動力部と材料倉庫部は、第1次集計額か用役提供額で比較することになる。ただし、問題文上指示がなく、どちらで判定しても同様の結果となることから、第1次集計額の多い材料倉庫部を第2順位、動力部門を第3順位とする。
なお、用役提供額については、各自算定されたい。
(2) 変動費は基準操業度、固定費は消費能力の割合で配賦する。ただし、自部門へは配賦しない。

2 実際部門費配賦表(月間)の作成

(単位:千円)

	切削部 変動費	切削部 固定費	組立部 変動費	組立部 固定費	動力部 変動費	動力部 固定費	材料倉庫部 変動費	材料倉庫部 固定費	工場事務部 固定費
部門費合計	13,332	9,840	6,972	8,484	4,248	3,756	5,484	4,296	2,400
工場事務部費	―	960	―	768	―	192	―	480	2,400
材料倉庫部費	2,640	2,400	1,800	1,440	1,080	960	5,520	4,800	差異0
動力部費	3,300	3,240	1,980	1,620	5,280	4,860	差異+36	差異+24	
計	19,272	16,440	10,752	12,312	差異-48	差異-48			

(1) 工場事務部

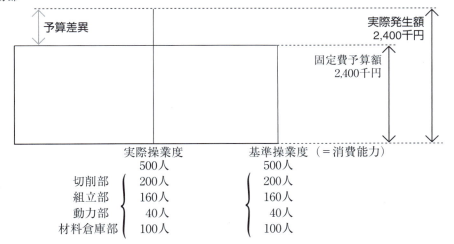

① 固定費予算額 $\dfrac{28,800千円}{12ヵ月} = 2,400千円$

② 予算差異 2,400千円 - 2,400千円 = 0千円

(2) 材料倉庫部

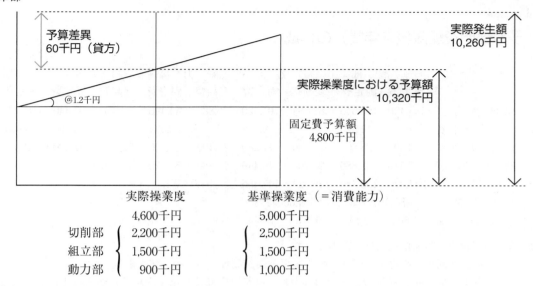

	実際操業度	基準操業度（＝消費能力）
	4,600千円	5,000千円
切削部	2,200千円	2,500千円
組立部	1,500千円	1,500千円
動力部	900千円	1,000千円

① 変動費率　$\dfrac{72,000千円}{60,000千円}$＝@1.2千円

② 固定費予算額　$\dfrac{57,600千円}{12ヵ月}$＝4,800千円

③ 変動費正常配賦額　4,600千円×@1.2千円＝5,520千円

④ 実際操業度における予算額　5,520千円＋4,800千円＝10,320千円

⑤ 実際発生額　5,484千円＋4,296千円＋480千円＝10,260千円

⑥ 予算差異　10,320千円－10,260千円＝60千円（貸方差異）

(3) 動力部

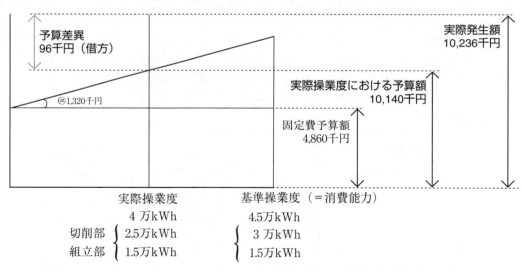

	実際操業度	基準操業度（＝消費能力）
	4万kWh	4.5万kWh
切削部	2.5万kWh	3万kWh
組立部	1.5万kWh	1.5万kWh

① 変動費率　$\dfrac{71,280千円}{54万kWh}$＝@1,320千円

② 固定費予算額　$\dfrac{58,320千円}{12ヵ月}$＝4,860千円

③ 変動費正常配賦額　4万kWh×@1,320千円＝5,280千円

④ 実際操業度における予算額　5,280千円＋4,860千円＝10,140千円

⑤ 実際発生額　4,248千円＋3,756千円＋192千円＋1,080千円＋960千円＝10,236千円

⑥ 予算差異　10,140千円－10,236千円＝96千円（借方差異）

3 製造部門費差異の原因別分析

(1) 切削部

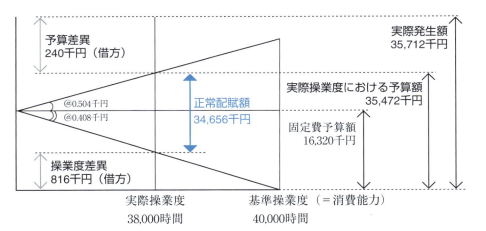

① 変動費率 $\dfrac{241,920千円}{480,000時間} = @0.504千円$

② 固定費率 $\dfrac{195,840千円}{480,000時間} = @0.408千円$

③ 固定費予算額 $\dfrac{195,840千円}{12ヵ月} = 16,320千円$

④ 正常配賦額　38,000時間×@0.912千円＝34,656千円

⑤ 実際操業度における予算額　38,000時間×@0.504千円＋16,320千円＝35,472千円

⑥ 実際発生額　13,332千円＋9,840千円＋960千円＋2,640千円＋2,400千円＋3,300千円＋3,240千円＝35,712千円

⑦ 予算差異　35,472千円－35,712千円＝240千円（借方差異）

⑧ 操業度差異　(38,000時間－40,000時間)×@0.408千円＝816千円（借方差異）

(2) 組立部

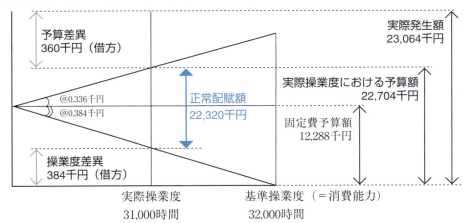

① 変動費率 $\dfrac{129,024千円}{384,000時間} = @0.336千円$

② 固定費率 $\dfrac{147,456千円}{384,000時間} = @0.384千円$

③ 固定費予算額 $\dfrac{147,456千円}{12ヵ月} = 12,288千円$

④ 正常配賦額　31,000時間×@0.72千円＝22,320千円

⑤ 実際操業度における予算額　31,000時間×@0.336千円＋12,288千円＝22,704千円

⑥ 実際発生額　6,972千円＋8,484千円＋768千円＋1,800千円＋1,440千円＋1,980千円＋1,620千円＝23,064千円

⑦ 予算差異　22,704千円－23,064千円＝360千円（借方差異）

⑧ 操業度差異　(31,000時間－32,000時間)×@0.384千円＝384千円（借方差異）

6 部門別個別原価計算 Ⅳ

(1) 相互に配賦し終えた最終の補助部門費

材料部変動費　40,500 千円　　　材料部固定費　40,000 千円

動力部変動費　54,000 千円　　　動力部固定費　50,000 千円

(2) 実際部門費配賦表（単位：千円）

費　　　　目	合　計	製　造　部　門				補　助　部　門			
		加　工　部		組　立　部		材　料　部		動　力　部	
		F	V	F	V	F	V	F	V
部 門 費 合 計	550,000	110,000	102,100	70,000	125,000	30,000	27,000	40,000	45,900
動 力 部　F		24,000		16,000		10,000		− 50,000	
V			24,840		15,660		13,500		− 54,000
材 料 部　F		18,000		12,000		− 40,000		10,000	
V			19,440		12,960		− 40,500		8,100
製 造 部 門 費	550,000	152,000	146,380	98,000	153,620	0	0	0	0

解答へのアプローチ

1. 相互に配賦し終えた最終の補助部門費計算
2. 実際部門費配賦表の作成

解　説

1 補助部門の用役消費量割合

(1) 材料部から各部門への材料出庫可能額割合

加工部 $\dfrac{27,000千円}{60,000千円} = 0.45$　　組立部 $\dfrac{18,000千円}{60,000千円} = 0.3$　　動力部 $\dfrac{15,000千円}{60,000千円} = 0.25$

(2) 材料部から各部門への実際材料出庫額割合

加工部 $\dfrac{26,400千円}{55,000千円} = 0.48$　　組立部 $\dfrac{17,600千円}{55,000千円} = 0.32$　　動力部 $\dfrac{11,000千円}{55,000千円} = 0.2$

(3) 動力部から各部門への動力消費能力割合

加工部 $\dfrac{21,600kWh}{45,000kWh} = 0.48$　　組立部 $\dfrac{14,400kWh}{45,000kWh} = 0.32$　　材料部 $\dfrac{9,000kWh}{45,000kWh} = 0.2$

(4) 動力部から各部門への動力実際消費量割合

加工部 $\dfrac{19,780kWh}{43,000kWh} = 0.46$　　組立部 $\dfrac{12,470kWh}{43,000kWh} = 0.29$　　材料部 $\dfrac{10,750kWh}{43,000kWh} = 0.25$

2 補助部門に最終的に集計される補助部門費

(1) 固定費

最終的に集計される材料部固定費……a　　　最終的に集計される動力部固定費……b

$\begin{cases} a = 30,000 + 0.2b & \cdots\cdots① \\ b = 40,000 + 0.25a & \cdots\cdots② \end{cases}$

②式を①式に代入する。

$$a = 30,000 + 0.2 \times (40,000 + 0.25a)$$
$$a = 30,000 + 8,000 + 0.05a$$
$$a - 0.05a = 30,000 + 8,000$$
$$0.95a = 38,000$$
$$a = 40,000 千円$$

$a = 40,000$ 千円を②式に代入する。

$$b = 40,000 + 0.25 \times 40,000$$
$$b = 40,000 + 10,000$$
$$b = 50,000 千円$$

(2) 変動費

最終的に集計される材料部変動費……c　　　最終的に集計される動力部変動費……d

$$\begin{cases} c = 27,000 + 0.25d & \cdots\cdots③ \\ d = 45,900 + 0.2c & \cdots\cdots④ \end{cases}$$

④式を③式に代入する。

$$c = 27,000 + 0.25 \times (45,900 + 0.2c)$$
$$c = 27,000 + 11,475 + 0.05c$$
$$c - 0.05c = 27,000 + 11,475$$
$$0.95c = 38,475$$
$$c = 40,500 千円$$

$c = 40,500$ 千円を④式に代入する。

$$d = 45,900 + 0.2 \times 40,500$$
$$d = 45,900 + 8,100$$
$$d = 54,000 千円$$

3 材料部費の配賦

(1) 固定費

$$40,000 千円 \times \begin{cases} 0.45 = 18,000 千円 \ （加工部） \\ 0.3\ \ = 12,000 千円 \ （組立部） \\ 0.25 = 10,000 千円 \ （動力部） \end{cases}$$

(2) 変動費

$$40,500 千円 \times \begin{cases} 0.48 = 19,440 千円 \ （加工部） \\ 0.32 = 12,960 千円 \ （組立部） \\ 0.2\ \ = \ \ 8,100 千円 \ （動力部） \end{cases}$$

4 動力部費の配賦

(1) 固定費

$$50,000 千円 \times \begin{cases} 0.48 = 24,000 千円 \ （加工部） \\ 0.32 = 16,000 千円 \ （組立部） \\ 0.2\ \ = 10,000 千円 \ （材料部） \end{cases}$$

(2) 変動費

$$54,000 千円 \times \begin{cases} 0.46 = 24,840 千円 \ （加工部） \\ 0.29 = 15,660 千円 \ （組立部） \\ 0.25 = 13,500 千円 \ （材料部） \end{cases}$$

部門別個別原価計算 V

予算・実績比較表

実際作業時間における予算額

費 目	固 定 費	変 動 費	合 計	実 績	差 異
補助材料費	268,700円	360,000円	628,700円	633,000円	(－) 4,300円
間接工賃金	608,300円	432,000円	1,040,300円	1,042,000円	(－) 1,700円
間 接 経 費	600,000円	216,000円	816,000円	780,000円	(＋) 36,000円
部門費合計	1,477,000円	1,008,000円	2,485,000円	2,455,000円	(＋) 30,000円
動 力 部 費	171,000円	118,800円	289,800円	296,000円	(－) 6,200円
製 造 部 費	1,648,000円	1,126,800円	2,774,800円	2,751,000円	(＋) 23,800円

解答へのアプローチ

1. 切削部月次変動予算表の作成
2. 予算差異の費目別分析

解 説

1 切削部の公式法変動予算と当月の実績の完成

費 目	固定費月額	変 動 費 率	当月の実際発生額
補助材料費	268,700円	@ 50.0円	633,000円
間接工賃金	608,300円	@ 60.0円	1,042,000円
間 接 経 費	600,000円	@ 30.0円	780,000円
部門費合計	1,477,000円	@ 140.0円	2,455,000円
動 力 部 費	171,000円※1	@ 16.5円※2	296,000円※3
製 造 部 費	1,648,000円	@ 156.5円	2,751,000円

※1 $1,800 \text{kWh} \times \dfrac{285,000円}{3,000 \text{kWh}} = 171,000円$

※2 $\dfrac{1,320 \text{kWh} \times @100円}{8,000時間} = @16.5円$

※3 $\underbrace{1,250 \text{kWh} \times @100円}_{\text{動力部変動費}} + \underbrace{171,000円}_{\text{動力部固定費}}$
　　$= 296,000円$

2 実際作業時間における予算額

(1) 固定費は、上記 1 で算定したとおりである。

(2) 変動費

　　補 助 材 料 費　7,200時間×@50.0円＝　360,000円
　　間 接 工 賃 金　7,200時間×@60.0円＝　432,000円
　　間 接 経 費　7,200時間×@30.0円＝　216,000円
　　　部 門 費 合 計　　　　　　　　　　1,008,000円
　　動 力 部 費　7,200時間×@16.5円＝　118,800円
　　　製 造 部 費　　　　　　　　　　　1,126,800円

132

部門別個別原価計算 Ⅵ

(1) 予算実績比較表 (単位：円)

費　　目	実際操業度における予算許容額			実　績	差　異	
	固 定 費	変 動 費	合　計	実　績	差　異	
補 助 材 料 費	120,000	960,000	1,080,000	1,080,000	―	(―)
工 場 消 耗 品 費	63,000	480,000	543,000	576,000	33,000	(借)
間 接 工 賃 金	608,400	288,000	896,400	900,000	3,600	(借)
給　　　料	2,100,000	―	2,100,000	2,106,000	6,000	(借)
福 利 施 設 負 担 額	144,000	―	144,000	144,000	―	(―)
減 価 償 却 費	132,000	―	132,000	132,000	―	(―)
保　険　料	282,000	―	282,000	282,000	―	(―)
修　繕　料	120,000	96,000	216,000	241,800	25,800	(借)
旅 費 交 通 費	15,000	―	15,000	12,600	2,400	(貸)
事 務 用 消 耗 品 費	6,000	―	6,000	5,700	300	(貸)
計：第1次集計額	3,590,400	1,824,000	5,414,400	5,480,100	65,700	(借)
補助部門費配賦額						
工 場 事 務 部 門 費	165,000	―	165,000	165,000	―	(―)
動 力 部 門 費	273,600	138,240	411,840	417,600	5,760	(借)
材 料 倉 庫 部 門 費	114,000	18,360	132,360	136,950	4,590	(借)
補助部門費配賦額計	552,600	156,600	709,200	719,550	10,350	(借)
合　　　計	4,143,000	1,980,600	6,123,600	6,199,650	76,050	(借)

(2) 差異分析

① 総　差　異　　　　904,650円 (借)

② 予　算　差　異　　76,050円 (借)

　(イ) 切削部門固有の差異　　65,700円 (借)

　(ロ) 補助部門費配賦額から生じた差異　　10,350円 (借)

③ 操業度差異　　828,600円 (借)

解答へのアプローチ

1. 階梯式配賦法における補助部門配賦順位の決定
2. 複数基準配賦法と実際操業度における予算額配賦
3. 予算部門費配賦表の作成
4. 実際部門費配賦表の作成
5. 予算実績比較表の作成

解　説

1　予算部門費配賦表（月間）の作成

（単位：円）

	切　削　部		組　立　部		材料倉庫部		動　力　部		工場事務部
	変動費	固定費	変動費	固定費	変動費	固定費	変動費	固定費	固定費
部 門 費 合 計	2,280,000	3,590,400	?	?	31,500	155,700	288,000	406,500	330,000
工 場 事 務 部 費	—	165,000	—	66,000	—	49,500	—	49,500	330,000
動 力 部 費	172,800	273,600	100,800	159,600	14,400	22,800	288,000	456,000	
材 料 倉 庫 部 費	22,950	114,000	22,950	114,000	45,900	228,000			
合 計	2,475,750	4,143,000	?	?					
基 準 操 業 度	4,000時間		?						
正 常 配 賦 率	@618.9375円	@1,035.75円	?	?					

(1) 補助部門費の配賦順位は下記のとおり。

① 補助部門間の用役提供数が2つの工場事務部が最も多いため第1順位とする。

② 補助部門間の用役提供数が1つの材料倉庫部と動力部は、問題文の指示により第1次集計額で比較することになる。その結果、動力部が第2順位となり材料倉庫部が第3順位となる。

(2) 変動費は基準操業度、固定費は消費能力の割合で配賦する。ただし、自部門へは配賦しない。

2　実際部門費配賦表（月間）の作成

（単位：円）

	切　削　部		組　立　部		材料倉庫部		動　力　部		工場事務部
	変動費	固定費	変動費	固定費	変動費	固定費	変動費	固定費	固定費
部 門 費 合 計	5,480,100		?	?	30,000	155,100	246,000	420,600	330,000
工 場 事 務 部 費	—	165,000	—	66,000	—	49,500	—	49,500	330,000
動 力 部 費	144,000	273,600	87,840	159,600	12,960	22,800	244,800	456,000	差異 0
材 料 倉 庫 部 費	22,950	114,000	20,655	114,000	43,605	228,000	差異−1,200	差異−14,100	
合 計	6,199,650		?	?	差異＋645	差異＋600			

(1) 工場事務部

工場事務部費の配賦

固定費 $\dfrac{330,000円}{400人} \times \begin{cases} 200人 = 165,000円 \\ 80人 = 66,000円 \\ 60人 = 49,500円 \\ 60人 = 49,500円 \end{cases}$

原因別分析

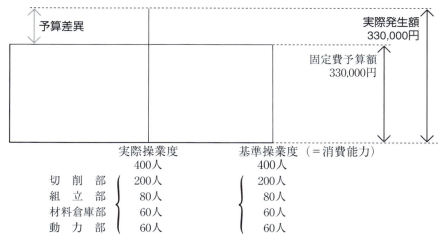

　　　　　　　　　　実際操業度　　　　基準操業度（＝消費能力）
　　　　　　　　　　　400人　　　　　　　400人
　　　　　　切　削　部 ｛ 200人　　　　 ｛ 200人
　　　　　　組　立　部　　 80人　　　　　　 80人
　　　　　　材料倉庫部　　 60人　　　　　　 60人
　　　　　　動　力　部　　 60人　　　　　　 60人

① 固定費予算額　 1 の計算結果より　330,000円
② 予　算　差　異　330,000円－330,000円＝0

(2) 動力部

　　動力部費の配賦

　　固定費　$\dfrac{456,000円}{400万kWh}$ × ｛ 240万kWh＝273,600円（切削部）
　　　　　　　　　　　　　　　　　　　　140万kWh＝159,600円（組立部）
　　　　　　　　　　　　　　　　　　　　 20万kWh＝ 22,800円（材料倉庫部）

　　変動費　切　削　部　　200万kWh×@0.072円＝144,000円
　　　　　　組　立　部　　122万kWh×@0.072円＝ 87,840円
　　　　　　材料倉庫部　　 18万kWh×@0.072円＝ 12,960円

原因別分析

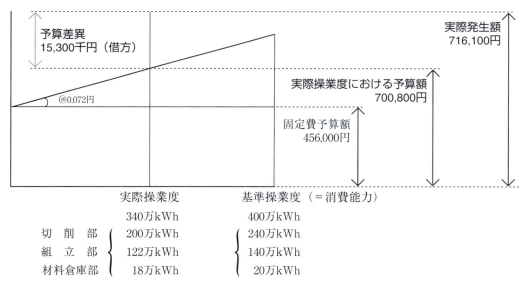

　　　　　　　　　　実際操業度　　　　基準操業度（＝消費能力）
　　　　　　　　　　　340万kWh　　　　　400万kWh
　　　　　　切　削　部 ｛ 200万kWh　　 ｛ 240万kWh
　　　　　　組　立　部　　122万kWh　　　　140万kWh
　　　　　　材料倉庫部　　 18万kWh　　　　 20万kWh

① 変　動　費　率　$\dfrac{288,000円}{400万kWh}$＝@0.072円
② 固定費予算額　 1 の計算結果より　456,000円
③ 実際操業度における予算額　340万kWh×@0.072円＋456,000円＝700,800円
④ 実　際　発　生　額　246,000円＋420,600円＋49,500円＝716,100円
⑤ 予　算　差　異　700,800円－716,100円＝15,300円（借方差異）

(3) 材料倉庫部
　　材料倉庫部費の配賦

　　　固定費　$\dfrac{228,000円}{200万円} \times \begin{cases} 100万円 = 114,000円 \\ 100万円 = 114,000円 \end{cases}$

　　　変動費　切削部　100万円×@0.02295円＝22,950円
　　　　　　　組立部　90万円×@0.02295円＝20,655円

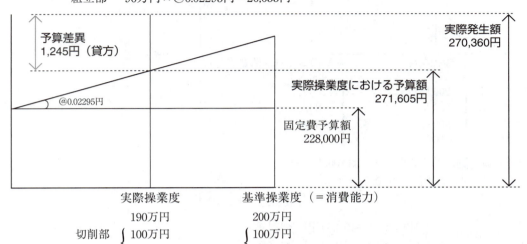

① 変動費率　$\dfrac{45,900円}{200万円} = $@0.02295円
② 固定費予算額　①の計算結果より　228,000円
③ 実際操業度における予算額　190万円×@0.02295円＋228,000円＝271,605円
④ 実際発生額　30,000円＋155,100円＋49,500円＋12,960円＋22,800円＝270,360円
⑤ 予算差異　271,605円－270,360円＝1,245円（貸方差異）

3 切削部差異分析表の作成

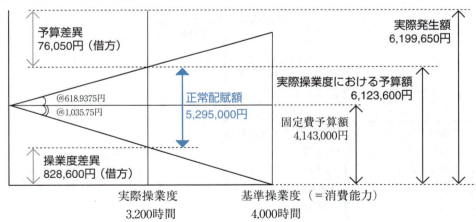

① 変 動 費 率　$\dfrac{2,475,750円}{4,000時間}$ ＝＠618.9375円

② 固 定 費 率　$\dfrac{4,143,000円}{4,000時間}$ ＝＠1,035.75円

③ 固定費予算額　**1** の計算結果より　4,143,000円

④ 正 常 配 賦 額　3,200時間×＠1,654.6875円＝5,295,000円

⑤ 実際操業度における予算額　3,200時間×＠618.9375円＋4,143,000円＝6,123,600円

⑥ 実 際 発 生 額　5,480,100円＋165,000円＋144,000円＋273,600円＋22,950円＋114,000円＝6,199,650円

⑦ 予 算 差 異　6,123,600円－6,199,650円＝76,050円（借方差異）

⑧ 操 業 度 差 異　（3,200時間－4,000時間）×＠1,035.75円＝828,600円（借方差異）

4　予算実績比較表の作成

(1) 第1次集計額の実際操業度における予算許容額

	固定費	変動費		合計
補 助 材 料 費	120,000円 ＋	3,200時間×＠300円	（　960,000円）＝	1,080,000円
工 場 消 耗 品 費	63,000円 ＋	3,200時間×＠150円	（　480,000円）＝	543,000円
間 接 工 賃 金	608,400円 ＋	3,200時間×＠ 90円	（　288,000円）＝	896,400円
給　　　　　料	2,100,000円 ＋	———	＝	2,100,000円
福 利 施 設 負 担 額	144,000円 ＋	———	＝	144,000円
減 価 償 却 費	132,000円 ＋	———	＝	132,000円
保　　険　　料	282,000円 ＋	———	＝	282,000円
修　　繕　　料	120,000円 ＋	3,200時間×＠ 30円	（　96,000円）＝	216,000円
旅 費 交 通 費	15,000円 ＋	———	＝	15,000円
事 務 用 消 耗 品 費	6,000円 ＋	———	＝	6,000円
第1次集計額合計	3,590,400円 ＋	3,200時間×＠570円	（1,824,000円）＝	5,414,400円

切削部固有の差異　5,414,400円－5,480,100円＝65,700円（借方差異）

(2) 補助部門費配賦額の実際操業度における予算許容額

	固定費	変動費		合計
工 場 事 務 部 門 費	165,000円 ＋	———	＝	165,000円
動 力 部 門 費	273,600円 ＋	3,200時間×$\dfrac{172,800円}{4,000時間}$ （＠　43.2円）	（138,240円）＝	411,840円
材 料 倉 庫 部 門 費	114,000円 ＋	3,200時間×$\dfrac{22,950円}{4,000時間}$ （＠5.7375円）	（　18,360円）＝	132,360円
合　　　　　計	552,600円		156,600円	709,200円

補助部門費配賦額の実際発生額

2 の実際部門費配賦表より　165,000円＋144,000円＋273,600円＋22,950円＋114,000円＝719,550円

補助部門費配賦額から生じた差異　709,200円－719,550円＝10,350円（借方差異）

部門別個別原価計算 Ⅶ

問1

指図書別原価計算表

	No.101	No.102	No.103	合　　計
直 接 材 料 費	3,175,000円	2,117,000円	1,341,000円	6,633,000円
直 接 労 務 費				
切　削　部	2,304,000円	2,016,000円	1,440,000円	5,760,000円
組　立　部	2,200,000円	3,300,000円	──　　円	5,500,000円
製 造 間 接 費				
切　削　部	1,044,000円	913,500円	652,500円	2,610,000円
組　立　部	924,000円	1,386,000円	──　　円	2,310,000円
	9,647,000円	9,732,500円	3,433,500円	22,813,000円

問2　各部門の関係勘定（単位：円）

切　削　部　費

自　部　門　費	(2,455,000)	正 常 配 賦 額	(2,610,000)
動力部固定費	(171,000)	総　差　異	(141,000)
動力部変動費	(125,000)		
	(2,751,000)		(2,751,000)

切削部予算差異　　　　　　　　切削部操業度差異

(──)	(23,800)	(164,800)	(──)

組　立　部　費

自　部　門　費	(2,255,000)	正 常 配 賦 額	(2,310,000)
動力部固定費	(114,000)	総　差　異	(169,000)
動力部変動費	(110,000)		
	(2,479,000)		(2,479,000)

組立部予算差異　　　　　　　　組立部操業度差異

(27,000)	(──)	(142,000)	(──)

動　力　部　費

自　部　門　費	(514,000)	切削部への配賦額	(296,000)
総　差　異	(6,000)	組立部への配賦額	(224,000)
	(520,000)		(520,000)

動力部予算差異

(──)	(6,000)

解答へのアプローチ

1. 部門別正常配賦率の計算
2. 実際部門別個別原価計算による計算および記帳

解　説

1　動力部費予算額の配賦

固定費　$\dfrac{3{,}420{,}000円}{36{,}000\text{kWh}}$ ＝@95円

　　切削部　21,600kWh×@ 95円＝2,052,000円
　　組立部　14,400kWh×@ 95円＝1,368,000円

変動費

　　切削部　15,840kWh×@100円＝1,584,000円
　　組立部　12,960kWh×@100円＝1,296,000円

2　切削部および組立部の部門別正常配賦率の算定

切削部　変 動 費 率　@140円＋$\dfrac{1{,}584{,}000円}{96{,}000時間}$（＝@16.5円）＝@156.5円

　　　　固 定 費 率　$\dfrac{17{,}724{,}000円＋2{,}052{,}000円}{96{,}000時間}$ ＝@206.0円
　　　　正常配賦率　　　　　　　　　　　　　　@362.5円

組立部　変 動 費 率　@118円＋$\dfrac{1{,}296{,}000円}{72{,}000時間}$（＝@18.0円）＝@136.0円

　　　　固 定 費 率　$\dfrac{19{,}080{,}000円＋1{,}368{,}000円}{72{,}000時間}$ ＝@284.0円
　　　　正常配賦率　　　　　　　　　　　　　　@420.0円

3　切削部および組立部の正常配賦額の算定

切削部
No.101　2,880時間×@362.5円＝　1,044,000円
No.102　2,520時間×@362.5円＝　　913,500円
No.103　1,800時間×@362.5円＝　　652,500円
　　　　　正常配賦額　　2,610,000円

組立部
No.101　2,200時間×@420.0円＝　　924,000円
No.102　3,300時間×@420.0円＝　1,386,000円
　　　　　正常配賦額　　2,310,000円

4　動力部費の配賦

固定費予算月額　$\dfrac{3{,}420{,}000円}{12ヵ月}$ ＝285,000円

月間動力消費能力　切削部　$\dfrac{21{,}600\text{kWh}}{12ヵ月}$ ＝1,800kWh

　　　　　　　　　組立部　$\dfrac{14{,}400\text{kWh}}{12ヵ月}$ ＝1,200kWh
　　　　　　　　　合　計　　　　　　　　3,000kWh

固定費　$\dfrac{285{,}000円}{3{,}000\text{kWh}}$ ＝@95円

　　切削部　1,800kWh×@ 95円＝171,000円
　　組立部　1,200kWh×@ 95円＝114,000円

変動費

　　切削部　1,250kWh×@100円＝125,000円
　　組立部　1,100kWh×@100円＝110,000円

5　各部門の原価差異の原因別分析

（1）切削部
実際操業度における予算額　$\dfrac{17{,}724{,}000円＋2{,}052{,}000円}{12ヵ月}$ ＋7,200時間×@156.5円　＝2,774,800円

切削部予算差異　2,774,800円－（2,455,000円＋171,000円＋125,000円）＝　　23,800円（貸方差異）

切削部操業度差異　（7,200時間－$\dfrac{96{,}000時間}{12ヵ月}$）×@206円　　　　　　　＝　164,800円（借方差異）

総　差　異　　　　　　　　　　　　　　　　　　　　　　　　　　　　　＝　141,000円（借方差異）

費目別計算のまとめ

個別原価計算

部門別個別原価計算

総合原価計算

標準原価計算

139

切削部費の差異分析図

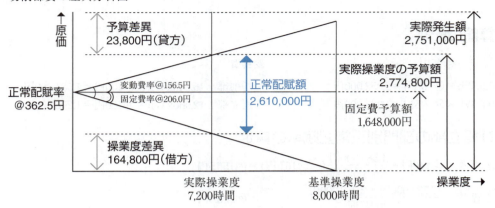

(2) 組立部
実際操業度における予算額 $\dfrac{19,080,000円+1,368,000円}{12ヵ月}+5,500時間×@136円 = 2,452,000円$

組立部予算差異 $2,452,000円-(2,255,000円+114,000円+110,000円)= 27,000円（借方差異）$

組立部操業度差異 $(5,500時間-\dfrac{72,000時間}{12ヵ月})×@284円 = 142,000円（借方差異）$

総　差　異 $= 169,000円（借方差異）$

組立部費の差異分析図

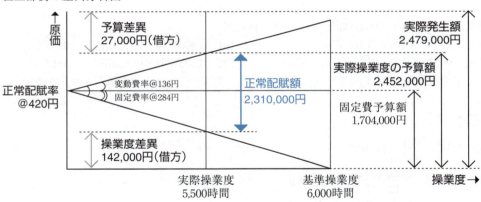

(3) 動力部
実際操業度における予算額 $\dfrac{3,420,000円}{12ヵ月}+2,350kWh×@100円=520,000円$

動力部予算差異 $520,000円-514,000円= 6,000円（貸方差異）$

動力部費の差異分析図

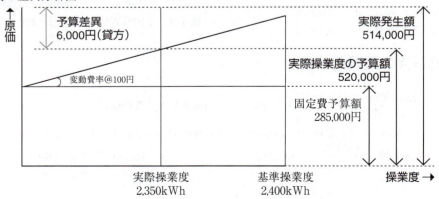

10 部門別個別原価計算 Ⅷ

材　料

月 初 有 高 (	20,000)	直 接 材 料 費 (	950,000)
当 月 仕 入 高 (	1,155,000)	間 接 材 料 費 (	200,000)
		価 格 差 異 (	2,000)
		月 末 有 高 (	23,000)
(	1,175,000)	(	1,175,000)

賃　金　給　料

当 月 支 給 額 (	1,985,000)	月 初 未 払 額 (	75,000)
月 末 未 払 額 (	65,000)	直 接 労 務 費 (	1,764,000)
		間 接 労 務 費 (	190,000)
		賃 率 差 異 (	21,000)
(	2,050,000)	(	2,050,000)

製　造　間　接　費

間 接 材 料 費 (	200,000)	切 　 削 　 部 (	935,500)
間 接 労 務 費 (	190,000)	組 　 立 　 部 (	633,000)
間 接 経 費 (	2,081,500)	材 料 倉 庫 部 (	468,000)
		動 　 力 　 部 (	345,000)
		工 場 事 務 部 (	90,000)
(	2,471,500)	(	2,471,500)

仕　掛　品

月 初 仕 掛 品 (	723,000)	完 成 品 原 価 (	3,990,000)
当 月 製 造 費 用		月 末 仕 掛 品 (	1,661,000)
直 接 材 料 費 (	950,000)		
直 接 労 務 費 (	1,764,000)		
切削部費配賦額 (	1,350,000)		
組立部費配賦額 (	864,000)		
(	5,651,000)	(	5,651,000)

切　削　部

第一次集計額		部門別正常配賦額 (	1,350,000)
変 　 動 　 費 (	515,000)	予 算 差 異 (	76,100)
固 　 定 　 費 (	420,500)	操 業 度 差 異 (	70,000)
工場事務部費配賦額			
固 　 定 　 費 (	50,000)		
動力部費配賦額			
変 　 動 　 費 (	126,000)		
固 　 定 　 費 (	100,800)		
材料倉庫部費配賦額			
変 　 動 　 費 (	154,800)		
固 　 定 　 費 (	129,000)		
(	1,496,100)	(	1,496,100)

組　立　部

第一次集計額		部門別正常配賦額 (	864,000)
変 　 動 　 費 (	320,500)	予 算 差 異 (	8,200)
固 　 定 　 費 (	312,500)	操 業 度 差 異 (	48,000)
工場事務部費配賦額			
固 　 定 　 費 (	40,000)		
動力部費配賦額			
変 　 動 　 費 (	42,000)		
固 　 定 　 費 (	50,400)		
材料倉庫部費配賦額			
変 　 動 　 費 (	77,400)		
固 　 定 　 費 (	77,400)		
(	920,200)	(	920,200)

材　料　倉　庫　部

第一次集計額		材料倉庫部費配賦額	
変 　 動 　 費 (	258,000)	変 　 動 　 費 (	232,200)
固 　 定 　 費 (	210,000)	固 　 定 　 費 (	206,400)
		予 算 差 異 (	29,400)
(	468,000)	(	468,000)

動　力　部

第一次集計額		動力部費配賦額	
変 　 動 　 費 (	190,000)	変 　 動 　 費 (	168,000)
固 　 定 　 費 (	155,000)	固 　 定 　 費 (	151,200)
		予 算 差 異 (	25,800)
(	345,000)	(	345,000)

工　場　事　務　部

第一次集計額		工場事務部費配賦額	
固 　 定 　 費 (	90,000)	固 　 定 　 費 (	90,000)

解答へのアプローチ

1. 材料費会計
2. 労務費会計
3. 直接配賦法による配賦表の作成
4. 複数基準配賦法と実際操業度における予算額配賦
5. 予算部門費配賦表の作成
6. 実際部門費配賦表の作成

解 説

1 材料費会計

(1) 予定消費価格による材料費の計算

#101	178kg×@1,000円 =	178,000円
#102	461kg×@1,000円 =	461,000円
#103	311kg×@1,000円 =	311,000円
間接材料費	200kg×@1,000円 =	200,000円
		1,150,000円

直接材料費 950,000円

(2) 材料消費価格差異の計算

① 実際材料費の計算　20,000円＋1,140,000円＋15,000円－23,000円＝1,152,000円

② 材料消費価格差異の計算　1,150,000円－1,152,000円＝2,000円（借方差異）

2 労務費会計

(1) 予定消費賃率による労務費の計算

	切削部	組立部	合計
#101	————	470時間×@950円＝446,500円	446,500円
#102	400時間×@1,200円＝480,000円	250時間×@950円＝237,500円	717,500円
#103	500時間×@1,200円＝600,000円	————	600,000円
間接労務費	95時間×@1,200円＝114,000円	80時間×@950円＝76,000円	190,000円
	1,194,000円	760,000円	1,954,000円

直接労務費 1,764,000円

(2) 賃率差異の計算

① 実際労務費の計算　1,985,000円＋65,000円－75,000円＝1,975,000円

② 賃率差異の計算　1,954,000円－1,975,000円＝21,000円（借方差異）

3 製造部門費正常配賦額の計算

(1) 予算部門費配賦表の作成（直接配賦法：変動費をV、固定費をF）　　　　　　　　　　（単位：円）

	切 削 部		組 立 部		材料倉庫部		動 力 部		工場事務部	
	V	F	V	F	V	F	V	F	V	F
部　　門　　費	6,153,000	5,042,400	3,843,000	3,746,400	3,096,000	2,476,800	2,268,000	1,814,400	—	1,080,000
材料倉庫部費	1,935,000	1,548,000	1,161,000	928,800	3,096,000	2,476,800	2,268,000	1,814,400	—	1,080,000
動　力　部　費	1,512,000	1,209,600	756,000	604,800						
工場事務部費	—	600,000	—	480,000						
合　　計	9,600,000	8,400,000	5,760,000	5,760,000						
基 準 操 業 度	12,000時間		9,600時間							
配　　賦　　率	@ 800円	@ 700円	@ 600円	@ 600円						

（注）変動費は基準操業度、固定費は消費能力の割合で
直接配賦法により配賦する。

(2) 正常配賦額の計算

① 切削部
　#101　　―時間×@　―円＝　　―円
　#102　400時間×@1,500円＝　600,000円
　#103　500時間×@1,500円＝　750,000円
　合計　900時間×@1,500円＝1,350,000円

② 組立部
　#101　470時間×@1,200円＝564,000円
　#102　250時間×@1,200円＝300,000円
　#103　　―時間×@　―円＝　　―円
　合計　720時間×@1,200円＝864,000円

4 原価計算表の作成

	#101	#102	#103	合　計
月初仕掛品	723,000円	―円	―円	723,000円
当月製造費用				
直接材料費	178,000円	461,000円	311,000円	950,000円
直接労務費				
切削部	―円	480,000円	600,000円	1,080,000円
組立部	446,500円	237,500円	―円	684,000円
製造間接費				
切削部	―円	600,000円	750,000円	1,350,000円
組立部	564,000円	300,000円	―円	864,000円
合　計	1,911,500円	2,078,500円	1,661,000円	5,651,000円
備　考	完　成	完　成	仕掛中	

5 実際部門費配賦表の作成

(1) 実際部門費配賦表の作成（変動費をV、固定費をF）　　　　　　　　　　　　（単位：円）

	切削部 V	切削部 F	組立部 V	組立部 F	材料倉庫部 V	材料倉庫部 F	動力部 V	動力部 F	工場事務部 V	工場事務部 F
部門費合計	515,000	420,500	320,500	312,500	258,000	210,000	190,000	155,000	―	90,000
材料倉庫部費	154,800	129,000	77,400	77,400	232,200	206,400	168,000	151,200	―	差異 0
動力部費	126,000	100,800	42,000	50,400	差異−25,800	差異−3,600	差異−22,000	差異−3,800		
工場事務部費	―	50,000	―	40,000						
合計	795,800	700,300	439,900	480,300						

(2) 材料倉庫部

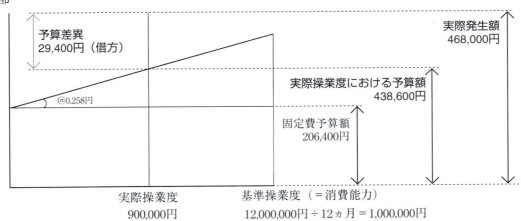

予算差異 29,400円（借方）
実際発生額 468,000円
@0.258円
実際操業度における予算額 438,600円
固定費予算額 206,400円
実際操業度 900,000円
　切削部 600,000円
　組立部 300,000円
基準操業度（＝消費能力）
　12,000,000円÷12ヵ月＝1,000,000円
　7,500,000円÷12ヵ月＝　625,000円
　4,500,000円÷12ヵ月＝　375,000円

① 変動費率　$\dfrac{3,096,000円}{12,000,000円} = @0.258円$

② 固定費予算額　$\dfrac{2,476,800円}{12ヵ月} = 206,400円$

③ 変動費正常配賦額　900,000円×@0.258円＝232,200円

④ 実際操業度における予算額　232,200円＋206,400円＝438,600円

⑤ 実際発生額　258,000円＋210,000円＝468,000円

⑥ 予算差異　438,600円－468,000円＝29,400円（借方差異）

(3) 動力部

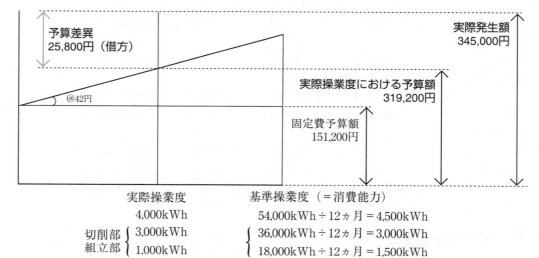

① 変動費率　$\dfrac{2,268,000円}{54,000kWh} = @42円$

② 固定費予算額　$\dfrac{1,814,400円}{12ヵ月} = 151,200円$

③ 変動費正常配賦額　4,000kWh×@42円＝168,000円

④ 実際操業度における予算額　168,000円＋151,200円＝319,200円

⑤ 実際発生額　190,000円＋155,000円＝345,000円

⑥ 予算差異　319,200円－345,000円＝25,800円（借方差異）

(4) 工場事務部

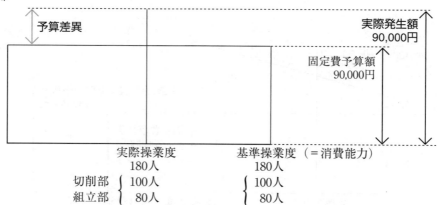

① 固定費予算額　$\dfrac{1,080,000円}{12ヵ月} = 90,000円$

② 予算差異　90,000円－90,000円＝0

6 製造部門費配賦差異の分析

(1) 切削部

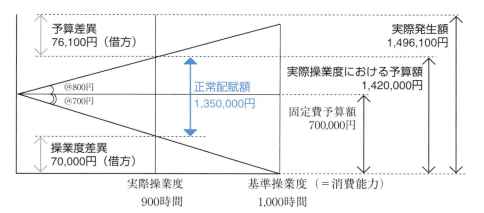

① 変 動 費 率　$\dfrac{9,600,000円}{12,000時間} = @800円$

② 固 定 費 率　$\dfrac{8,400,000円}{12,000時間} = @700円$

③ 固定費予算額　$\dfrac{8,400,000円}{12ヵ月} = 700,000円$

④ 正 常 配 賦 額　900時間×@1,500円＝1,350,000円

⑤ 実際操業度における予算額　900時間×@800円＋700,000円＝1,420,000円

⑥ 実 際 発 生 額　795,800円＋700,300円＝1,496,100円

⑦ 予 算 差 異　1,420,000円－1,496,100円＝76,100円（借方差異）

⑧ 操 業 度 差 異　（900時間－1,000時間）×@700円＝70,000円（借方差異）

(2) 組立部

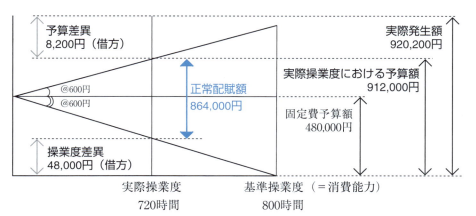

① 変 動 費 率　$\dfrac{5,760,000円}{9,600時間} = @600円$

② 固 定 費 率　$\dfrac{5,760,000円}{9,600時間} = @600円$

③ 固定費予算額　$\dfrac{5,760,000円}{12ヵ月} = 480,000円$

④ 正 常 配 賦 額　720時間×@1,200円＝864,000円

⑤ 実際操業度における予算額　720時間×@600円＋480,000円＝912,000円

⑥ 実 際 発 生 額　439,900円＋480,300円＝920,200円

⑦ 予 算 差 異　912,000円－920,200円＝8,200円（借方差異）

⑧ 操 業 度 差 異　（720時間－800時間）×@600円＝48,000円（借方差異）

部門別個別原価計算 IX

仕　　掛　　品				
前 月 繰 越	1,246	[製　　品] (	5,320)
[材　　料] (	2,260)	[翌 月 繰 越] (	680)
[賃金・手当] (	1,439)		
[製造間接費-切削部] (	570)		
[製造間接費-組立部] (	485)		
	6,000)		6,000)

賃　率　差　異				
[賃金・手当] (	70)	前 月 繰 越	40
		[翌 月 繰 越] (	30)
(	70)	(	70)

製造間接費-切削部				
諸 　勘　 定 (	605)	[仕 　掛　 品] (	570)
		[原 価 差 異] (	35)
(	605)	(	605)

製造間接費-組立部				
諸 　勘　 定 (	473)	[仕 　掛　 品] (	485)
[原 価 差 異] (	12)		
(	485)	(	485)

切削部配賦差異 ＝（　35　）『借　方』　　組立部配賦差異 ＝（　12　）『貸　方』
　内訳：予算差異 ＝（　12.5　）『借　方』　　内訳：予算差異 ＝（　18　）『貸　方』
　　　　操業度差異 ＝（　22.5　）『借　方』　　　　操業度差異 ＝（　6　）『借　方』

解答へのアプローチ

1. 製造指図書別製造原価計算表の作成
2. 費目別計算
3. 労務費会計における定時間外作業手当の取扱い
4. 部門別計算

解説

1 製造指図書別製造原価計算表の作成（単位：千円）

	＃101	＃102	＃103	＃104	＃105	＃106	合　計
月初仕掛品原価	602	644	−	−	−	−	1,246
直 接 材 料 費	−	410	860	450	390	150	2,260
直 接 労 務 費							
切　削　部	−	−	360	320	56	24	760
組　立　部	140	161	196	182	−	−	679
製造間接費配賦額							
切　削　部	−	−	270	240	42	18	570
組　立　部	100	115	140	130	−	−	485
合　　　　計	842	1,330	1,826	1,322	488	192	6,000

(1) 月初仕掛品原価……問題資料より、＃101が602千円、＃102が644千円である。
(2) 直接材料費の計算
　　直接材料費については資料3.で算定済みである。なお、直接材料の帳簿残高と実際残高の差額2千円は材料の棚卸減耗費であり、間接経費として処理する。

(3) 直接労務費の計算

部門別予定平均賃率

切削部 $\dfrac{11,040千円}{13,800時間}=$ @800円　　　組立部 $\dfrac{8,904千円}{12,720時間}=$ @700円

これに、各指図書別実際直接作業時間を乗じて直接労務費の計算を行う。

切削部				組立部			
＃101	－ 時間×@800円 =	－ 千円		＃101	200時間×@700円 =	140千円
＃102	－ 時間×@800円 =	－ 千円		＃102	230時間×@700円 =	161千円
＃103	450時間×@800円 =	360千円		＃103	280時間×@700円 =	196千円
＃104	400時間×@800円 =	320千円		＃104	260時間×@700円 =	182千円
＃105	70時間×@800円 =	56千円		＃105	－ 時間×@700円 =	－ 千円
＃106	30時間×@800円 =	24千円		＃106	－ 時間×@700円 =	－ 千円
合 計	950時間×@800円 =	760千円		合 計	970時間×@700円 =	679千円

(4) 製造間接費の計算

① 部門別正常配賦率

切削部 $\dfrac{5,940千円}{13,200時間}\left(\begin{array}{l}変動費率\\@\ 450円\end{array}\right)+\dfrac{1,980千円}{13,200時間}\left(\begin{array}{l}固定費率\\@\ 150円\end{array}\right)=$ @600円

組立部 $\dfrac{3,600千円}{12,000時間}\left(\begin{array}{l}変動費率\\@\ 300円\end{array}\right)+\dfrac{2,400千円}{12,000時間}\left(\begin{array}{l}固定費率\\@\ 200円\end{array}\right)=$ @500円

これに、各指図書別実際直接作業時間（実際操業度）を乗じて製造間接費の計算を行う。

切削部				組立部			
＃101	－ 時間×@600円 =	－ 千円		＃101	200時間×@500円 =	100千円
＃102	－ 時間×@600円 =	－ 千円		＃102	230時間×@500円 =	115千円
＃103	450時間×@600円 =	270千円		＃103	280時間×@500円 =	140千円
＃104	400時間×@600円 =	240千円		＃104	260時間×@500円 =	130千円
＃105	70時間×@600円 =	42千円		＃105	－ 時間×@500円 =	－ 千円
＃106	30時間×@600円 =	18千円		＃106	－ 時間×@500円 =	－ 千円
合 計	950時間×@600円 =	570千円		合 計	970時間×@500円 =	485千円

2 仕掛品勘定の作成

(1) 完成品原価（＃101＋＃102＋＃103＋＃104）　842千円＋1,330千円＋1,826千円＋1,322千円＝5,320千円

(2) 翌月繰越（仕掛品原価：＃105＋＃106）　488千円＋192千円＝680千円

3 原価差異の把握

(1) 賃率差異の計算

① 直接工の労務費

直 接 労 務 費　950時間×@800円＋970時間×@700円＝1,439千円

直接工間接作業賃金　50時間×@800円＋30時間×@700円 ＝ 61千円

定時間外作業手当　50時間×@700円×40% ＝ 14千円

合　　　　計　1,514千円

② 直接工の6月末未払賃金・手当

定時間内賃金・手当　350時間×@800円＋310時間×@700円＝ 497千円

定時間外賃金・手当　50時間×@700円×140% ＝ 49千円

合　　　　計　546千円

③ 直接工賃率差異

1,514千円－（1,561千円－523千円＋546千円）＝70千円 （借方差異）

6 月 の 要 支 払 額

(2) 製造間接費配賦差異の計算
① 6月製造間接費実際発生額

	切削部	組立部	工場管理部
間 接 材 料 費	123千円	105千円	7千円
直 接 工 間 接 賃 金	40千円	21千円	－千円
定 時 間 外 作 業 手 当	－千円	14千円	－千円
その他の間接労務費	112千円	153千円	9千円
棚 卸 減 耗 費	2千円	－千円	－千円
そ の 他 間 接 経 費	320千円	164千円	8千円
部 門 費 計	597千円	457千円	24千円
補助部門費配賦額	8千円※1	16千円※2	(24千円)
製造部門費合計	605千円	473千円	

※1 $\dfrac{24千円}{10人+20人} \times 10人 = 8千円$

※2 $\dfrac{24千円}{10人+20人} \times 20人 = 16千円$

② 製造間接費配賦差異および原因別分析
　(イ) 切削部：実際操業度における予算額　$\dfrac{1,980千円}{12ヵ月} + 950時間 \times @450円 = 592.5千円$

　　　　　製 造 間 接 費 配 賦 差 異　570千円 － 605千円 = 35千円（借方差異）
　　　　　予　　算　　差　　異　592.5千円 － 605千円 = 12.5千円（借方差異）
　　　　　操　業　度　差　異　(950時間 － 1,100時間) × @150円 = 22.5千円（借方差異）

なお、製造間接費の差異分析図を示すと以下のとおりである。

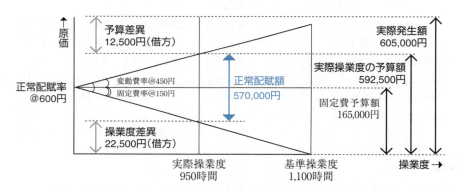

(ロ) 組立部：実際操業度における予算額　$\dfrac{2,400千円}{12ヵ月} + 970時間 \times @300円 = 491千円$

　　　　　製 造 間 接 費 配 賦 差 異　485千円 － 473千円 = 12千円（貸方差異）
　　　　　予　　算　　差　　異　491千円 － 473千円 = 18千円（貸方差異）
　　　　　操　業　度　差　異　(970時間 － 1,000時間) × @200円 = 6千円（借方差異）

なお、製造間接費の差異分析図を示すと以下のとおりである。

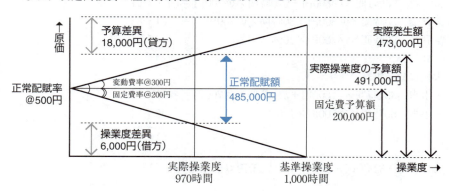

12 総合原価計算 Ⅰ

〔第1工程〕

(1) 月末仕掛品原価   435,360 円

     内訳：A原料費   348,000 円

     加　工　費   87,360 円

(2) 異 常 減 損 費   108,840 円

     内訳：A原料費   87,000 円

     加　工　費   21,840 円

(3) 完成品総合原価   6,293,400 円

     内訳：A原料費   4,437,000 円

     加　工　費   1,856,400 円

(4) 完成品単位原価   @   1,234 円

〔第2工程〕

(1) 月末仕掛品原価   881,500 円   (3) 完成品単位原価   @   2,340.8 円

     内訳：前工程費   617,000 円

     加　工　費   264,500 円

(2) 完成品総合原価   11,704,000 円

     内訳：前工程費   6,296,800 円

     加　工　費   5,407,200 円

解答へのアプローチ

1. 正常減損度外視法による計算
2. 異常減損費の処理と計算
3. 正常減損度外視法における先入先出法

解　説

1 生産・原価データ（物量単位：kg、金額単位：円）

第1工程（平均法）

月初	A	503,900		600	5,100	4,437,000	完成
	加	(109,300)		(300)	(5,100)	(1,856,400)	
					400	348,000	月末
					(240)	(87,360)	
					100	87,000	異減
					(60)	(21,840)	
当月	A	4,368,100		5,200	~~200~~		正減
	加	(1,856,300)		(5,200)	~~(100)~~		
合計	A	4,872,000	5,600	~~5,800~~			
	加	(1,965,600)	(5,400)	~~(5,500)~~			

第2工程（先入先出法）

月初	前	620,400		500	5,000	6,296,800	完成
	加	(434,600)		(400)	(5,000)	(5,407,200)	
					~~100~~		正減
					~~(100)~~		
当月	前	6,293,400		5,100	500	617,000	月末
	加	(5,237,100)		(4,950)	(250)	(264,500)	

(1) 第1工程A原料費

　異 常 減 損 費　4,872,000円÷5,600kg×100kg＝87,000円

　月末仕掛品原価　4,872,000円÷5,600kg×400kg＝348,000円

　完 成 品 原 価　4,872,000円－348,000円－87,000円＝4,437,000円

(2) 第1工程加工費

　異 常 減 損 費　1,965,600円÷5,400kg×60kg＝21,840円

　月末仕掛品原価　1,965,600円÷5,400kg×240kg＝87,360円

　完 成 品 原 価　1,965,600円－87,360円－21,840円＝1,856,400円

(3) 第2工程前工程費

　当 月 前 工 程 費　4,437,000円＋1,856,400円＝6,293,400円

　月末仕掛品原価　6,293,400円÷5,100kg×500kg＝617,000円

　完 成 品 原 価　620,400円＋6,293,400円－617,000円＝6,296,800円

(4) 第2工程加工費

　月末仕掛品原価　5,237,100円÷4,950kg×250kg＝264,500円

　完 成 品 原 価　434,600円＋5,237,100円－264,500円＝5,407,200円

2 完成品単位原価

　第1工程　6,293,400円÷5,100kg＝@1,234円

　第2工程　(6,296,800円＋5,407,200円)÷5,000kg＝@2,340.8円

総合原価計算 II

〔仕掛品関係勘定〕（単位：円）

第1工程仕掛品

月初仕掛品原価		完成品総合原価	
A 素 材 費	(64,800)	A 素 材 費	(540,000)
加 工 費	(88,200)	加 工 費	(1,440,000)
当月製造費用		正 常 仕 損 費	(45,000)
A 素 材 費	(571,200)	仕損品評価額	(7,500)
加 工 費	(1,523,000)	異 常 仕 損 費	
		A 素 材 費	(9,500)
		加 工 費	(19,200)
		正 常 仕 損 費	(1,000)
		月末仕掛品原価	
		A 素 材 費	(60,000)
		加 工 費	(120,000)
		正 常 仕 損 費	(5,000)
	(2,247,200)		(2,247,200)

第2工程仕掛品

月初仕掛品原価		完成品総合原価	
前 工 程 費	(148,200)	前 工 程 費	(1,993,200)
B 原 料 費	(33,000)	B 原 料 費	(664,400)
加 工 費	(54,350)	加 工 費	(1,469,600)
当月製造費用		月末仕掛品原価	
前 工 程 費	(2,025,000)	前 工 程 費	(180,000)
B 原 料 費	(693,000)	B 原 料 費	(61,600)
加 工 費	(1,481,850)	加 工 費	(66,600)
	(4,435,400)		(4,435,400)

解答へのアプローチ

1. 仕損費の計算と処理
2. 正常仕損非度外視法による計算

解 説

1 生産・原価データ（物量単位：個、金額単位：円）

第1工程（平均法）

月初	A	64,800	500	4,500	540,000	完成
	加	(88,200)	(300)	(4,500)	(1,440,000)	
				500	60,000	月末
				(375)	(120,000)	
				100	12,000	異仕
				(60)	(19,200)	
当月	A	571,200	4,800	200	24,000	正仕
	加	(1,523,000)	(4,735)	(100)	(32,000)	
					評△5,000	
合計	A	636,000	5,300			
	加	(1,611,200)	(5,035)			

第2工程（先入先出法）

月初	前	148,200	300	4,400	1,993,200	完成
	B	[33,000]	[300]	[4,400]	[664,400]	
	加	(54,350)	(150)	(4,400)	(1,469,600)	
当月	前	2,025,000	4,500	400	180,000	月末
	B	[693,000]	[4,500]	[400]	[61,600]	
	加	(1,481,850)	(4,450)	(200)	(66,600)	

(1) 第1工程A素材費
　　正常仕損品原価　636,000円÷5,300個×200個＝24,000円
　　異常仕損品原価　636,000円÷5,300個×100個＝12,000円
　　月末仕掛品原価　636,000円÷5,300個×500個＝60,000円
　　完 成 品 原 価　636,000円－60,000円－12,000円－24,000円＝540,000円

(2) 第1工程加工費
　　正常仕損品原価　1,611,200円÷5,035個×100個＝32,000円
　　異常仕損品原価　1,611,200円÷5,035個×60個＝19,200円
　　月末仕掛品原価　1,611,200円÷5,035個×375個＝120,000円
　　完 成 品 原 価　1,611,200円－120,000円－19,200円－32,000円＝1,440,000円

(3) 第1工程正常仕損費の追加配賦額
　　正 常 仕 損 費　（24,000円＋32,000円）－200個×@25円＝51,000円
　　完 成 品 原 価　51,000円÷（4,500個＋500個＋100個）×4,500個＝45,000円
　　月末仕掛品原価　51,000円÷（4,500個＋500個＋100個）×500個＝5,000円
　　異常仕損品原価　51,000円÷（4,500個＋500個＋100個）×100個＝1,000円

(4) 第2工程前工程費
　　当月前工程費　540,000円＋1,440,000円＋45,000円＝2,025,000円
　　月末仕掛品原価　2,025,000円÷4,500個×400個＝180,000円
　　完 成 品 原 価　148,200円＋2,025,000円－180,000円＝1,993,200円

(5) 第2工程B原料費
　　月末仕掛品原価　693,000円÷4,500個×400個＝61,600円
　　完 成 品 原 価　33,000円＋693,000円－61,600円＝664,400円

(6) 第2工程加工費
　　月末仕掛品原価　1,481,850円÷4,450個×200個＝66,600円
　　完 成 品 原 価　54,350円＋1,481,850円－66,600円＝1,469,600円

2 仕損品評価額

200個×@25円＋100個×@25円＝7,500円

3 異常仕損費

（12,000円＋19,200円＋1,000円）－100個×@25円＝29,700円

総合原価計算 III

月末仕掛品原価　290,450 円　　完成品総合原価　3,529,000 円
　　　　　　　　　　　　　　　完成品単位原価　@ 882.25 円

解答へのアプローチ

1. 正常減損の平均的発生
2. 正常減損非度外視法による計算
3. 月末仕掛品原価の計算方法推定

解説

1 月末仕掛品原価の計算方法の推定

平均法・・・月初仕掛品の進捗度が不明なため、平均法でしか計算できない。

2 生産・原価データ（物量単位：kg、金額単位：円）

生産・原価データ（平均法）

月初	原	156,200	400	4,000	1,520,000	完成
	加	(143,850)	(?)	(4,000)	(1,949,600)	
				500	190,000	月末
				(200)	(97,480)	
当月	原	1,591,800	4,200	100	38,000	正減
	加	(1,927,600)	(?)	(50)	(24,370)	
合計	原	1,748,000	4,600			
	加	(2,071,450)	(4,250)			

(1) 原料費
　正 常 減 損 費　1,748,000円÷4,600kg×100kg＝38,000円
　月末仕掛品原価　1,748,000円÷4,600kg×500kg＝190,000円
　完 成 品 原 価　1,748,000円－190,000円－38,000円＝1,520,000円
(2) 加工費
　正 常 減 損 費　2,071,450円÷4,250kg×50kg＝24,370円
　月末仕掛品原価　2,071,450円÷4,250kg×200kg＝97,480円
　完 成 品 原 価　2,071,450円－97,480円－24,370円＝1,949,600円
(3) 正常減損費の追加配賦額
　正 常 減 損 費　38,000円＋24,370円＝62,370円
　完 成 品 原 価　62,370円÷（4,000kg＋200kg）×4,000kg＝59,400円
　月末仕掛品原価　62,370円÷（4,000kg＋200kg）×200kg＝2,970円
(4) 月末仕掛品原価　190,000円＋97,480円＋2,970円＝290,450円
(5) 完成品総合原価　1,520,000円＋1,949,600円＋59,400円＝3,529,000円
(6) 完成品単位原価　3,529,000円÷4,000kg＝@882.25円

15 総合原価計算 Ⅳ

①	月末仕掛品原価	537,850 円	⑥	加工費配賦差異	76,800円（借　方）
②	正 常 仕 損 費	24,300 円	⑦	予 算 差 異	43,200円（貸　方）
③	異 常 仕 損 費	124,350 円	⑧	操 業 度 差 異	120,000円（借　方）
④	完成品総合原価	3,948,600 円			
⑤	完成品単位原価	@ 263.24 円			

解答へのアプローチ

1. 加工費の正常配賦と加工費配賦差異の原因別分析
2. 正常仕損非度外視法による計算
3. 異常仕損費の計算と処理

解　説

1 生産・原価データ（物量単位：個、金額単位：円）

生産・原価データ（先入先出法）

月初	H	285,600	2,800	15,000	1,566,600	完成
	K	[67,200]	[2,800]	[15,000]	[360,000]	
	加	(275,100)	(2,100)	(15,000)	(2,003,700)	
				3,100	325,500	月末
				[0]	[0]	
				(1,550)	(207,700)	
				900	94,500	異仕
				[0]	[0]	
				(300)	(40,200)	
当月	H	1,722,000	16,400	200	21,000	正仕
	K	[292,800]	[12,200]	[0]	[0]	
	加	(1,983,200)	(14,800)	(50)	(6,700)	
					評△3,400	

(1) H材料費
- 正常仕損品原価　1,722,000円÷16,400個×200個＝21,000円
- 異常仕損品原価　1,722,000円÷16,400個×900個＝94,500円
- 月末仕掛品原価　1,722,000円÷16,400個×3,100個＝325,500円
- 完 成 品 原 価　285,600円＋1,722,000円－325,500円－94,500円－21,000円＝1,566,600円

(2) K材料費
- 完 成 品 原 価　67,200円＋292,800円＝360,000円

(3) 加工費
- 正 常 配 賦 率　@680円＋$\dfrac{19,200,000円}{9,600時間}$（＝@2,000円）＝@2,680円
- 正 常 配 賦 額　740時間×@2,680円＝1,983,200円
- 正常仕損品原価　1,983,200円÷14,800個×50個＝6,700円

異常仕損品原価　1,983,200円÷14,800個×300個＝40,200円
月末仕掛品原価　1,983,200円÷14,800個×1,550個＝207,700円
完 成 品 原 価　275,100円＋1,983,200円－207,700円－40,200円－6,700円＝2,003,700円
(4) 正常仕損費の追加配賦額
正 常 仕 損 費　(21,000円＋6,700円)－200個×@17円＝24,300円
完 成 品 原 価　24,300円÷(15,000個－2,800個＋3,100個＋900個)×(15,000個－2,800個)＝18,300円
月末仕掛品原価　24,300円÷(15,000個－2,800個＋3,100個＋900個)×3,100個＝4,650円
異常仕損品原価　24,300円÷(15,000個－2,800個＋3,100個＋900個)×900個＝1,350円
(5) 月末仕掛品原価　325,500円＋207,700円＋4,650円＝537,850円
(6) 完成品総合原価　1,566,600円＋360,000円＋2,003,700円＋18,300円＝3,948,600円
(7) 完成品単位原価　3,948,600円÷15,000個＝@263.24円

2 異常仕損費

(94,500円＋40,200円＋1,350円)－900個×@13円＝124,350円

3 加工費配賦差異の計算と原因別分析

固 定 費 月 額　$\dfrac{19,200,000円}{12ヵ月}$＝1,600,000円

基 準 操 業 度　$\dfrac{9,600時間}{12ヵ月}$＝800時間

加工費配賦差異　740時間×@2,680円－2,060,000円＝76,800円（借方差異）
実際操業度の予算額　1,600,000円＋740時間×@680円＝2,103,200円
予 算 差 異　2,103,200円－2,060,000円＝43,200円（貸方差異）
操 業 度 差 異　(740時間－800時間)×@2,000円＝120,000円（借方差異）
　　　　　　　　　　　　　　　　　　　　固定費率

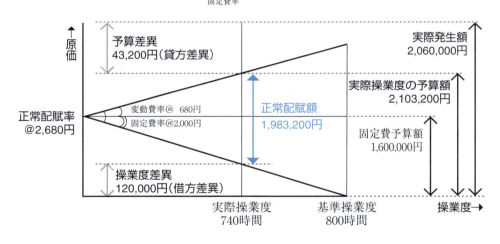

16 総合原価計算 Ⅴ

【仕掛品関係勘定連絡図】（単位：円）

第 1 工程仕掛品

月初仕掛品原価 （	73,700)	完成品総合原価 （	1,568,000)
当月製造費用		異常減損費 （	14,400)
A 原 料 費 （	1,140,000)	月末仕掛品原価 （	180,450)
加 工 費 （	549,150)		
（	1,762,850)	（	1,762,850)

完成品単位原価 　@ 　224 円

半 製 品

月初半製品棚卸高 （	467,600)	第 2 工程振替高 （	1,587,600)
第1工程完了品原価 （	1,568,000)	月末半製品棚卸高 （	448,000)
（	2,035,600)	（	2,035,600)

第 2 工程仕掛品

月初仕掛品原価 （	80,240)	完成品総合原価 （	6,343,220)
当月製造費用		月末仕掛品原価 （	82,160)
前 工 程 費 （	1,587,600)		
B 原 料 費 （	648,900)		
C 原 料 費 （	1,106,700)		
D 原 料 費 （	440,720)		
加 工 費 （	2,561,220)		
（	6,425,380)	（	6,425,380)

解答へのアプローチ

1. 異質原材料の投入
2. 半製品原価の計算と処理
3. 減損費の計算と処理
4. 先入先出法による計算

解 説

1 第 1 工程の生産・原価データ（物量単位：kg、金額単位：円）

		第 1 工程 （先入先出法）			
月初	73,700	400 (320)	7,000 (7,000)	差引 1,564,700	完成
			900 (600)	135,000 (45,000)	月末
			20 (10)	3,000 (750)	正減
当月	A 1,140,000	7,600 (7,322)	80 (32)	12,000 (2,400)	異減
	加 (549,150)				

(1) A原料費
　　異 常 減 損 費　1,140,000円÷7,600kg×80kg＝12,000円
　　正 常 減 損 費　1,140,000円÷7,600kg×20kg＝3,000円
　　月末仕掛品原価　1,140,000円÷7,600kg×900kg＝135,000円
(2) 加工費
　　異 常 減 損 費　549,150円÷7,322kg×32kg＝2,400円
　　正 常 減 損 費　549,150円÷7,322kg×10kg＝750円
　　月末仕掛品原価　549,150円÷7,322kg×600kg＝45,000円
(3) 正常減損費追加配賦前の完成品原価
　　73,700円＋1,140,000円＋549,150円－（12,000円＋3,000円＋135,000円＋2,400円＋750円＋45,000円）＝1,564,700円
(4) 正常減損費の追加配賦額
　　正 常 減 損 費　3,000円＋750円＝3,750円
　　完 成 品 原 価　3,750円÷（7,000kg－400kg＋900kg）×（7,000kg－400kg）＝3,300円
　　月末仕掛品原価　3,750円÷（7,000kg－400kg＋900kg）×900kg＝450円
(5) 異 常 減 損 費　12,000円＋2,400円＝14,400円
(6) 月末仕掛品原価　135,000円＋45,000円＋450円＝180,450円
(7) 完成品総合原価　1,564,700円＋3,300円＝1,568,000円
(8) 完成品単位原価　1,568,000円÷7,000kg＝@224円

2 中間製品の生産・原価データ（物量単位：kg、金額単位：円）

中間製品（先入先出法）					
月初	467,600	2,000	7,000	1,587,600	払出
完成	1,568,000	7,000	2,000	448,000	月末

　　月 末 棚 卸 高　1,568,000円÷7,000kg×2,000kg＝448,000円
　　当 月 払 出 高　467,600円＋1,568,000円－448,000円＝1,587,600円

3 第2工程の生産・原価データ（物量単位：ガロン、金額単位：円）

第2工程（先入先出法）					
月初 前＋B	54,388	500	31,480	2,253,968	完成
加＋C	(25,852)	(250)	(31,480)	(3,648,532)	
D	[0]	[0]	[31,480]	[440,720]	
当月 前＋B	2,236,500	31,500	520	36,920	月末
加＋C	(3,667,920)	(31,620)	(390)	(45,240)	
D	[440,720]	[31,480]	[0]	[0]	

(1) 前工程費＋B原料費
　　当 月 製 造 費 用　1,587,600円＋648,900円＝2,236,500円
　　月末仕掛品原価　2,236,500円÷31,500ガロン×520ガロン＝36,920円
　　完 成 品 原 価　54,388円＋2,236,500円－36,920円＝2,253,968円
(2) 加工費＋C原料費
　　月初仕掛品原価　20,250円＋5,602円＝25,852円
　　当 月 製 造 費 用　2,561,220円＋1,106,700円＝3,667,920円
　　月末仕掛品原価　3,667,920円÷31,620ガロン×390ガロン＝45,240円
　　完 成 品 原 価　25,852円＋3,667,920円－45,240円＝3,648,532円
(3) D原料費
　　当月製造費用440,720円が全額完成品原価となる。
(4) 月末仕掛品原価　36,920円＋45,240円＝82,160円
(5) 完成品総合原価　2,253,968円＋3,648,532円＋440,720円＝6,343,220円

157

総合原価計算 VI

〔第1工程〕

(1) 月末仕掛品原価　570,580 円

(2) 完成品総合原価　3,540,000 円

(3) 完成品単位原価　708 円

〔第2工程〕

(1) 月末仕掛品原価　2,846,875 円

(2) 異 常 仕 損 費　121,875 円

(3) 完成品総合原価　5,313,000 円

(4) 完成品単位原価　1,265 円

解答へのアプローチ

1. 正常仕損費の計算と処理
2. 先入先出法による計算

解　説

1 第1工程の生産・原価データ（物量単位：個、金額単位：円）

第1工程（平均法）

月初	A	505,640	1,000	5,000	2,530,000	完成
	加	(118,940)	(600)	(5,000)	(1,010,000)	
				940	475,640	月末
				(470)	(94,940)	
当月	A	2,500,000	5,000	60		正仕
	加	(986,000)	(?)	(?)		
合計	A	3,005,640	5,940	6,000		
	加	(1,104,940)	(5,470)	(?)		

(1) A素材費
　　月末仕掛品原価　3,005,640円÷5,940個×940個＝475,640円
　　完 成 品 原 価　3,005,640円−475,640円＝2,530,000円
(2) 加工費
　　月末仕掛品原価　1,104,940円÷5,470個×470個＝94,940円
　　完 成 品 原 価　1,104,940円−94,940円＝1,010,000円
(3) 月末仕掛品原価　475,640円＋94,940円＝570,580円
(4) 完成品総合原価　2,530,000円＋1,010,000円＝3,540,000円
(5) 完成品単位原価　3,540,000円÷5,000個＝@708円

2 第2工程の生産・原価データ（物量単位：個、金額単位：円）

		第2工程（先入先出法）				
月初	前＋B	2,061,000	2,000	4,200	4,602,000	完成
	加	(167,000)	(1,000)	(4,200)	(711,000)	
				~~200~~		正仕
				~~(200)~~		
				100	105,875	異仕
				(100)	(16,000)	
当月	前＋B	5,293,750	5,000	2,500	2,646,875	月末
	加	(760,000)	(4,750)	(1,250)	(200,000)	

(1) 前工程費＋B部品費
　　月初仕掛品原価　1,424,000円＋637,000円＝2,061,000円
　　当月製造費用　　3,540,000円＋1,753,750円＝5,293,750円
　　月末仕掛品原価　5,293,750円÷5,000個×2,500個＝2,646,875円
　　異常仕損品原価　5,293,750円÷5,000個×100個＝105,875円
　　完成品原価　　　2,061,000円＋5,293,750円－2,646,875円－105,875円＝4,602,000円
(2) 加工費
　　月末仕掛品原価　760,000円÷4,750個×1,250個＝200,000円
　　異常仕損品原価　760,000円÷4,750個×100個＝16,000円
　　完成品原価　　　167,000円＋760,000円－200,000円－16,000円＝711,000円
(3) 月末仕掛品原価　2,646,875円＋200,000円＝2,846,875円
(4) 異常仕損費　　　105,875円＋16,000円＝121,875円
(5) 完成品総合原価　4,602,000円＋711,000円＝5,313,000円
(6) 完成品単位原価　5,313,000円÷4,200個＝@1,265円

18 総合原価計算 Ⅶ

問1　第1工程正常配賦率　@ 850 円　第2工程正常配賦率　@ 600 円

問2　(a) 完成品総合原価

第1工程……………………　10,057,100 円

第2工程……………………　15,617,280 円

(b) 月末仕掛品原価

第1工程……………………　1,228,480 円

第2工程……………………　1,366,510 円

(c) 完成品単位原価

第1工程……………………　@ 4,022.84 円

第2工程……………………　@ 6,374.40 円

(d) 異常仕損費……………………　186,600 円

問3　第1工程予算差異……（　27,500）円　〔 貸 方 差 異 〕

第2工程予算差異……（　29,400）円　〔 貸 方 差 異 〕

電力部予算差異……（　10,400）円　〔 借 方 差 異 〕

解答へのアプローチ

1. 部門別正常配賦率の計算
2. 仕損費の計算と処理
3. 先入先出法による計算
4. 製造間接費配賦差異の計算

解説

1 製造間接費予算額の計算

部門費配分表

（単位：万円）

	第 1 工 程		第 2 工 程		電 力 部	
	固 定 費	変 動 費	固 定 費	変 動 費	固 定 費	変 動 費
自 工 程 費	192	192	48	48	30	180
電 力 部 費 配 賦 額	18	108	12	72		
製 造 部 門 費 予 算	210	300	60	120		
固定費率・変動費率	@ 350円	@ 500円	@ 200円	@ 400円		
正 常 配 賦 率	@ 850円		@ 600円			

(1) 変動費予算額の計算

第1工程　6,000時間×@320円＝192万円　第2工程　3,000時間×@160円＝48万円　電 力 部　50,000kWh×@36円＝180万円

(2) 部門別正常配賦率の計算

第1工程：固 定 費 率　$\dfrac{210万円}{6,000時間}$＝@350円　　　　　変 動 費 率　$\dfrac{300万円}{6,000時間}$＝@500円

正常配賦率　@350円＋@500円＝@850円

第2工程：固 定 費 率　$\dfrac{60万円}{3,000時間}$＝@200円　　　　　変 動 費 率　$\dfrac{120万円}{3,000時間}$＝@400円

正常配賦率　@200円＋@400円＝@600円

2 製造間接費正常配賦額の計算

第1工程　5,819時間×@850円＝4,946,150円

第2工程　2,695時間×@600円＝1,617,000円

3 第1工程の計算

(1) 生産・原価データ（物量単位：個、金額単位：円）

第1工程（先入先出法）					
月初	1,296,900	450 (270)	2,500 (2,500)	差引 9,868,500	完成
			60 (40)	86,400 (100,800)	異仕
			440 (220)	633,600 (554,400)	月末
当月 A 3,816,000 加 (6,375,600)		2,650 (2,530)	100 (40)	144,000 (100,800)	正仕

(2) A素材費
　正常仕損品原価　3,816,000円÷2,650個×100個＝144,000円
　月末仕掛品原価　3,816,000円÷2,650個×440個＝633,600円
　異常仕損品原価　3,816,000円÷2,650個×60個＝86,400円

(3) 加工費（直接労務費＋製造間接費）
　当月製造費用　1,429,450円＋4,946,150円＝6,375,600円
　正常仕損品原価　6,375,600円÷2,530個×40個＝100,800円
　月末仕掛品原価　6,375,600円÷2,530個×220個＝554,400円
　異常仕損品原価　6,375,600円÷2,530個×40個＝100,800円

(4) 正常仕損費の追加配賦額
　正常仕損費　（144,000円＋100,800円）－100個×@102円＝234,600円
　完成品原価　234,600円÷（2,500個－450個＋60個＋440個）×（2,500個－450個）＝188,600円
　異常仕損品原価　234,600円÷（2,500個－450個＋60個＋440個）×60個＝5,520円
　月末仕掛品原価　234,600円÷（2,500個－450個＋60個＋440個）×440個＝40,480円

(5) 月末仕掛品原価　633,600円＋554,400円＋40,480円＝1,228,480円

(6) 完成品総合原価　9,868,500円＋188,600円＝10,057,100円

(7) 完成品単位原価　10,057,100円÷2,500個＝@4,022.84円

(8) 異常仕損費　（86,400円＋100,800円＋5,520円）－60個×@102円＝186,600円

4 第2工程の計算

(1) 生産・原価データ（物量単位：個、金額単位：円）

第2工程（先入先出法）					
月初 前＋B 987,660 加 (144,430)		200 (100)	2,450 (2,450)	11,929,050 (3,688,230)	完成
当月 前＋B 12,157,100 加 (3,694,600)		2,500 (2,450)	250 (100)	1,215,710 (150,800)	月末

(2) 前工程費＋B原料費
　月初仕掛品原価　822,110円＋165,550円＝987,660円
　当月製造費用　10,057,100円＋2,100,000円＝12,157,100円
　月末仕掛品原価　12,157,100円÷2,500個×250個＝1,215,710円
　完成品原価　987,660円＋12,157,100円－1,215,710円＝11,929,050円

(3) 加工費（直接労務費＋製造間接費）
　月初仕掛品原価　82,350円＋62,080円＝144,430円
　当月製造費用　2,077,600円＋1,617,000円＝3,694,600円
　月末仕掛品原価　3,694,600円÷2,450個×100個＝150,800円
　完成品原価　144,430円＋3,694,600円－150,800円＝3,688,230円

(4) 月末仕掛品原価　1,215,710円＋150,800円＝1,366,510円

(5) 完成品総合原価　11,929,050円＋3,688,230円＝15,617,280円

(6) 完成品単位原価　15,617,280円÷2,450個＝@6,374.4円

5 製造間接費実際額の計算

部 門 費 配 分 表

(単位：円)

	第 1 工 程		第 2 工 程		電 力 部	
	固 定 費	変 動 費	固 定 費	変 動 費	固 定 費	変 動 費
自 工 程 費	1,910,000	1,830,000	480,000	325,000	320,000	1,776,000
電 力 部 費 配 賦 額	180,000	1,062,000	120,000	723,600		
製 造 部 門 費	2,090,000	2,892,000	600,000	1,048,600		

(1) 電力部費配賦額の計算

① 固定費の配賦

第1工程 $\dfrac{30万円}{30,000\mathrm{kWh} + 20,000\mathrm{kWh}} \times 30,000\mathrm{kWh} = 18万円$

第2工程 $\dfrac{30万円}{30,000\mathrm{kWh} + 20,000\mathrm{kWh}} \times 20,000\mathrm{kWh} = 12万円$

② 変動費の配賦

第1工程 29,500kWh×@36円＝1,062,000円
第2工程 20,100kWh×@36円＝　723,600円

6 各工程および電力部の予算差異の計算

(1) 第1工程予算差異

$\underline{2,100,000円 + 5,819時間 \times @500円}_{\text{実際操業度の予算額}} - \underline{(2,090,000円 + 2,892,000円)}_{\text{実際発生額}} = 27,500円（貸方差異）$

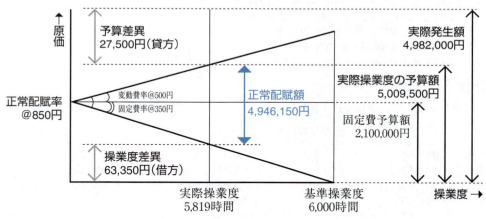

(2) 第2工程予算差異

$\underline{600,000円 + 2,695時間 \times @400円}_{実際操業度の予算額} - \underline{(600,000円 + 1,048,600円)}_{実際発生額} = 29,400円（貸方差異）$

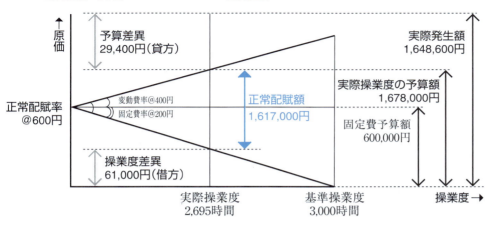

(3) 動力部予算差異

$\underline{300,000円 + (29,500kWh + 20,100kWh) \times @36円}_{実際操業度の予算額} - \underline{(320,000円 + 1,776,000円)}_{実際発生額} = 10,400円（借方差異）$

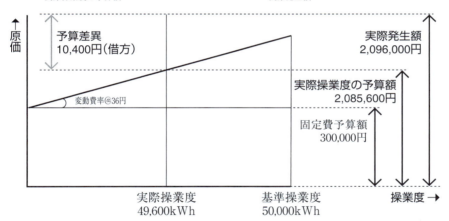

19 総合原価計算 Ⅷ

問1

	製　品　甲	製　品　乙
① 月 末 仕 掛 品 原 価	11,627,500 円	3,011,250 円
② 完 成 品 総 合 原 価	19,430,000 円	34,946,250 円
③ 完 成 品 単 位 原 価	@ 9,715.00 円	@ 8,736.56 円

問2

製造間接費配賦差異　　175,000 円（借方差異）

解答へのアプローチ

1. 製造間接費の組別正常配賦額の計算
2. 先入先出法による計算

解　説

1 製造間接費組別正常配賦額

製品甲　2,750時間×@4,500円＝12,375,000円
製品乙　3,500時間×@4,500円＝15,750,000円

2 製品甲の計算

(1) 生産・原価データ（物量単位：個、金額単位：円）

		製品甲（先入先出法）				
月初	材	2,510,000	1,000	2,000	5,010,000	完成
	加	(3,460,000)	(500)	(2,000)	(13,735,000)	
				1,500	3,750,000	月末
				(1,000)	(6,850,000)	
当月	材	7,500,000	3,000	500	1,250,000	正仕
	加	(18,837,500)	(2,750)	(250)	(1,712,500)	
					評△1,250,000	

(2) 直接材料費

正常仕損品原価　7,500,000円÷3,000個×500個＝1,250,000円
月末仕掛品原価　7,500,000円÷3,000個×1,500個＝3,750,000円
完 成 品 原 価　2,510,000円＋7,500,000円－1,250,000円－3,750,000円＝5,010,000円

(3) 加工費（直接労務費＋製造間接費）

月初仕掛品原価　1,185,000円＋2,275,000円＝3,460,000円
当 月 製 造 費 用　6,462,500円＋12,375,000円＝18,837,500円
正常仕損品原価　18,837,500円÷2,750個×250個＝1,712,500円
月末仕掛品原価　18,837,500円÷2,750個×1,000個＝6,850,000円
完 成 品 原 価　3,460,000円＋18,837,500円－1,712,500円－6,850,000円＝13,735,000円

(4) 正常仕損費の追加配賦額

正常仕損費　（1,250,000円＋1,712,500円）－500個×@2,500円＝1,712,500円

完成品原価　1,712,500円÷（2,000個－1,000個＋1,500個）×（2,000個－1,000個）＝685,000円

月末仕掛品原価　1,712,500円÷（2,000個－1,000個＋1,500個）×1,500個＝1,027,500円

(5) 月末仕掛品原価　3,750,000円＋6,850,000円＋1,027,500円＝11,627,500円

(6) 完成品総合原価　5,010,000円＋13,735,000円＋685,000円＝19,430,000円

(7) 完成品単位原価　19,430,000円÷2,000個＝@9,715円

3 製品乙の計算

(1) 生産・原価データ（物量単位：個、金額単位：円）

		製品乙（先入先出法）				
月初	材	2,440,000	2,000	4,000	4,840,000	完成
	加	(7,210,000)	(1,000)	(4,000)	(28,945,000)	
				500	600,000	正仕
				(250)	(1,811,250)	
					評△1,250,000	
当月	材	4,200,000	3,500	1,000	1,200,000	月末
	加	(25,357,500)	(3,500)	(250)	(1,811,250)	

(2) 直接材料費

月末仕掛品原価　4,200,000円÷3,500個×1,000個＝1,200,000円

正常仕損品原価　4,200,000円÷3,500個×500個＝600,000円

完成品原価　2,440,000円＋4,200,000円－1,200,000円－600,000円＝4,840,000円

(3) 加工費（直接労務費＋製造間接費）

月初仕掛品原価　2,760,000円＋4,450,000円＝7,210,000円

当月製造費用　9,607,500円＋15,750,000円＝25,357,500円

月末仕掛品原価　25,357,500円÷3,500個×250個＝1,811,250円

正常仕損品原価　25,357,500円÷3,500個×250個＝1,811,250円

完成品原価　7,210,000円＋25,357,500円－1,811,250円－1,811,250円＝28,945,000円

(4) 月末仕掛品原価　1,200,000円＋1,811,250円＝3,011,250円

(5) 正常仕損費　（600,000円＋1,811,250円）－500個×@2,500円＝1,161,250円

(6) 完成品総合原価　4,840,000円＋28,945,000円＋1,161,250円＝34,946,250円

(7) 完成品単位原価　34,946,250円÷4,000個≒@8,736.56円（円未満第3位四捨五入）

4 製造間接費配賦差異の計算

（12,375,000円＋15,750,000円）－28,300,000円＝175,000円（借方差異）
　　　正常配賦額　　　　　　　実際発生額

165

20 総合原価計算 Ⅸ

問 1

第 1 工 程 仕 掛 品 ― A

月初仕掛品原価 (	16,950)	完 成 品 原 価 (	456,950)
当 月 製 造 費 用		月末仕掛品原価 (	32,000)
直 接 材 料 費 (	160,000)		
直 接 加 工 費 (	195,000)		
組 間 接 費 (	117,000)		
(	488,950)	(	488,950)

第 2 工 程 仕 掛 品 ― A

月初仕掛品原価 (	61,180)	完 成 品 原 価 (	610,200)
当 月 製 造 費 用		月末仕掛品原価 (	91,470)
前 工 程 費 (	456,950)		
直 接 加 工 費 (	142,500)		
組 間 接 費 (	41,040)		
(	701,670)	(	701,670)

第 1 工 程 仕 掛 品 ― B

月初仕掛品原価 (	4,100)	完 成 品 原 価 (	199,500)
当 月 製 造 費 用		月末仕掛品原価 (	8,200)
直 接 材 料 費 (	90,000)		
直 接 加 工 費 (	71,000)		
組 間 接 費 (	42,600)		
(	207,700)	(	207,700)

第 2 工 程 仕 掛 品 ― B

月初仕掛品原価 (	53,025)	完 成 品 原 価 (	542,975)
当 月 製 造 費 用		月末仕掛品原価 (	40,700)
前 工 程 費 (	199,500)		
直 接 加 工 費 (	231,250)		
組 間 接 費 (	99,900)		
(	583,675)	(	583,675)

問 2

第 1 工程組間接費配賦差異	8,400	円（貸方差異）
第 2 工程組間接費配賦差異	1,660	円（借方差異）

解答へのアプローチ

1. 直接加工費の計算
2. 組間接費の正常配賦額の計算
3. 組間接費配賦差異の計算

解　説

1 直接加工費の計算

(1) A製品
第 1 工程　975時間×@200円＝195,000円
第 2 工程　570時間×@250円＝142,500円

(2) B製品
第 1 工程　355時間×@200円＝ 71,000円
第 2 工程　925時間×@250円＝231,250円

2 正常配賦額の計算

(1) A製品
第 1 工程　975時間×@120円＝117,000円
第 2 工程　228時間×@180円＝ 41,040円

(2) B製品
第 1 工程　355時間×@120円＝ 42,600円
第 2 工程　555時間×@180円＝ 99,900円

3 A製品の計算

(1) 第1工程の生産・原価データ（物量単位：個、金額単位：円）

		第1工程（先入先出法）				
月初	材	8,380	100	1,900	152,380	完成
	加	(8,570)	(50)	(1,900)	(304,570)	
当月	材	160,000	2,000	200	16,000	月末
	加	(312,000)	(1,950)	(100)	(16,000)	

① 直接材料費
　月末仕掛品原価　160,000円÷2,000個×200個＝16,000円
　完 成 品 原 価　8,380円＋160,000円－16,000円＝152,380円
② 加工費（直接加工費＋組間接費）
　月初仕掛品原価　5,190円＋3,380円＝8,570円
　当 月 製 造 費 用　195,000円＋117,000円＝312,000円
　月末仕掛品原価　312,000円÷1,950個×100個＝16,000円
　完 成 品 原 価　8,570円＋312,000円－16,000円＝304,570円
③ 月末仕掛品原価　16,000円＋16,000円＝32,000円
④ 完成品総合原価　152,380円＋304,570円＝456,950円

(2) 第2工程の生産・原価データ（物量単位：個、金額単位：円）

		第2工程（先入先出法）				
月初	前	50,800	200	1,800	435,600	完成
	加	(10,380)	(100)	(1,800)	(174,600)	
当月	前	456,950	1,900	300	72,150	月末
	加	(183,540)	(1,900)	(200)	(19,320)	

① 前工程費
　月末仕掛品原価　456,950円÷1,900個×300個＝72,150円
　完 成 品 原 価　50,800円＋456,950円－72,150円＝435,600円
② 加工費（直接加工費＋組間接費）
　月初仕掛品原価　7,860円＋2,520円＝10,380円
　当 月 製 造 費 用　142,500円＋41,040円＝183,540円
　月末仕掛品原価　183,540円÷1,900個×200個＝19,320円
　完 成 品 原 価　10,380円＋183,540円－19,320円＝174,600円
③ 月末仕掛品原価　72,150円＋19,320円＝91,470円
④ 完成品総合原価　435,600円＋174,600円＝610,200円

4 B製品の計算

(1) 第1工程の生産・原価データ（物量単位：個、金額単位：円）

第1工程（先入先出法）						
月初	材	2,500	50	1,750	87,500	完成
	加	(1,600)	(25)	(1,750)	(112,000)	
当月	材	90,000	1,800	100	5,000	月末
	加	(113,600)	(1,775)	(50)	(3,200)	

① 直接材料費

月末仕掛品原価　90,000円÷1,800個×100個＝5,000円

完成品原価　2,500円＋90,000円－5,000円＝87,500円

② 加工費（直接加工費＋組間接費）

月初仕掛品原価　1,035円＋565円＝1,600円

当月製造費用　71,000円＋42,600円＝113,600円

月末仕掛品原価　113,600円÷1,775個×50個＝3,200円

完成品原価　1,600円＋113,600円－3,200円＝112,000円

③ 月末仕掛品原価　5,000円＋3,200円＝8,200円

④ 完成品総合原価　87,500円＋112,000円＝199,500円

(2) 第2工程の生産・原価データ（物量単位：個、金額単位：円）

第2工程（先入先出法）						
月初	前	34,385	300	1,850	211,085	完成
	加	(18,640)	(100)	(1,850)	(331,890)	
当月	前	199,500	1,750	200	22,800	月末
	加	(331,150)	(1,850)	(100)	(17,900)	

① 前工程費

月末仕掛品原価　199,500円÷1,750個×200個＝22,800円

完成品原価　34,385円＋199,500円－22,800円＝211,085円

② 加工費（直接加工費＋組間接費）

月初仕掛品原価　12,870円＋5,770円＝18,640円

当月製造費用　231,250円＋99,900円＝331,150円

月末仕掛品原価　331,150円÷1,850個×100個＝17,900円

完成品原価　18,640円＋331,150円－17,900円＝331,890円

③ 月末仕掛品原価　22,800円＋17,900円＝40,700円

④ 完成品総合原価　211,085円＋331,890円＝542,975円

5 各工程の組間接費配賦差異の計算

(1) 第1工程組間接費配賦差異　（975時間＋355時間）×@120円－151,200円＝　8,400円（貸方差異）

(2) 第2工程組間接費配賦差異　（228時間＋555時間）×@180円－142,600円＝　1,660円（借方差異）

21 総合原価計算 Ⅹ

第1問

仕 掛 品		（単位：円）	
月初仕掛品原価		完成品総合原価	
直 接 材 料 費	788,304	製　品　H	9,000,000
加 工 費	675,670	製　品　K	10,800,000
小　　計	1,463,974	小　　計	19,800,000
当 月 製 造 費 用		異 常 仕 損 費	12,644
直 接 材 料 費	6,854,400	仕 損 品 評 価 額	44,300
加 工 費	12,348,000	月末仕掛品原価	
小　　計	19,202,400	直 接 材 料 費	431,280
		加 工 費	378,150
		小　　計	809,430
合　　計	20,666,374	合　　計	20,666,374

製品Hの1台あたり製造原価 　450　 円　製品Kの1台あたり製造原価 　360　 円

第2問

	製　品　X	製　品　Y
月末仕掛品原価	5,108,280 円	3,980,160 円
完成品総合原価	32,299,200 円	44,061,480 円
完成品単位原価	@　10,093.5 円	@　5,507.685 円

解答へのアプローチ

第1問

1. 完成品総合原価に等価係数を用いて計算する方法
2. 正常仕損度外視法の計算と処理
3. 異常仕損の処理

第2問

1. 当月製造費用を各等級製品に按分して、各等級製品ごとに計算する方法
2. 正常仕損非度外視法の計算と処理

169

解説

第1問

1 生産・原価データ（物量単位：台、金額単位：円）

生産・原価データ（先入先出法）

月初	材	788,304	5,400	50,000	7,200,000	完成
	加	(675,670)	(2,700)	(50,000)	(12,600,000)	
				3,000	431,280	月末
				(1,500)	(378,150)	
当月	材	6,854,400	48,000	~~320~~	評（△35,440）	正仕
	加	(12,348,000)	(49,000)	~~(160)~~		
				80	11,424	異仕
				(40)	(10,080)	

(1) 異常仕損費
　材料費　6,854,400円÷48,000台×80台　＝　11,424円
　加工費　12,348,000円÷49,000台×40台　＝　10,080円
　評価額　（80台÷40台）×4,430円　　　　＝△8,860円
　　　　　　　　　　　　　　　　　　　　　　12,644円

(2) 正常仕損品評価額
　（320台÷40台）×4,430円 ＝ 35,440円

(3) 月末仕掛品原価
　材料費　（6,854,400円－11,424円）÷（48,000台－80台－320台）×3,000台 ＝ 431,280円
　加工費　（12,348,000円－10,080円－35,440円）÷（49,000台－40台－160台）×1,500台 ＝ 378,150円

(4) 完成品総合原価
　材料費　788,304円＋6,854,400円－11,424円－431,280円　　　　　　　　　＝　7,200,000円
　加工費　675,670円＋12,348,000円－10,080円－35,440円－378,150円 ＝ 12,600,000円
　　　　　　　　　　　　　　　　　　　　　　　　　　　　　　　　　　　　19,800,000円

2 原価の按分

		積 数	按分原価
製品H	20,000台× 1 ＝	20,000	9,000,000円
製品K	30,000台×0.8 ＝	24,000	10,800,000円
		44,000	19,800,000円

3 完成品単位原価の計算

製品H　$\dfrac{9,000,000円}{20,000台}$ ＝＠450円　　　製品K　$\dfrac{10,800,000円}{30,000台}$ ＝＠360円

第2問

1 当月原料費の等級別按分計算

等級製品の積数
　製品X　3,500個×1.0＝3,500個
　製品Y　8,600個×0.6＝5,160個

当月原料費
　単　価　$\dfrac{43,256,700円}{3,500個＋5,160個}$ ＝＠4,995円
　製品X　3,500個×＠4,995円＝17,482,500円
　製品Y　5,160個×＠4,995円＝25,774,200円

2 当月加工費の等級別按分計算

等級製品の積数
　製品X　3,500個×1.0＝3,500個
　製品Y　8,200個×0.5＝4,100個

当月加工費
　単　価　$\dfrac{34,200,000円}{3,500個＋4,100個}$ ＝＠4,500円
　製品X　3,500個×＠4,500円＝15,750,000円
　製品Y　4,100個×＠4,500円＝18,450,000円

3 製品 X の計算

(1) 生産・原価データ（物量単位：個、金額単位：円）

製品 X （平均法）

月初	原	3,037,500	500	3,200	17,134,080	完成
	加	(1,310,760)	(200)	(3,200)	(15,165,120)	
				600	3,212,640	月末
				(400)	(1,895,640)	
当月	原	17,482,500	3,500	~~200~~	評△173,280	正仕
	加	(15,750,000)	(3,500)	~~(100)~~		
合計	原	20,520,000	3,800	~~4,000~~		
	加	(17,060,760)	(3,600)	~~(3,700)~~		

(2) 正常仕損品評価額
200個×@866.4円＝173,280円

(3) 月末仕掛品原価
原料費　（20,520,000円－173,280円）÷3,800個×600個＝3,212,640円
加工費　17,060,760円÷3,600個×400個＝1,895,640円

(4) 完成品総合原価
原料費　20,520,000円－173,280円－3,212,640円＝17,134,080円
加工費　17,060,760円－1,895,640円　　　　　＝15,165,120円
　　　　　　　　　　　　　　　　　　　　　　32,299,200円

(5) 完成品単位原価
32,299,200円÷3,200個＝@10,093.5円

4 製品 Y の計算

(1) 生産・原価データ（物量単位：個、金額単位：円）

製品 Y （平均法）

月初	原	3,159,000	800	8,000	25,567,200	完成
	加	(946,440)	(400)	(8,000)	(18,494,280)	
				~~400~~	評△288,000	正仕
				~~(200)~~		
当月	原	25,774,200	8,600	1,000	3,078,000	月末
	加	(18,450,000)	(8,200)	(400)	(902,160)	
合計	原	28,933,200	9,400			
	加	(19,396,440)	(8,600)			

(2) 正常仕損品評価額
400個×@720円＝288,000円

(3) 月末仕掛品原価
原料費　28,933,200円÷9,400個×1,000個＝3,078,000円
加工費　19,396,440円÷8,600個×400個＝902,160円

(4) 完成品総合原価
原料費　28,933,200円－3,078,000－288,000円＝25,567,200円
加工費　19,396,440円－902,160円　　　　　＝18,494,280円
　　　　　　　　　　　　　　　　　　　　　　44,061,480円

(5) 完成品単位原価
44,061,480円÷8,000個＝@5,507.685円

22 総合原価計算 XI

問1

第1工程原価計算表

摘　　要	数　　量	原　料　S	換　算　量	加　工　費	合　　計
当 月 投 入	18,000kg	9,900,000円	18,160kg	15,436,000円	25,336,000円
月 末 仕 掛 品	4,400kg	2,420,000円	1,760kg	1,496,000円	3,916,000円
差　　引	13,600kg	7,480,000円	16,400kg	13,940,000円	21,420,000円
正 常 減 損	800kg	── 円	800kg	── 円	── 円
差　　引	12,800kg	7,480,000円	15,600kg	13,940,000円	21,420,000円
月 初 仕 掛 品	4,200kg	2,562,000円	1,400kg	1,197,000円	3,759,000円
完 了 品	17,000kg	10,042,000円	17,000kg	15,137,000円	25,179,000円

問2

連結原価配分表

	最終製品の正常販売金額	分離後正常個別費		分離点における正常販売金額	連結原価配分額
		分離後個別加工費	分離後個別販売費		
製　品　X	30,000,000円	7,800,000円	2,700,000円	19,500,000円	16,366,350円
製　品　Y	20,000,000円	7,250,000円	2,250,000円	10,500,000円	8,812,650円
合　　計	50,000,000円	15,050,000円	4,950,000円	30,000,000円	25,179,000円

問3

製品別実績損益計算書

(単位：円)

	製　品　X	製　品　Y	合　　計
Ⅰ　売　上　高	(30,600,000)	(19,900,000)	(50,500,000)
Ⅱ　売　上　原　価			
1.　連 結 原 価 配 分 額	(16,366,350)	(8,812,650)	(25,179,000)
2.　分 離 後 個 別 加 工 費	(7,740,000)	(7,750,000)	(15,490,000)
売 上 原 価 合 計	(24,106,350)	(16,562,650)	(40,669,000)
売 上 総 利 益	(6,493,650)	(3,337,350)	(9,831,000)
Ⅲ　販　売　費	(2,760,000)	(2,450,000)	(5,210,000)
営 業 利 益	(3,733,650)	(887,350)	(4,621,000)

解答へのアプローチ

1. 連結原価の計算
2. 連結原価の按分
3. 完成品総合原価の計算
4. 損益計算書の作成

解説

1 第1工程の生産・原価データ（物量単位：kg、金額単位：円）

生産・原価データ（先入先出法）

月初	原 加	2,562,000 (1,197,000)	4,200 (1,400)	17,000 (17,000)	10,042,000 (15,137,000)	完成
				800 (800)		正減
当月	原 加	9,900,000 (15,436,000)	18,000 (18,160)	4,400 (1,760)	2,420,000 (1,496,000)	月末

(1) 月末仕掛品原価
　原料費　9,900,000円÷18,000kg×4,400kg＝2,420,000円
　加工費　15,436,000円÷18,160kg×1,760kg＝1,496,000円
(2) 完成品総合原価（連結原価）
　原料費　2,562,000円＋9,900,000円－2,420,000円　＝10,042,000円
　加工費　1,197,000円＋15,436,000円－1,496,000円＝15,137,000円
　　　　　　　　　　　　　　　　　　　　　　　　25,179,000円

2 中間製品X、Yへの連結原価の按分（正常市価基準）

按分計算に際しては、見積金額を使用して計算すること。

	最終製品正常販売金額	分離後見積個別費		分離点における 正常販売金額	連結原価
製品X（中間製品X）	12,000kg×@2,500円 △	加工費12,000kg×@　650円 販売費12,000kg×@　225円	＝	19,500,000	16,366,350
製品Y（中間製品Y）	5,000kg×@4,000円 △	加工費　5,000kg×@1,450円 販売費　5,000kg×@　450円	＝	10,500,000	8,812,650
	50,000,000円	20,000,000円		30,000,000円	25,179,000円

［製造工程の流れ］

3 最終製品X、Yの製品原価算定（第2工程→製品X、第3工程→製品Y）

第2工程：生産・販売データ

製品X－仕掛品		製品X	
―	完 成 品	―	売上原価
当月投入 12,000kg	12,000kg → ―	完 成 品 12,000kg	12,000kg ―

製品X完成品原価
連 結 原 価	16,366,350円
個別加工費	7,740,000円　← 12,000kg×@645円
製 品 原 価	24,106,350円

第3工程：生産・販売データ

製品Y－仕掛品		製品Y	
―	完 成 品	―	売上原価
当月投入 5,000kg	5,000kg → ―	完 成 品 5,000kg	5,000kg ―

製品Y完成品原価
連 結 原 価	8,812,650円
個別加工費	7,750,000円　← 5,000kg×@1,550円
製 品 原 価	16,562,650円

実際の資料が問題に与えられている為、実際原価を用いて計算を行う。
また、期末仕掛品が存在する場合には、完成品及び期末仕掛品への製造費用の按分計算が必要となる。

4 営業利益の算定

	製品 X	製品 Y
売 上 高	30,600,000円※1	19,900,000円※2
売 上 原 価		
連 結 原 価	16,366,350円	8,812,650円
個 別 費	7,740,000円	7,750,000円
合 計	24,106,350円	16,562,650円
売上総利益	6,493,650円	3,337,350円
販 売 費	2,760,000円※3	2,450,000円※4
営 業 利 益	3,733,650円	887,350円

> 期首・期末製品が存在しない為、完成品原価＝売上原価となる。
> 　実際の販売価格、販売費を用いること。
> 　また、期末製品が存在する場合には、売上原価、期末製品への按分計算が必要となる。

※1　製品X売上高
　12,000kg×@2,550円＝30,600,000円
※2　製品Y売上高
　5,000kg×@3,980円＝19,900,000円
※3　製品X販売費
　12,000kg×@　230円＝2,760,000円
※4　製品Y販売費
　5,000kg×@　490円＝2,450,000円

㉓ 総合原価計算 XII

問1　第1工程完成品の連結原価 ……………………………… 9,855,000 円

　　第1工程完成品のうち牛乳の連結原価配賦額 ………… 3,942,000 円

　　第1工程完成品のうちクリームの連結原価配賦額 …… 5,913,000 円

問2

製品別月次損益計算書　（単位：円）

	練　　乳	バタークリーム	合　　計
売 上 高	（　22,680,000　）	（　16,245,000　）	（　38,925,000　）
売 上 原 価	（　18,944,000　）	（　14,501,700　）	（　33,445,700　）
売上総利益	（　3,736,000　）	（　1,743,300　）	（　5,479,300　）

解答へのアプローチ

1. 連結原価の計算
2. 連結原価の按分
3. 完成品総合原価の計算
4. 損益計算書の作成

解　説

1 第1工程の生産・原価データ（物量単位：kg、金額単位：円）

生産・原価データ（先入先出法）

月初	原	441,000	1,800	18,000	4,491,000	完成
	加	（234,000）	（900）	（18,000）	（5,364,000）	
当月	原	4,550,000	18,200	2,000	500,000	月末
	加	（5,490,000）	（18,300）	（1,200）	（360,000）	

(1) 月末仕掛品原価

原乳費　4,550,000円÷18,200kg×2,000kg＝500,000円

加工費　5,490,000円÷18,300kg×1,200kg＝360,000円

(2) 完成品総合原価（連結原価）

原乳費　441,000円＋4,550,000円－500,000円＝4,491,000円

加工費　234,000円＋5,490,000円－360,000円＝5,364,000円

$$9,855,000円$$

2 正常市価基準による連結原価の配賦計算

(1) 最終製品の正常市価

練　　　乳　10,800kg[※1]×@2,000円＝21,600,000円

バタークリーム　9,500kg[※2]×@2,000円＝19,000,000円

※1　練乳の見積販売量

$\{8,000kg＋(8,000kg×50\%)\}×$
$(1－10\%)＝10,800kg$

※2　バタークリームの見積販売量

$10,000kg×(1－5\%)＝9,500kg$

(2) 原料Qの追加投入額

練　　　乳　(8,000kg×50%)×@80円＝320,000円

(3) 分離後追加加工費

練　　　乳　10,800kg×@1,350円＝14,580,000円

バタークリーム　10,000kg×@1,000円＝10,000,000円

(4) 分離後個別販売費

練　　　乳　10,800kg×@100円＝1,080,000円

バタークリーム　9,500kg×@ 60円＝ 570,000円

(5) 分離点の推定正常販売金額

牛　　　乳　21,600,000円－320,000円－14,580,000円－1,080,000円＝5,620,000円

クリーム　19,000,000円－10,000,000円－570,000円＝8,430,000円

(6) 連結原価の配賦金額

牛　　　乳　$9,855,000円×\dfrac{5,620,000円}{5,620,000円＋8,430,000円}＝3,942,000円$

クリーム　$9,855,000円×\dfrac{8,430,000円}{5,620,000円＋8,430,000円}＝5,913,000円$

(7) 連結原価配賦表

	最終製品の正常市価	原料Qの投入額	分離後の追加加工費	分離後の個別販売費	分離点の正常販売金額	連結原価配賦金額
牛　乳	21,600,000円	320,000円	14,580,000円	1,080,000円	5,620,000円	3,942,000円
クリーム	19,000,000円	── 円	10,000,000円	570,000円	8,430,000円	5,913,000円
	40,600,000円	320,000円	24,580,000円	1,650,000円	14,050,000円	9,855,000円

3 最終製品の完成品総合原価の計算

練　　　乳　3,942,000円＋342,000円＋14,660,000円＝18,944,000円

バタークリーム　5,913,000円＋10,200,000円＝16,113,000円

4 製品別月次損益計算書

製品別月次損益計算書			
	練　　乳	バタークリーム	合　　計
売　上　高	22,680,000円[※3]	16,245,000円[※4]	38,925,000円
売上原価	18,944,000円	14,501,700円[※5]	33,445,700円
売上総利益	3,736,000円	1,743,300円	5,479,300円

※3　10,800kg×@2,100円
　　＝22,680,000円

※4　(9,500kg－950kg)×@1,900円
　　＝16,245,000円

※5　$16,113,000円×\dfrac{(9,500kg－950kg)}{9,500kg}$
　　＝14,501,700円

24 標準原価計算 Ⅰ

（A）正常減損費を明示した「製品K1kgあたりの標準原価カード」

	標 準 消 費 量		標 準 価 格		金	額
直 接 材 料 費	（ 1.0 ） kg	×	@ （ 180 ）円	＝	（ 180.0 ）	円
直 接 労 務 費	（ 1.4 ） 時間	×	@ （ 150 ）円	＝	（ 210.0 ）	円
製 造 間 接 費	（ 1.4 ） 時間	×	@ （ 250 ）円	＝	（ 350.0 ）	円
小 計					（ 740.0 ）	円
正 常 減 損 費		（ 740.0 ）円	× （ 2 ）%	＝	（ 14.8 ）	円
			製品K1kgあたりの標準原価		（ 754.8 ）	円

（B）標準原価計算勘定体系図（単位：円）

仕掛直接材料費

月初仕掛品原価	（ 810,000）	完成品製造原価	（ 9,000,000）	┐
実際直接材料費	（ 9,135,000）	正 常 減 損 費	（ 180,000）	├→製品勘定へ
		原 価 差 異	（ 45,000）	
		月末仕掛品原価	（ 720,000）	
	（ 9,945,000）		（ 9,945,000）	

（1）異 常 減 損 費 ＝ ⬚ 45,000円 （不利差異）

仕掛直接労務費

月初仕掛品原価	（ 630,000）	完成品製造原価	（ 10,500,000）	┐
実際直接労務費	（ 10,800,000）	正 常 減 損 費	（ 210,000）	├→製品勘定へ
		原 価 差 異	（ 90,000）	
		月末仕掛品原価	（ 630,000）	
	（ 11,430,000）		（ 11,430,000）	

（1）異 常 減 損 費 ＝ ⬚ 52,500円 （不利差異）　　（2）時 間 差 異 ＝ ⬚ 37,500円 （不利差異）

仕掛製造間接費

月初仕掛品原価	（ 1,050,000）	完成品製造原価	（ 17,500,000）	┐
実際製造間接費	（ 18,329,000）	正 常 減 損 費	（ 350,000）	├→製品勘定へ
		原 価 差 異	（ 479,000）	
		月末仕掛品原価	（ 1,050,000）	
	（ 19,379,000）		（ 19,379,000）	

（1）変動費予算差異 ＝ ⬚ 229,000円 （不利差異）　　（2）固定費予算差異 ＝ ⬚ 25,000円 （不利差異）

（3）能 率 差 異 ＝ ⬚ 62,500円 （不利差異）　　（4）操 業 度 差 異 ＝ ⬚ 75,000円 （不利差異）

（5）異 常 減 損 費 ＝ ⬚ 87,500円 （不利差異）

解答へのアプローチ

1. 製品Kの完成品原価・月末仕掛品原価・月初仕掛品原価の計算
2. 直接材料費の原因別差異分析（異常減損材料費）
3. 直接労務費の原因別差異分析（時間差異・異常減損労務費）
4. 製造間接費の原因別差異分析（予算差異・能率差異・操業度差異・異常減損製造間接費）

解 説

1 製品Kの完成品原価・月末仕掛品原価・月初仕掛品原価の計算

(1) 生産データのまとめ

4,500kg	− 3,000kg	50,000kg	− 50,000kg	←完 成 品	
		1,250kg	− 1,250kg	←歩 減	
50,750kg	− 51,250kg	4,000kg	− 3,000kg	←月末仕掛品	

(2) 完 成 品 原 価

標準直接材料費 　50,000kg× 　　　　　@ 180円 ＝ 9,000,000円
　正常減損費 　　50,000kg× 2 ％×@ 180円 ＝ 　180,000円
標準直接労務費 　50,000kg× 　　　　　@ 210円 ＝10,500,000円
　正常減損費 　　50,000kg× 2 ％×@ 210円 ＝ 　210,000円
標準製造間接費 　50,000kg× 　　　　　@ 350円 ＝17,500,000円
　正常減損費 　　50,000kg× 2 ％×@ 350円 ＝ 　350,000円
完 成 品 原 価 　50,000kg× 　　　　　@ 754.8円 ＝37,740,000円

(3) 月末仕掛品原価

標準直接材料費 　4,000kg×@ 180円 ＝ 　720,000円
標準直接労務費 　3,000kg×@ 210円 ＝ 　630,000円
標準製造間接費 　3,000kg×@ 350円 ＝ 1,050,000円
月末仕掛品原価 　　　　　　　　　　　　2,400,000円

(4) 月初仕掛品原価

標準直接材料費 　4,500kg×@ 180円 ＝ 　810,000円
標準直接労務費 　3,000kg×@ 210円 ＝ 　630,000円
標準製造間接費 　3,000kg×@ 350円 ＝ 1,050,000円
月初仕掛品原価 　　　　　　　　　　　　2,490,000円

(5) 仕掛直接材料費勘定の実際直接材料費 　50,750kg×@180円＝9,135,000円

(6) 仕掛直接労務費勘定の実際直接労務費 　72,000時間×@150円＝10,800,000円

(7) 仕掛製造間接費勘定の実際製造間接費 　10,900,000円＋7,429,000円＝18,329,000円

2 直接材料費の原因別差異分析（異常減損材料費）

(1) 正常減損量 　50,000kg× 2 ％＝1,000kg

(2) 異常減損材料費 　（1,000kg−1,250kg）×@180円＝45,000円（不利差異）

3 直接労務費の原因別差異分析（時間差異・異常減損労務費）

(1) 実際投入量に基づく標準直接作業時間 　51,250kg×1.4時間＝71,750時間

(2) 時間差異 　（71,750時間−72,000時間）×@150円＝37,500円（不利差異）

(3) 正常減損量 　50,000kg× 2 ％＝1,000kg

(4) 異常減損労務費 　（1,000kg−1,250kg）×@210円＝52,500円（不利差異）

4 製造間接費の原因別差異分析（予算差異・能率差異・操業度差異・異常減損製造間接費）

(1) 変動費率の算定 　$\underset{\text{標準配賦率}}{@250円} − \underset{\text{固定費率}}{\frac{10,875,000円}{72,500時間}} （=@150円） = \underset{\text{変動費率}}{@100円}$

(2) 変動費予算差異 　（72,000時間×@100円）−7,429,000円＝229,000円（不利差異）

(3) 固定費予算差異 　10,875,000円−10,900,000円＝25,000円（不利差異）

(4) 能率差異 　（71,750時間−72,000時間）×@250円＝62,500円（不利差異）

(5) 操業度差異 　（72,000時間−72,500時間）×@150円＝75,000円（不利差異）

(6) 正常減損量 　50,000kg× 2 ％＝1,000kg

(7) 異常減損製造間接費 　（1,000kg−1,250kg）×@350円＝87,500円（不利差異）

25 標準原価計算 Ⅱ

問1　製品Ｈ1個あたりの標準原価カード

費　　目	標 準 消 費 量	標 準 価 格	金　　　額
標 準 直 接 材 料 費	（　10　）kg ×	@（　180　）円 =	（　1,800　）円
標 準 直 接 労 務 費	（　15　）時間 ×	@（　130　）円 =	（　1,950　）円
標 準 製 造 間 接 費	（　15　）時間 ×	@（　150　）円 =	（　2,250　）円
小　計			（　6,000　）円
正 常 仕 損 費	（　5,500　）円 ×	（　2　）% =	（　110　）円
		製品Ｈ1個あたりの標準原価	（　6,110　）円

問2

(1) 標準原価計算勘定連絡図（単位：円）

仕　掛　品

月初仕掛品原価	（　　　　2,070,000）	完 成 品 原 価	（　　　30,000,000）
実際直接材料費	（　　　　9,225,000）	正 常 仕 損 費	（　　　　　550,000）
実際直接労務費	（　　　10,081,500）	仕　損　品	（　　　　　　75,000）
実際製造間接費	（　　　12,023,000）	原 価 差 異	（　　　　　794,500）
		月末仕掛品原価	（　　　　1,980,000）
	（　　　33,399,500）		（　　　33,399,500）

→ 製品勘定へ

(2) 上記原価差異の内訳

直接材料費差異の分析

① 数　量　差　異 ＝ 45,000円（不利）　　② 異 常 仕 損 費 ＝ 65,000円（不利）

直接労務費差異の分析

① 時　間　差　異 ＝ 39,000円（不利）　　② 異 常 仕 損 費 ＝ 97,500円（不利）

製造間接費差異の分析

① 変 動 費 予 算 差 異 ＝ 193,250円（不利）　　② 固 定 費 予 算 差 異 ＝ 103,750円（不利）

③ 能　率　差　異 ＝ 45,000円（不利）　　④ 操 業 度 差 異 ＝ 93,500円（不利）

⑤ 異 常 仕 損 費 ＝ 112,500円（不利）

解答へのアプローチ

1. 製品Ｈの完成品原価・月末仕掛品原価の計算
2. 直接材料費の原因別差異分析（数量差異・異常仕損材料費）
3. 直接労務費の原因別差異分析（時間差異・異常仕損労務費）
4. 製造間接費の原因別差異分析（予算差異・能率差異・操業度差異・異常仕損製造間接費）

解説

1 製品Hの完成品原価・月末仕掛品原価の計算

(1) 生産データのまとめ

450個 － 300個	5,000個 － 5,000個	←完　成　品
	150個 － 150個	←仕　　　損
5,100個 － 5,150個	400個 － 300個	←月末仕掛品

(2) 完成品原価

標準直接材料費	5,000個×@1,800円	＝ 9,000,000円
標準直接労務費	5,000個×@1,950円	＝ 9,750,000円
標準製造間接費	5,000個×@2,250円	＝11,250,000円
小　計		30,000,000円
正常仕損費	5,000個×(@6,000円－@500円)×2％＝	550,000円
完成品原価	5,000個×@6,110円　仕損品評価額	＝30,550,000円

(3) 月末仕掛品原価

標準直接材料費	400個×@1,800円＝	720,000円
標準直接労務費	300個×@1,950円＝	585,000円
標準製造間接費	300個×@2,250円＝	675,000円
月末仕掛品原価		1,980,000円

(4) 月初仕掛品原価

標準直接材料費	450個×@1,800円＝	810,000円
標準直接労務費	300個×@1,950円＝	585,000円
標準製造間接費	300個×@2,250円＝	675,000円
月初仕掛品原価		2,070,000円

2 直接材料費の原因別差異分析（数量差異・異常仕損材料費）

(1) 実際投入量に基づく標準消費量　5,100個×10kg＝51,000kg

(2) 数量差異　(51,000kg－51,250kg)×@180円＝45,000円（不利差異）

(3) 正常仕損量　5,000個×2％＝100個

(4) 異常仕損材料費　(100個－150個)×(@1,800円－ @500円)＝65,000円（不利差異）
　　　　　　　　　　　　　　　　　　　　　　　仕損品評価額

3 直接労務費の原因別差異分析（時間差異・異常仕損労務費）

(1) 実際投入量に基づく標準直接作業時間　5,150個×15時間＝77,250時間

(2) 時間差異　(77,250時間－77,550時間)×@130円＝39,000円（不利差異）

(3) 正常仕損量　5,000個×2％＝100個

(4) 異常仕損労務費　(100個－150個)×@1,950円＝97,500円（不利差異）

4 製造間接費の原因別差異分析（予算差異・能率差異・操業度差異・異常仕損製造間接費）

(1) 変動費率の算定　$@150円 - \dfrac{6,685,250円}{78,650時間} = @65円$
　　　　　　　　　標準配賦率　　固定費率　　　変動費率

(2) 変動費予算差異　(77,550時間×@65円)－5,234,000円＝193,250円（不利差異）

(3) 固定費予算差異　6,685,250円－6,789,000円＝103,750円（不利差異）

(4) 能率差異　(77,250時間－77,550時間)×@150円＝45,000円（不利差異）

(5) 操業度差異　(77,550時間－78,650時間)×@85円＝93,500円（不利差異）

(6) 正常仕損量　5,000個×2％＝100個

(7) 異常仕損製造間接費　(100個－150個)×@2,250円＝112,500円（不利差異）

179

標準原価計算 Ⅲ

問1 標準原価カードの作成

	標準消費量		標準価格		金額	
直 接 材 料 費	5 kg	×	500 円/kg	=	2,500	円
直 接 労 務 費	2 時間	×	800 円/時間	=	1,600	円
製 造 間 接 費	2 時間	×	2,400 円/時間	=	4,800	円
製品 a 1個あたりの正味標準製造原価					8,900	円
正 常 仕 損 費					178	円
製品 a 1個あたりの総標準製造原価					9,078	円

問2 仕掛品勘定の作成(単位:円)

仕 掛 品

月初仕掛品原価	(3,024,000)	完成品総合原価	(77,163,000)
当月実際直接材料費	(22,371,300)	異 常 仕 損 費	(267,000)
当月実際直接労務費	(14,071,200)	材料消費価格差異	(111,300)
当月実際製造間接費	(42,389,490)	材料消費数量差異	(10,000)
労 働 賃 率 差 異	(8,800)	労 働 時 間 差 異	(16,000)
予 算 差 異	(10,510)	能 率 差 異	(48,000)
		操 業 度 差 異	(160,000)
		月末仕掛品原価	(4,100,000)
	(81,875,300)		(81,875,300)

問3 標準原価カードの作成

	標準消費量		標準価格		金額	
直 接 材 料 費	5.1 kg	×	500 円/kg	=	2,550	円
直 接 労 務 費	2.04 時間	×	800 円/時間	=	1,632	円
製 造 間 接 費	2.04 時間	×	2,400 円/時間	=	4,896	円
製品 a 1個あたりの総標準製造原価					9,078	円

問4 仕掛品勘定の作成(単位:円)

仕 掛 品

月初仕掛品原価	(3,084,480)	完成品総合原価	(77,163,000)
当月実際直接材料費	(22,371,300)	原 価 差 異	(571,470)
当月実際直接労務費	(14,071,200)	月末仕掛品原価	(4,182,000)
当月実際製造間接費	(42,389,490)		
	(81,916,470)		(81,916,470)

問5 各種差異分析

材 料 消 費 価 格 差 異	[不利]	111,300 円
材 料 消 費 数 量 差 異	[不利]	75,000 円
労 働 賃 率 差 異	[有利]	8,800 円
労 働 時 間 差 異	[不利]	61,120 円
予 算 差 異	[有利]	10,510 円
能 率 差 異	[不利]	183,360 円
操 業 度 差 異	[不利]	160,000 円

注: [ ]内には有利差異であれば有利、不利差異であれば不利と明示すること。

解答へのアプローチ

1. 標準原価カードの作成
2. 正常仕損非度外視法による計算
3. 正常仕損度外視法による計算
4. パーシャル・プランによる仕掛品勘定の記入

解 説

1 正常仕損非度外視法による標準原価カードの作成

(1) 製品1個あたりの直接材料費　5kg×@500円＝@2,500円
(2) 製品1個あたりの直接労務費　2時間×@800円＝@1,600円
(3) 製品1個あたりの製造間接費　$2時間 × \dfrac{42,480,000円}{17,700時間}（@2,400円）＝@4,800円$
(4) 製品1個あたりの正常仕損費（終点発生）
　　　正常仕損品原価　@2,500円＋@1,600円＋@4,800円＝@8,900円
　　　正 常 仕 損 費　@8,900円× 2 ％＝@178円
(5) 製品1個あたりの総標準製造原価　@2,500円＋@1,600円＋@4,800円＋@178円＝@9,078円

2 正常仕損非度外視法による仕掛品勘定の計算および原価差異の原因別分析

(1) 月初仕掛品原価の計算
　　直接材料費　　800個×100%×@2,500円＝2,000,000円
　　直接労務費　　800個× 20%×@1,600円＝　256,000円
　　製造間接費　　800個× 20%×@4,800円＝　768,000円
　　合　　計　　　　　　　　　　　　　　3,024,000円

(2) 月末仕掛品原価の計算
　　直接材料費　1,000個×100%×@2,500円＝2,500,000円
　　直接労務費　1,000個× 25%×@1,600円＝　400,000円
　　製造間接費　1,000個× 25%×@4,800円＝1,200,000円
　　合　　計　　　　　　　　　　　　　　4,100,000円

(3) 完成品総合原価の計算
　　直接材料費　8,500個×100%×@2,500円＝21,250,000円
　　直接労務費　8,500個×100%×@1,600円＝13,600,000円
　　製造間接費　8,500個×100%×@4,800円＝40,800,000円
　　正常仕損費　8,500個×100%×@ 178円＝ 1,513,000円
　　合　　計　　　　　　　　　　　　　　77,163,000円

(4) 異常仕損費の計算
　　① 異常仕損量の計算
　　　　正常仕損量　8,500個× 2 ％＝170個
　　　　異常仕損量　200個－170個＝30個
　　② 異常仕損費の計算
　　　　直接材料費　30個×100%×@2,500円＝ 75,000円
　　　　直接労務費　30個×100%×@1,600円＝ 48,000円
　　　　製造間接費　30個×100%×@4,800円＝144,000円
　　　　合　　計　　　　　　　　　　　　　267,000円

(5) 当月実際直接材料費の計算
　　① 当月実際消費量の計算　4,000kg＋44,570kg－4,050kg＝44,520kg
　　② 先入先出法による実際直接材料費の計算
　　　　$2,014,052円 ＋（44,520kg－4,000kg）× \dfrac{21,950,725円＋441,243円}{44,570kg} ＝22,371,300円$

(6) 当月実際直接労務費の計算
　　13,616,000円＋5,005,500円－4,550,300円＝14,071,200円

(7) 当月実際製造間接費

　　　資料3．(4)より、42,389,490円

(8) 直接材料費差異の原因別分析

実際単価@502.5円　　実際直接材料費　22,371,300円

標準単価@500.0円

材料消費価格差異　111,300円（不利差異）

標準直接材料費　22,250,000円　　材料消費数量差異　10,000円（不利差異）

標準消費量　8,900個※1 × 5 kg = 44,500kg　　実際消費量　44,520kg

※1　当月投入量　8,900個

(9) 直接労務費差異の原因別分析

実際賃率@799.5円　　実際直接労務費　14,071,200円

標準賃率@800.0円

労働賃率差異　8,800円（有利差異）

標準直接労務費　14,064,000円　　労働時間差異　16,000円（不利差異）

標準作業時間　8,790個※2 × 2 時間 = 17,580時間　　実際作業時間　17,600時間

※2　当月投入換算量　8,500個 + 200個 × 100% + 1,000個 × 25% − 800個 × 20% = 8,790個

(10) 製造間接費差異の原因別分析

① 製造間接費差異分析図の作成

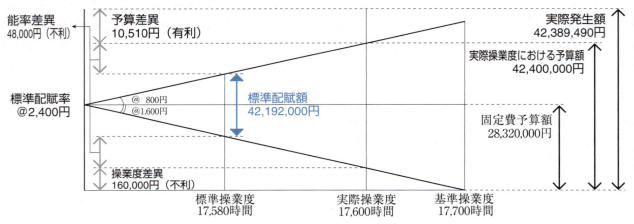

② 変 動 費 率　$\dfrac{42,480,000円 − 28,320,000円}{17,700時間}$ = @800円

③ 固 定 費 率　$\dfrac{28,320,000円}{17,700時間}$ = @1,600円

④ 標準操業度　上記解説2の(9)より

⑤ 実際操業度における予算額　17,600時間 × @800円 + 28,320,000円 = 42,400,000円

⑥ 標準配賦額　17,580時間 × (@800円 + @1,600円) = 42,192,000円

⑦ 予 算 差 異　42,400,000円 − 42,389,490円 = 10,510円（有利差異）

⑧ 能 率 差 異　(17,580時間 − 17,600時間) × (@800円 + @1,600円) = 48,000円（不利差異）

⑨ 操業度差異　(17,600時間 − 17,700時間) × @1,600円 = 160,000円（不利差異）

3 正常仕損度外視法による標準原価カードの作成

(1) 製品1個あたりの直接材料費
   ① 製品1個あたりの標準消費量　5kg×1.02＝5.1kg
   ② 製品1個あたりの直接材料費　5.1kg×@500円＝@2,550円
(2) 製品1個あたりの直接労務費
   ① 製品1個あたりの標準直接作業時間　2時間×1.02＝2.04時間
   ② 製品1個あたりの直接労務費　2.04時間×@800円＝@1,632円
(3) 製品1個あたりの製造間接費
   ① 製品1個あたりの標準直接作業時間　2時間×1.02＝2.04時間
   ② 製品1個あたりの製造間接費　$2.04時間×\dfrac{42,480,000円}{17,700時間}$（@2,400円）＝@4,896円
(4) 製品1個あたりの総標準製造原価
   @2,550円＋@1,632円＋@4,896円＝@9,078円

4 正常仕損度外視法による仕掛品勘定の計算

(1) 月初仕掛品原価の計算
   直接材料費　800個×100%×@2,550円＝2,040,000円
   直接労務費　800個× 20%×@1,632円＝ 261,120円
   製造間接費　800個× 20%×@4,896円＝ 783,360円
   合　計　　　　　　　　　　　　　3,084,480円

(2) 月末仕掛品原価の計算
   直接材料費　1,000個×100%×@2,550円＝2,550,000円
   直接労務費　1,000個× 25%×@1,632円＝ 408,000円
   製造間接費　1,000個× 25%×@4,896円＝1,224,000円
   合　計　　　　　　　　　　　　　4,182,000円

(3) 完成品総合原価の計算
   直接材料費　8,500個×100%×@2,550円＝21,675,000円
   直接労務費　8,500個×100%×@1,632円＝13,872,000円
   製造間接費　8,500個×100%×@4,896円＝41,616,000円
   合　計　　　　　　　　　　　　　77,163,000円

(4) 原価差異の計算
   ① 標準直接材料費の計算　（8,500個＋1,000個－800個）×@2,550円＝22,185,000円
   ② 標準直接労務費の計算　（8,500個＋1,000個×25%－800個×20%）×@1,632円＝14,018,880円
   ③ 標準製造間接費の計算　（8,500個＋1,000個×25%－800個×20%）×@4,896円＝42,056,640円
   ④ 直接材料費差異の計算　22,185,000円－22,371,300円＝186,300円（不利差異）
   ⑤ 直接労務費差異の計算　14,018,880円－14,071,200円＝ 52,320円（不利差異）
   ⑥ 製造間接費差異の計算　42,056,640円－42,389,490円＝332,850円（不利差異）
   ⑦ 原価差異の計算
   　　186,300円（不利差異）＋52,320円（不利差異）＋332,850円（不利差異）＝571,470円（不利差異）

(5) 直接材料費差異の原因別分析

	実際直接材料費　22,371,300円	
実際単価@502.5円	材料消費価格差異 111,300円（不利差異）	
標準単価@500.0円	標準直接材料費 22,185,000円	材料消費数量差異 75,000円（不利差異）
	標準消費量 8,700個[※3]×5.1kg＝44,370kg	実際消費量 44,520kg

※3　当月投入量
8,500個＋1,000個－800個＝8,700個

(6) 直接労務費差異の原因別分析

※4 当月投入換算量
8,500個 + 1,000個 × 25% − 800個 × 20% = 8,590個

(7) 製造間接費差異の原因別分析
　① 製造間接費差異分析図の作成

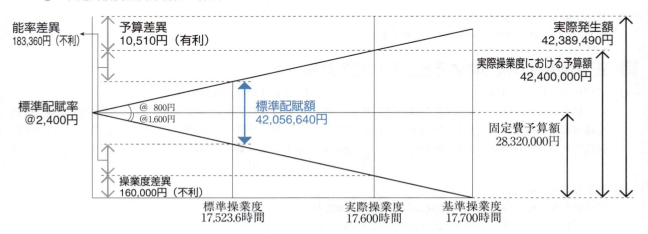

　② 変動費率　$\dfrac{42,480,000円 − 28,320,000円}{17,700時間}$ = @800円

　③ 固定費率　$\dfrac{28,320,000円}{17,700時間}$ = @1,600円

　④ 標準操業度　前記解説 4 の(6)より
　⑤ 実際操業度における予算額　17,600時間 × @800円 + 28,320,000円 = 42,400,000円
　⑥ 標準配賦額　17,523.6時間 × (@800円 + @1,600円) = 42,056,640円
　⑦ 予算差異　42,400,000円 − 42,389,490円 = 10,510円（有利差異）
　⑧ 能率差異　(17,523.6時間 − 17,600時間) × (@800円 + @1,600円) = 183,360円（不利差異）
　⑨ 操業度差異　(17,600時間 − 17,700時間) × @1,600円 = 160,000円（不利差異）

27 標準原価計算 Ⅳ

問 1
(単位：千円)

	完成品原価	月末仕掛品原価	標準原価差異
正常仕損費を含まない原価標準で良品の原価を計算する場合	150,000	17,820	17,295（U）
正常仕損費を含む原価標準で良品の原価を計算する場合	161,400	17,820	5,895（U）

問 2
(単位：千円)

標準原価差異の分析		正常仕損費を含まない原価標準で良品の原価を計算する場合	正常仕損費を含む原価標準で良品の原価を計算する場合
直接材料費差異（甲材料）	総 差 異	6,595（U）	1,567（U）
	価 格 差 異	310（U）	310（U）
	消費量差異	6,285（U）	1,257（U）
直接材料費差異（乙材料）	総 差 異	120（F）	120（F）
	価 格 差 異	120（F）	120（F）
	消費量差異	0（－）	0（－）
直接労務費差異	総 差 異	1,500（U）	744（U）
	賃 率 差 異	380（U）	380（U）
	時 間 差 異	1,120（U）	364（U）
製造間接費差異	総 差 異	9,320（U）	3,704（U）
	予 算 差 異	1,000（U）	1,000（U）
	能 率 差 異	8,320（U）	2,704（U）
	操業度差異	0（－）	0（－）

問 3
(単位：千円)

	仕損関連の差異	仕損無関連の差異
直接材料消費量差異（甲材料）	5,028（U）	1,257（U）
直接材料消費量差異（乙材料）	0（－）	0（－）
直接労働時間差異	756（U）	364（U）
製造間接費能率差異	5,616（U）	2,704（U）
合 計	11,400（U）	4,325（U）

問 4
(単位：千円)

標準原価計算の場合	11,400

185

解答へのアプローチ

1. 正常仕損費を含まない原価標準で計算する場合の計算
2. 正常仕損費を含む原価標準で計算する場合の計算
3. 仕損関連の差異および仕損無関連の差異の計算
4. 予防原価と評価原価の合計額の上限の計算

解 説

1 正常仕損費を含まない原価標準で良品の原価を計算する場合

(1) 生産データ　　　　　　　　　　　　　　　　　（物量単位：単位）

	数 量	90%通過数量	換算量	数 量	90%通過数量	換算量	
月初	0 －	0 －	0	3,000 －	3,000 －	3,000	完成
当月	3,500 －	3,000 －	3,400	500 －	0 －	400	月末

(2) 標準原価データ（問題資料問1にある原価標準）

(3) 製品原価の計算

① 完成品原価の計算　3,000単位×@50,000円＝150,000千円

② 月末仕掛品原価の計算

500単位×@16,760円＋400単位×@2,800円＋400単位×@20,800円＝17,820千円

(4) 標準原価差異…各原価要素の差異の合計

① 直接材料費差異（甲材料）…総差異は各差異の合計

(イ) 価 格 差 異　31,000個×@2,095円－65,255千円＝310千円（不利差異）

(ロ) 消費量差異　（3,500単位×8個－31,000個）×@2,095円＝6,285千円（不利差異）

② 直接材料費差異（乙材料）…総差異は各差異の合計

(イ) 価 格 差 異　12,000個×@2,410円－28,800千円＝120千円（有利差異）

(ロ) 消費量差異　（3,000単位×4個－12,000個）×@2,410円＝0千円（ － ）

③ 直接労務費差異…総差異は各差異の合計

(イ) 賃 率 差 異　3,800時間×@2,800円－11,020千円＝380千円（不利差異）

(ロ) 時 間 差 異　（3,400単位×1時間－3,800時間）×@2,800円＝1,120千円（不利差異）

④ 製造間接費差異…総差異は各差異の合計

(イ) 変 動 費 率　@20,800円－$\dfrac{41,800千円}{3,800時間}$（@11,000円）＝@9,800円

(ロ) 予 算 差 異　3,800時間×@9,800円＋41,800千円－80,040千円＝1,000千円（不利差異）

(ハ) 能 率 差 異　（3,400単位×1時間－3,800時間）×@20,800円＝8,320千円（不利差異）

(ニ) 操業度差異　（3,800時間－3,800時間）×@11,000円＝0千円（ － ）

2 正常仕損費を含む原価標準で良品の原価を計算する場合

(1) 生産データ（物量単位：単位）

	数　量	90%通過数量	換算量	数　量	90%通過数量	換算量		
月初	0	－	0 －	0	3,000 －	3,000 －	3,000	完成
当月	3,800 －	3,000 －	3,670	300 －	0 －	270	正仕	3,000単位×10％＝300単位
				500 －	0 －	400	月末	

(2) 標準原価データ
- ① 正常仕損品 1 単位あたり正常仕損費　16,760円＋2,800円×90％＋20,800円×90％＝38,000円
- ② 製品 P 1 単位あたり総標準原価　50,000円＋38,000円×10％＝53,800円

(3) 製品原価の計算
- ① 完成品原価の計算　3,000単位×@53,800円＝161,400千円
- ② 月末仕掛品原価の計算
   500単位×@16,760円＋400単位×@2,800円＋400単位×@20,800円＝17,820千円

(4) 標準原価差異…各原価要素の差異の合計

各材料の価格差異、賃率差異、予算差異、操業度差異は前記 **1** (4)と同様の金額となる。
- ① 直接材料費差異（甲材料）…総差異は各差異の合計
   (イ) 消費量差異（3,800単位× 8 個－31,000個）×@2,095円＝1,257千円（不利差異）
- ② 直接材料費差異（乙材料）…総差異は各差異の合計
   (イ) 消費量差異（3,000単位× 4 個－12,000個）×@2,410円＝ 0 千円（　－　）
- ③ 直接労務費差異…総差異は各差異の合計
   (イ) 時間差異（3,670単位× 1 時間－3,800時間）×@2,800円＝364千円（不利差異）
- ④ 製造間接費差異…総差異は各差異の合計
   (イ) 能率差異（3,670単位× 1 時間－3,800時間）×@20,800円＝2,704千円（不利差異）

3 仕損関連の差異、仕損無関連の差異の計算

仕損関連の差異は、問 2 で求めた差異の差額として計算できる。

（例：甲材料の消費量差異　6,285千円（不利差異）－1,257千円（不利差異）＝5,028千円（不利差異））

仕損無関連の差異は、正常仕損費を含む原価標準で良品の原価を計算する場合の差異と同様の金額となる。

4 予防原価と評価原価の合計額の上限額（＝仕損費）

300単位×@38,000円＝11,400千円

もしくは、問 3 の仕損関連の差異合計　11,400千円

28 標準原価計算 V

問1 製造間接費の発生額を費目別に管理するために役立つ差異は、① である。

問2 6月の「仕掛品－製造間接費」勘定

問3

| 予 算 差 異 | 20,600 | 変動費能率差異 | 5,600 |
| 操 業 度 差 異 | 5,000 | 固定費能率差異 | 10,000 |

解答へのアプローチ

1. 製品Hの完成品原価および仕掛品原価の計算
2. パーシャル・プランによる仕掛品勘定の作成
3. 製造間接費差異の原因別分析

解 説

1 製造間接費実際発生額の費目別管理について

実際操業度における予算額（予算許容額）と実際発生額を比較することにより把握される予算差異は、製造間接費の発生額の良否を表す。さらに、これを費目別に計算することで製造間接費の管理に役立つ。

2 製品H1個あたりの標準製造原価（正常仕損費を含む）の計算

変動製造間接費	0.2時間×@280円[※2]	＝	56.00円
固定製造間接費	0.2時間×@500円[※1]	＝	100.00円
正味標準製造間接費			156.00円
正 常 仕 損 費	156円×1％	＝	1.56円
製品H1個あたりの総標準製造間接費			157.56円

※1 固定費率

① 基準操業度
$$\frac{9,600時間}{12ヵ月}=800時間$$

② 固定費率
(850時間－800時間)×@x円
＝25,000円（有利）
50x＝25,000円
x＝ 500円

※2 変動費率
@780円－@500円＝@280円

188

3 生産データのまとめ

生産データ

月初仕掛品	560個 — 280個	3,900個 — 3,900	完 成 品
当月投入	3,840個 — 3,850個	450個 — 180個	月末仕掛品
		39個 — 39個	正 常 仕 損
		11個 — 11個	異 常 仕 損

4 6月の仕掛品－製造間接費勘定の記入（パーシャル・プラン）

(1) 月初仕掛品原価　280個×@156.00円＝43,680円
(2) 完成品原価の計算　3,900個×157.56円＝614,484円
(3) 月末仕掛品原価　180個×@156.00円＝28,080円
(4) 異 常 仕 損 費　11個×@156.00円＝1,716円
(5) 当月実際製造間接費は、仕掛品－製造間接費勘定の貸借差額で計算する。

仕掛品－製造間接費

月初仕掛品原価	43,680	完 成 品 原 価	614,484
差額 ➡ 当月製造費用	600,600	異 常 仕 損 費	1,716
		月末仕掛品原価	28,080
	644,280		644,280

5 製造間接費差異の原因別分析

(1) 標準機械稼働時間　3,850個×0.2時間＝770時間
(2) 製造間接費標準配賦額　770時間×@780円＝600,600円
(3) 固 定 費 予 算 額　800時間×@500円＝400,000円
(4) 実際操業度の予算額　400,000円＋790時間×@280円＝621,200円
(5) 製 造 間 接 費 差 異　600,600円－600,600円＝0円
(6) 予 算 差 異　621,200円－600,600円＝20,600円（有利差異）
(7) 変 動 費 能 率 差 異　（770時間－790時間）×@280円＝5,600円（不利差異）
(8) 固 定 費 能 率 差 異　（770時間－790時間）×@500円＝10,000円（不利差異）
(9) 操 業 度 差 異　（790時間－800時間）×@500円＝5,000円（不利差異）

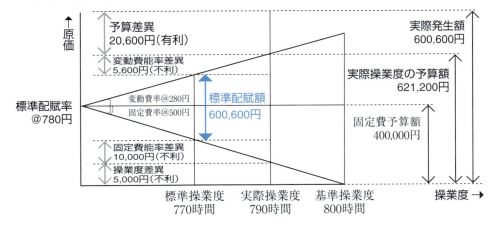

29 標準原価計算 Ⅵ

問 1
(1) 総差異 19,650円（－）

(2)
	価格差異	消費量差異		歩留差異		配合差異
原料P	19,750円（－）	10,000円（＋）	＝	10,000円（－）	＋	20,000円（＋）
原料Q	24,300円（＋）	13,500円（－）	＝	4,500円（－）	＋	9,000円（－）
原料R	16,200円（－）	4,500円（－）	＝	1,500円（－）	＋	3,000円（－）
計	11,650円（－）	8,000円（－）	＝	16,000円（－）	＋	8,000円（＋）

問 2

（単位：円）

```
         原        料
                 (   2,563,650)

   価  格  差  異              原料配合差異
(      11,650)(  ———      )  (  ———  )(      8,000)

   仕 掛 － 原 料 費              製        品
(   2,560,000)(   2,560,000)   (   2,544,000)

        原料歩留差異
(      16,000)(  ———      )
```

解答へのアプローチ

1. 消費価格差異の計算
2. 原料配合差異の計算
3. 原料歩留差異の計算
4. 完成品総合原価の計算

解　説

1　原料費の原因別差異分析（価格差異と消費量差異）

(1) 価格差異の計算

原料P　19,750kg×（@80円－@81円）＝19,750円（不利差異）

原料Q　12,150kg×（@60円－@58円）＝24,300円（有利差異）

原料R　 8,100kg×（@30円－@32円）＝16,200円（不利差異）

合　計　　　　　　　　　　　　　　　11,650円（不利差異）

(2) 配合差異の計算

① 標準配合割合：原料P　$\frac{5\,kg}{10kg}$＝50%　　原料Q　$\frac{3\,kg}{10kg}$＝30%　　原料R　$\frac{2\,kg}{10kg}$＝20%

② 実際投入量に基づく標準消費量：原料P　40,000kg×50%＝20,000kg

　　　　　　　　　　　　　　　　　原料Q　40,000kg×30%＝12,000kg

　　　　　　　　　　　　　　　　　原料R　40,000kg×20%＝ 8,000kg

　　　　　　　　　　　　　　　　　合　計　　　　　　　40,000kg

③ 配合差異：原料P　（20,000kg－19,750kg）×@80円＝20,000円（有利差異）

　　　　　　原料Q　（12,000kg－12,150kg）×@60円＝ 9,000円（不利差異）

　　　　　　原料R　（ 8,000kg－ 8,100kg）×@30円＝ 3,000円（不利差異）

　　　　　　合　計　　　　　　　　　　　　　　　　　 8,000円（有利差異）

(3) 歩留差異の計算

① 標準歩留率：$\frac{8\,kg}{10kg}$＝80%

② 標準投入量に基づく標準消費量：$\frac{31,800kg}{80\%}$＝39,750kg

　　　原料P　39,750kg×50%＝ 19,875kg

　　　原料Q　39,750kg×30%＝ 11,925kg

　　　原料R　39,750kg×20%＝ 7,950kg

　　　合　計　　　　　　　　39,750kg

③ 歩留差異：原料P　（19,875kg－20,000kg）×@80円＝10,000円（不利差異）

　　　　　　原料Q　（11,925kg－12,000kg）×@60円＝ 4,500円（不利差異）

　　　　　　原料R　（ 7,950kg－ 8,000kg）×@30円＝ 1,500円（不利差異）

　　　　　　合　計　　　　　　　　　　　　　　　　　16,000円（不利差異）

なお、上記の計算を総括すれば次のようになる。

	ⓐ標準投入量に基づく標準消費量	ⓑ実際投入量に基づく標準消費量	ⓒ実際消費量	歩留差異 ⓐ － ⓑ	配合差異 ⓑ － ⓒ	消費量差異 ⓐ － ⓒ
原料P	19,875kg	20,000kg	19,750kg	(－)125kg	(＋)250kg	(＋)125kg
原料Q	11,925kg	12,000kg	12,150kg	(－) 75kg	(－)150kg	(－)225kg
原料R	7,950kg	8,000kg	8,100kg	(－) 50kg	(－)100kg	(－)150kg
合　計	39,750kg	40,000kg	40,000kg	(－)250kg	(±) 0kg	(－)250kg

30 標準原価計算 Ⅶ

第1問 (単位：円)

買　掛　金		原　　料	
	（　　5,979,395）	131,950	（　　5,885,000）
		（　　5,923,950）	

原料受入価格差異	
（　　　55,445）	（　　──── 　）

仕掛－原料費		製　　　品	
180,000	（　　5,760,000）	（　　5,700,000）	
（　　5,820,000）	240,000		

原料配合差異		原料歩留差異	
（　　　65,000）	（　　──── 　）	（　　　60,000）	（　　──── 　）

第2問

(1) 完成品総合原価　　7,560,000 円　　(2) 月末仕掛品原価　　1,220,000 円

(3) 原　料　費

(イ) 消費価格差異	13,600円（有利）		(ロ) 配　合　差　異	8,600円（不利）
原　料　A	11,460円（不利）		原　料　A	77,760円（有利）
原　料　B	30,080円（有利）		原　料　B	52,480円（不利）
原　料　C	5,020円（不利）		原　料　C	33,880円（不利）
(ハ) 歩　留　差　異	76,000円（不利）			
原　料　A	36,000円（不利）			
原　料　B	24,600円（不利）			
原　料　C	15,400円（不利）			

(4) 直接労務費

(イ) 賃　率　差　異	38,800円（不利）		(ロ) 能　率　差　異	35,000円（不利）
(ハ) 歩　留　差　異	50,000円（不利）			

(5) 製造間接費

(イ) 予　算　差　異	22,000円（不利）		(ロ) 固定費能率差異	21,000円（不利）
(ハ) 変動費能率差異	8,400円（不利）		(ニ) 操　業　度　差　異	45,000円（不利）
(ホ) 歩　留　差　異	42,000円（不利）			

解答・解説

解答へのアプローチ

第 1 問
1. 完成品総合原価の計算
2. 原料受入価格差異の計算
3. 原料配合差異の計算
4. 原料歩留差異の計算

第 2 問
1. 完成品総合原価および月末仕掛品原価の計算
2. 消費価格差異の計算
3. 原料配合差異および原料歩留差異の計算
4. 労働賃率差異、労働能率差異および労働歩留差異の計算
5. 製造間接費差異の原因別分析

解 説

第 1 問

1 原料受入価格差異の計算

P　原　料	24,150kg×(@ 140円−@ 142円)=	48,300円 （不利差異）
Q　原　料	13,400kg×(@ 80円−@ 78円)=	26,800円 （有利差異）
R　原　料	11,315kg×(@ 130円−@ 133円)=	33,945円 （不利差異）
合　計		55,445円 （不利差異）

2 原料配合差異の計算

(1) 標準配合割合

P　原　料 $\dfrac{7.5\text{kg}}{15.0\text{kg}}=50\%$ 　　Q　原　料 $\dfrac{4.5\text{kg}}{15.0\text{kg}}=30\%$ 　　R　原　料 $\dfrac{3.0\text{kg}}{15.0\text{kg}}=20\%$

(2) 実際投入量に基づく実際消費量

P　原　料	560kg＋24,150kg−710kg＝24,000kg
Q　原　料	320kg＋13,400kg−520kg＝13,200kg
R　原　料	215kg＋11,315kg−230kg＝11,300kg
合　計	48,500kg

(3) 実際投入量に基づく標準消費量

P　原　料	48,500kg×50%＝24,250kg
Q　原　料	48,500kg×30%＝14,550kg
R　原　料	48,500kg×20%＝ 9,700kg
合　計	48,500kg

(4) 原料配合差異

P　原　料	(24,250kg−24,000kg)×@ 140円＝	35,000円 （有利差異）
Q　原　料	(14,550kg−13,200kg)×@ 80円＝	108,000円 （有利差異）
R　原　料	(9,700kg−11,300kg)×@ 130円＝	208,000円 （不利差異）
合　計		65,000円 （不利差異）

193

3 原料歩留差異の計算

(1) 標準投入量に基づく標準消費量

$$\left(38{,}000\text{kg} \div \underset{\text{歩留率}}{\underline{\dfrac{12}{15}}}\right) + 2{,}000\text{kg} - 1{,}500\text{kg} = 48{,}000\text{kg}$$

P 原 料	$48{,}000\text{kg} \times 50\% =$	$24{,}000\text{kg}$
Q 原 料	$48{,}000\text{kg} \times 30\% =$	$14{,}400\text{kg}$
R 原 料	$48{,}000\text{kg} \times 20\% =$	$9{,}600\text{kg}$
合 計		$48{,}000\text{kg}$

(2) 原料歩留差異

P 原 料	$(24{,}000\text{kg} - 24{,}250\text{kg}) \times @\ 140\text{円} = 35{,}000\text{円}$	(不利差異)
Q 原 料	$(14{,}400\text{kg} - 14{,}550\text{kg}) \times @\ 80\text{円} = 12{,}000\text{円}$	(不利差異)
R 原 料	$(9{,}600\text{kg} - 9{,}700\text{kg}) \times @\ 130\text{円} = 13{,}000\text{円}$	(不利差異)
合 計	$60{,}000\text{円}$	(不利差異)

なお、歩留差異と配合差異の把握は次のようになる。

	当月投入	月初仕掛品	月末仕掛品	発生前歩減	完成品
実際投入量	$48{,}500\text{kg}$ →	$+1{,}500\text{kg}$ →	$\triangle 2{,}000\text{kg}$ →	$48{,}000\text{kg}$ → $\triangle 10{,}000\text{kg}$ →	$38{,}000\text{kg}$
標準歩留率から逆算した 標準投入量	$48{,}000\text{kg}$ ←	$\triangle 1{,}500\text{kg}$ ←	$+2{,}000\text{kg}$ ←	$47{,}500\text{kg}$ ÷標準歩留率（80%）	

	標準配合割合	標準単価	標準投入量に基づく 標準消費量	歩留差異	実際投入量に基づく 標準消費量	配合差異	実際投入量に基づく 実際消費量
P原料	50%	@140円	$24{,}000\text{kg}$	$\triangle 250\text{kg}$	$24{,}250\text{kg}$	$+250\text{kg}$	$24{,}000\text{kg}$
Q原料	30%	@ 80円	$14{,}400\text{kg}$	$\triangle 150\text{kg}$	$14{,}550\text{kg}$	$+1{,}350\text{kg}$	$13{,}200\text{kg}$
R原料	20%	@130円	$9{,}600\text{kg}$	$\triangle 100\text{kg}$	$9{,}700\text{kg}$	$\triangle 1{,}600\text{kg}$	$11{,}300\text{kg}$
合 計			$48{,}000\text{kg}$	$\triangle 500\text{kg}$	$48{,}500\text{kg}$	$\pm 0\text{kg}$	$48{,}500\text{kg}$

第2問

1 製品Xの完成品原価・月末仕掛品原価の計算

(1) 生産データのまとめ

$4{,}000\text{kg}$ － $1{,}600\text{kg}$	$18{,}000\text{kg}$ － $18{,}000\text{kg}$	←完 成 品
	$5{,}000\text{kg}$ － $5{,}000\text{kg}$	←歩 減
$24{,}000\text{kg}$ － $23{,}900\text{kg}$	$5{,}000\text{kg}$ － $2{,}500\text{kg}$	←月末仕掛品

(2) 完成品原価　$18{,}000\text{kg} \times @\ 420\text{円} = 7{,}560{,}000\text{円}$

(3) 月末仕掛品原価

$$標準原料費 \quad 5{,}000\text{kg} \times @\ 152\text{円}\left(=\dfrac{1{,}520\text{円}}{10\text{kg}}\right) = 760{,}000\text{円}$$

$$標準直接労務費 \quad 2{,}500\text{kg} \times @\ 100\text{円}\left(=\dfrac{1{,}000\text{円}}{10\text{kg}}\right) = 250{,}000\text{円}$$

$$標準製造間接費 \quad 2{,}500\text{kg} \times @\ 84\text{円}\left(=\dfrac{840\text{円}}{10\text{kg}}\right) = 210{,}000\text{円}$$

月末仕掛品原価　$1{,}220{,}000\text{円}$

2 原料費の原因別差異分析（消費価格差異・原料配合差異・原料歩留差異）

(1) 標準配合割合

原 料 A $\dfrac{5\,\text{kg}}{10\,\text{kg}}=50\%$　　原 料 B $\dfrac{3\,\text{kg}}{10\,\text{kg}}=30\%$　　原 料 C $\dfrac{2\,\text{kg}}{10\,\text{kg}}=20\%$

(2) 実際投入量に基づく実際消費量

原 料 A　360kg＋11,640kg－540kg＝11,460kg
原 料 B　220kg＋ 7,680kg－380kg＝ 7,520kg
原 料 C　120kg＋ 5,130kg－230kg＝ 5,020kg
　合 計　　　　　　　　　　　　　24,000kg

(3) 実際投入量に基づく標準消費量

原 料 A　24,000kg×50%＝12,000kg
原 料 B　24,000kg×30%＝ 7,200kg
原 料 C　24,000kg×20%＝ 4,800kg
　合 計　　　　　　　　　　24,000kg

(4) 消費価格差異

原 料 A　11,460kg×（@ 144円－@ 145円）＝11,460円 （不利差異）
原 料 B　 7,520kg×（@ 164円－@ 160円）＝30,080円 （有利差異）
原 料 C　 5,020kg×（@ 154円－@ 155円）＝ 5,020円 （不利差異）
　合 計　　　　　　　　　　　　　13,600円 （有利差異）

(5) 原料配合差異

原 料 A　（12,000kg－11,460kg）×@ 144円＝77,760円 （有利差異）
原 料 B　（ 7,200kg－ 7,520kg）×@ 164円＝52,480円 （不利差異）
原 料 C　（ 4,800kg－ 5,020kg）×@ 154円＝33,880円 （不利差異）
　合 計　　　　　　　　　　　　　8,600円 （不利差異）

(6) 標準投入量に基づく標準消費量

原 料 A　23,500kg[※1]×50%＝11,750kg
原 料 B　23,500kg[※1]×30%＝ 7,050kg
原 料 C　23,500kg[※1]×20%＝ 4,700kg
　合 計　　　　　　　　　23,500kg

※1　標準投入量
$(18,000\,\text{kg}\div\underset{\text{歩留率}}{\dfrac{8}{10}})+5,000\,\text{kg}-4,000\,\text{kg}=23,500\,\text{kg}$

(7) 原料歩留差異

原 料 A　（11,750kg－12,000kg）×@ 144円＝36,000円 （不利差異）
原 料 B　（ 7,050kg－ 7,200kg）×@ 164円＝24,600円 （不利差異）
原 料 C　（ 4,700kg－ 4,800kg）×@ 154円＝15,400円 （不利差異）
　合 計　　　　　　　　　　　　　76,000円 （不利差異）

なお、原料歩留差異と原料配合差異の把握は次のようになる。

	当月投入	月初仕掛品	月末仕掛品	発生直前	歩 減	完成品
実際投入量	24,000kg →	＋4,000kg →	△5,000kg →	23,000kg →	△5,000kg →	18,000kg
標準歩留率から逆算した 標準投入量	23,500kg ←	△4,000kg ←	＋5,000kg ←	22,500kg	÷標準歩留率（80%）	

	標準配合割合	標準単価	標準投入量に基づく 標準消費量	歩留差異	実際投入量に基づく 標準消費量	配合差異	実際投入量に基づく 実際消費量
原料A	50%	@144円	11,750kg	△ 250kg	12,000kg	＋ 540kg	11,460kg
原料B	30%	@164円	7,050kg	△ 150kg	7,200kg	△ 320kg	7,520kg
原料C	20%	@154円	4,700kg	△ 100kg	4,800kg	△ 220kg	5,020kg
合 計			23,500kg	△ 500kg	24,000kg	± 0kg	24,000kg

195

3 直接労務費の原因別差異分析（賃率差異・能率差異・歩留差異）

(1) 標準投入量に基づく標準直接作業時間

$(18,000\text{kg} \div \frac{8}{10}) + 2,500\text{kg} - 1,600\text{kg} = 23,400\text{kg}$

$23,400\text{kg} \times 0.2$時間 $= 4,680$時間

(2) 実際投入量に基づく標準直接作業時間

$23,900\text{kg}$（前記 **1** （1）より）$\times 0.2$時間 $= 4,780$時間

(3) 賃　率　差　異　$4,850$時間 $\times$（@500円 $-$ @508円）$= 38,800$円（不利差異）
(4) 能　率　差　異　（$4,780$時間 $- 4,850$時間）$\times$ @500円 $= 35,000$円（不利差異）
(5) 労働歩留差異　（$4,680$時間 $- 4,780$時間）$\times$ @500円 $= 50,000$円（不利差異）

	実際直接労務費　2,463,800円		
実際賃率 @508円	賃　率　差　異　　　38,800円（不利差異）		
標準賃率 @500円		労働歩留差異 50,000円（不利差異）	能　率　差　異 35,000円（不利差異）
	標準投入量に基づく 標準直接作業時間 4,680時間	実際投入量に基づく 標準直接作業時間 4,780時間	実際直接作業時間 4,850時間

4 製造間接費の原因別差異分析（予算差異・変動費能率差異・固定費能率差異・操業度差異・歩留差異）

標準投入量に基づく標準操業度と実際投入量に基づく標準操業度は直接作業時間基準なので、前記 **3** （1）、（2）で計算されたものと同じ。

(1) 固定費率の計算　$\dfrac{1,500,000\text{円}}{5,000\text{時間}} = $ @300円

(2) 予　算　差　異　（$1,500,000$円 $+ 4,850$時間 $\times$ @120円）$- 2,104,000$円 $= 22,000$円（不利差異）
　　　　　　　　　　　　実際操業度の予算額
(3) 変動費能率差異　（$4,780$時間 $- 4,850$時間）$\times$ @120円 $= \ 8,400$円（不利差異）
(4) 固定費能率差異　（$4,780$時間 $- 4,850$時間）$\times$ @300円 $= 21,000$円（不利差異）
(5) 操　業　度　差　異　（$4,850$時間 $- 5,000$時間）$\times$ @300円 $= 45,000$円（不利差異）
(6) 製造間接費歩留差異　（$4,680$時間 $- 4,780$時間）$\times$ @420円 $= 42,000$円（不利差異）

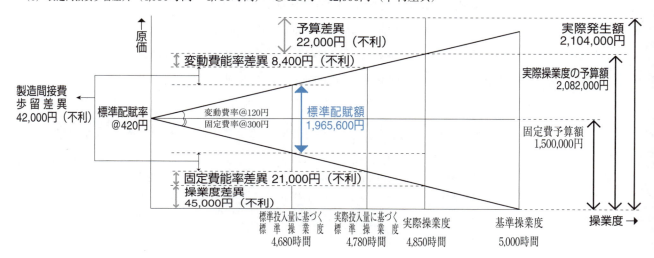

31 標準原価計算 Ⅷ

問1 原価計算関係諸勘定（単位：円）

第 1 工 程 仕 掛 品

月初仕掛品原価 （	450,000）	完 了 品 原 価 （	40,500,000）
当 月 製 造 費 用		原 価 差 異 （	772,000）
直 接 材 料 費 （	6,842,000）	月末仕掛品原価 （	420,000）
直 接 労 務 費 （	13,650,000）		
製 造 間 接 費 （	20,750,000）		
（	41,692,000）	（	41,692,000）

第 2 工 程 仕 掛 品

月初仕掛品原価 （	6,846,000）	最終完成品原価 （	58,800,000）
当 月 製 造 費 用		原 価 差 異 （	158,000）
直 接 労 務 費 （	6,225,000）	月末仕掛品原価 （	4,588,000）
製 造 間 接 費 （	9,975,000）		
前 工 程 費 （	40,500,000）		
（	63,546,000）	（	63,546,000）

製品勘定へ

問2 第1工程・第2工程の各種原価差異

〈第1工程〉

消 費 価 格 差 異 ＝	32,700 円（有　利）	賃 率 差 異 ＝ 45,500 円（有　利）
配 合 差 異 ＝	2,000 円（不　利）	原 料 歩 留 差 異 ＝ 30,000 円（不　利）
労 働 能 率 差 異 ＝	126,000 円（不　利）	労 働 歩 留 差 異 ＝ 60,000 円（不　利）
予 算 差 異 ＝	150,000 円（不　利）	製造間接費能率差異＝ 189,000 円（不　利）
操 業 度 差 異 ＝	125,000 円（不　利）	製造間接費歩留差異＝ 90,000 円（不　利）

〈第2工程〉

賃 率 差 異 ＝	24,900 円（不　利）	労 働 時 間 差 異 ＝ 55,000 円（不　利）
予 算 差 異 ＝	7,500 円（有　利）	製造間接費能率差異＝ 88,000 円（不　利）
操 業 度 差 異 ＝	22,500 円（不　利）	

解答へのアプローチ

1. 修正パーシャル・プランによる仕掛品勘定の作成
2. 第1工程仕掛品の計算
3. 第2工程仕掛品（製造工程における小工程）の計算
4. 原価差異の原因別分析

解　説

1 第 1 工程の計算

(1) 生産データのまとめ

1,250kg －	500kg	45,000kg － 45,000kg	←完　　成
		11,500kg － 11,500kg	←歩　　減
57,000kg － 56,350kg		1,750kg － 350kg	←月末仕掛品

(2) 製品Q 1kgあたりの第 1 工程の標準原価

標準直接材料費　@ 1,200円 ÷ 8 kg ＝ @ 150円
標準直接労務費　@ 2,400円 ÷ 8 kg ＝ @ 300円
標準製造間接費　@ 3,600円 ÷ 8 kg ＝ @ 450円
　　　　　　　　　　　　　　　　　　　@ 900円

(3) 完 成 品 原 価　45,000kg × @ 900円 ＝ 40,500,000円

(4) 月末仕掛品原価

標準直接材料費　$1{,}750\text{kg} \times @\ 120円\left(= \dfrac{@\ 1{,}200円}{10\text{kg}}\right) = 210{,}000円$

標準直接労務費　$350\text{kg} \times @\ 240円\left(= \dfrac{@\ 2{,}400円}{10\text{kg}}\right) = 84{,}000円$

標準製造間接費　$350\text{kg} \times @\ 360円\left(= \dfrac{@\ 3{,}600円}{10\text{kg}}\right) = 126{,}000円$

月末仕掛品原価　　　　　　　　　　　　　420,000円

(5) 月初仕掛品原価

標準直接材料費　$1{,}250\text{kg} \times @\ 120円\left(= \dfrac{@\ 1{,}200円}{10\text{kg}}\right) = 150{,}000円$

標準直接労務費　$500\text{kg} \times @\ 240円\left(= \dfrac{@\ 2{,}400円}{10\text{kg}}\right) = 120{,}000円$

標準製造間接費　$500\text{kg} \times @\ 360円\left(= \dfrac{@\ 3{,}600円}{10\text{kg}}\right) = 180{,}000円$

月初仕掛品原価　　　　　　　　　　　　　450,000円

(6) 直接材料費の原因別差異分析（消費価格差異、配合差異、歩留差異）

① 標 準 配 合 割 合

O 材 料　$\dfrac{5\ \text{kg}}{10\text{kg}} = 50\%$　　K 材 料　$\dfrac{3\ \text{kg}}{10\text{kg}} = 30\%$　　R 材 料　$\dfrac{2\ \text{kg}}{10\text{kg}} = 20\%$

② 実際投入量に基づく実際消費量

O 材 料　28,800kg
K 材 料　16,900kg
R 材 料　11,300kg
合 計　　57,000kg

③ 実際投入量に基づく標準消費量

O 材 料　57,000kg × 50% ＝ 28,500kg
K 材 料　57,000kg × 30% ＝ 17,100kg
R 材 料　57,000kg × 20% ＝ 11,400kg
合 計　　57,000kg

④ 配合差異

O 材 料　(28,500kg － 28,800kg) × @ 120円 ＝ 36,000円（不利差異）
K 材 料　(17,100kg － 16,900kg) × @ 80円 ＝ 16,000円（有利差異）
R 材 料　(11,400kg － 11,300kg) × @ 180円 ＝ 18,000円（有利差異）
合 計　　　　　　　　　　　　　　2,000円（不利差異）

⑤　消費価格差異

　　　Ｏ　材　料　28,800kg×（@ 120円－@ 122円）＝57,600円（不利差異）
　　　Ｋ　材　料　16,900kg×（@　80円－@　78円）＝33,800円（有利差異）
　　　Ｒ　材　料　11,300kg×（@ 180円－@ 175円）＝56,500円（有利差異）
　　　　合　　計　　　　　　　　　　　　　　　　　　32,700円（有利差異）

⑥　標準投入量に基づく標準消費量

$$(45,000\text{kg} \div \underbrace{\frac{8}{10}}_{\text{歩留率}}) + 1,750\text{kg} - 1,250\text{kg} = 56,750\text{kg}$$

　　　Ｏ　材　料　56,750kg×50%＝28,375kg
　　　Ｋ　材　料　56,750kg×30%＝17,025kg
　　　Ｒ　材　料　56,750kg×20%＝11,350kg
　　　　合　　計　　　　　　　　　56,750kg

⑦　原料歩留差異

　　　Ｏ　材　料　（28,375kg－28,500kg）×@ 120円＝15,000円（不利差異）
　　　Ｋ　材　料　（17,025kg－17,100kg）×@　80円＝　6,000円（不利差異）
　　　Ｒ　材　料　（11,350kg－11,400kg）×@ 180円＝　9,000円（不利差異）
　　　　合　　計　　　　　　　　　　　　　　　　　　30,000円（不利差異）

　　なお、歩留差異と配合差異の把握は次のようになる。

```
            当月投入    月初仕掛品   月末仕掛品    発生前歩減    完成品
実際投入量   57,000kg  → +1,250kg  → △1,750kg → 56,500kg → △11,500kg → 45,000kg
標準歩留率から逆算した
標準投入量   56,750kg  ← △1,250kg  ← +1,750kg ← 56,250kg   ÷標準歩留率（80%）
```

	標準配合割合	標準単価	標準投入量に基づく標準消費量	歩留差異	実際投入量に基づく標準消費量	配合差異	実際投入量に基づく実際消費量
原料Ｏ	50%	@120円	28,375kg	△ 125kg	28,500kg	△ 300kg	28,800kg
原料Ｋ	30%	@ 80円	17,025kg	△　75kg	17,100kg	＋ 200kg	16,900kg
原料Ｒ	20%	@180円	11,350kg	△　50kg	11,400kg	＋ 100kg	11,300kg
合　計			56,750kg	△ 250kg	57,000kg	±　 0kg	57,000kg

(7)　直接労務費の原因別差異分析（賃率差異、労働能率差異、労働歩留差異）

①　実際投入量に基づく標準直接作業時間

$$56,350\text{kg} \times \left(\frac{4\text{時間}}{10\text{kg}}\right) = 22,540\text{時間}$$

②　標準投入量に基づく標準直接作業時間

$$56,100\text{kg}^{※1} \times \left(\frac{4\text{時間}}{10\text{kg}}\right) = 22,440\text{時間}$$

※1　$(45,000\text{kg} \div \frac{8}{10}) + 1,750\text{kg} \times \frac{1}{5} - 1,250\text{kg} \times \frac{2}{5} = 56,100\text{kg}$

③　賃　率　差　異　　22,750時間×（@ 600円－@ 598円）＝　45,500円（有利差異）
④　労働能率差異　　（22,540時間－22,750時間）×@ 600円＝126,000円（不利差異）
⑤　労働歩留差異　　（22,440時間－22,540時間）×@ 600円＝　60,000円（不利差異）

実際賃率　＠598円	実際直接労務費　13,604,500円		
	賃　率　差　異　　　　45,500円（有利差異）		
標準賃率　＠600円		労働歩留差異 60,000円（不利差異）	労働能率差異 126,000円（不利差異）
	標準投入量に基づく 標準直接作業時間 22,440時間	実際投入量に基づく 標準直接作業時間 22,540時間	実際直接作業時間 22,750時間

(8) 製造間接費の差異分析（予算差異、能率差異、操業度差異、歩留差異）

実際投入量に基づく標準操業度と標準投入量に基づく標準操業度は直接作業時間基準なので、上記(7)①、②で計算されたものと同じ。

① 変動費率の計算

$$@900円 - \frac{11,500,000円}{23,000時間}(@500円) = @400円$$
　標準配賦率　　　固定費率　　　　　　　変動費率

② 予　算　差　異　　$(11,500,000円 + 22,750時間 \times @400円) - 20,750,000円 = 150,000円$（不利差異）
　　　　　　　　　　　　　　実際操業度の予算額

③ 製造間接費能率差異　$(22,540時間 - 22,750時間) \times @900円 = 189,000円$（不利差異）

④ 操　業　度　差　異　$(22,750時間 - 23,000時間) \times @500円 = 125,000円$（不利差異）

⑤ 製造間接費歩留差異　$(22,440時間 - 22,540時間) \times @900円 = 90,000円$（不利差異）

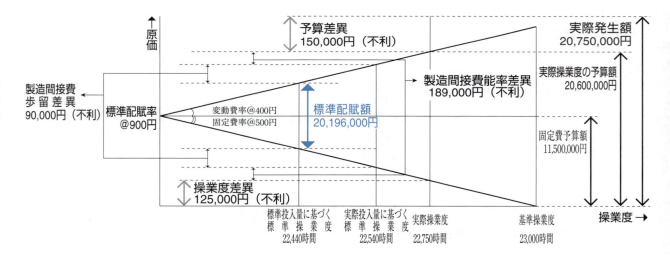

2　第2工程の計算

(1) 生産データのまとめ

N作業			M作業		
875個	－	350個	6,500個	－	6,500個
5,625個	－	6,150個	――	－	――
			6,500個	－	6,200個
			500個	－	200個

(2) 製品Q1個あたりの第2工程の標準原価

　標準直接労務費　　＠600円＋＠400円＝＠1,000円
　標準製造間接費　　＠960円＋＠640円＝＠1,600円
　前　工　程　費　　$\frac{40,500,000円}{5,625個}$　＝＠7,200円
　　　　　　　　　　　　　　　　　　　　　＝＠9,800円

(3) 完成品原価　6,000個×@9,800円＝58,800,000円

(4) 月末仕掛品原価
　　標準直接労務費
　　　　N 作 業　500個×@　600円＝　　300,000円
　　　　M 作 業　200個×@　400円＝　　 80,000円
　　標準製造間接費
　　　　N 作 業　500個×@　960円＝　　480,000円
　　　　M 作 業　200個×@　640円＝　　128,000円
　　前 工 程 費　500個×@7,200円＝　3,600,000円
　　　　　　　　　　　　　　　　　　　4,588,000円

(5) 月初仕掛品原価
　　標準直接労務費
　　　　N 作 業　350個×@　600円＝　　210,000円
　　標準製造間接費
　　　　N 作 業　350個×@　960円＝　　336,000円
　　前 工 程 費　875個×@7,200円＝　6,300,000円
　　　　　　　　　　　　　　　　　　　6,846,000円

(6) 直接労務費の原因別差異分析（賃率差異、時間差異）
　① 実際投入量に基づく標準直接作業時間
　　　N 作 業　6,150個×1.2時間＝　7,380時間
　　　M 作 業　6,200個×0.8時間＝　4,960時間
　　　　　　合計　12,340時間
　② 賃率差異　（7,450時間＋5,000時間）×（@500円－@502円）＝24,900円（不利差異）
　③ 時間差異　（12,340時間－12,450時間）×@500円＝55,000円（不利差異）

実際賃率　@502円

標準賃率　@500円

	実際直接労務費　6,249,900円
	賃　率　差　異　　24,900円（不利差異）
	労働時間差異　55,000円（不利差異）

標準直接作業時間　　　　　　　　　　実際直接作業時間
12,340時間　　　　　　　　　　　　　12,450時間

(7) 製造間接費の差異分析（予算差異、能率差異、操業度差異）
　実際投入量に基づく標準操業度は直接作業時間基準なので、上記(5)①で計算されたものと同じ。
　① 変動費率の計算
　　　@800円－$\frac{5,625,000円}{12,500時間}$（@450円）＝@350円
　② 予算差異　（5,625,000円＋12,450時間×@350円）－9,975,000円＝7,500円（有利差異）
　　　　　　　　実際操業度の予算額
　③ 能率差異　（12,340時間－12,450時間）×@800円＝88,000円（不利差異）
　④ 操業度差異　（12,450時間－12,500時間）×@450円＝22,500円（不利差異）

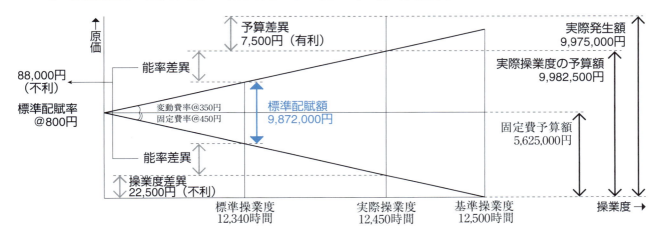

201

32 標準原価計算 IX

問1
勘定記入（単位：円）

切削工程－仕掛品

月初仕掛品原価	(652,500)	完成品原価	(12,150,000)
当月製造費用		原 価 差 異	(44,250)
直 接 材 料 費	(858,000)	月末仕掛品原価	(326,250)
直 接 労 務 費	(5,860,000)		
製 造 間 接 費	(5,150,000)		
	(12,520,500)		(12,520,500)

組立工程－仕掛品

月初仕掛品原価	(2,585,000)	最終完成品原価	(24,412,500)
当月製造費用		原 価 差 異	(208,500)
前 工 程 費	(12,150,000)	月末仕掛品原価	(2,380,000)
直 接 労 務 費	(4,291,000)		
製 造 間 接 費	(7,975,000)		
	(27,001,000)		(27,001,000)

問2
原価差異の原因別分析

	切削工程	組立工程 第1作業	組立工程 第2作業
価格差異	9,500 円（不利）		
数量差異	3,000 円（不利）		
賃率差異	40,000 円（不利）	12,000 円（不利）	24,000 円（不利）
時間差異	10,000 円（不利）	37,500 円（不利）	16,000 円（不利）
予算差異	15,000 円（不利）	8,000 円（不利）	
操業度差異	7,500 円（不利）	55,000 円（不利）	
能率差異	8,750 円（不利）	60,000 円（不利）	32,000 円（不利）

解答へのアプローチ

1. 修正パーシャル・プランによる仕掛品勘定の作成
2. 切削工程の計算
3. 組立工程（製造工程における小工程）の計算
4. 原価差異の分析

解　説

1 標準原価カードのまとめ

	切削工程	組立工程－第1作業	組立工程－第2作業	組立工程全体
前 工 程 費	——円	4,050円	——円	4,050円
原 料 費	300円	——円	——円	——円
直接労務費	2,000円	500円	800円	1,300円
製造間接費	1,750円	800円	1,600円	2,400円
	4,050円	5,350円	2,400円	7,750円

2 生産データのまとめ（単位：個）

	切削工程		組立工程－第1作業		組立工程－第2作業	
300 － 150	3,000 － 3,000		550 － 275	3,550 － 3,550	— － —	3,150 － 3,150
2,850 － 2,925	150 － 75		3,000 － 3,275	— － —	3,550 － 3,250	400 － 100

3 切削工程の計算

(1) 完成品原価（完了品原価）

　　3,000個×4,050円＝12,150,000円

(2) 月末仕掛品原価

　　原 料 費　150個× 300円＝ 45,000円

　　直接労務費　75個×2,000円＝150,000円

　　製造間接費　75個×1,750円＝131,250円

　　合 計　　　　　　　　　　 326,250円

(3) 月初仕掛品原価

　　原 料 費　300個× 300円＝ 90,000円

　　直接労務費　150個×2,000円＝300,000円

　　製造間接費　150個×1,750円＝262,500円

　　合 計　　　　　　　　　　 652,500円

(4) 原価差異の原因別分析

　① 原料費差異

　　　総 差 異　2,850個×300円－867,500円　　　＝12,500円（不利）

　　　価 格 差 異　5,720kg×@150円－867,500円　＝ 9,500円（不利）

　　　数 量 差 異　(5,700kg[※1]－5,720kg)×@150円＝ 3,000円（不利）

　　なお、原料費差異の差異分析図を示すと次のとおりである。

　　　　　　　　　　　　※1　標準消費量
　　　　　　　　　　　　　　　2,850個× 2 kg＝5,700kg

実際価格	$\dfrac{867,500円}{5,720kg}$	実際原料費　867,500円	
		価格差異　　9,500円（不利）	
標準価格	@150円	標準原料費 855,000円	数量差異 3,000円（不利）
		標準消費量 5,700kg	実際消費量 5,720kg

　② 直接労務費差異

　　　総 差 異　2,925個×2,000円－5,900,000円　　　　＝50,000円（不利）

　　　賃 率 差 異　14,650時間×@400円－5,900,000円　　＝40,000円（不利）

　　　時 間 差 異　(14,625時間[※2]－14,650時間)×@400円＝10,000円（不利）

　　なお、直接労務費差異の差異分析図を示すと次のとおりである。

　　　　　　　　　　　　※2　標準直接作業時間
　　　　　　　　　　　　　　　2,925個× 5 時間＝14,625時間

実際賃率	$\dfrac{5,900,000円}{14,650時間}$	実際直接労務費　5,900,000円	
		賃率差異　　40,000円（不利）	
標準賃率	@400円	標準直接労務費 5,850,000円	時間差異 10,000円（不利）
		標準直接作業時間 14,625時間	実際直接作業時間 14,650時間

203

③ 製造間接費差異
　　総　差　異　2,925個×1,750円－5,150,000円＝31,250円（不利）
　　予　算　差　異　（14,650時間×@200円＋2,205,000円）－5,150,000円＝15,000円（不利）
　　操業度差異　（14,650時間－14,700時間）×@150円※3＝7,500円（不利）　※3　固定費率
　　能　率　差　異　（14,625時間※4－14,650時間）×@350円＝8,750円（不利）　　　　$\frac{2,205,000円}{14,700時間}$＝@150円
なお、製造間接費差異の差異分析図を示すと次のとおりである。

※4　標準直接作業時間
　　　2,925個× 5 時間＝14,625時間

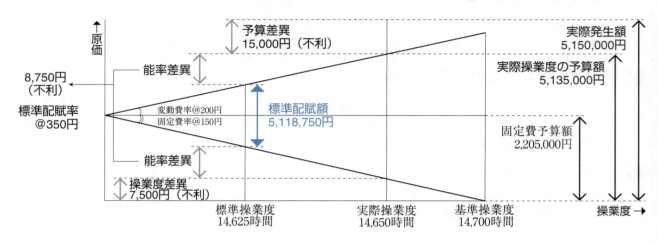

4 組立工程の計算

(1) 最終完成品原価
　　3,150個×7,750円＝24,412,500円

(2) 月末仕掛品原価（第1作業完了・第2作業の25%）
　　前 工 程 費　　　　　400個×4,050円＝1,620,000円
　　直接労務費　第1作業　400個× 500円＝ 200,000円
　　　　　　　　第2作業　100個× 800円＝ 80,000円
　　製造間接費　第1作業　400個× 800円＝ 320,000円
　　　　　　　　第2作業　100個×1,600円＝ 160,000円
　　　合　　計　　　　　　　　　　　　　2,380,000円

(3) 月初仕掛品原価（第1作業の50%）
　　前 工 程 費　550個×4,050円＝2,227,500円
　　直接労務費　275個× 500円＝ 137,500円
　　製造間接費　275個× 800円＝ 220,000円
　　　合　　計　　　　　　　　 2,585,000円

(4) 原価差異の原因別分析
① 直接労務費差異
　　総　差　異
　　　第 1 作業　3,275個×500円－1,687,000円＝49,500円（不利）
　　　第 2 作業　3,250個×800円－2,640,000円＝40,000円（不利）
　　賃　率　差　異
　　　第 1 作業　 6,700時間×@250円－1,687,000円＝12,000円（不利）
　　　第 2 作業　13,080時間×@200円－2,640,000円＝24,000円（不利）
　　時　間　差　異
　　　第 1 作業　（ 6,550時間※5－ 6,700時間）×@250円＝37,500円（不利）
　　　第 2 作業　（13,000時間※6－13,080時間）×@200円＝16,000円（不利）

※5　標準直接作業時間
　　　3,275個× 2 時間＝6,550時間
※6　標準直接作業時間
　　　3,250個× 4 時間＝13,000時間

なお、直接労務費差異の差異分析図を示すと次のとおりである。

第1作業

	実際直接労務費　1,687,000円	
実際賃率 1,687,000円／6,700時間	賃率差異　12,000円（不利）	
標準賃率　@250円	標準直接労務費 1,637,500円	時間差異 37,500円（不利）
	標準直接作業時間 6,550時間	実際直接作業時間 6,700時間

第2作業

	実際直接労務費　2,640,000円	
実際賃率 2,640,000円／13,080時間	賃率差異　24,000円（不利）	
標準賃率　@200円	標準直接労務費 2,600,000円	時間差異 16,000円（不利）
	標準直接作業時間 13,000時間	実際直接作業時間 13,080時間

② 製造間接費差異

　　総　差　異　（3,275個×800円＋3,250個×1,600円）－7,975,000円＝155,000円（不利）
　　予　算　差　異　（19,780時間×@150円＋5,000,000円）－7,975,000円＝　8,000円（不利）
　　操業度差異　（19,780時間－20,000時間）×@250円※7＝55,000円（不利）
　　能　率　差　異　（19,550時間－19,780時間）×@400円＝92,000円（不利）
　　　第　1　作業　（6,550時間※8－6,700時間）×@400円＝60,000円（不利）
　　　第　2　作業　（13,000時間※9－13,080時間）×@400円＝32,000円（不利）

※7　固定費率
　　$\dfrac{5,000,000円}{20,000時間}$＝@250円

※8　標準操業度
　　3,275個×2時間＝6,550時間

※9　標準操業度
　　3,250個×4時間＝13,000時間

なお、製造間接費差異の差異分析図を示すと次のとおりである。

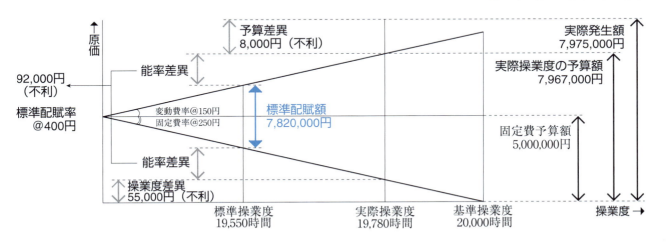

標準原価計算 X

勘定記入（単位：千円）

材　料

月初有高			当月消費		
K － 1	(	8,000)	K － 1	(	140,080)
K － 2	(	5,000)	K － 2	(	106,600)
K － 4	(	5,000)	K － 4	(	90,125)
小　計	(	18,000)	小　計	(	336,805)
当月購入			月末有高		
K － 1	(	140,000)	K － 1	(	7,920)
K － 2	(	105,000)	K － 2	(	3,400)
K － 4	(	90,000)	K － 4	(	4,875)
小　計	(	335,000)	小　計	(	16,195)
合　計	(	353,000)	合　計	(	353,000)

購入材料価格差異

K － 1	(	700)	K － 4	(	360)

〔第 1 工 程〕

直接材料費 － 仕掛

月初仕掛品	(	8,000)	完　成　品	(	248,500)
当月消費	(	246,680)	月末仕掛品	(	6,000)
			材料消費数量差異	(	180)
	(	254,680)		(	254,680)

直接労務費 － 仕掛

月初仕掛品	(	2,100.0)	完　成　品	(	49,700.0)
当月消費	(	48,650.0)	月末仕掛品	(	787.5)
			労働時間差異	(	262.5)
	(	50,750.0)		(	50,750.0)

製造間接費 － 仕掛

月初仕掛品	(	2,400)	完　成　品	(	56,800)
第1次集計額	(	52,476)	月末仕掛品	(	900)
動力部費配賦額	(	4,190)	予算差異	(	766)
			能率差異	(	300)
			操業度差異	(	300)
	(	59,066)		(	59,066)

〔第 2 工 程〕

直接材料費（および前工程費）－仕掛

月 初 仕 掛 品	(	5,000)	完 成 品	(	425,000)
前 工 程 費	(	355,000)	月 末 仕 掛 品	(	25,000)
当 工 程 費	(	90,125)	材料消費数量差異	(	125)
	(	450,125)		(	450,125)

直 接 労 務 費 － 仕 掛

月 初 仕 掛 品	(	150)	完 成 品	(	47,600)
当 月 消 費	(	49,550)	月 末 仕 掛 品	(	2,000)
			労 働 時 間 差 異	(	100)
	(	49,700)		(	49,700)

製 造 間 接 費 － 仕 掛

月 初 仕 掛 品	(	180)	完 成 品	(	40,800)
第 1 次 集 計 額	(	40,850)	月 末 仕 掛 品	(	1,920)
動 力 部 費 配 賦 額	(	1,810)	予 算 差 異	(	450)
操 業 度 差 異	(	420)	能 率 差 異	(	90)
	(	43,260)		(	43,260)

動 力 部 費

実 際 発 生 額	(	6,100)	配 賦 額		
			第 1 工 程		
			変 動 費	(	1,390)
			固 定 費	(	2,800)
			第 2 工 程		
			変 動 費	(	610)
			固 定 費	(	1,200)
			予 算 差 異	(	100)
	(	6,100)		(	6,100)

解答へのアプローチ

1. 材料費会計
2. 工程別標準総合原価計算（累加法）の計算と処理
3. 小工程の計算と処理
4. 工程別計算における補助部門の取扱い
5. 修正パーシャル・プランによる仕掛品勘定（分割）の記入
6. 原価差異の原因別分析

解 説

1 生産状況のまとめ

207

2 生産データのまとめ

1. 第1工程

第 1 作 業	
月初　4,000個 －　4,000個	完成 71,000個 － 71,000個
当月 70,000個 － 68,500個	月末　3,000個 －　1,500個

第 2 作 業	
月初　　　0個 －　　　0個	完成 71,000個 － 71,000個
当月 71,000個 － 71,000個	月末　　　0個 －　　　0個

2. 第2工程

第 3 作 業	
月初　1,000個 －　　500個	完成 72,000個 － 72,000個
当月 71,000個 － 71,500個	月末　　　0個 －　　　0個

第 4 作 業	
月初　　　0個 －　　　0個	完成 68,000個 － 68,000個
当月 72,000個 － 70,000個	月末　4,000個 －　2,000個

3 材料勘定の計算

　購入時に標準単価で記帳しており、かつ、仕掛品勘定の記帳方法が修正パーシャル・プランであることから、材料勘定の記帳はすべて標準単価で計算する。

1. 月初有高の計算

K－1　　　8,000kg×@1,000円＝　8,000,000円
K－2　　20,000kg×@　250円＝　5,000,000円
K－4　　　8,000kg×@　625円＝　5,000,000円
　　　　　　　　　　　　　　　　　18,000,000円

2. 当月購入額の計算

K－1　140,000kg×@1,000円＝140,000,000円
K－2　420,000kg×@　250円＝105,000,000円
K－4　144,000kg×@　625円＝　90,000,000円
　　　　　　　　　　　　　　　　335,000,000円

3. 当月消費額の計算

K－1　140,080kg×@1,000円＝140,080,000円
K－2　426,400kg×@　250円＝106,600,000円
K－4　144,200kg×@　625円＝　90,125,000円
　　　　　　　　　　　　　　　　336,805,000円

4. 月末有高の計算

K－1　　　7,920kg×@1,000円＝　7,920,000円
K－2　　13,600kg×@　250円＝　3,400,000円
K－4　　　7,800kg×@　625円＝　4,875,000円
　　　　　　　　　　　　　　　　16,195,000円

4 購入材料価格差異の計算

K－1　140,000kg×（@1,000円 － @1,005円）＝　700,000円　（不利差異）
K－2　420,000kg×（@　250円 － @　250円）＝　　　　0円
K－4　144,000kg×（@　625円 － @622.5円）＝　360,000円　（有利差異）

5 第1工程仕掛品勘定の計算

1. 月初仕掛品原価の計算

直接材料費	第1作業	4,000個×@2,000円＝8,000,000円	
	第2作業	0個×@1,500円＝　　　　0円	8,000,000円
直接労務費	第1作業	4,000個×@　525円＝2,100,000円	
	第2作業	0個×@　175円＝　　　　0円	2,100,000円
製造間接費	第1作業	4,000個×@　600円＝2,400,000円	
	第2作業	0個×@　200円＝　　　　0円	2,400,000円
			12,500,000円

2. 当月消費額の計算

(1) 直接材料費の計算

第1作業　140,080kg×@1,000円＝140,080,000円
第2作業　426,400kg×@　250円＝106,600,000円
　　　　　　　　　　　　　　　246,680,000円

(2) 直接労務費の計算

第1作業　20,600時間×@1,750円＝36,050,000円
第2作業　　7,200時間×@1,750円＝12,600,000円
　　　　　　　　　　　　　　　　48,650,000円

(3) 実際部門費配賦表の作成（単位：円）

	第1工程		第2工程		動 力 部	
	固定費	変動費	固定費	変動費	固定費	変動費
部門費合計	52,476,000		40,850,000		6,100,000	
動 力 部	2,800,000	1,390,000	1,200,000	610,000	4,000,000	2,000,000
製造部門費	56,666,000		42,660,000		差異 －100,000	

なお、動力部差異分析表を示すと次のようになる。

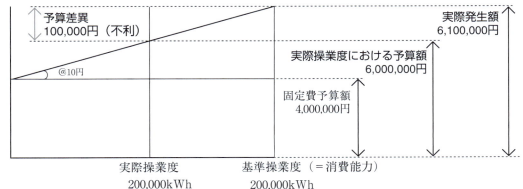

① 変 動 費 率　　$\dfrac{2,000,000円}{200,000kWh} = @10円$

② 変動費正常配賦額　　200,000kWh × @10円 = 2,000,000円

③ 実際操業度における予算額　　2,000,000円 + 4,000,000円 = 6,000,000円

④ 実際発生額　　問題資料6．より

⑤ 予 算 差 異　　6,000,000円 － 6,100,000円 = 100,000円（不利差異）

(4) 製造間接費の計算（5の2．の(3)より）
　　第 1 次 集 計 額　　52,476,000円
　　動力部費配賦額　　2,800,000円 + 1,390,000円 = 4,190,000円

3．完成品総合原価の計算
　　直接材料費　第1作業　　71,000個 × @2,000円 = 142,000,000円
　　　　　　　　第2作業　　71,000個 × @1,500円 = 106,500,000円　　248,500,000円
　　直接労務費　第1作業　　71,000個 × @ 525円 = 　37,275,000円
　　　　　　　　第2作業　　71,000個 × @ 175円 = 　12,425,000円　　 49,700,000円
　　製造間接費　第1作業　　71,000個 × @ 600円 = 　42,600,000円
　　　　　　　　第2作業　　71,000個 × @ 200円 = 　14,200,000円　　 56,800,000円
　　　　　　　　　　　　　　　　　　　　　　　　　　　　　　　　　　355,000,000円

4．完成品単位原価の計算
　　$\dfrac{355,000,000円}{71,000個} = @5,000円$

5．月末仕掛品原価の計算
　　直接材料費　第1作業　　3,000個 × @2,000円 = 6,000,000円
　　　　　　　　第2作業　　　 0個 × @1,500円 = 　　　 0円　　6,000,000円
　　直接労務費　第1作業　　1,500個 × @ 525円 = 　787,500円
　　　　　　　　第2作業　　　 0個 × @ 175円 = 　　　 0円　　　787,500円
　　製造間接費　第1作業　　1,500個 × @ 600円 = 　900,000円
　　　　　　　　第2作業　　　 0個 × @ 200円 = 　　　 0円　　　900,000円
　　　　　　　　　　　　　　　　　　　　　　　　　　　　　　7,687,500円

6. 直接材料費差異の分析（材料消費数量差異のみの計算）
　(1) K-1　標準単価 @ 1,000円

	材料消費数量差異 80,000円（不利差異）	
	標準消費量 70,000個 × 2 kg = 140,000kg	実際消費量 140,080kg

　(2) K-2　標準単価 @ 250円

	材料消費数量差異 100,000円（不利差異）	
	標準消費量 71,000個 × 6 kg = 426,000kg	実際消費量 426,400kg

　　よって、80,000円（不利差異）+ 100,000円（不利差異）= 180,000円（不利差異）

7. 直接労務費差異の原因別分析
　(1) 第1作業　実際賃率 @ 1,775円
　　　　　　　標準賃率 @ 1,750円

	労働賃率差異　515,000円（不利差異）	
	労働時間差異 87,500円（不利差異）	
	標準作業時間 68,500個 × 0.3時間 = 20,550時間	実際作業時間 20,600時間

　(2) 第2作業　実際賃率 @ 1,800円
　　　　　　　標準賃率 @ 1,750円

	労働賃率差異　360,000円（不利差異）	
	労働時間差異 175,000円（不利差異）	
	標準作業時間 71,000個 × 0.1時間 = 7,100時間	実際作業時間 7,200時間

　　よって、労働賃率差異　515,000円（不利差異）+ 360,000円（不利差異）= 875,000円（不利差異）
　　　　　　労働時間差異　87,500円（不利差異）+ 175,000円（不利差異）= 262,500円（不利差異）

8. 製造部門費差異の原因別分析
　(1) 第1工程

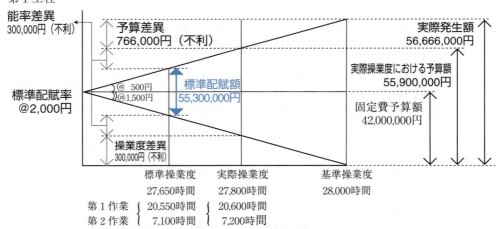

　　① 標準操業度　前記解説 5 の7.の第1作業、第2作業より
　　　　20,550時間 + 7,100時間 = 27,650時間
　　② 標準配賦額　27,650時間 × @2,000円 = 55,300,000円
　　③ 実際操業度における予算額　27,800時間 × @500円 + 42,000,000円 = 55,900,000円
　　④ 実際発生額　前記解説 5 の2.の(3)より　56,666,000円

⑤　予 算 差 異　55,900,000円－56,666,000円＝766,000円（不利差異）

⑥　能 率 差 異　（27,650時間－27,800時間）×@2,000円＝300,000円（不利差異）

⑦　操業度差異　（27,800時間－28,000時間）×@1,500円＝300,000円（不利差異）

6 第2工程仕掛品勘定の計算

　解答用紙の指示により、直接材料費（および前工程費）—仕掛とあるから、前工程費は、直接材料費（および前工程費）—仕掛勘定に記入することに注意する。

1. 月初仕掛品原価

前 工 程 費	第3作業	1,000個×@5,000円＝5,000,000円		
直接材料費	第4作業	0個×@1,250円＝	0円	5,000,000円
直接労務費	第3作業	500個×@ 300円＝	150,000円	
	第4作業	0個×@ 400円＝	0円	150,000円
製造間接費	第3作業	500個×@ 360円＝	180,000円	
	第4作業	0個×@ 240円＝	0円	180,000円
				5,330,000円

2. 当月消費額の計算

　（1）前工程費の計算（第1工程からの振替額は標準原価で記帳）　　（2）直接材料費の計算

　　　　第3作業　71,000個×@5,000円＝355,000,000円　　　　　　　第4作業　144,200kg×@ 625円＝90,125,000円

　（3）直接労務費の計算

　　　　第3作業　8,600時間×@2,500円＝21,500,000円

　　　　第4作業　5,610時間×@5,000円＝28,050,000円

　　　　　　　　　　　　　　　　　　　　49,550,000円

　（4）製造間接費の計算（5の2.の(3)より）

　　　　第 1 次集計額　　40,850,000円

　　　　動力部費配賦額　1,200,000円＋610,000円＝1,810,000円

3. 完成品総合原価の計算

前 工 程 費	第3作業	68,000個×@5,000円＝340,000,000円		
直接材料費	第4作業	68,000個×@1,250円＝	85,000,000円	425,000,000円
直接労務費	第3作業	68,000個×@ 300円＝	20,400,000円	
	第4作業	68,000個×@ 400円＝	27,200,000円	47,600,000円
製造間接費	第3作業	68,000個×@ 360円＝	24,480,000円	
	第4作業	68,000個×@ 240円＝	16,320,000円	40,800,000円
				513,400,000円

4. 月末仕掛品原価の計算

前 工 程 費	第3作業	4,000個×@5,000円＝20,000,000円		
直接材料費	第4作業	4,000個×@1,250円＝	5,000,000円	25,000,000円
直接労務費	第3作業	4,000個×@ 300円＝	1,200,000円	
	第4作業	2,000個×@ 400円＝	800,000円	2,000,000円
製造間接費	第3作業	4,000個×@ 360円＝	1,440,000円	
	第4作業	2,000個×@ 240円＝	480,000円	1,920,000円
				28,920,000円

5. 直接材料費差異の原因別分析（材料消費数量差異のみの計算）

　（1）K－4　標準単価 @ 625円

	材料消費数量差異 125,000円（不利差異）
標準消費量 72,000個× 2 kg＝144,000kg	実際消費量 144,200kg

6. 直接労務費差異の原因別分析
　（1）第3作業　実際賃率 @2,550円

　　　　　　　標準賃率 @2,500円

労働賃率差異　430,000円（不利差異）
労働時間差異　50,000円（不利差異）

　　　　　　　　　　　　　　標準作業時間　　　　　　　　実際作業時間
　　　　　　　　　　71,500個×0.12時間＝8,580時間　　　　8,600時間

　（2）第4作業　実際賃率 @5,000円

　　　　　　　標準賃率 @5,000円

労働賃率差異　　　　　0円
労働時間差異　50,000円（不利差異）

　　　　　　　　　　　　　　標準作業時間　　　　　　　　実際作業時間
　　　　　　　　　　70,000個×0.08時間＝5,600時間　　　　5,610時間

　　よって、労働賃率差異　430,000円（不利差異）
　　　　　　労働時間差異　50,000円（不利差異）＋50,000円（不利差異）＝100,000円（不利差異）

7. 製造部門費配賦差異の原因別分析
　（1）第2工程

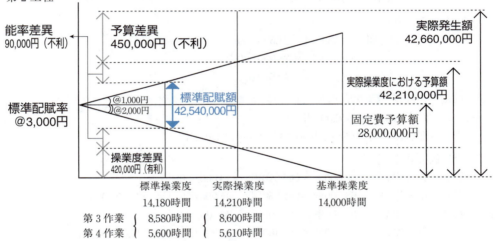

　①　標準操業度　前記解説**6**の6．の第3作業、第4作業より
　②　標準配賦額　14,180時間×@3,000円＝42,540,000円
　③　実際操業度における予算額　14,210時間×@1,000円＋28,000,000円＝42,210,000円
　④　実際発生額　前記解説**5**の2．の(3)より　42,660,000円
　⑤　予　算　差　異　42,210,000円－42,660,000円＝450,000円（不利差異）
　⑥　能　率　差　異　(14,180時間－14,210時間)×@3,000円＝90,000円（不利差異）
　⑦　操業度差異　(14,210時間－14,000時間)×@2,000円＝420,000円（有利差異）

7　動力部費勘定の計算

　　前記解説**5**の2．の(3)を参照すること。

標準原価計算 XI

問1　勘定記入（単位：円）

```
                          仕　　掛　　品
     前 月 繰 越 （     1,005,000） 製　　　　　品 （    4,125,000）
     材　　　　料 （     1,037,500） 次 月 繰 越 （    2,297,500）
     賃 金 給 料 （     2,044,000）
     製 造 間 接 費 （     2,336,000）
                 （     6,422,500）              （    6,422,500）
```

指図書別原価計算表

摘　要	No.79	No.80	No.81	合　計
前 月 繰 越	（ 1,005,000 ）	（ ─── ）	（ ─── ）	（ 1,005,000 ）
直接材料費	（ ─── ）	（ 600,000 ）	（ 437,500 ）	（ 1,037,500 ）
直接労務費	（ 56,000 ）	（ 1,120,000 ）	（ 868,000 ）	（ 2,044,000 ）
製造間接費	（ 64,000 ）	（ 1,280,000 ）	（ 992,000 ）	（ 2,336,000 ）
合　計	（ 1,125,000 ）	（ 3,000,000 ）	（ 2,297,500 ）	（ 6,422,500 ）
備　考	完　成	完　成	仕 掛 中	

問2　差異分析

受入価格差異　（－）　8,300　円

数 量 差 異　No.79（　）　───　円　No.80（＋）　7,500　円　No.81（－）　3,500　円

賃 率 差 異　（－）　6,350　円

時 間 差 異　No.79（－）　1,750　円　No.80（＋）　3,500　円　No.81（－）　2,800　円

予 算 差 異　（－）　11,220　円

操 業 度 差 異　（－）　1,680　円

能 率 差 異　No.79（－）　2,000　円　No.80（＋）　4,000　円　No.81（－）　3,200　円

解答へのアプローチ

1. シングル・プランによる仕掛品勘定の作成
2. 指図書別原価計算表の作成
3. 原価差異の分析

解　説

1　仕掛品勘定および指図書別原価計算表の作成

(1) 前月繰越 (No.79)

　　直接材料費　　300個　×@　750円＝　225,000円
　　直接労務費　　260個[※1]×@1,400円＝　364,000円
　　製造間接費　　260個[※1]×@1,600円＝　416,000円
　　　合　計　　　　　　　　　　　　　1,005,000円

> ※1　前月加工換算量
> 200個＋100個×60%＝260個

(2) 直接材料費 (材料)

　　No.80　800個×@　750円＝　600,000円
　　No.81　350個×@1,250円＝　437,500円
　　合　計　　　　　　　　　1,037,500円

(3) 直接労務費 (賃金給料)

　　No.79　　40個[※2]×@1,400円＝　　56,000円
　　No.80　800個　×@1,400円＝1,120,000円
　　No.81　310個[※3]×@2,800円＝　868,000円
　　合　計　　　　　　　　　　2,044,000円

> ※2　当月加工換算量
> 100個×（1－60%）＝40個
>
> ※3　当月加工換算量
> 150個＋200個×80%＝310個

(4) 製造間接費

　　No.79　　40個×@1,600円＝　　64,000円
　　No.80　800個×@1,600円＝1,280,000円
　　No.81　310個×@3,200円＝　992,000円
　　合　計　　　　　　　　　2,336,000円

(5) 完成品原価 (製品)、月末仕掛品原価 (次月繰越)

　　完成品原価 (No.79＋No.80の合計)　　1,125,000円＋　3,000,000円＝4,125,000円
　　仕掛品原価 (No.81)　　　　　　　　　　　　　　　　　　　2,297,500円

2　原価差異の原因別分析

(1) 直接材料費差異

　　受入価格差異　　4,150kg×@250円－　1,045,800円＝8,300円 (不利)
　　数　量　差　異
　　　No.80 (戻入量)　　30kg×@250円＝7,500円 (有利)
　　　No.81 (超過量)　　14kg×@250円＝3,500円 (不利)
　　なお、直接材料費差異の差異分析図を示すと次のとおりである。

標準価格 @ 250円

実際直接材料費　　　1,033,500円	
標準直接材料費 1,037,500円	数量差異 4,000円 (有利)
標準消費量 4,150kg[※4]	実際消費量 4,134kg[※5]

> ※4　標準消費量
> 800個× 3 kg＋350個× 5 kg
> ＝4,150kg
>
> ※5　実際消費量
> 4,150kg－30kg＋14kg＝4,134kg

(2) 直接労務費差異

　　原価計算期間の要支払額　　2,060,000円－351,800円＋343,200円＝2,051,400円
　　標準直接作業時間
　　　No.79　　40個× 4 時間＝　　160時間
　　　No.80　800個× 4 時間＝3,200時間
　　　No.81　310個× 8 時間＝2,480時間
　　　合　計　　　　　　　　　5,840時間

賃率差異
5,843時間×@350円－2,051,400円＝6,350円（不利）

時間差異
No.79 （ 160時間－ 165時間）×@350円＝1,750円（不利）
No.80 （3,200時間－3,190時間）×@350円＝3,500円（有利）
No.81 （2,480時間－2,488時間）×@350円＝2,800円（不利）
　　　　　　　　　　　　　　　　　　　　1,050円（不利）

なお、直接労務費差異の差異分析図を示すと次のとおりである。

実際賃率	$\dfrac{2,051,400円}{5,843時間}$	実際直接労務費　2,051,400円	
		賃率差異　6,350円（不利）	
標準賃率	@350円	標準直接労務費 2,044,000円	時間差異 1,050円（不利）
		標準直接作業時間 5,840時間	実際直接作業時間 5,843時間

(3) 製造間接費差異

標準操業度　No.79　 40個× 4 時間＝　160時間
　　　　　　No.80　800個× 4 時間＝3,200時間
　　　　　　No.81　310個× 8 時間＝2,480時間
　　　　　　　　　　　　　　　　　　5,840時間

予算差異
（1,404,000円＋5,843時間×@160円）－2,350,100円＝11,220円（不利）

操業度差異
（5,843時間－5,850時間）×@240円＝1,680円（不利）

能率差異
No.79 （ 160時間－ 165時間）×@400円＝2,000円（不利）
No.80 （3,200時間－3,190時間）×@400円＝4,000円（有利）
No.81 （2,480時間－2,488時間）×@400円＝3,200円（不利）
　　　　　　　　　　　　　　　　　　　　1,200円（不利）

なお、製造間接費差異の差異分析図を示すと次のとおりである。

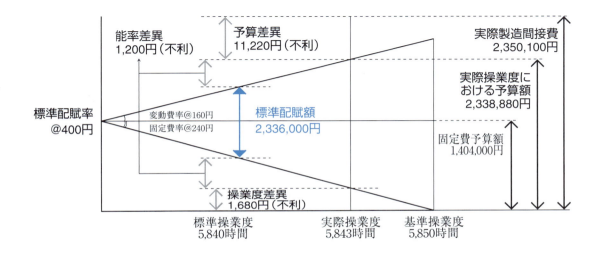

35 標準原価計算 XII

【標準原価計算関係勘定連絡図（単位：円）】

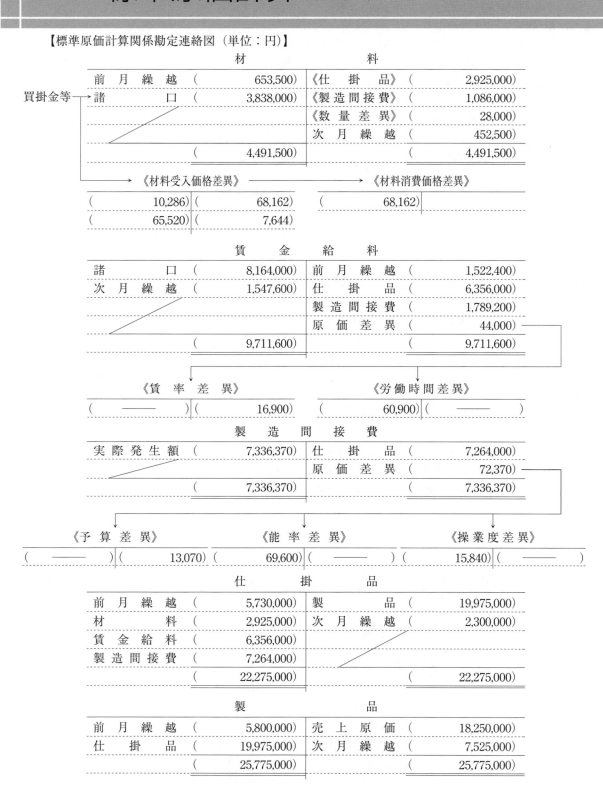

解答へのアプローチ

1. 完成品原価・月末仕掛品原価の計算とシングル・プランによる勘定記入
2. 売上原価の計算
3. 直接材料費の原因別差異分析
4. 直接労務費の原因別差異分析
5. 製造間接費の原因別差異分析

解説

1 生産データのまとめ

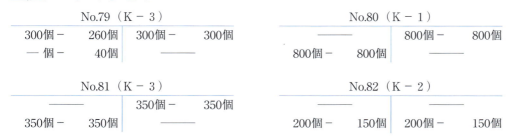

2 完成品原価・月末仕掛品原価の計算とシングル・プランによる勘定記入

(1) 完成品原価・月末仕掛品原価の計算（指図書別原価計算表）

	No.79	No.80	No.81	No.82	合　計
前月繰越	5,730,000円※1	──円	──円	──円	5,730,000円
直接材料費	──円	1,200,000円	1,225,000円	500,000円	2,925,000円
直接労務費	336,000円	2,240,000円	2,940,000円	840,000円	6,356,000円
製造間接費	384,000円	2,560,000円	3,360,000円	960,000円	7,264,000円
合　計	6,450,000円	6,000,000円	7,525,000円	2,300,000円	22,275,000円
備　考	完　成	完　成	完　成	仕掛中	

※1　直接材料費　300個×@3,500円＝1,050,000円
　　　直接労務費　260個×@8,400円＝2,184,000円
　　　製造間接費　260個×@9,600円＝2,496,000円
　　　合　計　　　　　　　　　　　5,730,000円

3 売上原価の計算

5,800,000円（No.78）＋6,450,000円（No.79）＋6,000,000円（No.80）＝18,250,000円

4 H材料費の原因別差異分析および間接材料費

(1) H 材 料……主要材料であり、主に直接材料費を構成するものである。
① 材料受入価格差異　（5,460kg×@500円）－2,795,520円＝65,520円（不利差異）
なお、材料受入価格差異については、月末において庫出されたものにかかる材料受入価格差異を、材料消費価格差異勘定に振替を行う。

② 材料消費価格差異

前　月	1,083kg	前月分	1,083kg	
	10,286円（不利）		10,286円	当月実際消費量
		当月分	4,823kg	5,906kg
当　月	5,460kg		57,876円	
	65,520円（不利）	月　末	637kg	
			7,644円	

③　数量差異……標準個別原価計算の場合、投入する時点で材料の過不足が把握されるので、各指図書別の数量差異の把握が可能である。

$$No.80 \quad 30kg \quad ×@500円 = 15,000円 （不利差異）$$
$$No.81 \quad (46kg-34kg)×@500円 = \ 6,000円 （不利差異）$$
$$No.82 \quad 14kg \quad ×@500円 = \ \underline{7,000円} （不利差異）$$
$$合計 \quad\quad\quad\quad\quad\quad\quad\quad \underline{28,000円} （不利差異）$$

(2) 補助材料……間接材料費を構成するもの。

112,000円 + 1,108,000円 - 134,000円 = 1,086,000円

5 労務費の計算

(1) 直　接　工……直接工に対する労務費は、主に直接労務費を構成するものである。

①　賃率差異　(9,167時間×@700円) - 6,400,000円[※2] = 16,900円 （有利差異）

> ※2　直接工の要支払額
> 6,360,000円 - 1,050,000円 + 1,090,000円 = 6,400,000円

②　労働時間差異

$$No.79 \quad (\ 40個×12時間 - \ \ 487時間)×@700円 = \ 4,900円 （不利差異）$$
$$No.80 \quad (800個× \ 4時間 - 3,190時間)×@700円 = \ 7,000円 （有利差異）$$
$$No.81 \quad (350個×12時間 - 4,250時間)×@700円 = 35,000円 （不利差異）$$
$$No.82 \quad (150個× \ 8時間 - 1,240時間)×@700円 = 28,000円 （不利差異）$$
$$合計 \quad\quad\quad\quad\quad\quad\quad\quad\quad \underline{60,900円} （不利差異）$$

(2) 間　接　工……間接工に対する労務費は、間接労務費を構成するものである。

間接工の要支払額　1,804,000円 - 472,400円 + 457,600円 = 1,789,200円

6 製造間接費の計算

(1) 製造間接費実際発生額

$$\underset{\text{資料(2)⑤より}}{4,461,170円} + \underset{\text{間接材料費}}{1,086,000円} + \underset{\text{間接労務費}}{1,789,200円} = 7,336,370円$$

(2) 予　算　差　異

$$(4,416,000円 + \underset{\text{実際操業度の予算額}}{9,167時間×@320円}) - 7,336,370円 = 13,070円 （有利差異）$$

(3) 能　率　差　異

$$No.79 \quad (\ 40個×12時間 - \ \ 487時間)×@800円 = \ 5,600円 （不利差異）$$
$$No.80 \quad (800個× \ 4時間 - 3,190時間)×@800円 = \ 8,000円 （有利差異）$$
$$No.81 \quad (350個×12時間 - 4,250時間)×@800円 = 40,000円 （不利差異）$$
$$No.82 \quad (150個× \ 8時間 - 1,240時間)×@800円 = 32,000円 （不利差異）$$
$$合計 \quad\quad\quad\quad\quad\quad\quad\quad\quad \underline{69,600円} （不利差異）$$

(4) 操業度差異　(9,167時間 - 9,200時間)×@480円 = 15,840円 （不利差異）

36 標準原価計算 ⅩⅢ

第1問 (単位：円)

材料

買 掛 金	2,750,000	仕 掛 品	1,978,900
材料受入価格差異	(148,000)	材料数量差異	364,100
		次 期 繰 越	(407,000)
			(148,000)
			(555,000)
	(2,898,000)		(2,898,000)
前 期 繰 越	(555,000)		

仕掛品

材 料	1,978,900	製 品	1,925,000
材料受入価格差異	(19,600)	次 期 繰 越	(53,900)
材料数量差異	(13,523)		(33,123)
			(87,023)
	(2,012,023)		(2,012,023)
前 期 繰 越	(87,023)		

製品

仕 掛 品	1,925,000	売 上 原 価	1,732,500
材料受入価格差異	(70,000)	次 期 繰 越	(192,500)
材料数量差異	(48,298)		(118,298)
			(310,798)
	(2,043,298)		(2,043,298)
前 期 繰 越	(310,798)		

売上原価

製 品	1,732,500	損 益	(2,797,179)
材料受入価格差異	(630,000)		
材料数量差異	(434,679)		
	(2,797,179)		(2,797,179)

材料受入価格差異

買 掛 金	1,000,000	売 上 原 価	(630,000)
		製 品	(70,000)
		仕 掛 品	(19,600)
		材 料	(148,000)
		材料数量差異	(132,400)
	1,000,000		1,000,000

材料数量差異

材 料	364,100	売 上 原 価	(434,679)
材料受入価格差異	(132,400)	製 品	(48,298)
		仕 掛 品	(13,523)
	(496,500)		(496,500)

第2問

問1

(1) 原料受入価格差異 ＝ （ 1,190,000 ）円〔借 方〕

(2) 原料消費量差異 ＝ （ 240,000 ）円〔借 方〕

(3) 加工費配賦差異 ＝ （ 761,000 ）円〔借 方〕

問2 (単位：円)

仕掛品

原 料	2,320,000	製 品	3,600,000
加 工 費	2,401,000	原料消費量差異	240,000
原料受入価格差異	35,000	加工費配賦差異	761,000
原料消費量差異	13,365	次 期 繰 越	120,000
加工費配賦差異	18,561		66,926
			186,926
	4,787,926		4,787,926
前 期 繰 越	186,926		

売上原価

製 品	3,150,000	損 益	4,975,752
原料受入価格差異	875,000		
原料消費量差異	301,118		
加工費配賦差異	649,634		
	4,975,752		4,975,752

製		品	
仕　掛　品	3,600,000	売 上 原 価	3,150,000
原料受入価格差異	125,000	次 期 繰 越	450,000
原料消費量差異	43,017		260,822
加工費配賦差異	92,805		710,822
	3,860,822		3,860,822
前 期 繰 越	710,822		

問 3

当年度の実際営業利益＝（　　　　　　　1,234,567　）円

解答へのアプローチ

第1問
1. シングル・プランによる仕掛品勘定の作成
2. 原価差異の会計年度末処理

第2問
1. パーシャル・プランによる仕掛品勘定の作成
2. 原価差異の会計年度末処理
3. 営業利益の計算

解　説

第1問

1 生産・販売データのまとめ

生産データ			
当月投入	5,140個	5,000個	完　成　品
		140個	期末仕掛品

販売データ			
完　成　品	5,000個	4,500個	売 上 品
		500個	期 末 製 品

2 材料受入時の仕訳

(1) 材料受入価格差異

250,000kg×（@11円－@15円）＝1,000,000円（借方）

(2) 材料受入時の仕訳

（材　　　　　料）	2,750,000	（買　　掛　　金）	3,750,000
（材料受入価格差異）	1,000,000		

220

3 材料消費時の仕訳

(1) 材料の入出庫データ

実際購入量 250,000kg	179,900kg	標準消費量
	33,100kg	材料数量差異
	37,000kg	期末在庫量

(2) 標準消費量　5,140個×35kg＝179,900kg
(3) 材料数量差異　（179,900kg－213,000kg）×@11円＝364,100円（借方）
(4) 標準直接材料費　179,900kg×@11円＝1,978,900円
(5) 材料消費時の仕訳

　　（仕　　掛　　品）　1,978,900　　（材　　　　　料）　2,343,000
　　（材 料 数 量 差 異）　　364,100

4 完成時の仕訳

(1) 完成品原価　5,000個×@385円＝1,925,000円
(2) 完成時の仕訳

　　（製　　　　　品）　1,925,000　　（仕　　掛　　品）　1,925,000

5 販売時の仕訳

(1) 売上原価　4,500個×@385円＝1,732,500円
(2) 販売時の仕訳

　　（売　上　原　価）　1,732,500　　（製　　　　　品）　1,732,500

6 期末材料、期末仕掛品および期末製品の計算

(1) 期末材料　37,000kg×@11円＝407,000円
(2) 期末仕掛品　140個×@385円＝53,900円
(3) 期末製品　500個×@385円＝192,500円

7 材料受入価格差異の追加配賦の仕訳

(1) 標準消費量
　　　売上原価　4,500個×35kg＝157,500kg
　　　期末製品　　500個×35kg＝　17,500kg
　　　期末仕掛品　140個×35kg＝　　4,900kg

(2) 追加配賦額の計算

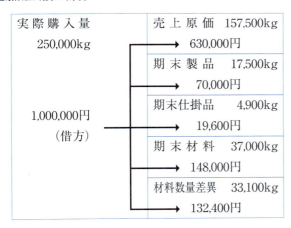

(3) 材料受入価格差異の追加配賦の仕訳

（売　上　原　価）	630,000	（材料受入価格差異）	1,000,000
（製　　　　　品）	70,000		
（仕　　掛　　品）	19,600		
（材　　　　　料）	148,000		
（材 料 数 量 差 異）	132,400		

8 材料数量差異の追加配賦の仕訳

(1) 追加配賦額の計算（1円未満の端数は四捨五入）

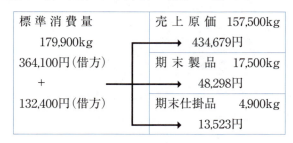

(2) 材料数量差異の追加配賦の仕訳

（売　上　原　価）	434,679	（材 料 数 量 差 異）	496,500
（製　　　　　品）	48,298		
（仕　　掛　　品）	13,523		

第2問

1 生産データおよび販売データのまとめ

	生　産　デ　ー　タ			販売データ	
期首	0kg － 0kg	完成	4,000kg － 4,000kg	期首	0kg 販売 3,500kg
当期	4,200kg － 4,100kg	期末	200kg － 100kg	完成	4,000kg 期末 500kg

2 原料受入時の仕訳

（原　　　　　料）　2,420,000　　（買　掛　金）　3,610,000
（原料受入価格差異）　1,190,000※1

※1　原料受入価格差異
　　R－1　25,000kg×（@60円－@80円）＝　500,000円（借方）
　　R－2　46,000kg×（@20円－@35円）＝　690,000円（借方）
　　合計　　　　　　　　　　　　　　　1,190,000円（借方）

3 原料消費時の仕訳

（仕　　掛　　品）　2,320,000※2　（原　　料）　2,320,000

※2　実際消費量および実際原料費
　　R－1　23,500kg×@60円＝1,410,000円
　　R－2　45,500kg×@20円＝　910,000円
　　合計　　　　　　　　　　2,320,000円

4 原料消費量差異の仕訳

（原料消費量差異）　240,000※3　（仕　　掛　　品）　240,000

> ※3　原料消費量差異
> R－1　（21,000kg※4－23,500kg）×@60円＝150,000円（借方）
> R－2　（41,000kg※4－45,500kg）×@20円＝ 90,000円（借方）
> 合計　　　　　　　　　　　　　　　　　240,000円（借方）
>
> ※4　原料標準消費量
> R－1　4,200kg× 5 kg＝21,000kg
> R－2　4,100kg×10kg＝41,000kg

R－1	（始点投入）	R－2	（平均的投入）
実 際 購 入 量	標 準 消 費 量	実 際 購 入 量	標 準 消 費 量
25,000kg	21,000kg	46,000kg	41,000kg
	原料消費量差異		原料消費量差異
	2,500kg		4,500kg
	期 末 在 庫 量		期 末 在 庫 量
	1,500kg		500kg

5 加工費配賦差異の仕訳

（加工費配賦差異）　761,000※5　（仕　　掛　　品）　761,000

> ※5　加工費配賦差異
> 4,100kg×@400円－2,401,000円
> ＝761,000円（借方）

6 完成時の仕訳

（製　　　　　　品）　3,600,000※6　（仕　　掛　　品）　3,600,000

> ※6　完成品原価
> 4,000kg×@900円＝3,600,000円

7 期末仕掛品原価

原料R－1　200kg×@300円＝ 60,000円
原料R－2　100kg×@200円＝ 20,000円
加 工 費　100kg×@400円＝ 40,000円
　合　　計　　　　　　　　120,000円

8 売上原価の仕訳

（売　上　原　価）　3,150,000※7　（製　　　　　　品）　3,150,000

> ※7　売上原価
> 3,500kg×@900円＝3,150,000円

9 期末製品

500kg×@900円＝450,000円

10 原料受入価格差異の追加配賦の仕訳

（売　上　原　価）	875,000	（原料受入価格差異）	1,190,000
（製　　　　　品）	125,000		
（仕　　掛　　品）	35,000		
（原　　　　　料）	37,500		
（原料消費量差異）	117,500		

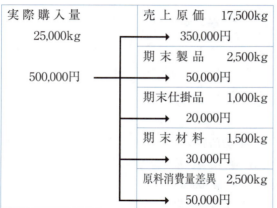
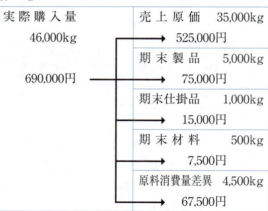

11 原料消費量差異の追加配賦の仕訳（1円未満の端数は四捨五入）

なお、一致しない場合には、売上原価に配賦された金額を修正する。

（売 上 原 価）　　301,118　　（原料消費量差異）　　357,500
（製　　　　品）　　 43,017
（仕　 掛　 品）　　 13,365

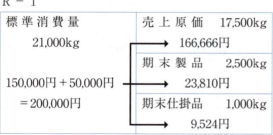
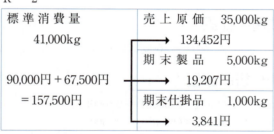

12 加工費配賦差異の追加配賦の仕訳（1円未満の端数は四捨五入）

なお、一致しない場合には、売上原価に配賦された金額を修正する。

（売 上 原 価）　　649,634　　（加工費配賦差異）　　761,000
（製　　　　品）　　 92,805
（仕　 掛　 品）　　 18,561

加工費

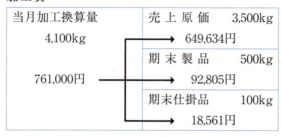

13 当年度の実際営業利益

3,500kg×@2,300円 −（3,150,000円 + 875,000円 + 301,118円 + 649,634円）− 1,839,681円 = 1,234,567円

37 原価・営業量・利益関係の分析 Ⅰ

第1問

問題1
問1
a = 100,000 円　　b = 3,250 円

問2
a = 135,000 円　　b = 3,075 円

問題2
(1) 年間の損益分岐点の販売量　＝ 2,000 個
(2) 売上高営業利益率が20％になる販売量 ＝ 4,000 個
(3) 安全率　＝ 60 ％
　　損益分岐点比率　＝ 40 ％

第2問

問1
(1) 経営レバレッジ係数＝ 3　　(2) 営業利益の増減率＝ 10.5 ％

問2
(1) 税引前の目標経常利益額＝ 5,600,000 円　(2) 年間の目標販売量＝ 14,500 個

問3
損益分岐点の年間販売量＝ 6,600 個

第3問

問1
① 5,625,000 円　　② 9,760,000 円

問2
220 個

問3
168 個

解答へのアプローチ

第1問
1. 原価分解
2. ＣＶＰ分析
3. 安全率と損益分岐点比率

第2問
1. 経営レバレッジ係数
2. 全部原価計算方式によるＣＶＰ分析

第3問
1. 利益処分項目からの目標利益額算定
2. 全部原価計算方式によるＣＶＰ分析

解説

第1問

1 高低点法による原価の固定費・変動費の分解

最低：80時間　製造原価36万円　　最高：320時間　製造原価114万円

変動費率の計算　$\dfrac{114万円 - 36万円}{320時間 - 80時間} = @0.325万円$

月間固定費の計算　114万円 － 320時間 × @0.325万円 ＝ 10万円
　　　　　　　　　または、36万円 － 80時間 × @0.325万円 ＝ 10万円

2 最小自乗法による原価の固定費・変動費の分解

X：直接作業時間　Y：製造原価　a：固定費　b：変動費率　n：データ数

$$\begin{cases} \Sigma Y = n a + b \Sigma X \\ \Sigma XY = a \Sigma X + b \Sigma X^2 \end{cases}$$ （注）Σ はすべてを合計するという意味である

上記算式に必要な数値を下記に示す最小自乗法ワークシートにより計算する。

月	X	Y	XY	X²
4	160	69	11,040	25,600
5	80	36	2,880	6,400
6	240	81	19,440	57,600
7	320	114	36,480	102,400
合計	（Σ X）800	（Σ Y）300	（Σ XY）69,840	（Σ X²）192,000

最小自乗法ワークシートで求めた諸数値を連立方程式に代入して、月間固定費および変動費率を計算する。

$$\begin{cases} 300 = 4a + 800b \cdots ①式 \\ 69,840 = 800a + 192,000b \cdots ②式 \end{cases}$$

①式をまとめると

$$4a + 800b = 300$$
$$4a = 300 - 800b$$
$$a = 75 - 200b \cdots ①式$$

②式に①式を代入すると

$$69,840 = 800(75 - 200b) + 192,000b$$
$$69,840 = 60,000 - 160,000b + 192,000b$$
$$69,840 - 60,000 = -160,000b + 192,000b$$
$$9,840 = 32,000b$$
$$b = 0.3075$$

①式に b = 0.3075を代入すると

$$a = 75 - 200 \times 0.3075$$
$$a = 75 - 61.5$$
$$a = 13.5$$

∴　a = 13.5万円　b = @0.3075万円

3 年間の損益分岐点の販売量の計算

(1) 製品1個あたりの貢献利益

販 売 価 格		@15,000円
変 動 費		
原 料 費	@5,000円	
加 工 費	@3,700円	
販 売 費	@ 300円	@ 9,000円
貢 献 利 益		@ 6,000円

(2) 固定費　7,000,000円 + 5,000,000円 = 12,000,000円

(3) 損益分岐点販売量　$\dfrac{12,000,000円}{@6,000円} = 2,000個$

4 売上高営業利益率20%を達成する販売量の計算

$$売上高営業利益率 = \frac{営業利益}{売上高} = \frac{貢献利益 - 固定費}{売上高}$$

販売量を X とすると　$\dfrac{6,000X - 12,000,000}{15,000X} = 20\%$

$$6,000X - 12,000,000 = 20\% \times 15,000X$$
$$6,000X - 12,000,000 = 3,000X$$
$$6,000X - 3,000X = 12,000,000$$
$$3,000X = 12,000,000$$
$$X = 4,000個$$

5 安全率および損益分岐点比率の計算

(1) 安全率　$\dfrac{5,000個-2,000個}{5,000個}=60\%$　　　　(2) 損益分岐点比率　$\dfrac{2,000個}{5,000個}=40\%$　または、$1-60\%=40\%$

第2問

1 経営レバレッジ係数および営業利益の増減率の計算

(1) 製品D1個あたりの貢献利益

販売価格		@2,400円
変動費		
原料費	@600円	
加工費	@550円	
販売費	@50円	@1,200円
貢献利益		@1,200円

(2) 貢献利益　15,000個×@1,200円＝18,000,000円

(3) 営業利益　18,000,000円－7,500,000円－4,500,000円＝6,000,000円

(4) 経営レバレッジ係数　$\dfrac{18,000,000円}{6,000,000円}=3$

(5) 営業利益増減率　3.5%（販売量増減率）× 3（経営レバレッジ係数）＝10.5%

2 直接原価計算における年間目標販売量の計算

(1) 税引後年間目標経常利益　28,000,000円×12%＝3,360,000円

(2) 税引前年間目標経常利益　$\dfrac{3,360,000円}{(1-40\%)}=5,600,000円$

(3) 税引前年間目標経常利益を達成する目標貢献利益
　　5,600,000円＋（7,500,000円＋4,500,000円－970,000円＋770,000円）＝17,400,000円

(4) 目標販売量　$\dfrac{17,400,000円}{@1,200円}=14,500個$

3 全部原価計算における損益分岐点の年間販売量の計算

(1) 全部製造原価　$@600円+@550円+\dfrac{7,500,000円}{15,000個}$（@500円）＝@1,650円

(2) 操業度差異　（14,360個－15,000個）×@500円＝320,000円（借方差異：売上原価に加算）

(3) 全部原価計算における損益分岐点の年間販売量

売上高		@2,400円 X
売上原価		
操業度差異	（＋）320,000円	@1,650円 X ＋　320,000円
売上総利益		@　750円 X －　320,000円
販売費・一般管理費		@　50円 X ＋4,500,000円
営業利益		@　700円 X －4,820,000円
営業外収益		970,000円
営業外費用		770,000円
経常利益		@　700円 X －4,620,000円

$$@\ 700円\ X-4,620,000円=0円$$
$$700\,X=4,620,000円$$
$$X=6,600個$$

227

第3問

1 資本金の計算

$75,000,000円 \times 30\% = 22,500,000円$

_{来年度予想使用総資本}

2 配当金の計算

$22,500,000円 \times 10\% = 2,250,000円$

_{資本金}

3 税引後当期純利益の計算

$\dfrac{2,250,000円}{40\%} = 5,625,000円$

4 目標営業利益の計算

$\dfrac{5,625,000円}{1-40\%} + \underset{\text{営業外費用}}{1,945,000円} - \underset{\text{営業外収益}}{1,560,000円} = 9,760,000円$

5 直接原価計算方式によるCVP分析

(1) 製品K1個あたり貢献利益

@12,500円 − @2,000円 − @1,750円 − @375円 = @8,375円

(2) 目標利益を達成する月間販売量の計算

① 年間販売量

$\dfrac{9,760,000円 + 8,750,000円 + 3,600,000円}{@8,375円} = 2,640個$

② 月間販売量

$\dfrac{2,640個}{12ヵ月} = 220個$

6 全部原価計算方式によるCVP分析

(1) 全部製造原価の計算

@2,000円 + @1,750円 + @875円 = @4,625円

(2) 操業度差異の計算

(8,000個 − 10,000個) × @875円 = 1,750,000円 (借方差異：売上原価に加算)

(3) 目標営業利益を達成する月間販売量の計算

① 年間販売量

年間販売量をX個とすると

売上高	@12,500円 X
売上原価	
操業度差異 (+) 1,750,000円	@ 4,625円 X + 1,750,000円
売上総利益	@ 7,875円 X − 1,750,000円
販売費・一般管理費	@ 375円 X + 3,600,000円
営業利益	@ 7,500円 X − 5,350,000円 = 9,760,000円

$@7,500円 X = 15,110,000円$

$X = 2,014.^{66\cdots}個$

② 月間販売量

$\dfrac{2,014.^{66\cdots}個}{12ヵ月} = 167.^{88\cdots}個$　　∴168個 (切り上げ)

38 原価・営業量・利益関係の分析 Ⅱ

第1問

問1　製 品 H　　　　　5,940 個　　製 品 K　　　　　3,960 個

問2　税引前年間目標経常利益額　　　　9,000,000 円

問3　製 品 H　　　　　14,940 個　　製 品 K　　　　　9,960 個

第2問

問1　製 品 H　　　　16,200,000 円　　製 品 K　　　　10,800,000 円

問2　税引前年間目標経常利益額　　　　6,600,000 円

問3　製 品 H　　　　34,200,000 円　　製 品 K　　　　22,800,000 円

解答へのアプローチ

1. 販売量割合を前提とした場合の多品種製品ＣＶＰ分析
2. 売上高割合を前提とした場合の多品種製品ＣＶＰ分析

解　説

1 製品別貢献利益および製品別貢献利益率の計算

		製　　品　　H			製　　品　　K	
販 売 価 格		@	2,500円		@	3,000円
変 動 費						
原 料 費	@	1,100円		@	1,250円	
加 工 費	@	770円		@	820円	
販 売 費	@	130円	@	2,000円	@	180円	@	2,250円
貢 献 利 益		@	500円		@	750円
貢献利益率		20%			25%	

2 固定費の計算

2,970,000円[※1] + 1,550,000円 + 1,224,000円 − 541,250円 + 737,250円 = 5,940,000円

※1　10,000個 × @132円 + 10,000個 × @165円 = 2,970,000円

229

3 製品 H と製品 K の販売量割合が 3 : 2 の場合

販売量の割合は 3 : 2 であり、製品 H 3 個と製品 K 2 個を 1 つの箱の中に詰め常に販売すると考えて計算する。

(1) 損益分岐点の販売量の計算

$$\frac{5,940,000円}{@500円×3+@750円×2} = \frac{5,940,000円}{@3,000円} = 1,980組$$

製品 H の販売量　　1,980組× 3 ＝5,940個

製品 K の販売量　　1,980組× 2 ＝3,960個

(2) 来期の税引後総資本経常利益率が15％を達成するための税引前年間目標経常利益額の算定

① 税引後年間目標経常利益額の算定

問題文中に示してある算式に基づいて、解答を行うと下記に示すとおりになる。

30,000,000円×15％＝4,500,000円

② 税引前年間目標経常利益額の算定

$$\frac{4,500,000円}{1-50％} = 9,000,000円$$

③ 来期の目標を達成するための販売量の計算

$$\frac{5,940,000円+9,000,000円}{@500円×3+@750円×2} = \frac{14,940,000円}{@3,000円} = 4,980組$$

製品 H の販売量　　4,980組× 3 ＝14,940個

製品 K の販売量　　4,980組× 2 ＝ 9,960個

4 製品 H と製品 K の売上高割合が 3 : 2 の場合

売上高の割合を 3 : 2 とした場合の製品 H と製品 K の貢献利益率（加重平均貢献利益率）を使用して計算する。

(1) 加重平均貢献利益率の計算

$$20％×\frac{3}{5}+25％×\frac{2}{5} = 22％$$

(2) 損益分岐点の売上高の計算

$$\frac{5,940,000円}{22％} = 27,000,000円$$

製品 H の売上高　　　27,000,000円×$\frac{3}{5}$＝16,200,000円

製品 K の売上高　　　27,000,000円×$\frac{2}{5}$＝10,800,000円

(3) 来期の税引後総資本経常利益率が11％を達成するための税引前年間目標経常利益額の算定

① 税引後年間目標経常利益額の算定

問題文中に示してある算式に基づいて、解答を行うと下記に示すとおりになる。

30,000,000円×11％＝3,300,000円

② 税引前年間目標経常利益額の算定

$$\frac{3,300,000円}{1-50％} = 6,600,000円$$

(4) 来期の目標を達成するための売上高の計算

$$\frac{5,940,000円+6,600,000円}{22％} = 57,000,000円$$

製品 H の売上高　　　57,000,000円×$\frac{3}{5}$＝34,200,000円

製品 K の売上高　　　57,000,000円×$\frac{2}{5}$＝22,800,000円

39 原価・営業量・利益関係の分析 Ⅲ

問1	①	損益分岐点の販売量	5,678	kg
	②	売上高経常利益率が10%になる販売量	8,293	kg
	③	税引前の目標経常利益額	5,200,000	円
	④	目標経常利益額を達成する販売量	17,650	kg
	⑤	目標販売量のときの安全率	68	%
問2	⑥	20X5年度における損益分岐点の販売量	2,665	kg

解答へのアプローチ

1. ＣＶＰの感度分析
2. 多桁式予算におけるＣＶＰ分析
3. 全部原価計算方式によるＣＶＰ分析

解　説

1 20X5年度の予想販売価格および予想変動製造・販売費

製品Ａ１kgあたりの販売価格　@1,400円×（1－0.05）＝@1,330円
製品Ａ１kgあたりの変動製造・販売費
　原　料　費　@520円×（1－0.02）＝@509.6円
　変動加工費　@350円×（1－0.04）＝@336.0円
　変動販売費　@ 40円×（1＋0.01）＝@ 40.4円　　　@ 886円
製品Ａ１kgあたりの貢献利益……………………………　@ 444円

2 20X5年度の固定製造・販売・一般管理費（多桁式）

（1）生産量　　0kg～6,400kg未満の場合（操業度0％～40％未満）

$$\underset{\text{固定加工費}}{1,446,832\text{円}} + \underset{\text{固定販売・一般管理費}}{60,000\text{円} + 960,000\text{円} + 40,000\text{円}} - \underset{\text{営業外収益}}{200,000\text{円}} + \underset{\text{営業外費用}}{214,200\text{円}} = 2,521,032\text{円}$$

（2）生産量　6,400kg～12,800kg未満の場合（操業度40％～80％未満）

$$\underset{\text{固定加工費}}{1,504,923\text{円}} + \underset{\text{固定販売・一般管理費}}{60,000\text{円} + 960,000\text{円} + 40,000\text{円}} - \underset{\text{営業外収益}}{200,000\text{円}} + \underset{\text{営業外費用}}{214,200\text{円}} = 2,579,123\text{円}$$

（3）生産量　12,800kg～19,200kg未満の場合（操業度80％～120％未満）

$$\underset{\text{固定加工費}}{1,562,400\text{円}} + \underset{\text{固定販売・一般管理費}}{60,000\text{円} + 960,000\text{円} + 40,000\text{円}} - \underset{\text{営業外収益}}{200,000\text{円}} + \underset{\text{営業外費用}}{214,200\text{円}} = 2,636,600\text{円}$$

3 損益分岐点の販売量（問1①）

前期 **2** の資料のように各操業度間により固定費予算額が異なるので仮に正常操業度を前提に解（販売量をXとして）を求めると次のようになる。

$$\frac{2,636,600円}{@444円} = 5,938.2882……kg \quad → \quad 操業度0％～40％未満と予想される。$$

よって、操業度0％～40％未満として解を求める。

$$\frac{2,521,032円}{@444円} = 5,678kg$$

4 売上高経常利益率が10％になる販売量（問1②）

問1①と同様に正常操業度を前提に解（販売量をXとして）を求めると次のようになる。

$$\frac{444X - 2,636,600}{1,330X} = 10\%$$

$$444X - 2,636,600 = 1,330X × 10\%$$

$$311X = 2,636,600$$

$$X = 8,477.813……kg \quad → \quad 操業度40％～80％未満と予想される。$$

よって、操業度40％～80％未満として解を求める。

$$\frac{444X - 2,579,123}{1,330X} = 10\%$$

$$444X - 2,579,123 = 1,330X × 10\%$$

$$311X = 2,579,123$$

$$X = 8,293kg$$

5 目標総資本経常利益率を達成する販売量（問1③および④）

$$\frac{15,600,000円 × 20\%}{(1 - 40\%)} = 5,200,000円……税引前目標経常利益額$$

問1①と同様に正常操業度を前提に解を求めると次のようになる。

$$\frac{(2,636,600円 + 5,200,000円)}{@444円} = 17,650kg \quad → \quad 操業度80％～120％未満と予想される。\\ よって、そのまま解となる。$$

6 目標販売量のときの安全率（問1⑤）

$$\frac{17,650kg - 5,678kg（問1①より）}{17,650kg} × 100 = 67.8300…\% \quad → \quad 68\%（1％未満四捨五入）$$

7 全部原価計算による損益分岐点の販売量（問2⑥）

問題中の予定操業度差異の指示から固定加工費を製品原価に算入することがわかるので、1kgあたりの製造原価を計算し直すと次のようになる。

製品A1kgあたりの製造原価

原 料 費	@520円 × (1 - 0.02)	= @509.6円
変動加工費	@350円 × (1 - 0.04)	= @336.0円
固定加工費	(1,562,400円 + 60,000円) ÷ 16,000kg	= @101.4円
		@947.0円

予定操業度差異　(17,000kg - 16,000kg) × @101.4円 ＝ 101,400円（有利差異：売上原価から減算）

販売量をXとおくと次のようになる。

売 上 高	1,330.0X	
売 上 原 価	947.0X −	101,400円
売 上 総 利 益	383.0X +	101,400円
販 売 管 理 費	40.4X +	1,000,000円
営 業 利 益	342.6X −	898,600円
営 業 外 収 益		200,000円
営 業 外 費 用		214,200円
経 常 利 益	342.6X −	912,800円

$$→ \quad X = 2,664.331……kg$$
$$= 2,665kg（1kg未満切り上げ）$$

40 予算編成 Ⅰ

1. 20X1年度予定損益計算書（単位：万円）

売　上　高		（　　11,900　）
差引：変動売上原価		（　　7,735　）
変動製造マージン		（　　4,165　）
差引：変動販売費		（　　952　）
貢　献　利　益		（　　3,213　）
差引：固　定　費		
製　造　固　定　費	（　　600　）	
販　売　固　定　費	（　　850　）	
一　般　管　理　固　定　費	（　　930　）	（　　2,380　）
直接原価計算の営業利益		（　　833　）
固定費調整：		（　　5　）
全部原価計算の営業利益		（　　828　）
差引：支　払　利　息		（　　200　）
経　常　利　益		（　　628　）
差引：法　人　税　等		（　　251　）
当　期　純　利　益		（　　377　）

2. 20X1年度末予定貸借対照表（単位：万円）

流　動　資　産			流　動　負　債	
現　　　　　金	（　1,018）		買　　掛　　金	（　558）
売　　掛　　金	（　1,440）		短　期　借　入　金	（　1,000）
製　　　　　品	（　140）		未　払　利　息	（　30）
材　　　　　料	（　200）		未　払　法　人　税　等	（　251）
そ　　の　　他	（　880）		流　動　負　債　計	（　1,839）
流　動　資　産　計	（　3,678）		固　定　負　債	
固　定　資　産			社　　　　　債	（　2,500）
土　　　　　地	（　2,040）		負　　債　　計	（　4,339）
建　物　・　設　備	（　6,500）		純　資　産	
差引：減　価　償　却			資　　本　　金	（　3,600）
累　計　額	（　690）		利　益　準　備　金	（　900）
固　定　資　産　計	（　7,850）		新　築　積　立　金	（　2,062）
資　産　合　計	（　11,528）		繰　越　利　益　剰　余　金	（　627）
			純　資　産　計	（　7,189）
			負債・純資産合計	（　11,528）

解答へのアプローチ

1. 予定損益計算書の作成
2. 予定貸借対照表の作成

解　説

1　20X1年度予定損益計算書の作成

(1) 売上高

119,000個×@1,000円＝11,900万円（製品販売による売掛金）

(2) 変動売上原価

119,000個×@650円＝7,735万円

(3) 変動販売費

119,000個×@80円＝952万円

(4) 固定費

製造間接費	600万円
販　管　費　850万円＋930万円＝	1,780万円
合　　　計	2,380万円

(5) 固定費調整

期首製品に含まれる固定製造間接費　3,000個×@50円[※1]＝　15万円

期末製品に含まれる固定製造間接費　2,000個×@50円[※1]＝　10万円

差引：固定費調整額（直接原価計算の営業利益から減算）　5万円

[※1]　固定費率

$$\frac{600万円}{120,000個×1時間}＝@50円$$

1個あたり固定製造間接費

1時間×@50円＝@50円

(6) 支払利息

資料(4)④の社債利息および資料(4)⑤で算定される借入金利息と未払利息の合計

解説2　(2)を参照

$\underset{社債利息}{150万円}＋\underset{借入金利息}{20万円}＋\underset{未払利息}{30万円}＝200万円$

(7) 法人税等

628万円（経常利益[※2]）×40%＝251.2万円　∴251万円（万円未満四捨五入）

[※2]　経常利益

11,900万円－7,735万円

－952万円－2,380万円

－5万円－200万円

＝628万円

2　予定貸借対照表の作成

(1) 信用予算

　製品販売は掛売り、つまり信用販売であり、売上高が予算期間の現金収入ではない。また、材料購入も掛仕入れである。よって、売掛金回収による現金収入と買掛金返済による現金支出に関する計画（信用予算）を行い、次いで現金収支予算に移る。

①　生産および販売データのまとめ

生　産　デ　ー　タ			
期首仕掛品	0個	当期完成量	118,000個
当期投入量	118,000個	期末仕掛品	0個

販　売　デ　ー　タ			
期首製品	3,000個	当期販売量	119,000個
当期完成量	118,000個	期末製品	2,000個

②　主材料の購入・消費データのまとめ

主　　材　　料			
期首材料	55,000kg	当期消費量	1,180,000kg　←118,000個×10kg
当期購入量	1,175,000kg	期末材料	50,000kg

③　材　料　購　入　高　1,175,000kg×@40円＝4,700万円（買掛金）

④　期末材料棚卸高　50,000kg×@40円＝200万円

⑤　期末製品棚卸高　2,000個×（@650円＋@50円）＝140万円

問題文中の指示にあるように予定貸借対照表は全部原価計算方式なので、固定製造間接費を含んで計算される。

⑥　売掛金および買掛金

売掛金回収計画		買掛金返済計画	
年間売上高予算	11,900万円	年間主材料購入予算	4,700万円　←前記③
期首売掛金残高	1,400万円	期首買掛金残高	598万円
合計	13,300万円	合計	5,298万円
当期売掛金回収高	11,860万円　←現金収支表	当期買掛金返済高	4,740万円　←現金収支表
差：期末売掛金残高	1,440万円	差：期末買掛金残高	558万円

売掛金回収計画			買掛金返済計画	
期首売掛金残高	当期売掛金回収高		当期買掛金返済高	期首買掛金残高
1,400万円	11,860万円		4,740万円	598万円
年間売上高予算	期末売掛金残高		期末買掛金残高	年間主材料購入予算
11,900万円	（差額）　1,440万円		（差額）　558万円	4,700万円

(2)　現金収支予算

現金、短期借入金および未払利息（単位：万円）

	第1四半期	第2四半期	第3四半期	第4四半期
期首現金残高	1,250	1,016	1,125	1,288
期中現金収入	3,240	2,920	2,600	3,100
合計：利用可能額	4,490	3,936	3,725	4,388
差引：期中支出額	3,974	3,811	2,437	2,850
期末予想現金残高	516	125	1,288	1,538
資金調達				
借入（各期首）	500	1,000	——	——
返済（各期末）	——	——	——	500※3
利子（4%）	——	——	——	20※4
合計	500	1,000	——	520
調達後期末現金残高	1,016	1,125	1,288	1,018

｝短期借入金期末残高　1,000万円

※3　第1四半期首の短期借入金の返済額

※4　第1四半期首の短期借入金の返済額500万円に対する支払利息　500万円×4%＝20万円

なお、上記短期借入金期末残高の利息（1,000万円×4%×$\frac{3}{4}$＝30万円）が未払利息となる。

(3)　建物・設備および減価償却累計額

建物・設備：資料(4)④より、5,600万円（期首建物・設備）＋900万円＝6,500万円

減価償却累計額：資料(4)②③より、600万円（期首減価償却累計額）＋50万円＋40万円＝690万円

(4)　新築積立金

1,722万円＋340万円＝2,062万円

41 予算編成 Ⅱ

〔20X6年度の予定損益計算書〕（単位：万円）

売　　上　　高	（　　23,800　）
売　上　原　価	（　　16,680　）
売　上　総　利　益	（　　　7,120　）
販売費・一般管理費	（　　　5,464　）
営　業　利　益	（　　　1,656　）
支　払　利　息	（　　　　400　）
経　常　利　益	（　　　1,256　）
法　人　税　等	（　　　　628　）
当　期　純　利　益	（　　　　628　）

〔20X6年度の予定貸借対照表〕（単位：万円）

流　動　資　産		流　動　負　債	
現　　　　金	（　　2,036　）	買　　掛　　金	1,116
売　　掛　　金	2,880	短　期　借　入　金	（　　2,000　）
製　　　　品	（　　280　）	未　払　利　息	（　　60　）
材　　　　料	（　　400　）	未　払　法　人　税　等	（　　628　）
その他流動資産	1,760	流　動　負　債　合　計	（　　3,804　）
流　動　資　産　合　計	（　　7,356　）	固　定　負　債	
固　定　資　産		社　　　　債	5,000
土　　　　地	4,080	負　債　合　計	（　　8,804　）
建　物　・　設　備	（　　13,000　）	純　資　産	
減価償却累計額	（△　　1,380　）	資　　本　　金	7,200
固　定　資　産　合　計	（　　15,700　）	利　益　準　備　金	1,800
		新　築　積　立　金	（　　4,124　）
		繰　越　利　益　剰　余　金	（　　1,128　）
		純　資　産　合　計	（　　14,252　）
資　産　合　計	（　　23,056　）	負債・純資産合計	（　　23,056　）

解答へのアプローチ

1.　四半期別予想現金収支予算
2.　予定損益計算書の作成
3.　予定貸借対照表の作成

解　説

1　予想現金収支予算

	四　半　期　（単位：万円）				
	1	2	3	4	合　計
期首現金残高	2,500	2,032	2,250	2,576	2,500
期中収入（売掛金）	6,480	5,840	5,200	6,200	23,720
合計：利用可能現金	8,980	7,872	7,450	8,776	26,220
期中支払合計	7,948	7,622	4,874	5,700	26,144
差引：期末現金残高	1,032	250	2,576	3,076	76
現　金　調　達					
借入（各期首）	1,000	2,000	—	—	3,000
返済（各期末）	—	—	—	1,000	1,000
借入金利息	—	—	—	40[1]	40
調達後期末現金残高	2,032	2,250	2,576	2,036	2,036

[1]　支払利息
1,000万円 × 4 ％＝40万円
　各四半期末の予想現金残高が2,000万円に満たない場合は、その各四半期の期首に1,000万円の倍数で借り入れを行う必要がある。よって、第1四半期に1,000万円、第2四半期に2,000万円の借り入れを行うことになるが、第4四半期は余裕資金が生じるため1,000万円の返済を行うことになる。

2　予定損益計算書の作成

(1)　売上高　119,000個 × @2,000円＝23,800万円

(2)　売上原価

売上原価　119,000個 × @1,400円　　　　　　＝16,660万円
操業度差異　（118,000時間[2] − 120,000時間）× @100円＝　　20万円（借方差異）
合　計　　　　　　　　　　　　　　　　　　　16,680万円

[2]　計画加工量に基づく予定操業度
118,000個 × 1 時間＝118,000時間

(3)　販売費・一般管理費

変動販売費　119,000個 × @160円＝1,904万円
固定販売費　　　　　　　　　　　1,700万円
一般管理費　　　　　　　　　　　1,860万円
合　計　　　　　　　　　　　　　5,464万円

(4)　支払利息

借入金利息
　第1四半期借入分　1,000万円 × 4 ％　　　　　＝ 40万円
　第2四半期借入分　2,000万円 × 4 ％ × $\frac{3}{4}$ ＝ 60万円
社債利息　　　　　　　　　　　　　　　　　300万円
　合　計　　　　　　　　　　　　　　　　　400万円

3　予定貸借対照表の作成

(1)　流動資産

①　現金　2,036万円（予想現金収支データ第4四半期末残高）

②　製品　2,000個 × @1,400円＝280万円

③　材料　50,000kg × @　80円＝400万円

(2)　固定資産

①　建物・設備
　期首建物・設備　11,200万円（期首貸借対照表）
　当期機械購入額　1,800万円（現金収支データ）
　合　計　13,000万円

②　減価償却累計額
　期首残高　　　　　　　　　　　　1,200万円（期首貸借対照表）
　当期償却額　製造間接費　　100万円
　　　　　　　販売費・一般管理費　80万円
　　　　合　計　　　　　　1,380万円

(3)　流動負債

①　短期借入金　2,000万円（第2期借入分）

②　未払利息（第2期借入分）　2,000万円 × 4 ％ × $\frac{3}{4}$ ＝60万円

(4)　純資産

新築積立金　3,444万円＋680万円＝4,124万円

42 直接原価計算 Ⅰ

(A) 　　　　　　　東 京 営 業 所 差 異 分 析 表 　（単位：円）　　　　　20X5年 4 月

(1) 予 算 営 業 利 益……………………………………………………………………………………10,000,000

(2) 売 上 価 格 差 異……………………………（ － ）　　774,000

(3) 売 上 数 量 差 異

　　① 市 場 占 拠 率 差 異…………（ ＋ ）　　5,160,000

　　② 市 場 総 需 要 量 差 異………（ － ）　　6,720,000

　　　　売上数量差異合計〔①＋②〕……………………（ － ）　　1,560,000

(4) 売 上 高 差 異 〔(2)＋(3)〕………………………（ － ）　　2,334,000

(5) 標準売上原価数量差異………………………（ ＋ ）　　1,105,000

　　　　標準売上総利益差異〔(4)＋(5)〕…………………………………（ － ）　　1,229,000

(6) 変動販売費数量差異…………………………（ ＋ ）　　　46,800

(7) 変動販売費予算差異…………………………（ － ）　　126,800

(8) 固定販売費予算差異…………………………（ ＋ ）　　　 9,000

　　　　販 売 費 差 異 合 計 〔(6)＋(7)＋(8)〕…………………………（ － ）　　　71,000

(9) 実 際 営 業 利 益…………………………………………………………………8,700,000

(B) 　　　　　　　販 売 費 予 算 ・ 実 績 比 較 表 　（単位：円）

費　　目	利 益 計 画	業績測定予算	実　　　績	数 量 差 異		予 算 差 異	
変 動 販 売 費							
販 売 手 数 料	800,000	774,000	766,200	（＋）	26,000	（＋）	7,800
接 待 費	320,000	309,600	310,800	（＋）	10,400	（－）	1,200
旅 費 交 通 費	200,000	193,500	299,500	（＋）	6,500	（－）	106,000
事 務 用 消 耗 品 費	120,000	116,100	143,500	（＋）	3,900	（－）	27,400
小 　 計	1,440,000	1,393,200	1,520,000	（＋）	46,800	（－）	126,800
固 定 販 売 費							
給 　 料	840,000	840,000	860,700	──		（－）	20,700
法 定 福 利 費	260,000	260,000	260,000	──		（　）	──
そ の 他	1,460,000	1,460,000	1,430,300	──		（＋）	29,700
小 　 計	2,560,000	2,560,000	2,551,000	──		（＋）	9,000
合 　 計	4,000,000	3,953,200	4,071,000	（＋）	46,800	（－）	117,800

解答へのアプローチ

1. 営業所営業利益差異分析表の作成
2. 販売費予算・実績比較表の作成

解　説

1　営業所営業利益の差異分析表

(1) 売上価格差異　3,870台×（@11,800円−@12,000円）=774,000円（不利差異）
(2) 売上数量差異（市場占拠率差異・市場総需要量差異）

   ① 実際総需要量　$\dfrac{3,870台}{9\％}=43,000台$

   ② 予算総需要量　$\dfrac{4,000台}{8\％}=50,000台$

   ③ 実際総需要量に基づく予算販売量　43,000台×8％=3,440台
   ④ 市場占拠率差異　（3,870台−3,440台）×@12,000円=5,160,000円（有利差異）
   ⑤ 市場総需要量差異　（3,440台−4,000台）×@12,000円=6,720,000円（不利差異）
   ⑥ 売上数量差異　④＋⑤=1,560,000円（不利差異）
(3) 標準売上原価数量差異　（4,000台−3,870台）×@8,500円=1,105,000円（有利差異）
(4) 変動販売費数量差異　1,440,000円−3,870台×@360円=46,800円（有利差異）
(5) 変動販売費予算差異　3,870台×@360円−1,520,000円=126,800円（不利差異）
(6) 固定販売費予算差異　2,560,000円−2,551,000円=9,000円（有利差異）

2　販売費予算・実績比較表

(1) 変動販売費

　変動販売費は、販売数量に応じて予算が変化するものであるため、実際販売量に基づく予算額を算定してから、予算差異を把握する。また、予算販売量と実際販売量との比較により変動販売費数量差異を把握する。

   ① 販売手数料

     （イ）業績測定予算　$3,870台×\dfrac{800,000円}{4,000台}（@200円）=774,000円$

     （ロ）数量差異　800,000円−774,000円=26,000円（有利差異）
     （ハ）予算差異　774,000円−766,200円=7,800円（有利差異）

   ② 接待費

     （イ）業績測定予算　$3,870台×\dfrac{320,000円}{4,000台}（@80円）=309,600円$

     （ロ）数量差異　320,000円−309,600円=10,400円（有利差異）
     （ハ）予算差異　309,600円−310,800円=1,200円（不利差異）

   ③ 旅費交通費

     （イ）業績測定予算　$3,870台×\dfrac{200,000円}{4,000台}（@50円）=193,500円$

     （ロ）数量差異　200,000円−193,500円=6,500円（有利差異）
     （ハ）予算差異　193,500円−299,500円=106,000円（不利差異）

   ④ 事務用消耗品費

     （イ）業績測定予算　$3,870台×\dfrac{120,000円}{4,000台}（@30円）=116,100円$

     （ロ）数量差異　120,000円−116,100円=3,900円（有利差異）
     （ハ）予算差異　116,100円−143,500円=27,400円（不利差異）

(2) 固定販売費

　固定販売費は、販売数量に応じて予算が変化しないため、利益計画の予算額と実際販売量に基づく予算額は同額となる。

   ① 給料
     （イ）業績測定予算　840,000円
     （ロ）予算差異　840,000円−860,700円=20,700円（不利差異）
   ② 法定福利費　予算と実績が同額であるため予算差異は発生しない。
   ③ その他
     （イ）業績測定予算　1,460,000円
     （ロ）予算差異　1,460,000円−1,430,300円=29,700円（有利差異）

43 直接原価計算 Ⅱ

問1　20X4年度と比較して、20X5年度の営業利益は（ 90,240 ）円減少した。
問2　20X4年度と比較して、20X5年度の経営資本営業利益率は（ 2.4 ）％減少した。

問3　　　　　　　　　　営業利益差異分析表　　　　　　　　　単位：円

1. 20X4年度営業利益 ……………………………………………………（ 240,000）
2. 製品販売価格差異 ………………………〔 − 〕（ 78,000）
3. 市場総需要量差異 ………………………〔 − 〕（ 125,000）
4. 市場占拠率差異 …………………………〔 ＋ 〕（ 75,000）
5. 製品販売数量差異（3＋4）……………〔 − 〕（ 50,000）
6. 売上高差異（2＋5）…………………………………………〔 − 〕（ 128,000）
7. 変動売上原価価格差異 …………………〔 ＋ 〕（ 39,000）
8. 変動売上原価数量差異 …………………〔 ＋ 〕（ 23,000）
9. 変動売上原価差異（7＋8）……………………………………〔 ＋ 〕（ 62,000）
10. 変動販売費価格差異 ……………………〔 − 〕（ 78,000）
11. 変動販売費数量差異 ……………………〔 ＋ 〕（ 3,000）
12. 変動販売費差異（10＋11）……………………………………〔 − 〕（ 75,000）
13. 貢献利益差異（6＋9＋12）……………………………………〔 − 〕（ 141,000）
14. 製造固定費差異 …………………………〔 ＋ 〕（ 50,000）
15. 販売・一般管理固定費差異 ……………〔 ＋ 〕（ 760）
16. 固定費差異（14＋15）…………………………………………〔 ＋ 〕（ 50,760）
17. 差異合計（13＋16）……………………………………………〔 − 〕（ 90,240）
18. 20X5年度営業利益（1＋17）…………………………………（ 149,760）

問4　　　　　　　　　経営資本営業利益率差異分析表　　　　　　単位：％

1. 20X4年度経営資本営業利益率 ……………………………………（ 9.6 ）
2. 売上高営業利益率差異 …………………〔 − 〕（ 3.6 ）
3. 経営資本回転率差異 ……………………〔 ＋ 〕（ 1.2 ）
4. 差異合計（2＋3）………………………………………………〔 − 〕（ 2.4 ）
5. 20X5年度経営資本営業利益率 ……………………………………（ 7.2 ）

解答へのアプローチ

1. 営業利益差異分析表の作成　　　2. 経営資本営業利益率差異分析表の作成

解　説

1　20X4年度および20X5年度の損益計算書（直接原価計算ベース）

	20X4年	20X5年
売　　上　　高	2,000,000円	1,872,000円
変 動 売 上 原 価	920,000円	858,000円
変 動 販 売 費	120,000円	195,000円
貢　献　利　益	960,000円	819,000円
製 造 固 定 費	550,000円	500,000円
販売・一般管理固定費	170,000円	169,240円
営　業　利　益	240,000円	149,760円

2 営業利益の減少額

240,000円 − 149,760円 = 90,240円
(20X4年度)　(20X5年度)

3 経営資本営業利益率

(1) 20X4年度　$\frac{240,000円}{2,500,000円} \times 100 = 9.6\%$　　(2) 20X5年度　$\frac{149,760円}{2,080,000円} \times 100 = 7.2\%$

4 経営資本営業利益率の減少値

9.6%　−　7.2%　= 2.4%
(20X4年度)　(20X5年度)

5 営業利益差異分析表の作成

（不利・有利については20X4年度の営業利益に対してマイナスする場合を不利、プラスする場合を有利としている）

(1) 製品販売価格差異　39,000個 × (@48円※1 − @50円※2) = 78,000円（不利）
(2) 製品販売数量差異　(39,000個 − 40,000個) × @50円 = 50,000円（不利）
なお、製品販売価格差異および製品販売数量差異の差異分析図を示すと以下のようになる。

※1　$\frac{1,872,000円}{39,000個}$ = @48円

※2　$\frac{2,000,000円}{40,000個}$ = @50円

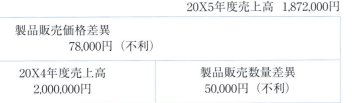

(3) 製品販売数量差異の分析
　　製品販売数量差異は、さらに市場占拠率差異と市場総需要量差異に分析できる。

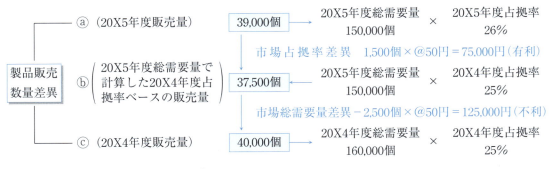

① 20X4年度総需要量　$\frac{40,000個}{25\%}$ = 160,000個
② 20X5年度総需要量　$\frac{39,000個}{26\%}$ = 150,000個
③ 市場総需要量差異　(37,500個 − 40,000個) × @50円 = 125,000円（不利）
④ 市場占拠率差異　(39,000個 − 37,500個) × @50円 = 75,000円（有利）
⑤ 製品販売数量差異　③ + ④ = 50,000円（不利）

なお、市場占拠率差異と市場総需要量差異の差異分析図を示すと以下のようになる。

20X5年度販売価格 @48円		20X5年度の売上高　1,872,000円	
	製品販売価格差異 78,000円（不利）		
20X4年度販売価格 @50円	20X4年度売上高 2,000,000円	市場総需要量差異 125,000円（不利）	市場占拠率差異 75,000円（有利）
	20X4年度販売量 40,000個	20X5年度総需要量に基づく 20X4年度占拠率ベースの販売量 37,500個	20X5年度販売量 39,000個

(4) 変動売上原価価格差異　39,000個×（@23円[※3] − @22円[※4]）＝39,000円（有利）

(5) 変動売上原価数量差異　（40,000個−39,000個）×@23円＝23,000円（有利）

(6) 変動販売費価格差異　39,000個×（@3円[※5] − @5円[※6]）＝78,000円（不利）

(7) 変動販売費数量差異　（40,000個−39,000個）×@3円＝3,000円（有利）

(8) 製造固定費差異　550,000円−500,000円＝50,000円（有利）

(9) 販売・一般管理固定費差異　170,000円−169,240円＝760円（有利）

[※3] $\dfrac{920,000円}{40,000個}$ ＝@23円

[※4] $\dfrac{858,000円}{39,000個}$ ＝@22円

[※5] $\dfrac{120,000円}{40,000個}$ ＝@3円

[※6] $\dfrac{195,000円}{39,000個}$ ＝@5円

6　経営資本営業利益率の差異分析

　経営資本営業利益率は、売上高営業利益率と経営資本回転率とに分解される。なお、経営資本営業利益率を分解すると下記のようになる。

$$経営資本営業利益率 = \frac{営業利益}{経営資本} \times 100$$

$$= \left(\frac{営業利益}{売上高} \times 100\right) \times \left(\frac{売上高}{経営資本}\right)$$

$$= (売上高営業利益率) \times (経営資本回転率)$$

(1) 売上高営業利益率の増減による差異

① 20X5年度売上高営業利益率　$\dfrac{149,760円}{1,872,000円} \times 100$ …………………… 8.0%

② 20X4年度売上高営業利益率　$\dfrac{240,000円}{2,000,000円} \times 100$ …………………… 12.0%

差　引：　−4.0%

③ 20X5年度経営資本回転率　$\dfrac{1,872,000円}{2,080,000円}$ …………………………… ×0.9回転

売上高営業利益率差異　−3.6%

(2) 経営資本回転率の増減による差異

① 20X5年度経営資本回転率 ……………………………………… 0.9回転

② 20X4年度経営資本回転率　$\dfrac{2,000,000円}{2,500,000円}$ …………………… 0.8回転

差　引：　+0.1回転

③ 20X4年度売上高営業利益率 ………………………………… ×12.0%

経営資本回転率差異　+1.2%

20X5年度売上高営業利益率 8.0%		
	売上高営業利益率差異 3.6%（不利）	
20X4年度売上高営業利益率 12.0%		経営資本回転率差異 1.2%（有利）
	20X4年度資本回転率 0.8回転	20X5年度資本回転率 0.9回転

直接原価計算 Ⅲ

第1問

問1

	新製品X導入前	新製品X導入案	新製品X導入後
税引後利益	4,560 万円	1,080 万円	5,640 万円
投資額	40,000 万円	10,000 万円	50,000 万円
投資利益率	11.40 %	10.80 %	11.28 %

問2

	新製品X導入前	新製品X導入案	新製品X導入後
資金使用資産総額	38,000 万円	9,800 万円	47,800 万円
売上高	(48,000) 万円	(8,000) 万円	(56,000) 万円
費用	(40,400) 万円	(6,200) 万円	(46,600) 万円
税引前利益	(7,600) 万円	(1,800) 万円	(9,400) 万円
法人税	(3,040) 万円	(720) 万円	(3,760) 万円
税引後利益	(4,560) 万円	(1,080) 万円	(5,640) 万円
資本コスト	(2,660) 万円	(686) 万円	(3,346) 万円
経済的付加価値額	(1,900) 万円	(394) 万円	(2,294) 万円

第2問

問1 月間の原価予想額＝ 2,100,000 円＋ 200 円/枚×ピザ製造・販売量

問2 月間の損益分岐点販売量＝ 3,500 枚

問3 ピザ投資案の年間投資利益率＝ 13.5 %

問4 年間投資利益率が21.6％になる月間のピザ販売量＝ 7,500 枚

問5

	新宿店	渋谷店
ピザ投資案導入前 投資利益率	12.00 %	15.00 %
ピザ投資案導入後 投資利益率	12.25 %	14.40 %

問6
① 増加、~~減少~~
② ~~増加~~、減少
③ 採用する、~~採用しない~~
④ ~~採用する~~、採用しない
⑤ 有利、~~不利~~
⑥ 7.92 %
⑦ 42,900.00 万円
⑧ 2,482.32 万円
⑨ 16,900.00 万円
⑩ 1,541.52 万円

解答へのアプローチ

第1問
1. 投資利益率の計算
2. 資金使用資産総額の計算
3. 経済的付加価値額の計算

第2問
1. 原価分解
2. ＣＶＰ分析
3. 投資利益率の計算
4. 加重平均資本コスト率の計算
5. 資金使用資産総額の計算
6. 経済的付加価値額の計算

解　説

第1問

1 新製品X導入前の年間投資利益率の計算

(1) 新製品X導入前の税引後利益　7,600万円×（1−40%）＝4,560万円

(2) 新製品X導入前の年間投資利益率　$\dfrac{4,560万円}{40,000万円}×100＝11.4\%$

2 新製品X導入案の年間投資利益率の計算

(1) 新製品X導入案の税引後利益　{8,000個×（@1.0万円−@0.4万円）−3,000万円}×（1−40%）＝1,080万円

(2) 新製品X導入案の年間投資利益率　$\dfrac{1,080万円}{10,000万円}×100＝10.8\%$

3 新製品X導入後の年間投資利益率の計算

(1) 新製品X導入後の税引後利益　4,560万円＋1,080万円＝5,640万円

(2) 新製品X導入後の年間投資額　40,000万円＋10,000万円＝50,000万円

(3) 新製品X導入後の年間投資利益率　$\dfrac{5,640万円}{50,000万円}×100＝11.28\%$

4 新製品X導入前の経済的付加価値額

(1) 新製品X導入前の資金使用資産総額　10,000万円−2,000万円＋30,000万円＝38,000万円

(2) 新製品X導入前の資本コスト　38,000万円×7%＝2,660万円

(3) 新製品X導入前の経済的付加価値額　4,560万円−2,660万円＝1,900万円

5 新製品X導入案の経済的付加価値額

(1) 新製品X導入案の資金使用資産総額　1,200万円−200万円＋8,800万円＝9,800万円

(2) 新製品X導入案の資本コスト　9,800万円×7%＝686万円

(3) 新製品X導入案の経済的付加価値額　1,080万円−686万円＝394万円

6 新製品X導入後の経済的付加価値額

(1) 新製品X導入後の資金使用資産総額　38,000万円＋9,800万円＝47,800万円

(2) 新製品X導入後の資本コスト　47,800万円×7%＝3,346万円

(3) 新製品X導入後の経済的付加価値額　5,640万円−3,346万円＝2,294万円

第2問

1 原価予測データによる原価分解の計算

(1) 変動費率　$\dfrac{3,700,000円−2,900,000円}{8,000枚−4,000枚}＝@200円$

(2) 月間固定費　3,700,000円−（8,000枚×@200円）＝2,100,000円

またば

2,900,000円−（4,000枚×@200円）＝2,100,000円

2 月間の損益分岐点販売量

(1) 貢献利益　@800円−@200円＝@600円

(2) 損益分岐点販売量　$\dfrac{2,100,000円}{@600円}＝3,500枚$

3 ピザ投資案の年間投資利益率

(1) 年間予想販売量　6,000枚×12ヵ月＝72,000枚

(2) 年間税引後利益　（72,000枚×@600円−2,100,000円×12ヵ月）×（1−40%）＝10,800,000円

(3) 年間投資利益率　$\dfrac{10,800,000円}{80,000,000円}×100＝13.5\%$

4 年間投資利益率が21.6%になる月間販売量

(1) 月間税引後利益　$\dfrac{80,000,000円 \times 21.6\%}{12\,ヵ月} = 1,440,000円$

(2) 月間販売量　$\dfrac{1,440,000円 \div (1-40\%) + 2,100,000円}{@600円} = 7,500枚$

5 ピザ投資案導入前および導入後の年間投資利益率

(1) ピザ投資案導入前　新宿店　$\dfrac{80,000,000円 \times (1-40\%)}{400,000,000円} \times 100 = 12\%$

渋谷店　$\dfrac{30,000,000円 \times (1-40\%)}{120,000,000円} \times 100 = 15\%$

全社的　$\dfrac{48,000,000円 + 18,000,000円}{400,000,000円 + 120,000,000円} \times 100 = 12.69\cdots\%$

(2) ピザ投資案導入後　新宿店　$\dfrac{80,000,000円 \times (1-40\%) + 10,800,000円}{400,000,000円 + 80,000,000円} \times 100 = 12.25\%$

渋谷店　$\dfrac{30,000,000円 \times (1-40\%) + 10,800,000円}{120,000,000円 + 80,000,000円} \times 100 = 14.4\ \%$

全社的　$\dfrac{48,000,000円 + 10,800,000円 + 18,000,000円 + 10,800,000円}{400,000,000円 + 80,000,000円 + 120,000,000円 + 80,000,000円} \times 100 = 12.88\cdots\%$

6 加重平均資本コスト率

負　　債　$40\% \times 8\% \times (1-40\%) = 1.92\%$
株主資本　$60\% \times 10\%$　　　　　　$= 6.00\%$
合　　計　　　　　　　　　　　　　　7.92%

7 資金使用資産総額（固定資産額＋運転資本）の計算

(1) 新宿店　32,000万円 + 7,500万円 + 8,000万円 − 5,000万円 + 500万円 − 100万円 = 42,900万円
(2) 渋谷店　8,000万円 + 7,500万円 + 4,000万円 − 3,000万円 + 500万円 − 100万円 = 16,900万円

8 経済的付加価値額（残余利益）の計算

(1) 新宿店　税引後利益　$8,000万円 \times (1-40\%) + 1,080万円 = 5,880.00万円$
　　　　　　資本コスト　$42,900万円 \times 7.92\%$　　　　　$= 3,397.68万円$
　　　　　　経済的付加価値額（残余利益）　　　　2,482.32万円

(2) 渋谷店　税引後利益　$3,000万円 \times (1-40\%) + 1,080万円 = 2,880.00万円$
　　　　　　資本コスト　$16,900万円 \times 7.92\%$　　　　　$= 1,338.48万円$
　　　　　　経済的付加価値額（残余利益）　　　　1,541.52万円

直接原価計算 Ⅳ

(A) 製造指図書別変動製造原価計算表（11月、単位：千円）

	＃100	＃101	＃102	＃103	＃104	＃105	合 計
月初仕掛品原価	115	—	—	—	—	—	115
当月製造費用							
直接材料費	120	230	410	350	330	110	1,550
変動加工費							
切削部	60	72	87	66	54	21	360
仕上部	112	98	126	112	84	—	532
合　　計	407	400	623	528	468	131	2,557

(B) 原価計算関係勘定連絡図（一部分のみ、単位：千円）

仕掛品－直接材料費

月初仕掛品原価	100	完成品原価	1,190
当月発生額	1,550	月末仕掛品原価	460
	1,650		1,650

変動加工費－切削部

月初仕掛品原価	15	完成品原価	288
当月発生額	483	月末仕掛品原価	87
		予算差異	123
	498		498

固定加工費－切削部

当月発生額	294	当月予算額	300
予算差異	6		
	300		300

(C) 工場の生産損益計算書（11月、単位：千円）

	＃100	＃101	＃102	＃104	合　計
生産品の販売金額	420	680	1,900	1,200	4,200
差引：変動売上原価	407	400	623	468	1,898
変動販売費	42	68	190	120	420
変動費合計	449	468	813	588	2,318
工場貢献利益	−29	212	1,087	612	1,882
差引：固定加工費					
切削部					294
仕上部					200
工場事務部					165
工場実際固定費合計					659
固定販売費・一般管理費					335
固定費合計					994
工場営業利益					888

解答へのアプローチ

1. 製造指図書別変動製造原価計算表の作成
2. 工場生産損益計算書の作成

解　説

1　製造指図書別変動製造原価計算表

　　直接原価計算なので、製品原価の計算は変動費（実際直接材料費および変動加工費正常配賦額）のみを製造指図書に集計する。

(1) 部門別変動加工費正常配賦額の計算

　① 部門別変動加工費正常配賦率の計算

　　　切削部　$\dfrac{4,500千円^{※1}}{30,000時間}$ ＝@0.15千円　　　　仕上部　$\dfrac{6,720千円^{※1}}{24,000時間}$ ＝@0.28千円

　　※1　資料(3)の加工費年間予算データの変動費計の予算金額

　② 部門別変動加工費正常配賦額の計算

切削部：				仕上部：		
#100	400時間×@0.15千円＝	60千円	#100	400時間×@0.28千円＝	112千円
#101	480時間×@0.15千円＝	72千円	#101	350時間×@0.28千円＝	98千円
#102	580時間×@0.15千円＝	87千円	#102	450時間×@0.28千円＝	126千円
#103	440時間×@0.15千円＝	66千円	#103	400時間×@0.28千円＝	112千円
#104	360時間×@0.15千円＝	54千円	#104	300時間×@0.28千円＝	84千円
#105	140時間×@0.15千円＝	21千円	#105	― 時間×@0.28千円＝	― 千円
合計	2,400時間×@0.15千円＝	360千円	合計	1,900時間×@0.28千円＝	532千円

(2) 製造指図書別変動製造原価計算表の作成（単位：千円）

	#100	#101	#102	#103	#104	#105	合　計
月初仕掛品原価	115	―	―	―	―	―	115
当月製造費用							
直接材料費	120	230	410	350	330	110	1,550
変動加工費							
切　削　部	60	72	87	66	54	21	360
仕　上　部	112	98	126	112	84	―	532
合　　　　計	407	400	623	528	468	131	2,557
備　　　　考	完　成	完　成	完　成	仕掛中	完　成	仕掛中	

原価要素別の完成品原価

直接材料費：100千円（月初仕掛品原価）＋1,090千円（当月製造費用）＝1,190千円

変動加工費：切削部　15千円（月初仕掛品原価）＋273千円（当月製造費用）＝288千円

2　原価計算関係勘定連絡図

　　前記**1**で計算した結果から、仕掛品－直接材料費勘定および変動加工費－切削部勘定の記入を行うが、変動加工費－切削部勘定の借方に当月実績（資料(3)の変動費合計）483千円を記入するので、貸借差額により切削部における変動加工費予算差異123千円（借方差異）が把握される。

　　なお、固定加工費－切削部勘定は借方に当月実績（資料(3)の固定費合計）294千円を記入、貸方に年間固定費予算額3,600千円を12ヵ月で除した300千円を記入し、固定加工費予算差異6千円（貸方差異）を把握のうえ勘定を締め切る。

3　工場の生産損益計算書

　　営業所に引き渡した#100、#101、#102、#104に対する販売金額から工場の原価を差し引いて工場の営業利益を計算するが、このとき、営業所や本社で発生する費用を差し引かなければ、工場利益が過大に計算される点に注意しなければならない。そのときに、差し引いていく営業所や本社で発生する費用を実績で計上すると、工場の業績中に営業所および本社の業績の善し悪しが混入するので、実績ではなく予算額で計上しなければならない。

46 直接原価計算 Ⅴ

問1　当月の月末仕掛品原価総額

(1)　全部原価計算を採用した場合　　1,695,000　円

(2)　直接原価計算を採用した場合　　1,515,000　円

問2　月次損益計算書（単位：円）

(1)　全部原価計算の損益計算書

Ⅰ.	売 上 高		10,800,000
Ⅱ.	売 上 原 価		
1.	月初製品棚卸高	1,616,000	
2.	当月製品製造原価	7,200,000	
	小　計	8,816,000	
3.	月末製品棚卸高	2,400,000	
	差　引	6,416,000	
4.	原 価 差 異	70,000	6,486,000
	売 上 総 利 益		4,314,000
Ⅲ.	販売費および一般管理費		
1.	販　売　費	827,000	
2.	一 般 管 理 費	1,142,000	1,969,000
	営 業 利 益		2,345,000

(2)　直接原価計算の損益計算書

Ⅰ.	売 上 高		10,800,000
Ⅱ.	変 動 売 上 原 価		
1.	月初製品棚卸高	1,376,000	
2.	当月製品製造原価	6,120,000	
	小　計	7,496,000	
3.	月末製品棚卸高	2,040,000	
	差　引	5,456,000	
4.	原 価 差 異	40,000	5,496,000
	変動製造マージン		5,304,000
Ⅲ.	変 動 販 売 費		240,000
	貢 献 利 益		5,064,000
Ⅳ.	固 定 費		
1.	加 工 費	1,170,000	
2.	販 売 費	587,000	
3.	一 般 管 理 費	1,142,000	2,899,000
	直接原価計算の営業利益		2,165,000
	固定費調整		
	月末仕掛品に含まれる固定加工費		180,000
	月末製品に含まれる固定加工費		360,000
	計		2,705,000
	月初仕掛品に含まれる固定加工費		120,000
	月初製品に含まれる固定加工費		240,000
	全 部 原 価 計 算 の 営 業 利 益		2,345,000

解答へのアプローチ

1. 全部原価計算方式の損益計算書の作成
2. 直接原価計算方式の損益計算書の作成
3. 固定費調整

解　説

1 各種数値

（1）加工費正常配賦率

変動加工費　21,600,000円÷120,000kg＝@180円

固定加工費　14,400,000円÷120,000kg＝@120円

（2）売上高

8,000kg×@1,350円＝10,800,000円

（3）販売費

変動販売費　8,000kg×@30円＝240,000円

固定販売費　　　　　　587,000円

　　　　　　　　　　　827,000円

2 直接原価計算

（1）生産・原価データ（物量単位：kg、金額単位：円）

生産・原価データ（先入先出法）

月初	原	765,000	1,500	9,000	4,500,000	完成
	変加	(180,000)	(1,000)	(9,000)	(1,620,000)	
当月	原	4,980,000	10,000	2,500	1,245,000	月末
	変加	(1,710,000)	(9,500)	(1,500)	(270,000)	

① 正常配賦額と配賦差異

変動加工費　9,500kg×@180円＝1,710,000円

配 賦 差 異　1,710,000円－1,750,000円＝40,000円（不利差異）

② 月初仕掛品原価

変動加工費　1,000kg×@180円＝180,000円

③ 月末仕掛品原価

原 料 費　4,980,000円÷10,000kg×2,500kg＝1,245,000円

変動加工費　1,710,000円÷9,500kg×1,500kg　＝　270,000円

　　　　　　　　　　　　　　　　　　　　　1,515,000円

④ 完成品総合原価

原 料 費　765,000円＋4,980,000円－1,245,000円＝4,500,000円

変動加工費　180,000円＋1,710,000円－270,000円　＝1,620,000円

　　　　　　　　　　　　　　　　　　　　　　6,120,000円

249

(2) 販売・原価データ（物量単位：kg、金額単位：円）

販売・原価データ（先入先出法）						
月初	変	1,376,000	2,000	8,000	5,456,000	販売
完成	変	6,120,000	9,000	3,000	2,040,000	月末

① 月末製品原価
　変動費　6,120,000円÷9,000kg×3,000kg＝2,040,000円
② 売上原価
　変動費　1,376,000円＋6,120,000円－2,040,000円＝5,456,000円

3 全部原価計算

変動費の計算は 2 と同様であるため、固定費のみ計算する。

(1) 生産・原価データ（物量単位：kg、金額単位：円）

生産・原価データ（先入先出法）						
月初	固加	（120,000）	（1,000）	（9,000）	（1,080,000）	完成
当月	固加	（1,140,000）	（9,500）	（1,500）	（180,000）	月末

① 正常配賦額と配賦差異
　固定加工費　9,500kg×@120円＝1,140,000円
　配　賦　差　異　1,140,000円－1,170,000円＝30,000円（不利差異）
② 月初仕掛品原価
　固定加工費　1,000kg×@120円＝120,000円
③ 月末仕掛品原価
　固定加工費　1,140,000円÷9,500kg×1,500kg＝180,000円
④ 完成品総合原価
　固定加工費　120,000円＋1,140,000円－180,000円＝1,080,000円

(2) 販売・原価データ（物量単位：kg、金額単位：円）

販売・原価データ（先入先出法）						
月初	固	240,000	2,000	8,000	960,000	販売
完成	固	1,080,000	9,000	3,000	360,000	月末

① 月末製品原価
　固定費　1,080,000円÷9,000kg×3,000kg＝360,000円
② 売上原価
　固定費　240,000円＋1,080,000円－360,000円＝960,000円

(3) 全部原価（変動費＋固定費）
　月末仕掛品原価　1,515,000円＋180,000円＝1,695,000円
　完 成 品 原 価　6,120,000円＋1,080,000円＝7,200,000円
　月 末 製 品 原 価　2,040,000円＋360,000円＝2,400,000円
　売 　上 　原 　価　5,456,000円＋960,000円＝6,416,000円
　原 　価 　差 　異　40,000円（不利差異）＋30,000円（不利差異）＝70,000円（不利差異）

47 直接原価計算 Ⅵ

損益計算書(全部原価計算)　　　　　(単位:円)

売 上 高		(22,100,000)
売上原価		
期首製品棚卸高	(3,200,000)	
当期製品製造原価	(10,480,000)	
合　計	(13,680,000)	
期末製品棚卸高	(2,620,000)	
差　引	(11,060,000)	
原価差異		
第1工程		
予算差異	(20,000)	
操業度差異	(150,000)	
小　計	170,000	
第2工程		
予算差異	(10,000)	
操業度差異	(160,000)	
小　計	170,000	
差異合計	340,000	(11,400,000)
売上総利益		(10,700,000)
販売費・一般管理費		(6,280,000)
営業利益		(4,420,000)

損益計算書(直接原価計算)　　　　　(単位:円)

売 上 高		(22,100,000)
変動売上原価		
期首製品棚卸高	(2,042,500)	
当期製品製造原価	(6,570,000)	
合　計	(8,612,500)	
期末製品棚卸高	(1,642,500)	
差　引	(6,970,000)	
変動原価差異		
第1工程	20,000	
第2工程	0	
差異合計	20,000	(6,990,000)
変動製造マージン		(15,110,000)
変動販売費		(1,360,000)
貢献利益		(13,750,000)
固 定 費		
第1工程加工費	(2,700,000)	
第2工程加工費	(1,450,000)	
販 売 費	(1,800,000)	
一般管理費	(3,120,000)	(9,070,000)
営業利益		(4,680,000)

固 定 費 調 整　　　　　(単位:円)

直接原価計算の営業利益		(4,680,000)
加算項目		
期末仕掛品固定費		
第1工程	(300,000)	
第2工程	(380,000)	
期末製品固定費	(977,500)	(1,657,500)
控除項目		
期首仕掛品固定費		
第1工程	(150,000)	
第2工程	(610,000)	
期首製品固定費	(1,157,500)	(1,917,500)
全部原価計算の営業利益		(4,420,000)

解答へのアプローチ

1. 全部原価計算方式による損益計算書の作成
2. 直接原価計算方式による損益計算書の作成
3. 固定費調整

解　説

1 加工費配賦率の算定

(1) 第1工程　変動加工費率　$\dfrac{17,280,000円}{21,600個} = @800円$　　　固定加工費率　$\dfrac{32,400,000円}{21,600個} = @1,500円$

(2) 第2工程　変動加工費率　$\dfrac{10,800,000円}{21,600個} = @500円$　　　固定加工費率　$\dfrac{17,280,000円}{21,600個} = @800円$

2 当月製造費用の計算

(1) 第1工程

原料費A（平均法）　$1,700\text{kg} \times \dfrac{300\text{kg} \times @1,060円 + 1,800\text{kg} \times @1,200円}{300\text{kg} + 1,800\text{kg}} = 2,006,000円$

原料費B（先入先出法）　$150\text{kg} \times @2,400円 + (856\text{kg} - 150\text{kg}) \times @2,500円 = 2,125,000円$

加 工 費
変動加工費　　$1,700個 \times @\ \ 800円 = \ \ 1,360,000円$
固定加工費　　$1,700個 \times @1,500円 = \ \ 2,550,000円$
合　　計　　　　　　　　　　　　　3,910,000円

(2) 第2工程

原料費C（先入先出法）　$50\text{kg} \times @200円 + (650\text{kg} - 50\text{kg}) \times @250円 = 160,000円$

材料費D（先入先出法）　$60\text{ケース} \times @600円 + (160\text{ケース} - 60\text{ケース}) \times @640円 = 100,000円$

加 工 費
変動加工費　　$1,600個 \times @500円 = \ \ \ \ 800,000円$
固定加工費　　$1,600個 \times @800円 = \ \ 1,280,000円$
合　　計　　　　　　　　　　　　　2,080,000円

3 直接原価計算

(1) 第1工程の生産・原価データ（物量単位：個、金額単位：円）

		第1工程（先入先出法）				
月初	A	346,000	300	1,600	1,880,000	完成
	B+変加	(205,000)	(100)	(1,600)	(3,280,000)	
当月	A	2,006,000	1,700	400	472,000	月末
	B+変加	(3,485,000)	(1,700)	(200)	(410,000)	

① 原料費B＋変動加工費
月初仕掛品原価　$125,000円 + 80,000円 = 205,000円$
当月製造費用　$2,125,000円 + 1,360,000円 = 3,485,000円$

② 月末仕掛品原価
原料費A　$2,006,000円 \div 1,700個 \times 400個 = 472,000円$
B＋変加　$3,485,000円 \div 1,700個 \times 200個 = 410,000円$

③　完成品総合原価
　　原料費Ａ　346,000円＋2,006,000円－472,000円＝1,880,000円
　　Ｂ＋変加　205,000円＋3,485,000円－410,000円＝3,280,000円
　　　　　　　　　　　　　　　　　　　　　5,160,000円

(2) 第2工程の生産・原価データ（物量単位：個、金額単位：円）

			第2工程（先入先出法）			
月初	前変	935,000	300	1,600	5,450,000	完成
	Ｃ＋変加	(120,000)	(200)	(1,600)	(1,020,000)	
	Ｄ	[0]	[0]	[1,600]	[100,000]	
				100		正減
				(100)		
				[0]		
当月	前変	5,160,000	1,600	200	645,000	月末
	Ｃ＋変加	(960,000)	(1,600)	(100)	(60,000)	
	Ｄ	[100,000]	[1,600]	[0]	[0]	

①　原料費Ｃ＋変動加工費
　　月初仕掛品原価　20,000円＋100,000円＝120,000円
　　当月製造費用　160,000円＋800,000円＝960,000円
②　月末仕掛品原価
　　前工程変動費　5,160,000円÷1,600個×200個＝645,000円
　　Ｃ＋変加　960,000円÷1,600個×100個＝60,000円
③　完成品総合原価
　　前工程変動費　935,000円＋5,160,000円－645,000円＝5,450,000円
　　Ｃ＋変加　120,000円＋960,000円－60,000円　＝1,020,000円
　　材料費Ｄ　　　　　　　　　　　　　　　　　　100,000円
　　　　　　　　　　　　　　　　　　　　　6,570,000円

(3) 販売・原価データ（物量単位：個、金額単位：円）

			販売・原価データ（先入先出法）			
月初	変	2,042,500	500	1,700	6,970,000	販売
完成	変	6,570,000	1,600	400	1,642,500	月末

①　月初製品原価
　　変動費　500個×@4,085円＝2,042,500円
②　月末製品原価
　　変動費　6,570,000円÷1,600個×400個＝1,642,500円
③　売上原価
　　変動費　2,042,500円＋6,570,000円－1,642,500円＝6,970,000円

(4) 原価差異の算定
①　第1工程変動加工費予算差異　1,700個×@800円－1,380,000円＝20,000円（借方差異）
②　第2工程変動加工費予算差異　1,600個×@500円－800,000円＝0円

4　全部原価計算

変動費の計算は 3 と同様であるため、固定費のみ計算する。

(1) 第1工程の生産・原価データ（物量単位：個、金額単位：円）

			第1工程（先入先出法）		
月初	固加	(150,000)	(100)	(1,600)	(2,400,000)	完成
当月	固加	(2,550,000)	(1,700)	(200)	(300,000)	月末

① 月末仕掛品原価
　固定加工費　2,550,000円÷1,700個×200個＝300,000円
② 完成品総合原価
　固定加工費　150,000円＋2,550,000円－300,000円＝2,400,000円

(2) 第2工程の生産・原価データ（物量単位：個、金額単位：円）

第2工程（先入先出法）					
月初	前固　450,000 固加　(160,000)	300 (200)	1,600 (1,600)	2,550,000 (1,360,000)	完成
			100 (100)		正減
当月	前固　2,400,000 固加　(1,280,000)	1,600 (1,600)	200 (100)	300,000 (80,000)	月末

① 月末仕掛品原価
　前工程固定費　2,400,000円÷1,600個×200個＝300,000円
　固 定 加 工 費　1,280,000円÷1,600個×100個＝80,000円
② 完成品総合原価
　前工程固定費　450,000円＋2,400,000円－300,000円＝2,550,000円
　固 定 加 工 費　160,000円＋1,280,000円－80,000円　＝1,360,000円
　　　　　　　　　　　　　　　　　　　　　　　　　3,910,000円

(3) 販売・原価データ（物量単位：個、金額単位：円）

販売・原価データ（先入先出法）					
月初	固　1,157,500	500	1,700	4,090,000	販売
完成	固　3,910,000	1,600	400	977,500	月末

① 月初製品原価
　固定費　500個×@2,315円＝1,157,500円
② 月末製品原価
　固定費　3,910,000円÷1,600個×400個＝977,500円
③ 売上原価
　固定費　1,157,500円＋3,910,000円－977,500円＝4,090,000円

(4) 原価差異の算定
　① 月間予算および月間基準操業度
　　第1工程固定加工費予算　32,400,000円÷12ヵ月＝2,700,000円
　　第2工程固定加工費予算　17,280,000円÷12ヵ月＝1,440,000円
　　各 工 程 の 基 準 操 業 度　21,600個÷12ヵ月＝1,800個
　② 第1工程
　　固定加工費予算差異　2,700,000円－2,700,000円＝0円
　　固定加工費操業度差異　（1,700個－1,800個）×@1,500円＝150,000円（借方差異）
　③ 第2工程
　　固定加工費予算差異　1,440,000円－1,450,000円＝10,000円（借方差異）
　　固定加工費操業度差異　（1,600個－1,800個）×@800円＝160,000円（借方差異）

(5) 全部原価（変動費＋固定費）
　完 成 品 原 価　6,570,000円＋3,910,000円＝10,480,000円
　月 末 製 品 原 価　1,642,500円＋977,500円＝2,620,000円
　売 上 原 価　6,970,000円＋4,090,000円＝11,060,000円
　第1工程予算差異　20,000円（借方差異）＋0円＝20,000円（借方差異）
　第2工程予算差異　0円＋10,000円（借方差異）＝10,000円（借方差異）

48 直接原価計算 Ⅶ

問1　予算損益計算書の作成（単位：円）

予　算　損　益　計　算　書

Ⅰ．売　　上　　高		（　240,000,000）
Ⅱ．標　準　変　動　費		
売　上　原　価	（　102,000,000）	
販　　売　　費	（　　12,000,000）	
標準変動費計		（　114,000,000）
貢　献　利　益		（　126,000,000）
Ⅲ．固　　定　　費		
製　造　間　接　費	（　　21,600,000）	
販　　売　　費	（　　　8,600,000）	
一　般　管　理　費	（　　　9,400,000）	
固　定　費　計		（　　39,600,000）
予　算　営　業　利　益		（　　86,400,000）

問2　実績損益計算書の作成（単位：円）

実　績　損　益　計　算　書

Ⅰ．売　　上　　高		（　231,660,000）
Ⅱ．標　準　変　動　費		
売　上　原　価	（　　99,450,000）	
販　　売　　費	（　　11,700,000）	
標準変動費計		（　111,150,000）
標準貢献利益		（　120,510,000）
Ⅲ．標準変動費差異		（［－］　1,050,360）
実績貢献利益		（　119,459,640）
Ⅳ．固　　定　　費		
製　造　間　接　費	（　　21,658,000）	
販　　売　　費	（　　　8,720,000）	
一　般　管　理　費	（　　　9,370,000）	
固　定　費　計		（　　39,748,000）
実績営業利益		（　　79,711,640）

問3　営業利益差異分析表の作成（単位：円）

営　業　利　益　差　異　分　析　表

1.　予　算　営　業　利　益　…………………………………………	（	86,400,000）
2.　販　売　活　動　差　異		
販　売　価　格　差　異　……………… （［－］	2,340,000）	
販　　売　　量　　差　　異　……………… （［－］	3,150,000）	
変動販売費予算差異　……………… （［－］	1,170,000）	
固定販売費予算差異　……………… （［－］	120,000）	
販　売　活　動　差　異　計　…………………………………	（［－］	6,780,000）
3.　製　造　活　動　差　異		
材　料　消　費　価　格　差　異　……………… （［＋］	597,000）	
材　料　消　費　数　量　差　異　……………… （［－］	100,000）	
労　　働　　賃　　率　　差　　異　……………… （［－］	285,360）	
労　　働　　時　　間　　差　　異　……………… （［－］	72,000）	
変動製造間接費予算差異　……………… （［＋］	28,000）	
変動製造間接費能率差異　……………… （［－］	48,000）	
固定製造間接費予算差異　……………… （［－］	58,000）	
製　造　活　動　差　異　計　…………………………………	（［＋］	61,640）
4.　一　般　管　理　活　動　差　異　………………………………………	（［＋］	30,000）
5.　実　績　営　業　利　益　…………………………………………	（	79,711,640）

問4　販売量差異の分析（単位：円）

市　場　総　需　要　量　差　異　……………… （［－］	7,875,000）	
市　場　占　拠　率　差　異　……………… （［＋］	4,725,000）	

解答へのアプローチ

1. 予算損益計算書の作成
2. 実績損益計算書の作成
3. 営業利益差異分析表の作成
4. 販売量差異の分析

255

解　説

1 予算損益計算書の作成

1. 売上高　　　　　　　　12,000個×@20,000円＝240,000,000円
2. 標準変動売上原価　　12,000個×@ 8,500円＝102,000,000円
3. 標準変動販売費　　　12,000個×@ 1,000円＝ 12,000,000円
4. 固定費

製造間接費　21,600,000円 ⎫
販　売　費　 8,600,000円 ⎬ 計：39,600,000円
一般管理費　 9,400,000円 ⎭

2 実績損益計算書の作成

1. 生産および販売データ（単位：個）

生産データ				販売データ			
期首	200 － 80	完成	11,800 －11,800	期首	200	販売	11,700
当期	11,900 － 11,870	期末	300 － 150	当期	11,800	期末	300

2. 売上高　　　　　　　　11,700個×@19,800円＝231,660,000円
3. 標準変動売上原価　　11,700個×@ 8,500円＝ 99,450,000円
4. 標準変動販売費　　　11,700個×@ 1,000円＝ 11,700,000円
5. 標準変動費差異

　　不利差異、有利差異については、予算営業利益に対してマイナスする場合を不利差異、プラスする場合を有利差異としている。

直接材料費差異　　　11,900個×@2,500円－29,253,000円　　　 ＝ 497,000円（有利差異）
直接労務費差異　　　11,870個×@3,600円－43,089,360円　　　 ＝ 357,360円（不利差異）
変動製造間接費差異　11,870個×@2,400円－28,508,000円　　　 ＝ 20,000円（不利差異）
変動販売費差異　　　11,700個×@1,000円－11,700個×@1,100円 ＝1,170,000円（不利差異）
　　　　合　計　　　　　　　　　　　　　　　　　　　　　　　 1,050,360円（不利差異）

6. 固定費

製造間接費　21,658,000円 ⎫
販　売　費　 8,720,000円 ⎬ 計：39,748,000円
一般管理費　 9,370,000円 ⎭

3 営業利益差異分析表の作成

1. 販売活動差異
   (1) 製品1個あたり予算貢献利益

販売価格　　　20,000円
変動製造原価　 8,500円
変動販売費　　 1,000円
貢献利益　　　10,500円

   (2) 販 売 価 格 差 異　11,700個×（@19,800円－@20,000円）＝2,340,000円（不利差異）
   (3) 販 売 量 差 異　（11,700個－12,000個）×@10,500円＝3,150,000円（不利差異）
   (4) 変動販売費予算差異　11,700個×@1,000円－11,700個×@1,100円＝1,170,000円（不利差異）
   (5) 固定販売費予算差異　8,600,000円－8,720,000円＝120,000円（不利差異）

2. 製造活動差異
    (1) 材料消費価格差異および材料消費数量差異

	実際直接材料費　29,253,000円	
実際価格@490円	材料消費価格差異　597,000円（有利差異）	
標準価格@500円	標準直接材料費 29,750,000円	材料消費数量差異 100,000円（不利差異）
	標準消費量 59,500kg	実際消費量 59,700kg

    ① 標 準 消 費 量　11,900個×5kg＝59,500kg
    ② 実 際 価 格　$\frac{29,253,000円}{59,700kg}$ ＝@490円
    ③ 材料消費価格差異　59,700kg×@500円－29,253,000円＝597,000円（有利差異）
    ④ 材料消費数量差異　（59,500kg－59,700kg）×@500円＝100,000円（不利差異）

    (2) 労働賃率差異および労働時間差異

	実際直接労務費　43,089,360円	
実際賃率@604円	労働賃率差異　285,360円（不利差異）	
標準賃率@600円	標準直接労務費 42,732,000円	労働時間差異 72,000円（不利差異）
	標準作業時間 71,220時間	実際作業時間 71,340時間

    ① 標 準 作 業 時 間　11,870個×6時間＝71,220時間
    ② 実 際 賃 率　$\frac{43,089,360円}{71,340時間}$ ＝@604円
    ③ 労働賃率差異　71,340時間×@600円－43,089,360円＝285,360円（不利差異）
    ④ 労働時間差異　（71,220時間－71,340時間）×@600円＝72,000円（不利差異）

    (3) 変動製造間接費予算差異および変動製造間接費能率差異

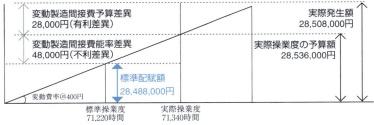

    ① 標 準 操 業 度　11,870個×6時間＝71,220時間
    ② 変動製造間接費能率差異　（71,220時間－71,340時間）×@400円＝48,000円（不利差異）
    ③ 変動製造間接費予算差異　71,340時間×@400円－28,508,000円＝28,000円（有利差異）

    (4) 固定製造間接費予算差異　21,600,000円－21,658,000円＝58,000円（不利差異）

3. 一般管理活動差異　9,400,000円－9,370,000円＝30,000円（有利差異）

4　販売量差異の分析

予算貢献利益 @10,500円	予算貢献利益 126,000,000円	市場総需要量差異 7,875,000円（不利差異）	市場占拠率差異 4,725,000円（有利差異）
	予算販売量 12,000個	実際総需要量に基づく予算販売量 11,250個	実際販売量 11,700個

① 実 際 総 需 要 量　$\frac{11,700個}{26\%}$ ＝45,000個
② 実際総需要量に基づく予算販売量　45,000個×25％＝11,250個
③ 市場占拠率差異　（11,700個－11,250個）×@10,500円＝4,725,000円（有利差異）
④ 市場総需要量差異　（11,250個－12,000個）×@10,500円＝7,875,000円（不利差異）

49 直接原価計算 Ⅷ

問1　予算営業利益

| 36,036,000 | 円 |

問2　損益分岐点における各製品の販売量

製　品　A　　　　　　　製　品　B

| 4,880 | 台 |　| 2,440 | 台 |

問3　予算販売量および予算営業利益

製　品　A　　　　　　製　品　B　　　　　　予算営業利益

| 9,000 | 台 |　| 3,500 | 台 |　| 39,486,000 | 円 |

問4　予算販売量および予算営業利益

製　品　A　　　　　　製　品　B　　　　　　予算営業利益

| 5,000 | 台 |　| 7,000 | 台 |　| 37,836,000 | 円 |

問5　予算販売量および予算営業利益

製　品　A　　　　　　製　品　B　　　　　　予算営業利益

| 6,000 | 台 |　| 6,000 | 台 |　| 37,236,000 | 円 |

解答へのアプローチ

1. 予算営業利益の計算
2. 多品種製品のＣＶＰ分析
3. 最適セールス・ミックスの計算

解説

1 製品1台あたりの貢献利益の計算

	製品A	製品B
販　売　価　格	21,250円	26,350円
変　動　費	13,750円	18,250円
貢　献　利　益	7,500円	8,100円

2 予算営業利益

	製品A（8,000台）	製品B（4,000台）	合　計
売　上　高	170,000,000円	105,400,000円	275,400,000円
変　動　費	110,000,000円	73,000,000円	183,000,000円
貢　献　利　益	60,000,000円	32,400,000円	92,400,000円
固　定　費			56,364,000円
営　業　利　益			36,036,000円

3 販売量割合を前提とした場合の多品種製品ＣＶＰ分析

販売割合＝製品Ａ8,000台：製品Ｂ4,000台＝２：１
製品Ａ@7,500円×２台＋製品Ｂ@8,100円×１台＝１セットあたりの貢献利益23,100円

貢 献 利 益	56,364,000円÷23,100円/セット ＝ 2,440セット
固 定 費	56,364,000円
営 業 利 益	0円

製品Ａ　2,440セット×２＝4,880台
製品Ｂ　2,440セット×１＝2,440台

4 最適セールス・ミックスの計算（ボトルネックが材料購入数量の場合）

製品Ａの製造販売量をＡ、製品Ｂの製造販売量をＢとすると制約条件は下記のようになる。

$$A \leqq 9,000 \quad \cdots\cdots ①$$
$$B \leqq 7,000 \quad \cdots\cdots ②$$
$$10A + 12B \leqq 132,000 \cdots\cdots ③$$

材料の購入量に制約があるため、１kgあたりの貢献利益が高い製品を最大に製造販売する。

製品Ａ　$\dfrac{7,500円}{10kg}$ ＝ 750円/kg ＞ 製品Ｂ　$\dfrac{8,100円}{12kg}$ ＝ 675円/kg

よって製品Ａを最大限製造販売し、残りの稀少資源を使用し製品Ｂを製造販売する。
製品Ａ＝9,000台
製品Ａ＝9,000台を③式に代入する。
10kg×9,000台＋12Ｂ＝132,000kg
　　　　　　　　Ｂ＝3,500台

	製品Ａ（9,000台）	製品Ｂ（3,500台）	合　　　計
貢 献 利 益	67,500,000円	28,350,000円	95,850,000円
固 定 費			56,364,000円
営 業 利 益			39,486,000円

5 最適セールス・ミックスの計算（ボトルネックが年間合計需要量の場合）

製品Ａの製造販売量をＡ、製品Ｂの製造販売量をＢとすると制約条件は下記のようになる。

$$A \leqq 9,000 \quad \cdots\cdots ①$$
$$B \leqq 7,000 \quad \cdots\cdots ②$$
$$A + B \leqq 12,000 \cdots\cdots ③$$

販売数量が制約条件であるため、１台あたりの貢献利益が高い製品を最大に製造販売する。
　製品Ａ＝7,500円/台　＜　製品Ｂ＝8,100円/台
よって、製品Ｂを最大限製造販売し、残りの稀少資源を使用し製品Ａを製造販売する。
製品Ｂ＝7,000台
製品Ｂ＝7,000台を③式に代入する。
Ａ＋7,000台＝12,000台
　　　Ａ＝5,000台

	製品Ａ（5,000台）	製品Ｂ（7,000台）	合　　　計
貢 献 利 益	37,500,000円	56,700,000円	94,200,000円
固 定 費			56,364,000円
営 業 利 益			37,836,000円

6 最適セールス・ミックスの計算（ボトルネックが2種類の場合）

ボトルネックが2種類以上の場合、リニアー・プログラミングで解答する。
製品Aの製造販売量をA、製品Bの製造販売量をB、貢献利益をZとすると、

＜制約条件＞
$10A + 12B \leq 132{,}000$ ……①
$A + B \leq 12{,}000$ ……②
$A \leq 9{,}000$ ……③
$B \leq 7{,}000$ ……④

＜非負条件＞
$A \geq 0$
$B \geq 0$

＜目的関数＞
$\max Z = \max(7{,}500A + 8{,}100B)$

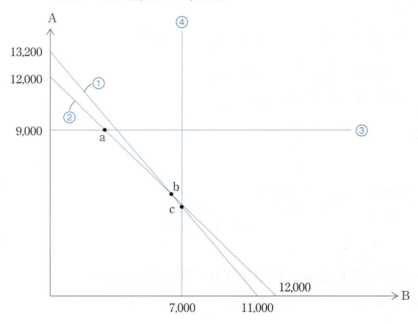

上記の制約条件をグラフで示すと左記になる。利益を最大にするA、Bの組合わせは、a、b、cの端点のうち1つになる。

貢献利益が最大となるものが営業利益が最大となるため

a． A　9,000台×7,500円/台＝67,500,000円
　　 B　3,000台×8,100円/台＝24,300,000円
　　　　　　　　　　　　　　　91,800,000円

b． A　6,000台×7,500円/台＝45,000,000円
　　 B　6,000台×8,100円/台＝48,600,000円
　　　　　　　　　　　　　　　93,600,000円

c． A　4,800台×7,500円/台＝36,000,000円
　　 B　7,000台×8,100円/台＝56,700,000円
　　　　　　　　　　　　　　　92,700,000円

よって、利益が最大となる組合せはbとなる。最適セールス・ミックスにおける営業利益を計算すると次のようになる。

　　貢 献 利 益　　93,600,000円
　　固 　定 　費　　56,364,000円
　　営 業 利 益　　37,236,000円

50 直接原価計算 Ⅸ

第1問

問1　K社の月間の損益分岐点の売上高 ＝ 〔 7,000 〕万円

問2　税引前の営業利益が、

　　　売上高の10%になる売上高　　＝ 〔 9,000 〕万円

問3　目標利益を達成する売上高　　＝ 〔 12,345 〕万円

第2問

問1　月間の最適セールス・ミックスは、

　　　X₁を〔 3,000 〕個、X₂を〔 1,500 〕個生産・販売する組合せである。

問2　税引前の月間営業利益 ＝〔 200 〕万円

問3　X₂1個あたりの貢献利益が〔 800 〕円より少なくなれば、最適セールス・ミックスは変化する。

第3問

問1

製品H〔 1,234 〕個　　　製品T〔 2,468 〕個　　　製品K〔 3,702 〕個

問2

製品H〔 3,333 〕個　　　製品T〔 6,666 〕個　　　製品K〔 9,999 〕個

問3

製品H〔 53,328,000 〕円　製品T〔 35,552,000 〕円　製品K〔 17,776,000 〕円

問4

製品H〔 10,000 〕個　　　製品T〔 10,000 〕個　　　製品K〔 10,000 〕個

年 間 営 業 利 益〔 26,628,000 〕円

解答へのアプローチ

第1問　1.　CVP分析

第2問　1.　最適セールス・ミックスの計算
　　　　　2.　条件変化に伴う最適セールス・ミックスの計算

第3問　1.　多品種製品のCVP分析
　　　　　2.　最適セールス・ミックスの計算

解 説

第1問

1　直接標準原価計算を採用した場合の損益分岐分析

(1) 原価データのまとめ

販 売 単 価	？ 万円（100%）	
変動製造原価	？ 万円（ 52%）	製 造 固 定 費　2,457万円
変 動 販 売 費	？ 万円（ 3%）	販売・一般管理固定費　693万円
貢 献 利 益	？ 万円（ 45%）	月間固定費合計　3,150万円

(2) 損益分岐点の売上高の計算

$$\frac{3,150万円（月間固定費）}{45\%（貢献利益率）} = 7,000万円$$

(3) 目標営業利益率を達成する売上高の計算

売上高をXとして計算すると、次のようになる。

$$0.45X - 3,150万円 = 0.1X$$
$$X = 9,000万円$$

261

(4) 目標利益を達成する売上高の計算

売上高をXとした場合、税引後の営業利益が1,443.15万円なので、

(0.45X － 3,150万円) × (1 － 40%) ＝ 1,443.15万円

X ＝ 12,345万円

第2問

1 リニアー・プログラミング（L／P）による最適セールス・ミックスの計算

(1) 目的関数、制約条件および非負条件

製品X_1の個数をX_1、製品X_2の個数をY_2、貢献利益をZとする。

・目的関数　　maxZ＝max（1,200X_1＋2,000X_2）
・制約条件　　製品X_1の最大需要量　　$X_1 \leq 3,500$…………①
　　　　　　　製品X_2の最大需要量　　$X_2 \leq 4,000$…………②
　　　　　　　機械加工部作業時間　　　$2.0X_1 + 4.0X_2 \leq 12,000$…………③
　　　　　　　組 立 部 作 業 時 間　　$1.5X_1 + 1.0X_2 \leq 6,000$…………④
・非負条件　　$X_1 \geq 0$　　$X_2 \geq 0$

(2) 可能領域のグラフ

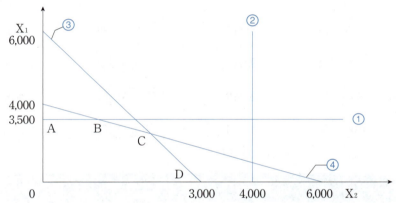

A点は①とX_1軸の交点：①よりX_1＝3,500個　　　　　B点は①と④の交点：①よりX_1＝3,500個
　　　　　　　　　　　　　X_1軸よりX_2＝0個　　　　　　　　　　　　　　　　　④より1.5×3,500＋X_2＝6,000
　　　X_2＝750個

C点は③と④の交点：④×4より　　　6.0X_1＋4.0X_2＝24,000
　　　　　　　　　③より　　　　－）2.0X_1＋4.0X_2＝12,000
　　　　　　　　　　　　　　　　　　4.0X_1＝12,000
　　　　　　　　　　　　　　　　　　　X_1＝　3,000個

③より2.0×3,000＋4.0X_2＝12,000
　　　　　　　　　　X_2＝1,500個

D点は③とX_2軸の交点：③よりX_2＝3,000個
　　　　　　　　　　　　X_2軸よりX_1＝0個

(3) 各端点の貢献利益の計算（目的関数に代入して計算）

A（3,500個×1,200円＋　　 0個×2,000円）＝4,200,000円
B（3,500個×1,200円＋　 750個×2,000円）＝5,700,000円
C（3,000個×1,200円＋1,500個×2,000円）＝6,600,000円
D（　　 0個×1,200円＋3,000個×2,000円）＝6,000,000円

よって、C点（X_1＝3,000個、X_2＝1,500個）が最大貢献利益となり、このときの営業利益は
6,600,000円－4,600,000円＝2,000,000円となる。

2 条件の変更に伴う最適セールス・ミックス

　この問題は、貢献利益が変化するだけで、他の条件は一切変化しないことから、可能領域についても変化しない。そこで可能領域内にある最適セールス・ミックスの端点については、X_2が競争の激化で値下げをするということは貢献利益も減少するので、その減少分の利益はX_1の販売量を増加させることによりカバーすることになる（すなわちグラフでみると最適セールス・ミックスの端点がCからBへ移動する）。

　そこで、製品X_2の単位あたり貢献利益をXとすると、

$$3,500個 \times 1,200円 + 750個 \times X円 = 3,000個 \times 1,200円 + 1,500個 \times X円$$
$$X円 = 800円$$

　よって、製品X_2の単位あたり貢献利益が800円より少なくなると、最適セールス・ミックスはC点からB点に変化することになる。

第3問

1 製品1個あたり貢献利益の計算

	製品H	製品T	製品K
販売価格	4,000円	4,500円	5,000円
原料費	1,600円	1,700円	2,150円
変動加工費	1,400円	1,200円	1,100円
変動販売費	200円	250円	250円
貢献利益	800円	1,350円	1,500円
貢献利益率	20%	30%	30%

2 年間固定費予算総額の計算

$$4,937,000円 + 2,290,980円 + 2,644,020円 = 9,872,000円$$

3 販売量割合を前提とした場合のCVP分析

(1) 1セットあたり貢献利益の計算　$800円 \times 1個 + 1,350円 \times 2個 + 1,500円 \times 3個 = 8,000円$

(2) 損益分岐点販売量の計算
　① 損益分岐点における販売セット数
$$\frac{9,872,000円}{8,000円} = 1,234セット$$
　② 製品Hの販売量　$1,234セット \times 1個 = 1,234個$
　③ 製品Tの販売量　$1,234セット \times 2個 = 2,468個$
　④ 製品Kの販売量　$1,234セット \times 3個 = 3,702個$

(3) 目標営業利益達成時の販売量の計算
　① 目標営業利益達成時の販売セット数
$$\frac{9,872,000円 + 16,792,000円}{8,000円} = 3,333セット$$
　② 製品Hの販売量　$3,333セット \times 1個 = 3,333個$
　③ 製品Tの販売量　$3,333セット \times 2個 = 6,666個$
　④ 製品Kの販売量　$3,333セット \times 3個 = 9,999個$

4 売上高割合を前提とした場合のCVP分析

(1) 加重平均貢献利益率の計算　製品H$20\% \times \dfrac{3}{6}$ + 製品T$30\% \times \dfrac{2}{6}$ + 製品K$30\% \times \dfrac{1}{6} = 25\%$

(2) 目標営業利益達成時の売上高総額の計算　$\dfrac{9,872,000円 + 16,792,000円}{25\%} = 106,656,000円$

(3) 各製品売上高の計算
　① 製品H　$106,656,000円 \times 3/6 = 53,328,000円$
　② 製品T　$106,656,000円 \times 2/6 = 35,552,000円$
　③ 製品K　$106,656,000円 \times 1/6 = 17,776,000円$

5 最適セールス・ミックスの計算

(1) ボトルネックの判定
　① 機械稼働時間　$15,000個 \times 2時間 + 12,000個 \times 3時間 + 10,000個 \times 2時間 = 86,000時間 > 70,000時間$
　② 直接作業時間　$15,000個 \times 1時間 + 12,000個 \times 2時間 + 10,000個 \times 1.5時間 = 54,000時間 > 45,000時間$
　③ 材料消費量　$15,000個 \times 1kg + 12,000個 \times 1.5kg + 10,000個 \times 2kg = 53,000kg < 55,000kg$
　よって、機械稼働時間および直接作業時間がボトルネックとなる。

(2) ボトルネック単位あたり貢献利益の計算

	製品H	製品T	製品K
機械稼働時間1時間あたり	800円÷2時間=400円	1,350円÷3時間=450円	1,500円÷2時間= 750円
直接作業時間1時間あたり	800円÷1時間=800円	1,350円÷2時間=675円	1,500円÷1.5時間=1,000円

よって、製品Kはボトルネック単位あたり貢献利益がどちらの場合でも最も高いため年間最大需要量の製造販売を行う。残りの稀少資源をリニアー・プログラミングにより解答する。

(3) リニアー・プログラミングによる計算

製品Hの販売量をH、製品Tの販売量をT、貢献利益をZとする。
① 目的関数　max Z＝max（800H＋1,350T）
② 制約条件
　　機械稼働時間の制約　　2H＋3T≦70,000－10,000×2　……①
　　直接作業時間の制約　　H＋2T≦45,000－10,000×1.5……②
　　製品H最大需要量　　　H≦15,000………………………③
　　製品T最大需要量　　　T≦12,000………………………④
③ 非負条件
　　製品Hの非負条件　H≧0　製品Tの非負条件　T≧0
④ グラフの作成

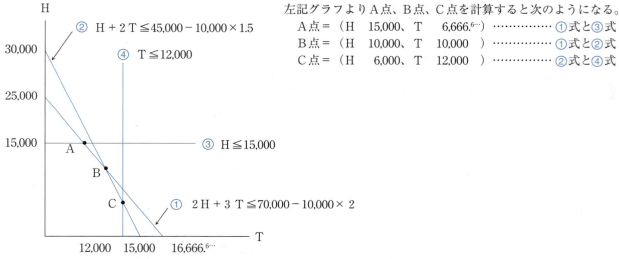

左記グラフよりA点、B点、C点を計算すると次のようになる。
A点＝（H　15,000、T　　6,666.6…）…………①式と③式
B点＝（H　10,000、T　10,000　）…………①式と②式
C点＝（H　　6,000、T　12,000　）…………②式と④式

A点における最適解を計算すると

				機械稼働時間	直接作業時間	
H	15,000、	T	6,666…	生産可能	生産可能…	(イ)
H	14,999、	T	6,667…	生産可能	生産可能…	(ロ)
H	14,999、	T	6,668…	生産不能	生産可能…	(ハ)
H	14,998、	T	6,668…	生産可能	生産可能…	(ニ)
H	14,998、	T	6,669…	生産不能	生産可能…	(ホ)
H	14,997、	T	6,668…	生産可能	生産可能…	(ヘ)

よって、(イ)、(ロ)、(ニ)、(ヘ) について貢献利益を計算すると
　(イ) ＝15,000個×800円＋6,666個×1,350円＝20,999,100円
　(ロ) ＝14,999個×800円＋6,667個×1,350円＝20,999,650円
　(ニ) ＝14,998個×800円＋6,668個×1,350円＝21,000,200円
　(ヘ) ＝14,997個×800円＋6,668個×1,350円＝20,999,400円　となり、A点の最適解は (ニ) となる。
ここで、すべての点について、目的関数に代入し貢献利益を計算すると次のようになる。
　A点＝14,998個×800円＋　6,668個×1,350円＝21,000,200円
　B点＝10,000個×800円＋10,000個×1,350円＝21,500,000円
　C点＝　6,000個×800円＋12,000個×1,350円＝21,000,000円　よって、B点が最大の貢献利益となる。
⑤ 年間営業利益　10,000個×800円＋10,000個×1,350円＋10,000個×1,500円－9,872,000円＝26,628,000円

51 直接原価計算 Ⅹ

第1問

問1　変動加工費率＝（　　　　1,300　）円/時

　　　　固定加工費＝（　　　　850　）万円

問2

予算原案の予定損益計算書

製品品種	A	B	C	D	合計
計画販売量（個）	10,000	4,000	9,000	12,000	
製品単位あたり貢献利益（円）	（　360　）	（　1,800　）	（　2,400　）	（　1,000　）	
貢献利益（万円）	（　360　）	（　720　）	（　2,160　）	（　1,200　）	（　4,440　）
差引：固定費					
固定加工費（万円）					（　850　）
固定販管費（万円）					1,330
予算営業利益（万円）					（　2,260　）

問3

改訂案の予定損益計算書

製品品種	A	B	C	D	合計
計画販売量（個）	（　5,000　）	（　5,000　）	（　9,000　）	（　14,500　）	
製品単位あたり貢献利益（円）	（　360　）	（　1,800　）	（　2,400　）	（　1,000　）	
貢献利益（万円）	（　180　）	（　900　）	（　2,160　）	（　1,450　）	（　4,690　）
差引：固定費					
固定加工費（万円）					（　850　）
固定販管費（万円）					1,330
予算営業利益（万円）					（　2,510　）
差引：予算原案の営業利益（万円）					（　2,260　）
改訂による営業利益の増加額（万円）					（　250　）

第2問

問1　損益分岐点の販売量

　　ST製品＝｜　　　200　｜台　　　　DX製品＝｜　　　120　｜台

問2　目標営業利益を獲得する販売量

　　ST製品＝｜　　　450　｜台　　　　DX製品＝｜　　　270　｜台

第3問

問1　最適セールス・ミックス

　　ST製品＝｜　　　500　｜台　　　　DX製品＝｜　　　200　｜台

問2　条件変更後の最適セールス・ミックス

　　ST製品＝｜　　　100　｜台　　　　DX製品＝｜　　　400　｜台

原価・営業量・利益関係の分析

予算編成

直接原価計算

業務的意思決定

構造的意思決定

解答へのアプローチ

第1問

1. 原価の固定費と変動費の分解（高低点法）
2. 予定損益計算書の作成
3. 最適セールス・ミックスの計算

第2問

1. 多品種製品の損益分岐点の販売量の計算
2. 目標営業利益を獲得する販売量の計算

第3問

1. 最適セールス・ミックスの計算

解　説

第1問

1 高低点法による原価の固定費・変動費の分解

変動加工費率の計算　$\dfrac{30{,}600{,}000円 - 17{,}340{,}000円}{17{,}000時間 - 6{,}800時間} = @1{,}300円$

固定加工費の計算　$30{,}600{,}000円 - @1{,}300円 \times 17{,}000時間 = 8{,}500{,}000円$（＝850万円）

2 予定損益計算書の作成

(1) 製品単位あたり変動加工費（製品単位あたり機械加工時間×変動加工費率）

A　0.3時間×@1,300円＝@　390円
B　0.5時間×@1,300円＝@　650円
C　0.8時間×@1,300円＝@1,040円
D　0.4時間×@1,300円＝@　520円

(2) 製品単位あたり貢献利益（販売単価－原料費－製品単位あたり変動加工費）

A　@1,000円－@　250円－@　390円＝@　360円
B　@5,000円－@2,550円－@　650円＝@1,800円
C　@4,000円－@　560円－@1,040円＝@2,400円
D　@2,000円－@　480円－@　520円＝@1,000円

(3) 各製品品種別の貢献利益（計画販売量×製品単位あたり貢献利益）

A　10,000個×@　360円＝　3,600,000円（＝　360万円）
B　　4,000個×@1,800円＝　7,200,000円（＝　720万円）
C　　9,000個×@2,400円＝21,600,000円（＝2,160万円）
D　12,000個×@1,000円＝12,000,000円（＝1,200万円）
　　　　　　　　　　　　　44,400,000円（＝4,440万円）

(4) 予算営業利益（貢献利益－固定費）

44,400,000円－8,500,000円－13,300,000円＝22,600,000円（＝2,260万円）

3 改訂案の予定損益計算書の作成

(1) 最適セールス・ミックスの計算

　主要設備の機械加工時間に17,000時間という制約条件を有するので、機械加工時間あたりの貢献利益の高いものから優先的に生産・販売を行う。ただし、各製品には予想最大販売量以外に長期契約最低販売量が設定されていることに注意しなければならない。

① 優先順位の決定（機械加工時間あたりの貢献利益）

A @ 360円÷0.3時間＝1,200円→第4位
B @1,800円÷0.5時間＝3,600円→第1位
C @2,400円÷0.8時間＝3,000円→第2位
D @1,000円÷0.4時間＝2,500円→第3位

② 生産・販売量の計算

製品品種B（第1位）
予想最大販売量まで生産・販売すれば5,000個
機械加工時間は5,000個×0.5時間＝2,500時間

製品品種C（第2位）
予想最大販売量まで生産・販売すれば9,000個
機械加工時間は9,000個×0.8時間＝7,200時間

製品品種D（第3位）
予想最大販売量まで生産・販売すれば16,000個

よって、機械加工時間は16,000個×0.4時間＝6,400時間となるが、この時点の機械加工時間はあと残り900時間となり製品品種Aの生産販売量（3,000個＝900時間÷0.3時間）が長期契約最低販売量（5,000個）を下回ってしまうので、先に製品品種Aの長期契約最低販売量5,000個を確保しなければならない。

したがって、製品品種Aの機械加工時間は5,000個×0.3時間＝1,500時間となり、製品品種Dは機械加工時間の余力（17,000時間－2,500時間－7,200時間－1,500時間＝5,800時間）により生産されることになり5,800時間÷0.4時間＝14,500個となる。

(2) 各製品品種別の貢献利益（計画販売量×製品単位あたり貢献利益）

A 5,000個×@ 360円＝ 1,800,000円（＝ 180万円）
B 5,000個×@1,800円＝ 9,000,000円（＝ 900万円）
C 9,000個×@2,400円＝21,600,000円（＝2,160万円）
D 14,500個×@1,000円＝14,500,000円（＝1,450万円）
46,900,000円（＝4,690万円）

(3) 予算営業利益（貢献利益－固定費）
46,900,000円－8,500,000円－13,300,000円＝25,100,000円（＝2,510万円）

(4) 改訂による営業利益の増加額
25,100,000円－22,600,000円＝2,500,000円（＝250万円）

第2問

1 多品種製品の損益分岐点販売量

(1) 製品1台あたりの貢献利益

	ＳＴ製品	ＤＸ製品
1台あたり販売価格	50,000円	60,000円
1台あたり変動費	30,000円	33,000円
1台あたりの貢献利益	20,000円	27,000円

(2) 販売量割合5：3における1セットあたりの貢献利益
5台×20,000円＋3台×27,000円＝181,000円

(3) 損益分岐点販売量の計算

① 損益分岐点における販売セット数 $\dfrac{7,240,000円}{181,000円}＝40セット$

② ＳＴ製品の損益分岐点販売量 40セット×5台＝200台

③ ＤＸ製品の損益分岐点販売量 40セット×3台＝120台

267

2 多品種製品の目標営業利益達成のための販売量

(1) 目標販売量における販売セット数　$\dfrac{7,240,000円 + 9,050,000円}{181,000円} = 90$ セット

(2) ＳＴ製品の目標販売量　90セット × 5台 = 450台

(3) ＤＸ製品の目標販売量　90セット × 3台 = 270台

第3問

1 最適セールス・ミックス（リニアー・プログラミング）

ＳＴ製品の販売量をＳ、ＤＸ製品の販売量をＤ、貢献利益をＺとする。

(1) 目的関数　$\max Z = \max(20,000S + 27,000D)$

(2) 制約条件　機械加工部の制約　$2S + 2D \leq 1,400$ ……①
　　　　　　組立部の制約　　　$S + 2D \leq 900$ ……②
　　　　　　ＤＸ製品製造可能量の制約　　$D \leq 300$ ……③

(3) 非負条件　$S \geq 0$　$D \geq 0$

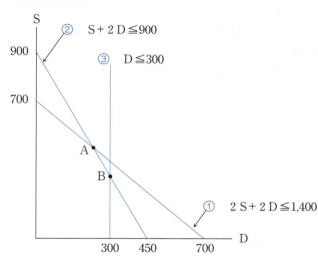

左記のグラフからＡ点とＢ点の2つの点が計算できる。
Ａ点 = （ Ｓ 500 ： Ｄ 200 ）
Ｂ点 = （ Ｓ 300 ： Ｄ 300 ）
これを目的関数の計算式に代入すると、
Ａ点 = 500台 × 20,000円 + 200台 × 27,000円 = 15,400,000円
Ｂ点 = 300台 × 20,000円 + 300台 × 27,000円 = 14,100,000円
したがって、Ａ点が最大貢献利益となる。

2 条件変更後の最適セールス・ミックス（リニアー・プログラミング）

前記 1 (1) の目的関数が $\max Z = \max(10,000S^{※1} + 27,000D)$ と変更される。

　※1　変更後1台あたり貢献利益40,000円 − 30,000円 = 10,000円

また、ＤＸ製品製造可能量の制約がＤ ≤ 400 ……③と変更され、その他に変更はない。

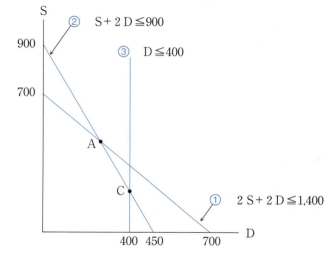

左記のグラフからＡ点とＣ点の2つの点が計算できる。
Ａ点 = （ Ｓ 500 ： Ｄ 200 ）
Ｃ点 = （ Ｓ 100 ： Ｄ 400 ）
これを目的関数の計算式に代入すると、
Ａ点 = 500台 × 10,000円 + 200台 × 27,000円 = 10,400,000円
Ｃ点 = 100台 × 10,000円 + 400台 × 27,000円 = 11,800,000円
したがって、Ｃ点が最大貢献利益となる。

52 直接原価計算 XI

第1問
問1

事業部別予算損益計算書

(単位：千円)

	A 事 業 部		C 事 業 部	
1．売上高				
（1）外部市場への外部販売高	（ 36,000 ）			（ 120,000 ）
（2）C事業部への内部販売高	（ 17,100 ）	（ 53,100 ）		
2．標準変動費				
（1）変動製造原価	（ 16,620 ）		（ 40,300 ）	
（2）変 動 販 売 費	（ 1,800 ）	（ 18,420 ）	（ 4,500 ）	（ 44,800 ）
差引：貢献利益		（ 34,680 ）		（ 75,200 ）
3．管理可能事業部固定費		（ 13,000 ）		（ 22,000 ）
差引：管理可能営業利益		（ 21,680 ）		（ 53,200 ）
4．管理可能投資額に対する資本コスト		（ 7,775 ）		（ 19,950 ）
差引：税引前管理可能残余利益		（ 13,905 ）		（ 33,250 ）
5．管理不能事業部関連費				
（1）管理不能事業部固定費	（ 2,000 ）		（ 3,000 ）	
（2）本部費用および事業部共通費	（ 2,400 ）		（ 3,600 ）	
（3）管理不能投資額に対する資本コスト	（ 1,225 ）	（ 5,625 ）	（ 2,550 ）	（ 9,150 ）
差引：税引前純残余利益		（ 8,280 ）		（ 24,100 ）

問2

	名　　　　称	比率または金額	
比　　率	管理可能投下資本利益率	40	％
金　　額	税引前管理可能残余利益	33,250	千円

問3
A事業部からC事業部への内部振替価格は、1個あたり 　　10,000　　 円である。

第2問
部品Sの1個あたり内部振替価格 　　1,500　　 円

解答へのアプローチ

第1問　1．内部振替価格の計算　　**第2問**　1．内部振替価格の計算
　　　　　2．事業部別予算損益計算書の作成
　　　　　3．事業部長の業績測定

解　説

第1問

1 事業部別予算損益計算書の作成

（1）A事業部

① 売　上　高　外部市場　4千個×@9,000円　＝36,000千円
　　　　　　　　　C事業部　2千個×@8,550円[※1]＝17,100千円

※1　@9,000円－@450円＝@8,550円

269

② 標準変動費　製造原価　　6千個×@2,770円＝16,620千円

変動販売費　　4千個×@　450円＝　1,800千円

③ 管理可能事業部固定費　　13,000千円

④ 管理可能投資額に対する資本コスト　77,750千円×10％＝7,775千円

⑤ 管理不能事業部固定費　　2,000千円

⑥ 本部費用および事業部共通費　　6,000千円×40％＝2,400千円

⑦ 管理不能投資額に対する資本コスト　12,250千円[※2]×10％＝1,225千円

※2　90,000千円－77,750千円
　　＝12,250千円

(2) C事業部

① 売　上　高　外部市場　　2千個×@60,000円＝120,000千円

② 標準変動費　製造原価　　2千個×@11,600円＝　23,200千円

2千個×@　8,550円＝　17,100千円

40,300千円

変動販売費　　2千個×@　2,250円＝　4,500千円

③ 管理可能事業部固定費　　22,000千円

④ 管理可能投資額に対する資本コスト　133,000千円×15％＝19,950千円

⑤ 管理不能事業部固定費　　3,000千円

⑥ 本部費用および事業部共通費　　6,000千円×60％＝3,600千円

⑦ 管理不能投資額に対する資本コスト　17,000千円[※3]×15％＝2,550千円

※3　150,000千円－133,000千円
　　＝17,000千円

2 事業部長の業績測定尺度

(1) 管理可能投下資本利益率

$$\frac{53,200千円}{133,000千円} = 40\%$$

(2) 税引前管理可能残余利益

$$53,200千円 - 133,000千円 \times 15\% = 33,250千円$$

3 差額原価加算基準による内部振替価格の計算

(1) 全社的な貢献利益の算定

	A事業部	C事業部
売上高（外部）	———	120,000千円
売上高（内部）	5,540千円→	5,540千円
変動費	5,540千円[※4]	27,700千円[※5]
貢献利益	0千円	86,760千円

※4　2千個×@　2,770円＝5,540千円
※5　2千個×@11,600円＋4,500千円
　　＝27,700千円

(2) 貢献利益の按分計算　$86,760千円 \times \dfrac{5,540千円}{5,540千円 + 27,700千円} = 14,460千円$

(3) 内部振替価格　$\dfrac{5,540千円 + 14,460千円}{2千個} = @10,000円$

第2問

1 全部原価加算基準による内部振替価格の計算

A事業部の内部売上高をXとすると

(1) 資本（固定資本＋変動資本）　95,000,000円＋0.2X

(2) 目標利益　（95,000,000円＋0.2X）×10％＝9,500,000円＋0.02X

(3) A事業部の内部売上高

X円－｛50,000個×（@400円＋@300円＋@100円）＋24,000,000円｝＝9,500,000円＋0.02X

X － 64,000,000 ＝ 9,500,000 ＋ 0.02X

X － 0.02X ＝ 9,500,000 ＋ 64,000,000

0.98X ＝ 73,500,000

X ＝ 75,000,000円

(4) 部品Sの1個あたり内部振替価格　$\dfrac{75,000,000円}{50,000個} = @1,500円$

53 直接原価計算 XII

問1

① 市価差引基準　　　1,400　円

② 全部原価基準　　　1,050　円

③ 変動費基準　　　　600　円

問2

事業部損益計算書

（単位：円）

	A事業部	B事業部	C事業部
売　　上　　高			
外部の顧客に対する売上高	(1,515,000)	(1,374,000)	(783,000)
他事業部への内部振替高	(518,000)	(759,000)	(120,000)
計	(2,033,000)	(2,133,000)	(903,000)
変　　動　　費			
自事業部製品の変動製造費	(612,000)	(592,200)	(135,000)
他事業部からの内部振替高	(495,000)	(470,000)	(432,000)
変動販売費	(110,000)	(112,000)	(71,000)
貢 献 利 益	(816,000)	(958,800)	(265,000)
管理可能固定費			
固 定 製 造 費	(459,000)	(338,400)	(135,000)
管理可能事業部固定費	(231,000)	(330,000)	(112,000)
管理可能営業利益	(126,000)	(290,400)	(18,000)
管理可能投資額に対する資本コスト	(68,400)	(176,700)	(74,100)
税引前管理可能残余利益	(57,600)	(113,700)	(△ 56,100)

問3

A事業部　　　21　%

B事業部　　　19　%

C事業部　　　3　%

問4

ア	B
イ	C
ウ	A
エ	C

解答へのアプローチ

1. 内部振替価格の計算
2. 加重平均資本コスト率の計算
3. 事業部別損益計算書の作成
4. 業績測定

解　説

1　内部振替価格の計算

（1）市価差引基準
  製品P　@1,500円 − @100円 = @1,400円
  製品Q　@1,200円 − @100円 = @1,100円
  製品R　@ 900円 − @100円 = @ 800円

（2）全部原価基準
  製品P　@600円 + @450円 = @1,050円

（3）変動費基準
  製品P　@600円

> 問題文の注（1）より内部振替価格は下記のとおり計算する。
> 　市価差引基準 = 市価 − 変動販売費

> 全部原価基準 = 変動製造費 + 固定製造費

> 変動費基準 = 変動製造費

2　加重平均資本コスト率の計算

負　　債	40% × 5% × （1 − 40%） =	1.2%
留保利益	20% × 15% 　　　　　 =	3.0%
普 通 株	40% × 18% 　　　　　 =	7.2%
合　　計		11.4%

> 構成割合 × 税引後資本コスト率

3　事業部別損益計算書の作成

	A 事 業 部	B 事 業 部	C 事 業 部
売上高			
外部の顧客に対する売上高	1,515,000円①	1,374,000円①	783,000円①
他事業部への内部振替高	518,000円②	759,000円②	120,000円②
計	2,033,000円③	2,133,000円③	903,000円③
変動費			
自事業部製品の変動製造費	612,000円④	592,200円④	135,000円④
他事業部からの内部振替高	495,000円⑤	470,000円⑤	432,000円⑤
変動販売費	110,000円⑥	112,000円⑥	71,000円⑥
貢献利益	816,000円	958,800円	265,000円
管理可能固定費			
固定製造費	459,000円⑦	338,400円⑦	135,000円⑦
管理可能事業部固定費	231,000円⑧	330,000円⑧	112,000円⑧
管理可能営業利益	126,000円	290,400円	18,000円
管理可能投資額に対する資本コスト	68,400円⑨	176,700円⑨	74,100円⑨
税引前管理可能残余利益	57,600円	113,700円	−56,100円

①　外部の顧客に対する売上高

（1）A事業部

製品P	650個 × @1,500円 =	975,000円
製品Q	450個 × @1,200円 =	540,000円
合　計		1,515,000円

> 外部への売上高 = 販売数量 × 市価（販売価格）

（2）B事業部

製品P	250個 × @1,500円 =	375,000円
製品Q	720個 × @1,200円 =	864,000円
製品R	150個 × @ 900円 =	135,000円
合　計		1,374,000円

（3）C事業部

製品P	120個 × @1,500円 = 180,000円
製品Q	240個 × @1,200円 = 288,000円
製品R	350個 × @ 900円 = 315,000円
合　計	783,000円

② 他事業部への内部振替高
 (1) A事業部
   B事業部へ販売 250個×@1,400円＝350,000円
   C事業部へ販売 120個×@1,400円＝168,000円
   合   計   518,000円

> 他事業部への内部振替高＝
> 他事業部への販売数量×内部振替価格

 (2) B事業部
   A事業部へ販売 450個×@1,100円＝495,000円
   C事業部へ販売 240個×@1,100円＝264,000円
   合   計   759,000円

 (3) C事業部
   B事業部へ販売 150個×@800円＝ 120,000円

③ 売上高合計
 (1) A事業部 1,515,000円＋518,000円＝2,033,000円
 (2) B事業部 1,374,000円＋759,000円＝2,133,000円
 (3) C事業部   783,000円＋120,000円＝ 903,000円

④ 自事業部製品の変動製造費
 (1) A事業部
   外 部 販 売 650個×@600円＝390,000円
   B事業部へ販売 250個×@600円＝150,000円
   C事業部へ販売 120個×@600円＝ 72,000円
   合   計   612,000円

 (2) B事業部
   外 部 販 売 720個×@420円＝302,400円
   A事業部へ販売 450個×@420円＝189,000円
   C事業部へ販売 240個×@420円＝100,800円
   合   計   592,200円

 (3) C事業部
   外 部 販 売 350個×@270円＝ 94,500円
   B事業部へ販売 150個×@270円＝ 40,500円
   合   計   135,000円

⑤ 他事業部からの内部振替高
 (1) A事業部
   B事業部から 450個×@1,100円＝495,000円
 (2) B事業部
   A事業部から 250個×@1,400円＝350,000円
   C事業部から 150個×@ 800円＝120,000円
   合   計   470,000円

 (3) C事業部
   A事業部から 120個×@1,400円＝168,000円
   B事業部から 240個×@1,100円＝264,000円
   合   計   432,000円

⑥ 変動販売費
 (1) A事業部
   製 品 P 650個×@100円＝ 65,000円
   製 品 Q 450個×@100円＝ 45,000円
   合   計   110,000円

 (2) B事業部
   製 品 P 250個×@100円＝ 25,000円
   製 品 Q 720個×@100円＝ 72,000円
   製 品 R 150個×@100円＝ 15,000円
   合   計   112,000円

 (3) C事業部
   製 品 P 120個×@100円＝ 12,000円
   製 品 Q 240個×@100円＝ 24,000円
   製 品 R 350個×@100円＝ 35,000円
   合   計   71,000円

⑦ 固定製造費

(1) A事業部

外　部　販　売　650個×@450円＝292,500円
B事業部へ販売　250個×@450円＝112,500円
C事業部へ販売　120個×@450円＝ 54,000円
合　　　　計　459,000円

(2) B事業部

外　部　販　売　720個×@240円＝172,800円
A事業部へ販売　450個×@240円＝108,000円
C事業部へ販売　240個×@240円＝ 57,600円
合　　　　計　338,400円

(3) C事業部

外　部　販　売　350個×@270円＝ 94,500円
B事業部へ販売　150個×@270円＝ 40,500円
合　　　　計　135,000円

⑧ 管理可能事業部固定費

(1) A事業部　356,000円－125,000円＝231,000円
(2) B事業部　462,000円－132,000円＝330,000円
(3) C事業部　224,000円－112,000円＝112,000円

⑨ 管理可能投資額に対する資本コスト

(1) A事業部　(1,100,000円－500,000円)×11.4％＝68,400円
　　　　　　　事業部別投資額　管理不能投資額　税引後資本コスト率

(2) B事業部　(2,100,000円－550,000円)×11.4％＝176,700円
　　　　　　　事業部別投資額　管理不能投資額　税引後資本コスト率

(3) C事業部　(950,000円－300,000円)×11.4％＝74,100円
　　　　　　　事業部別投資額　管理不能投資額　税引後資本コスト率

4 各事業部の管理可能資本対営業利益率の計算

(1) A事業部　$\dfrac{126,000円}{1,100,000円－500,000円}＝21％$

(2) B事業部　$\dfrac{290,400円}{2,100,000円－550,000円}＝18.73‥％$

∴　19％（％未満四捨五入）

(3) C事業部　$\dfrac{18,000円}{950,000円－300,000円}＝2.76‥％$

∴　3％（％未満四捨五入）

> $\dfrac{管理可能営業利益}{事業部別投資額－管理不能投資額}$ の算式により計算する。

5 業績測定

(1) 利益額（税引前管理可能残余利益）で行う方法

① 税引前管理可能残余利益（事業部別損益計算書より）

A事業部　57,600円　B事業部　113,700円　C事業部　－56,100円

② 結　論：　税引前管理可能残余利益の大小で判断するとB事業部が最も高く業績が良いと判断でき、逆に
C事業部が最も低く業績が悪いと判断できる。

(2) 利益率（管理可能資本対営業利益率）で行う方法

① 管理可能資本対営業利益率（上記解説 4 の計算結果より）

A事業部　21％　　　　B事業部　19％　　　　C事業部　3％

② 結　論：　管理可能資本対営業利益率の大小で判断するとA事業部が最も高く業績が良いと判断でき、逆
にC事業部が最も低く業績が悪いと判断できる。

> 業績測定には利益額で行う方法と利益率で行う方法がある。本問の場合にはそれぞれの事業部における数値を比較検討しながら解答をしていくことになる。

解答・解説

54 業務的意思決定 Ⅰ

第1問

問1　A案のほうが、B案よりも原価が　120,000　円　高~~い~~／低い　ので、A案のほうが　~~不利~~／有利　である。

問2　部品Oの年間必要量が　1,863　個以上ならば、　A案／~~B案~~　のほうが有利である。

第2問

問1　ⓐ ＝ (6)　　ⓑ ＝ (4)

問2　P－1案のほうが、P－2案よりも原価が　367,500　円　高い／低い　ので、P－1案のほうが　有利／~~不利~~　である。（不要な文字を消し必要な文字に○印をつけなさい。）

問3　部品Oの月間必要量が　572　個以上ならば、　P－1案／~~P－2案~~　のほうが有利である。（不要な文字を消し必要な文字に○印をつけなさい。）

問4　P－1案のほうが、P－3案よりも原価が　120,000　円　高い／低い　ので、P－1案のほうが　~~有利~~／不利　である。（不要な文字を消し必要な文字に○印をつけなさい。）

解答へのアプローチ

第1問
1. 差額原価の計算
2. 自製か購入かの意思決定
3. 優劣分岐点分析

第2問
1. 差額原価の計算
2. 自製か購入かの意思決定
3. 優劣分岐点分析
4. 代替的要素がある場合の自製か購入かの意思決定

解説

第1問

問1

1　A案（自製）による差額原価

(1) 1個あたりの変動製造原価

① 生産量 1,500個まで
　直接材料費　2 kg×@600円＝1,200円
　直接労務費　　　　　　　　750円
　変動製造間接費　　　　　1,800円
　合　計　　　　　　　　　3,750円

② 生産量 1,500個超
　直接材料費　2 kg×@540円[※1]＝1,080円
　直接労務費　　　　　　　　750円
　変動製造間接費　　　　　1,800円
　合　計　　　　　　　　　3,630円

※1　値引後材料単価　600円×（1－10%）＝540円

(2) 差額原価

変動製造原価　1,500個×@3,750円＝　5,625,000円
　　　　　　　　500個×@3,630円＝　1,815,000円 ｝ 計：9,240,000円
リ ー ス 料　　　　　　　　　1,800,000円 ｝

2　B案（購入）による差額原価

購 入 代 価　2,000個×@4,500円＝　9,000,000円 ｝ 計：9,360,000円
引 取 運 賃　　　　　　　　　　360,000円 ｝

3　判　定

9,240,000円＜9,360,000円　　∴　A案の方が120,000円原価が低く有利

問2

1　年間必要量1,500個における優劣の判定

A案（自製）　1,500個×@3,750円＋1,800,000円＝7,425,000円
B案（購入）　1,500個×@4,500円＋　360,000円＝7,110,000円

2　年間必要量をX個とし、優劣分岐点を算定

A案（自製）　1,500個×@3,750円＋（X個－1,500個）×@3,630円＋1,800,000円
B案（購入）　X個×@4,500円＋360,000円
　1,500個×@3,750円＋（X個－1,500個）×@3,630円＋1,800,000円＝X個×@4,500円＋360,000円
　　X＝1,862.068…個　　∴　X＝1,863個（1個未満の端数切り上げ）

第2問

1　自製か購入かの意思決定

	P－1案（自製）		P－2案（購入）	
原 料 費	1,500kg×@600円　　　　＝	900,000円		― 円
	500kg×@600円×　90%＝	270,000円		― 円
直接労務費	500時間×@500円×125%＝	312,500円		― 円
製造間接費	500時間×@400円　　　＝	200,000円		― 円
リ ー ス 料		600,000円		― 円
購 入 代 価		― 円	1,000個×@2,500円＝	2,500,000円
引 取 費		― 円		150,000円
		2,282,500円		2,650,000円

比較：2,282,500円（P－1案）－2,650,000円（P－2案）＝367,500円（差額）
∴ P－1案の方が367,500円有利である。

2　月間必要量の計算

原料Sに数量割引の条件があるので、数量割引を受ける前の1,500kg（750個）の時点で、どちらが有利か原価比較を行う。

自製の場合　750個×@1,712.5円[※1]＋600,000円＝1,884,375円
購入の場合　750個×@2,500円＋150,000円　　　＝2,025,000円

※1　部品O1個あたりの変動製造原価
原 料 費　2kg×@600円　　　　　＝1,200.0円
直接労務費　0.5時間×@500円×125%＝　312.5円
製造間接費　0.5時間×@400円　　　　＝　200.0円
　　　　　　　　　　　　　　　　　　1,712.5円

∴　1,884,375円（自製）＜2,025,000円（購入）であるため、750個の場合だと自製の方が有利である。
しかし、0個の段階では自製案の方が固定費が高いため、購入案の方が有利である。
したがって、750個以内に優劣分岐点（月間必要量）が存在すると考えられる。

(1) 月間必要量の計算（月間必要量をXとして）

1,712.5X＋600,000＝2,500X＋150,000
　　　787.5X＝450,000
　　　　　X＝571.428…………

∴　部品Oの月間必要量が572個以上ならばP－1案（自製）の方が有利である。

3 代替的要素がある場合の自製か購入かの意思決定

	P－1案（部品O自製・部品K購入）			P－3案（部品O購入・部品K自製）	
原 料 費	1,500kg×@600円	＝ 900,000円	500kg×@2,000円	＝1,000,000円	
	500kg×@600円× 90%	＝ 270,000円		― 円	
直接労務費	500時間×@500円×125%	＝ 312,500円	500時間×@500円×125%	＝ 312,500円	
製造間接費	500時間×@400円	＝ 200,000円	500時間×@400円	＝ 200,000円	
リ ー ス 料		600,000円		― 円	
購 入 代 価	500個×@4,000円	＝2,000,000円	1,000個×@2,500円	＝2,500,000円	
引 取 費		― 円		150,000円	
		4,282,500円		**4,162,500円**	

比較：4,282,500円（P－1案）－4,162,500円（P－3案）＝120,000円（差額）

∴ P－3案の方が120,000円有利である。

---

55 業務的意思決定 Ⅱ

問1 第3製造部の製造間接費の原価分解

(1) 製品1組あたりの変動製造間接費 ＝ | 0.8 | 万円

(2) 月 間 の 固 定 製 造 間 接 費 ＝ | 232 | 万円

問2 第3製造部長の6ヵ月間の給料総額 ＝ | 520 | 万円

問3

(1) 次期6ヵ月間の生産量が | 1,480 | 組より多ければ、
- 内製
- ~~購入~~
が有利である。
- ~~内製、購入のどちらでもよい。~~

(2) 次期6ヵ月間の生産量が | 1,480 | 組より少なければ、
- ~~内製~~
- 購入
が有利である。
- ~~内製、購入のどちらでもよい。~~

(3) 次期6ヵ月間の生産量が | 1,480 | 組に等しければ、
- ~~内製~~
- ~~購入~~
が有利である。
- 内製、購入のどちらでもよい。

問4

(1) 外部倉庫の賃借料節約額は、内製というコース選択にとっては〔 ⑤ 〕であるといえる。

(2) 次期6ヵ月間の生産量が | 1,350 | 組より多ければ、
- 内製
- ~~購入~~
が有利である。
- ~~内製、購入のどちらでもよい。~~

解答へのアプローチ

1. 高低点法による原価分解
2. 差額原価の判断
3. 数量割引がない場合の内製か購入かの意思決定
4. 数量割引がある場合の内製か購入かの意思決定

解 説

1 高低点法による原価分解

(1) 製造間接費の変動費率の計算

$$\frac{592万円 - 424万円}{450組 - 240組} = \frac{168万円}{210組} = @0.8万円$$

(2) 製造間接費の固定費（月間）の計算

12月の実績で計算する場合　　592万円 − 450組 × @0.8万円 = 232万円

8月の実績で計算する場合　　424万円 − 240組 × @0.8万円 = 232万円

(3) 第3製造部長の6ヵ月間の給料総額

問題文中の固定製造間接費総額が6ヵ月間ベースで与えられている点に注意しなければならない。

232万円（月間固定費）× 6ヵ月 − 300万円 − 500万円 − 72万円 = 520万円（6ヵ月間総額）

2 内製か購入かの意思決定（優劣分岐点の生産量の計算）

(1) 数量割引がない場合……スピーカー生産量をXとして

① 内製の場合　　　　@4.5万円X +（520万円 + 72万円）

② 購入の場合　　　　@4.9万円X

③ 優劣分岐点の生産量

$$@4.5万円X +（520万円 + 72万円）= @4.9万円X$$
$$− @0.4万円X = −592万円$$
$$X = 1,480組$$

∴ 1,480組より多ければ、内製の方が安くなる。

1,480組より少なければ、購入の方が安くなる。

1,480組であれば、内製・購入どちらも同額になる。

(2) 数量割引がある場合

売込価格に数量割引の条件があるので、数量割引を受ける前の1,200組の時点で、どちらが有利か原価比較を行う。

内製の場合　　1,200組 × @4.5万円 + 645万円[※1] = 6,045万円　　　　　※1　520万円 + 72万円 + 53万円 = 645万円

購入の場合　　1,200組 × @5万円 = 6,000万円

∴ 6,045万円（自製）＞6,000万円（購入）であるため、1,200組だと購入の方が有利である。

したがって、1,200組を超えて、優劣分岐点の生産量が存在すると考えられる。

(3) 優劣分岐点の生産量…1,200組を超えた部分の生産量をXとして

内製の場合　　1,200組 × @4.5万円 + @4.5万円X + 645万円 = @4.5万円X + 6,045万円

購入の場合　　1,200組 × @5万円 + @4.8万円X = @4.8万円X + 6,000万円

$$@4.5万円X + 6,045万円 = @4.8万円X + 6,000万円$$
$$0.3X = 45$$
$$X = 150組$$

∴ 1,200組 + 150組 = 1,350組

1,350組より多ければ、内製の方が原価が安く有利である。

業務的意思決定 Ⅲ

第1問
問1
（イ） 3　　　（ロ） 4　　　（ハ） 5

問2
新規注文を引き受けた場合、営業利益が 5,550 千円 {多い / ~~少ない~~} ので、新規注文を {引き受けるべきである。/ ~~引き受けるべきでない。~~}

第2問
注文を受けると総額で 1,475 円の {~~差額損失~~ / 差額利益} となるのでK工業㈱からの注文を {~~受けるべきでない。~~ / 受けるべきである。}

解答へのアプローチ

第1問　1. 新規注文を引き受けることにより発生する差額収益および差額原価の計算
第2問　1. 新規注文を引き受けることにより発注する差額収益および差額原価の計算
　　　　2. 埋没原価の判定（直接労務費の取扱い）

解　説

第1問

1 新規注文引受け可否についての意思決定

(1) 差額収益の計算
　① 追加注文分の売上高　1,500個×7,500円/個＝11,250千円

(2) 差額原価の計算
　① 新規注文分の原料費　1,500個×2,000円/個＝3,000千円
　② 新規注文分の変動加工費　1,500個×(1,000円/個－100円/個＋250円/個)＝1,725千円
　③ K社商標印刷費用　1,500個×(100円/個＋50円/個)＝225千円
　④ 新規注文分の変動販売費　1,500個×500円/個＝750千円

　なお、変動加工費には当社の商標印刷費用（100円/個）が含まれているが、K社商標印刷費用を別に計算するため、変動加工費の金額から控除し、残業により増加する金額を加算したものが、特別注文の単位あたりの変動加工費となる。また、固定加工費および固定販売費・一般管理費は無関連原価である。

(3) 差額利益の計算

注文を引き受けた場合

Ⅰ．差　額　収　益		11,250千円
Ⅱ．差　額　原　価		
原　　料　　費	3,000千円	
変　動　加　工　費	1,725千円	
K社商標印刷費用	225千円	
変　動　販　売　費	750千円	5,700千円
Ⅲ．差　額　利　益		(＋)5,550千円

差額利益がプラスなので新規注文を引き受けるべきである

279

参考　総額法による場合

	引き受けた場合	断った場合	差　額
売上高			
従来分	120,000千円	120,000千円	―千円
特別注文分	11,250千円	―千円	11,250千円
売上原価			
原料費	19,000千円	16,000千円	3,000千円
変動加工費	9,725千円	8,000千円	1,725千円
K社商標印刷費用	225千円	―千円	225千円
固定加工費	5,800千円	5,800千円	―千円
売上総利益	96,500千円	90,200千円	6,300千円
販売費・一般管理費			
梱包費用	4,750千円	4,000千円	750千円
販売員手数料	4,800千円	4,800千円	―千円
発送費	7,200千円	7,200千円	―千円
固定販売費	6,700千円	6,700千円	―千円
一般管理費	6,500千円	6,500千円	―千円
営業利益	66,550千円	61,000千円	5,550千円

第2問

1 原価資料の修正（変動費のみ集計）

```
直 接 材 料 費                  200円/個
直 接 労 務 費  4時間×@20円 =  80円/個
変動製造間接費  4時間×@ 8円 =  32円/個 ┐
固定製造間接費  4時間×@10円 =  40円/個 ┘ 72円/個
変 動 販 売 費                    8円/個
```

2 直接労務費の取扱い

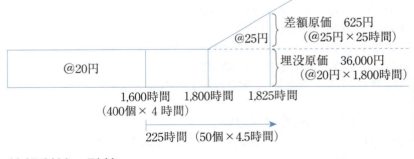

※ 月給制である為、生産量が変化してもその発生額は変化はない（埋没原価）。ただし、正常操業度1,800時間を超える場合は、1時間につき@25円（@20円×1.25）を支払うことになる（差額原価）。

3 差額利益の計算

```
差額収益                14,000円（50個×@280円）
差額原価 直 接 材 料 費 10,000円（50個×@200円）
         直 接 労 務 費    625円（25時間×@25円）
         変動製造間接費   1,800円（50個×4.5時間×@8円）
         変 動 販 売 費    100円（50個×@2円）
差額利益                 1,475円
```

57 業務的意思決定 Ⅳ

第1問

	甲　案	乙　案	丙　案	丁　案
差　額　収　益	0 円	(3,120,000) 円	(3,120,000) 円	(3,120,000) 円
差　額　原　価				
変動製造原価		(2,580,000) 円	(1,290,000) 円	(―) 円
割増残業手当				
第 1 工程		(60,000) 円	(―) 円	(―) 円
第 2 工程		(67,500) 円	(―) 円	(―) 円
追 加 固 定 費		(75,000) 円	(―) 円	(―) 円
仕 入 代 価		(―) 円	(1,620,000) 円	(2,952,000) 円
仕 入 諸 掛		(―) 円	(30,000) 円	(60,000) 円
変 動 販 売 費		(180,000) 円	(180,000) 円	(180,000) 円
差額原価合計	0 円	(2,962,500) 円	(3,120,000) 円	(3,192,000) 円
差　額　利　益	0 円	(157,500) 円	(0) 円	(△ 72,000) 円

結　論：

　　　上記計算の結果、増加利益が一番大きいのは、　乙　案である。他の条件を考慮する必要がなければ

　　　乙　案を採用するのが最も有利である。

第2問

　　　新規注文を引き受けることにより利益が　185,000　円 { 増加 / 減少 } する。

　　　よって新規注文を引き受けるべきで { ある。 / ない。 }

解答へのアプローチ

第1問　1. 追加注文分に対する製造原価の計算
　　　　　2. 正常操業圏内における製品製造費の計算
　　　　　3. 新規注文の引き受け可否の意思決定

第2問　1. 多桁式変動予算を採用した場合における新規注文引き受け可否の意思決定

解　説

第1問

1 追加注文分の製品 B 1 缶あたり製造原価

直接材料費	原 料 P	1.4 ℓ	×@ 270円 =	378円
	原 料 Q	0.6 ℓ	×@ 240円 =	144円
直接労務費	第 1 工程	0.20時間×@1,200円 =		240円
	第 2 工程	0.18時間×@1,500円 =		270円
製造間接費	第 1 工程	0.20時間×@ 750円 =		150円
	第 2 工程	0.18時間×@ 600円 =		108円
製 造 原 価				1,290円

> 固定費は正常操業度内において一定である為、変動費のみ考える（注）
> （注）正常操業度を超える場合
> 　　　→追加固定費あり

281

2 購入した場合における製品 B 1 缶あたりの購入原価

資料 5 から購入量が多くなれば仕入値引率が高くなり、値引額が高くなることがわかる。
また、購入量が多くなれば引取諸掛が高くなることにも注意する。

	〈購 入 原 価〉	+〈引 取 諸 掛〉
500缶	@1,800円 +	30,000円
1,000缶	@1,800円×（1−0.10）＝@1,620円 +	30,000円
1,500缶	@1,800円×（1−0.14）＝@1,548円 +	60,000円
2,000缶	@1,800円×（1−0.18）＝@1,476円 +	60,000円

3 正常操業度内における追加注文分製造量の計算

通常の販売量（確定している販売量）を製造する為に必要な操業度

第 1 工程

正常操業度	3,600時間
製品 A	8,000缶×0.20時間 = 1,600時間
製品 B	9,000缶×0.20時間 = 1,800時間
遊休能力	200時間

製品Bを何缶製造できるか
200時間 → 200時間/0.20時間 = 1,000缶

第 2 工程

正常操業度	3,080時間
製品 A	8,000缶×0.16時間 = 1,280時間
製品 B	9,000缶×0.18時間 = 1,620時間
遊休能力	180時間

180時間 → 180時間/0.18時間 = 1,000缶

一致（1,000缶製造可能）

4 差額収益の計算

乙、丙、丁案についてはどの案を選択しても販売価格（注文価格）は同じである。計算は下記のとおり。

2,000缶×@1,560円＝3,120,000円

5 差額原価の計算

	〈乙　案〉	〈丙　案〉	〈丁　案〉
製 造 原 価	2,000缶×@1,290円＝2,580,000円	1,000缶×@1,290円＝1,290,000円	—
労務費に係る割増賃金分（注）			
第 1 工 程	1,000缶×@240円×25%＝60,000円	—	—
第 2 工 程	1,000缶×@270円×25%＝67,500円	—	—
追 加 固 定 費			
第 1 工 程	30,000円	—	—
第 2 工 程	45,000円	—	—
仕 入 代 価（送 状 価 額）	—	1,000缶×@1,620円＝1,620,000円	2,000缶×@1,476円＝2,952,000円
仕 入 諸 掛（引 取 諸 掛）	—	30,000円	60,000円
変 動 販 売 費（積送諸掛のみ）	2,000缶×@90円＝180,000円	2,000缶×@90円＝180,000円	2,000缶×@90円＝180,000円
合 計	2,962,500円	3,120,000円	3,192,000円

（注）2,000缶を製造するために必要な操業度

　　　第 1 工程　2,000缶×0.20時間/缶＝400時間
　　　第 2 工程　2,000缶×0.18時間/缶＝360時間
　　　残業時間＝必要な操業度−遊休能力
　　　第 1 工程　（400時間−200時間）×1,200円/時間×25%＝60,000円
　　　第 2 工程　（360時間−180時間）×1,500円/時間×25%＝67,500円

6 結　論

	〈甲　案〉	〈乙　案〉	〈丙　案〉	〈丁　案〉
差額収益	－	3,120,000円	3,120,000円	3,120,000円
差額原価	－	2,962,500円	3,120,000円	3,192,000円
差額利益	－	157,500円	0円	−72,000円

第2問

1 差額法による計算

差額収益　　2,000個×@370円　　　　　　　　　　　740,000円
差額原価
　操業100％における総原価　　　　　　3,750,000円
　変動販売費　2,000個×@22.5円　　−　 45,000円
　　注文引受の場合の総原価　　　　　　3,705,000円
　操業80％における総原価　　　　　　　3,150,000円
　　　差額原価合計　　　　　　　　　　　　　　　　555,000円
差額利益　　　　　　　　　　　　　　　　　　　　　185,000円

2 総額法による計算

	注文を引き受ける	注文を断る	差　　　額
売　上　高	4,100,000円	3,360,000円	740,000円
売上原価			
固　定　費	600,000円	600,000円	──
準固定費	352,500円	300,000円	52,500円
変　動　費	2,025,000円	1,620,000円	405,000円
売上総利益	1,122,500円	840,000円	282,500円
販　売　費			
固　定　費	75,000円	75,000円	──
準固定費	135,000円	60,000円	75,000円
変　動　費	180,000円 ※	180,000円	──
一般管理費			
固　定　費	225,000円	225,000円	──
準固定費	112,500円	90,000円	22,500円
営　業　利　益	395,000円	210,000円	185,000円

※　変動販売費
　販売員手数料
　8,000個×@7.5円＝　　60,000円
　製品積送費
　8,000個×@15.0円＝120,000円
　　　　　　　　　　　180,000円

58 業務的意思決定 Ⅴ

第1問

	追加加工する場合	追加加工しない場合	差　額
売　上　高			
製品H	─────	(40,000,000円)	(7,640,600円)
製品Kおよび副産物	(47,640,600円)	─────	
総　原　価			
製造原価	(38,112,000円)	(33,040,000円)	(7,893,400円)
販売管理費	(6,393,400円)	(3,572,000円)	
営　業　利　益	(3,135,200円)	(3,388,000円)	(− 252,800円)

よって追加加工することにより利益が　252,800　円 {増加 / 減少} するため、追加加工 {すべきである。/ すべきでない。}

第2問

問1

製品Aは {利益 / 損失} が　786,000　円のため、製造販売を {継続 / 中止} すべきである。

製品Cは {利益 / 損失} が　260,400　円のため、製造販売を {継続 / 中止} すべきである。

問2

差額利益が　400,000　円増加するので、{製品A / 製品B / 製品C} を追加販売すべきである。

解答へのアプローチ

第1問
1. 追加加工する場合の製品Kおよび副産物産出量の計算
2. 無関連収益および無関連原価を含めた追加加工の意思決定

第2問
1. セグメント別損益計算書の作成
2. 条件追加後の増分セグメント・マージンの算定

解　説

第1問

1 追加加工する場合の製品Kおよび副産物産出量の計算

$$(\underbrace{4,000\text{kg}}_{\text{製品H}} + \underbrace{4,000\text{kg} \times 20\%}_{\text{P原料 800kg}}) \times (100\% - \underbrace{5\%}_{\text{歩減}}) = \underbrace{4,560\text{kg}}_{\text{追加加工後の完了品}}$$

$$4,560\text{kg} - \underbrace{(4,560\text{kg} \times 12.5\%)}_{\text{副産物 570kg}} = \underbrace{3,990\text{kg}}_{\text{製品K}}$$

2 追加加工する場合の各種金額計算

(1) 売　上　高　$3,990\text{kg} \times @11,400円 + 570\text{kg} \times @3,780円 = 47,640,600円$

(2) 製造原価　$\underbrace{33,040,000円}_{\text{製品H}} + \underbrace{800\text{kg} \times @700円}_{\text{P原料費}} + \underbrace{4,800\text{kg} \times @940円}_{\text{追加加工費}} = 38,112,000円$

(3) 販売管理費　$\underbrace{3,356,000円}_{\text{固定販売管理費}} + 3,990\text{kg} \times @260円 + \underbrace{2,000,000円}_{\text{広告宣伝費}} = 6,393,400円$

3 差額法による解答（参考）

差額収益（売上高増加額）

$(3,990\text{kg}×@11,400円＋570\text{kg}×@3,780円)－40,000,000円 ＝7,640,600円$

差額原価（原価増加額）

P 原 料 費	800kg×@700円 ＝	560,000円
追 加 加 工 費	4,800kg×@940円 ＝	4,512,000円
変 動 販 売 費	3,990kg×@260円－216,000円 ＝	821,400円
固定販売管理費	2,000,000円	7,893,400円

差額利益 － 252,800円

> （注） 製品Hの製造原価33,040,000円、固定販売管理費3,356,000円は追加加工してもしなくても発生する原価であるため、埋没原価となる。

第2問

1 セグメント別損益計算書の作成

セグメント・マージンを算定する。（共通固定費は各製品に発生する為、売上高の割合で配賦すべきでない。）

項　目	製　品	製 品 A	製 品 B	製 品 C	合　　計
	貢 献 利 益	1,031,200円	745,800円	533,000円	2,310,000円
IV	個 別 固 定 費	245,200円	178,200円	272,600円	696,000円
	セグメント・マージン	786,000円	567,600円	260,400円	1,614,000円

2 条件追加後の増分セグメント・マージンの算定

増分貢献利益から増分個別固定費を差引くことによって、算定された差額利益（セグメント・マージン）の大きい製品を製造販売すべきである。

		製 品 A	製 品 B	製 品 C
①	貢 献 利 益 率	32%	44%	40%
②	増 加 売 上 高	1,200,000円	1,200,000円	1,200,000円
③	増 分 貢 献 利 益	384,000円	528,000円	480,000円
④	増 分 個 別 固 定 費	100,000円	140,000円	80,000円
⑤	差 額 利 益	284,000円	388,000円	400,000円

59 業務的意思決定 VI

問1

経 済 的 発 注 量	7,800	個
年 間 発 注 費	1,170,000	円
年 間 保 管 費	1,170,000	円

問2

経 済 的 発 注 量	8,000	個

問3

年 間 発 注 費	1,521,000	円
年 間 保 管 費	899,460	円
材 料 値 引 額	468,000	円

結論：この数量値引を
- 受けるべきである。
- ~~断るべきである。~~
- ~~受ける・断るのどちらともいえない。~~

解答へのアプローチ

1. 1回あたりの発注費の計算
2. 1個あたりの年間保管費の計算
3. 経済的発注量の計算
4. 数量値引がある場合の経済的発注量の計算

解　説

1　経済的発注量の計算（問1）

※　資料(3)(7)(8)については、無関連原価（埋没原価）となるため本問では考慮する必要はない。

(1) 年間在庫品消費量　234,000個

(2) 1回あたりの発注費　3,000円＋3,500円＋32,500円＝39,000円

(3) 年間の在庫品1個あたりの保管費　75円＋(2,400円＋100円)× 9 ％＝300円

(4) 経済的発注量

$$\sqrt{\frac{2\times234{,}000個\times39{,}000円}{300円}}=7{,}800個 \quad または \quad \frac{234{,}000個}{X}\times39{,}000円=\frac{X}{2}\times300円$$

$$X=7{,}800個$$

(5) 年間発注費　$\dfrac{234{,}000個}{7{,}800個}$（30回）×39,000円＝1,170,000円

(6) 年間保管費　$\dfrac{7{,}800個}{2}$×300円＝1,170,000円

2　制約条件がある場合の経済的発注量の計算（問2）

1回あたりの発注量が500個の倍数という制約条件を考慮することになる。

そこで、7,800個の前後で500個の倍数になるのが7,500個と8,000個になるので、各々の年間発注費と年間保管費を計算し、その合計額が小さい方の発注量が解答となる。

7,500個の場合　$\dfrac{234{,}000個}{7{,}500個}\times39{,}000円+\dfrac{7{,}500個}{2}\times300円=2{,}341{,}800円$

8,000個の場合　$\dfrac{234{,}000個}{8{,}000個}\times39{,}000円+\dfrac{8{,}000個}{2}\times300円=2{,}340{,}750円$

比　較　2,341,800円（7,500個）＞2,340,750円（8,000個）

∴　条件を満たす経済的発注量は8,000個となる。

3　材料の数量値引がある場合

6,000個ずつ発注した場合の年間発注費と年間保管費の合計額と問1で計算した年間発注費と年間保管費の合計額とを比較して、いずれか小さい方の発注量が解答となる。

(1) 年間在庫品消費量　234,000個

(2) 1回あたりの発注費　3,000円＋3,500円＋32,500円＝39,000円

(3) 年間の在庫品1個あたりの保管費　75円＋(2,400円－ 2 円＋100円)× 9 ％＝299.82円

(4) 年間発注費　$\dfrac{234{,}000個}{6{,}000個}$×39,000円＝1,521,000円

(5) 年間保管費　$\dfrac{6{,}000個}{2}$×299.82円＝899,460円

(6) 材料値引額　234,000個× 2 円＝468,000円

(7) 合　計　1,521,000円＋899,460円－468,000円＝1,952,460円

原価節約額

(8) 比　較　2,340,000円＞1,952,460円

∴　数量値引を受けた方が387,540円安く有利である。

60 構造的意思決定 Ⅰ

第1問

問1　回　収　期　間　[3.03]年　　　　問2　回　収　期　間　[2.94]年

第2問

問1　正味現在価値　[1,876]万円　　　問3

問2　正味現在価値　[250.9]万円　　　この投資は $\left\{ \begin{array}{c} 有　利 \\ \overline{不　利} \end{array} \right\}$ な投資である。

　　　収 益 性 指 数　[1.03]

　　　内 部 利 益 率　[11.15]％

　　　割引回収期間　[3.90]年

第3問

問　当初投資額を使用した場合の単純投下資本利益率　[34.38]％

解答へのアプローチ

第1問　1.　単純回収期間の計算

　　　　　2.　累積的回収期間の計算

第2問　1.　法人税を考慮しない場合の正味現在価値の計算

　　　　　2.　法人税を考慮した場合の正味現在価値などの計算

第3問　1.　当初投資額に基づく単純投下資本利益率の計算

解 説

第1問

1 各年度の税引前純現金収入額

第1年度　5,000万円－3,000万円＝2,000万円
第2年度　5,500万円－3,300万円＝2,200万円
第3年度　4,800万円－3,000万円＝1,800万円
第4年度　4,500万円－2,800万円＝1,700万円

2 年間減価償却費

$\dfrac{5,000万円}{4年} = 1,250万円$

3 各年度の税引後純現金収入額

第 1 年度　2,000万円×（1 −40%）+1,250万円×40%＝1,700万円
第 2 年度　2,200万円×（1 −40%）+1,250万円×40%＝1,820万円
第 3 年度　1,800万円×（1 −40%）+1,250万円×40%＝1,580万円
第 4 年度　1,700万円×（1 −40%）+1,250万円×40%＝1,520万円

4 年平均キャッシュ・フローを使用する回収期間

$$\frac{5,000万円}{（1,700万円 + 1,820万円 + 1,580万円 + 1,520万円）÷ 4 年} ≒ 3.03年 （小数点未満第 3 位切り上げ）$$

5 累積的正味現金流入額を使用する回収期間

（1）各年度末における未回収投資額の計算
　　　第 1 年度末　5,000万円−1,700万円＝3,300万円
　　　第 2 年度末　3,300万円−1,820万円＝1,480万円
　　　第 3 年度末　1,480万円−1,580万円＝−100万円
　　　　上記の結果より、回収期間は 2 年超、 3 年未満となる。

（2）補間法による回収期間の計算

$$2 年 + \frac{1,480万円 （第 2 年度末未回収額）}{1,580万円 （第 3 年度年間回収額）} ≒ 2.94年 （小数点未満第 3 位切り上げ）$$

第 2 問

1 法人税の影響を考慮しない正味現在価値

（1）各年度のキャッシュ・フローの現在価値の計算

第 1 年度	3,000万円		×0.909 ＝	2,727.0万円
第 2 年度	5,000万円		×0.826 ＝	4,130.0万円
第 3 年度	3,500万円		×0.751 ＝	2,628.5万円
第 4 年度	（2,500万円 + 1,000万円）	×0.683 ＝		2,390.5万円
合　計				11,876.0万円

（2）正味現在価値の計算　11,876万円−10,000万円＝1,876万円

2 年間減価償却費

$$\frac{10,000万円 − 1,000万円}{4 年} ＝ 2,250万円$$

3 各年度の税引後純現金収入額

第 1 年度　3,000万円×（1 −40%）+2,250万円×40%＝2,700万円
第 2 年度　5,000万円×（1 −40%）+2,250万円×40%＝3,900万円
第 3 年度　3,500万円×（1 −40%）+2,250万円×40%＝3,000万円
第 4 年度　2,500万円×（1 −40%）+2,250万円×40%＝2,400万円

4 各年度のキャッシュ・フローの現在価値

第 1 年度	2,700万円		×0.909 ＝	2,454.3万円
第 2 年度	3,900万円		×0.826 ＝	3,221.4万円
第 3 年度	3,000万円		×0.751 ＝	2,253.0万円
第 4 年度	（2,400万円 + 1,000万円）	×0.683 ＝		2,322.2万円
合　計				10,250.9万円

5 正味現在価値

10,250.9万円−10,000万円＝250.9万円

∴　正味現在価値がプラスとなるため、この投資は有利と判断される。

6 収益性指数（現在価値指数ともよばれる。）

$$\frac{10,250.9万円}{10,000.0万円} \fallingdotseq 1.03 \quad （小数点未満第3位四捨五入）$$

　∴　収益性指数が1を超えるため、この投資は有利と判断される。

なお、収益性指数は以下のように解答する場合もある。

$$\frac{10,250.9万円}{10,000.0万円} \times 100 \fallingdotseq 102.51\% \quad （\%未満第3位四捨五入）$$

7 内部利益率

(1) 割引率の推定

$$\frac{10,000万円}{(2,700万円 + 3,900万円 + 3,000万円 + 2,400万円 + 1,000万円) \div 4年} = 3.076\cdots$$

　∴　11%（3.103）と12%（3.038）の間、もしくはその近辺と予想される。

(2) 検　証

① 11%の場合

第1年度	2,700万円	×0.901 = 2,432.7万円
第2年度	3,900万円	×0.812 = 3,166.8万円
第3年度	3,000万円	×0.731 = 2,193.0万円
第4年度	(2,400万円 + 1,000万円)	×0.659 = 2,240.6万円
合　計		10,033.1万円

② 12%の場合

第1年度	2,700万円	×0.893 = 2,411.1万円
第2年度	3,900万円	×0.797 = 3,108.3万円
第3年度	3,000万円	×0.712 = 2,136.0万円
第4年度	(2,400万円 + 1,000万円)	×0.636 = 2,162.4万円
合　計		9,817.8万円

　　上記の結果、内部利益率は11%と12%の間になることがわかる。

(3) 内部利益率の計算

$$11\% + 1\% \times \frac{10,033.1万円 - 10,000.0万円}{10,033.1万円 - 9,817.8万円} \fallingdotseq 11.15\% \quad （小数点未満第3位四捨五入）$$

　∴　内部利益率が資本コスト率を上回るため、この投資は有利と判断される。

8 割引回収期間

(1) 各年度末における未回収投資額の計算

第1年度末	10,000.0万円 - 2,454.3万円 =	7,545.7万円
第2年度末	7,545.7万円 - 3,221.4万円 =	4,324.3万円
第3年度末	4,324.3万円 - 2,253.0万円 =	2,071.3万円
第4年度末	2,071.3万円 - 2,322.2万円 =	-250.9万円

　　上記の結果により、回収期間は3年超、4年未満となる。

(2) 補間法による割引回収期間の計算

$$3年 + \frac{2,071.3万円（第3年度末未回収額）}{2,322.2万円（第4年度年間回収額）} = 3.891\cdots年$$

　∴　3.9年（小数点未満第3位切り上げ）

第3問

1 当初投資額を使用した場合の単純投下資本利益率

$$\frac{(4,000千円 + 5,000千円 + 4,000千円 + 3,500千円) \div 4年}{12,000千円} \times 100 = 34.375\%$$

　∴　34.38%（小数点未満第3位四捨五入）

61 構造的意思決定 Ⅱ

問1　年々のキャッシュ・フロー

	T_0	T_1	T_2	T_3
設備投資A案	(－) 9,000 万円	(＋) 3,684 万円	(＋) 3,684 万円	(＋) 3,684 万円
設備投資B案	(－) 8,000 万円	(＋) 2,880 万円	(＋) 2,880 万円	(＋) 4,520 万円

問2

	例；設備投資G案	設備投資A案	設備投資B案
正味現在価値	123.4万円→123万円	325 万円	557 万円
内部利益率	34.5% → 35%	11 %	13 %
収益性指数	6.789 → 6.79	1.04	1.07

解答へのアプローチ

1. 各年度のキャッシュ・フロー計算
2. 正味現在価値の計算
3. 内部利益率の計算
4. 収益性指数の計算

解説

1 設備投資A案の設備の判定（単純回収期間）

H 社製　$\dfrac{9,000万円}{3,684万円}=2.44\cdots年$　＜　K 社製　$\dfrac{9,960万円}{3,860万円}=2.58\cdots年$

∴　単純回収期間の短い H 社製設備が有利案となり、 H 社製を設備投資 A 案とする。

2 設備投資A案（H社製設備）の各年度末のキャッシュ・フロー

(1) 投資時点（現時点：T_0）　（－）9,000万円
(2) 第1年度末（T_1）　（10,000万円－5,860万円）×（1－40%）＋3,000万円×40%＝（＋）3,684万円
(3) 第2年度末（T_2）　（10,000万円－5,860万円）×（1－40%）＋3,000万円×40%＝（＋）3,684万円
(4) 第3年度末（T_3）　（10,000万円－5,860万円）×（1－40%）＋3,000万円×40%＝（＋）3,684万円

3 設備投資B案の各年度末のキャッシュ・フロー

(1) 取得原価（T_0）　（－）8,000万円
(2) 売 上 収 入　1,500台×@4万円＝6,000万円
(3) 現金支出費用　1,500台×@1.4万円＋300万円＝2,400万円
(4) 減 価 償 却 費　$\dfrac{8,000万円－8,000万円×10\%}{4 年^{※1}}=1,800万円$
(5) B設備の経済的耐用年数経過後の処分価値　（＋）1,000万円
(6) 固定資産売却損のタックス・シールド
　① 3年間の減価償却累計額　1,800万円×3年＝5,400万円
　② 3 年 後 の 帳 簿 価 額　8,000万円－5,400万円＝2,600万円
　③ 固 定 資 産 売 却 損　1,000万円－2,600万円＝1,600万円
　④ 固定資産売却損のタックス・シールド　1,600万円×40%＝（＋）640万円

> ※1
> 減価償却費の計上は、法定耐用年数で行う点に注意する。

（7）各年度末のキャッシュ・フロー
① 投資時点（現時点：T_0）（-）8,000万円
② 第1年度末（T_1）（6,000万円-2,400万円）×（1-40%）+1,800万円×40% =（+）2,880万円
③ 第2年度末（T_2）（6,000万円-2,400万円）×（1-40%）+1,800万円×40% =（+）2,880万円
④ 第3年度末（T_3）（6,000万円-2,400万円）×（1-40%）+1,800万円×40%

$$+1,000万円+640万円=（+）4,520万円$$

4　正味現在価値の計算

（1）設備投資A案
現　在；T_0　（-）9,000万円×1.0000 =（-）9,000.0000万円
1年後；T_1　（+）3,684万円×0.9174 =（+）3,379.7016万円
2年後；T_2　（+）3,684万円×0.8417 =（+）3,100.8228万円
3年後；T_3　（+）3,684万円×0.7722 =（+）2,844.7848万円
　　　　正味現在価値合計　（+）325.3092万円　（+）325万円（万円未満四捨五入）

（2）設備投資B案
現　在；T_0　（-）8,000万円×1.0000 =（-）8,000.000万円
1年後；T_1　（+）2,880万円×0.9174 =（+）2,642.112万円
2年後；T_2　（+）2,880万円×0.8417 =（+）2,424.096万円
3年後；T_3　（+）4,520万円×0.7722 =（+）3,490.344万円
　　　　正味現在価値合計　（+）556.552万円　（+）557万円（万円未満四捨五入）

5　内部利益率の計算

（1）設備投資A案
① 割引率の算定（平均値）

$$\frac{9,000万円}{3,684万円^{※2}}=2.4429\cdots（年金現価係数表より11\%から12\%の間と考えられる）$$

　※2　各年度末のキャッシュ・フローの平均値 （3,684万円×3年）÷3年 = 3,684万円

② 検　証
（イ）11%と仮定した場合 3,684万円×2.4437 = 9,002.5908万円＞9,000万円
（ロ）12%と仮定した場合 3,684万円×2.4019 = 8,848.5996万円＜9,000万円

$$11\%+1\%×\left(\frac{9,002.5908万円-9,000万円}{9,002.5908万円-8,848.5996万円}\right)=11.0168\cdots\%　\therefore11\%（1\%未満四捨五入）$$

（2）設備投資B案
① 割引率の算定（平均値）

$$\frac{8,000万円}{10,280万円^{※3}÷3年}=2.3346\cdots（年金現価係数表より13\%から14\%の間と予想される）$$

　※3　各年度末のキャッシュ・フローの合計額 2,880万円+2,880万円+4,520万円 = 10,280万円

② 検　証
（イ）14%と仮定した場合　第1年度末　2,880万円×0.8772 = 2,526.336万円
　　　　　　　　　　　　　第2年度末　2,880万円×0.7695 = 2,216.160万円
　　　　　　　　　　　　　第3年度末　4,520万円×0.6750 = 3,051.000万円
　　　　　　　　　　　　　　　現在価値合計　7,793.496万円＜8,000万円
（ロ）13%と仮定した場合　第1年度末　2,880万円×0.8850 = 2,548.800万円
　　　　　　　　　　　　　第2年度末　2,880万円×0.7831 = 2,255.328万円
　　　　　　　　　　　　　第3年度末　4,520万円×0.6931 = 3,132.812万円
　　　　　　　　　　　　　　　現在価値合計　7,936.940万円＜8,000万円
（ハ）12%と仮定した場合　第1年度末　2,880万円×0.8929 = 2,571.552万円
　　　　　　　　　　　　　第2年度末　2,880万円×0.7972 = 2,295.936万円
　　　　　　　　　　　　　第3年度末　4,520万円×0.7118 = 3,217.336万円
　　　　　　　　　　　　　　　現在価値合計　8,084.824万円＞8,000万円

$$12\%+1\%×\left(\frac{8,084.824万円-8,000万円}{8,084.824万円-7,936.94万円}\right)=12.5735\cdots\%　\therefore13\%（1\%未満四捨五入）$$

6 収益性指数の計算

(1) 設備投資A案　$\dfrac{9,325.3092万円}{9,000万円} = 1.036145\cdots$　∴1.04(小数点第3位四捨五入)

(2) 設備投資B案　$\dfrac{8,556.552万円}{8,000万円} = 1.069569$　∴1.07(小数点第3位四捨五入)

62 構造的意思決定 Ⅲ

	現在時点	第1年末	第2年末	第3年末	正味現在価値
A　案	－40,000,000円	－22,200,000円	－22,200,000円	－18,200,000円	－ 92,201,760円
B　案	－28,000,000円	－32,000,000円	－32,000,000円	－22,000,000円	－100,064,600円
差額キャッシュ・フロー	－12,000,000円	9,800,000円	9,800,000円	3,800,000円	7,862,840円

【結　論】　$\left\{ \begin{array}{l} \text{A案} \\ \text{B案} \end{array} \right\}$ のほうが有利であるため、採用すべきである。

解答へのアプローチ

1. 総額法によるキャッシュ・フロー計算
2. 正味現在価値の計算
3. 差額法によるキャッシュ・フロー計算
4. 正味現在価値による比較計算

解　説

1 A案の正味現在価値（新設備の正味現在価値）

(1) 年間税引後純現金流出額
　　$-45,000,000円 \times (1-40\%) + 12,000,000円^{※1} \times 40\% = (-)22,200,000円$

(2) 経済的耐用年数終了時の処分価値（残存価額）
　　$(+)4,000,000円$

(3) 現在価値合計
　　$-22,200,000円 \times 2.4868^{※2} + 4,000,000円 \times 0.7513 = (-)52,201,760円$

(4) 新設備の正味現在価値
　　$-52,201,760円 - 40,000,000円 = (-)92,201,760円$

※1　$\dfrac{40,000,000円 - 4,000,000円}{3年}$
　　$= 12,000,000円$

※2　年金現価係数
　　$0.9091 + 0.8264 + 0.7513 = 2.4868$

2 B案の正味現在価値（既存設備の正味現在価値）

(1) 年間税引後純現金流出額
　　$-60,000,000円 \times (1-40\%) + 10,000,000円^{※3} \times 40\% = (-)32,000,000円$

(2) 経済的耐用年数終了時の処分価値（残存価額）
　　$(+)10,000,000円$

※3　$\dfrac{100,000,000円 - 10,000,000円}{9年}$
　　$= 10,000,000円$

(3) 現在価値合計
   －32,000,000×2.4868※2 ＋10,000,000円×0.7513 ＝（－）72,064,600円
(4) 売却しないために得られない売却額の現在価値（現時点）
   －20,000,000円
(5) 売却しないために得られない売却損のタックス・シールドの現在価値
   ① 売却損
     20,000,000円－（100,000,000円－10,000,000円×6年）＝20,000,000円
   ② 売却損のタックス・シールド
     20,000,000円×40％＝（－）8,000,000円
(6) 既存設備の正味現在価値
   －72,064,600円－20,000,000円－8,000,000円＝（－）100,064,600円

3 差額法によるキャッシュ・フロー計算

現在時点　　－40,000,000円－（－28,000,000円）＝－12,000,000円
第1年末　　－22,200,000円－（－32,000,000円）＝　9,800,000円
第2年末　　－22,200,000円－（－32,000,000円）＝　9,800,000円
第3年末　　－18,200,000円－（－22,000,000円）＝　3,800,000円

4 正味現在価値による比較計算

現在時点　　－12,000,000円×1.0000＝－12,000,000円
第1年末　　　9,800,000円×0.9091＝　8,909,180円
第2年末　　　9,800,000円×0.8264＝　8,098,720円
第3年末　　　3,800,000円×0.7513＝　2,854,940円
正味現在価値　　　　　　　　　　　　7,862,840円

63 構造的意思決定 Ⅳ

第1問

1．A案の減価償却費　　　　　　　　　　　　　　　　　12,000,000　円
2．A案の年間税引後現金支出額　　　　　　　　　　　　22,200,000　円
3．B案の設備を売却しないために逸する法人税節税額　　　8,000,000　円
4．B案の最終年度における売却損の法人税節税額　　　　　2,400,000　円
5．A案の正味現在価値　　　　　　　　　　　（－）　93,105,540　円
　　B案の正味現在価値　　　　　　　　　　　（－）　102,772,480　円

結　論：したがって、新設備（A案）に取り替える ｛ べきである。
　　　　　　　　　　　　　　　　　　　　　　　　べきでない。

第2問

投資案Zの内部投資利益率 [14.4] ％

したがって、この Z 案を { 採用すべきである。 / ~~採用すべきでない。~~

解答へのアプローチ

第1問
1. 現有設備売却に伴うキャッシュ・フロー計算
2. 新設備売却に伴うキャッシュ・フロー計算
3. 取替投資の意思決定

第2問
1. 各年度のキャッシュ・フロー計算
2. 内部利益率法の計算および判定

解　説

1　正味現在価値の計算

(1) 新設備（A案）

① 年間税引後現金支出額

$-45,000,000$ 円 $\times (1-40\%) + 12,000,000$ 円[※1] $\times 40\% = -22,200,000$ 円

※1　減価償却費
$$\frac{40,000,000 円 \times 0.9}{3 年} = 12,000,000 円$$

② 税引後現金支出額に対する現在価値合計

$-22,200,000$ 円 $\times 2.4869 = -55,209,180$ 円

③ 最終年度末の売却額に対する現在価値　$4,000,000$ 円 $\times 50\% \times 0.7513 = 1,502,600$ 円

④ 最終年度末の固定資産売却損の法人税影響額に対する現在価値

$2,000,000$ 円[※2] $\times 40\% \times 0.7513 = 601,040$ 円

※2　固定資産売却損
$\underset{帳簿価額}{4,000,000 円} - \underset{売却価額}{4,000,000 円 \times 50\%}$
$= 2,000,000$ 円

⑤ 取得原価　$-40,000,000$ 円 $\times 1 = -40,000,000$ 円

⑥ 正味現在価値……②＋③＋④＋⑤

$-55,209,180$ 円 $+ 1,502,600$ 円 $+ 601,040$ 円 $- 40,000,000$ 円 $= -93,105,540$ 円

(2) 現有設備（B案）

① 年間税引後現金支出額

$-60,000,000$ 円 $\times (1-40\%) + 10,000,000$ 円[※3] $\times 40\% = -32,000,000$ 円

※3　減価償却費
$$\frac{100,000,000 円 \times 0.9}{9 年} = 10,000,000 円$$

② 税引後現金支出額に対する現在価値合計

$-32,000,000$ 円 $\times 2.4869 = -79,580,800$ 円

③ 最終年度末の売却額に対する現在価値　$10,000,000$ 円 $\times 40\% \times 0.7513 = 3,005,200$ 円

④ 最終年度末の固定資産売却損の法人税影響額に対する現在価値

$6,000,000$ 円[※4] $\times 40\% \times 0.7513 = 1,803,120$ 円

※4　固定資産売却損
$\underset{帳簿価額}{10,000,000 円} - \underset{売却価額}{10,000,000 円 \times 40\%}$
$= 6,000,000$ 円

⑤ 予想売却価額（機会原価）

$-20,000,000$ 円 $\times 1 = -20,000,000$ 円

⑥ 固定資産売却損に対する法人税影響額（機会原価）

$-20,000,000$ 円[※5] $\times 40\% \times 1 = -8,000,000$ 円

※5　固定資産売却損
$(\underset{帳簿価額}{100,000,000 円 - 10,000,000 円 \times 6 年})$
$- \underset{売却価額}{20,000,000 円} = 20,000,000 円$

⑦ 正味現在価値……②＋③＋④＋⑤＋⑥

$-79,580,800$ 円 $+ 3,005,200$ 円 $+ 1,803,120$ 円 $- 20,000,000$ 円 $- 8,000,000$ 円

$= -102,772,480$ 円

(3) 結　論　A案：$-93,105,540$ 円 ＞ B案：$-102,772,480$ 円

よって、新設備（A案）に取り替えるべきである。

2 内部利益率法

(1) 年間税引後純現金流入額の計算
　(63,233,000円－25,293,000円)×(1－40％)＋24,000,000円[※6]×40％＝32,364,000円

※6　減価償却費
$$\frac{80,000,000円 \times 0.9}{3年} = 24,000,000円$$

(2) 経済耐用年数終了時の処分価値（残存価額）
　8,000,000円
(3) 内部投資利益率の計算
　｛(32,364,000円×3年＋8,000,000円)÷3年｝×X＝80,000,000円
　　　　　　　　　　　　　　　　　　　X＝2.2837133…

∴年金現価係数より14％と15％の間にあると予想される。

補間法によって計算
14％の場合……32,364,000円×2.3216＋8,000,000円×0.6750＝80,536,262.4円
15％の場合……32,364,000円×2.2832＋8,000,000円×0.6575＝79,153,484.8円

$$14\% + 1\% \times \left[\frac{80,536,262.4円 - 80,000,000円}{80,536,262.4円 - 79,153,484.8円}\right] \approx 14.4\%（小数点以下第2位四捨五入）$$

(4) 結　論：この投資案の内部投資利益率が14.4％で、資本コスト率10％を上回るので、採用すべきである。

64 構造的意思決定 V

第1問

問1　△60,000,000 円
問2　21,600,000 円
問3　0 円
問4　49,632,960 円
問5　2.8 年
問6　31,360,800 円

第2問

問1　12 ％

問2
　甲Ⅰ型設備の減価償却による法人税影響額　4,500,000 円
　乙Ⅰ型設備の減価償却による法人税影響額　5,400,000 円

問3　6,000,000 円
問4　6,400,000 円

問5
　現時点　△75,800,000 円　　3年度　14,820,000 円
　1年度　12,900,000 円　　　4年度　62,180,000 円
　2年度　13,860,000 円

問6　乙Ⅰ型設備を導入した方が　3,168,132 円　　有利なので取替えるべきである。／(不利なので取替えるべきでない。)

解答へのアプローチ

第1問
1. 各年度の差額キャッシュ・フロー計算
2. 投資終了時における設備除却に伴うキャッシュ・フロー計算
3. 拡張投資の意思決定
4. 単純回収期間の計算

第2問
1. 加重平均資本コスト率の計算
2. 設備売却に伴うキャッシュ・フロー計算
3. 差額キャッシュ・フロー計算
4. 取替投資の意思決定

解　説

第1問

1 問題の整理

　現状維持案を基準とした新規設備導入案の差額キャッシュ・フローにより計算する問題である（「取替投資」ではなく「現有設備がある状態での新規設備の追加」という状況設定になる点に注意する）。
　それぞれの需要見込みによる生産販売量を示すと次のようになる。

1. 年間30,000個以上の需要見込みの場合（問1〜問5）

販売量	現状維持案	新規設備導入案	差額
現有設備	20,000個	20,000個	———
新規設備	———	10,000個	＋10,000個

　現有設備による製品20,000個の生産販売部分は、意思決定上、無関連項目になる。よって、現状維持案を基準とすると、新規設備導入案では、新規設備による生産販売量が10,000個増加することになる。この生産販売量の増加分を差額キャッシュ・フローとして認識する。

2. 年間28,000個の需要見込みの場合（問6）

販売量	現状維持案	新規設備導入案	差額
現有設備	20,000個	18,000個①	－ 2,000個
新規設備	———	10,000個①	＋10,000個

① 最適な設備利用

（1）各設備による製品1個あたり変動製造原価の比較

現有設備　　@4,000円 ＋ @3,000円 ＝ @7,000円
　　　　　　　材料費　　変動製造間接費

新規設備　　@4,000円 ＋ @2,000円 ＝ @6,000円
　　　　　　　材料費　　変動製造間接費

　現有設備で製造する場合より新規設備で製造する場合の方が、製品1個あたり変動製造原価が低く有利になる。

（2）最適な設備利用（各設備による生産販売量）

　まず製品1個あたり変動製造原価の低い新規設備をフル稼働させ、残りを現有設備で製造することになる。

新規設備　　　　　　　　　　　　　10,000個（フル稼働）

現有設備　　28,000個 － 10,000個 ＝ 18,000個
　　　　　　　需要見込み　　新規設備

　よって、現状維持案を基準とすると、新規設備導入案では、現有設備による生産販売量が2,000個減少し（20,000個－18,000個）、新規設備による生産販売量が10,000個増加することになる。この生産販売量の増減分を差額キャッシュ・フローとして認識する。

2 年間需要30,000個以上需要見込みの場合の差額キャッシュ・フロー（問1〜問5）

（1）差額キャッシュ・フローの集計（単位：万円）

	現　在	第1年度末	第2年度末	第3年度末	第4年度末	第5年度末	第6年度末

投資時点のキャッシュ・フロー

新規設備の投資額	−6,000						

第1年度末から第6年度末までの毎年の税引後キャッシュ・フロー

		第1年度末	第2年度末	第3年度末	第4年度末	第5年度末	第6年度末
売　上　高 ①		+6,000	+6,000	+6,000	+6,000	+6,000	+6,000
材　料　費 ②		−2,400	−2,400	−2,400	−2,400	−2,400	−2,400
変動製造間接費 ③		−1,200	−1,200	−1,200	−1,200	−1,200	−1,200
固定製造間接費 ④		− 600	− 600	− 600	− 600	− 600	− 600
減価償却費 ⑤		+ 360	+ 360	+ 360	+ 360	+ 360	+ 360
合　　　計		+2,160	+2,160	+2,160	+2,160	+2,160	+2,160

第6年度末における新規設備の除却にかかる差額キャッシュ・フロー

新規設備の処分 ⑥							± 0

① 売上高（第1年度〜第6年度まで同額）

　　10,000個×@10,000円＝ +100,000,000円
　　　　　　　　　　　　　　　税引前キャッシュ・フロー

　　+100,000,000円×（1−40%）＝ +60,000,000円
　　税引前キャッシュ・フロー　　　　法人税率　税引後キャッシュ・フロー

② 材料費（第1年度〜第6年度まで同額）

　　10,000個×@4,000円＝ −40,000,000円
　　　　　　　　　　　　　　税引前キャッシュ・フロー

　　−40,000,000円×（1−40%）＝ −24,000,000円
　　税引前キャッシュ・フロー　　法人税率　税引後キャッシュ・フロー

③ 変動製造間接費（第1年度〜第6年度まで同額）

　　10,000個×@2,000円＝ −20,000,000円
　　　　　　　　　　　　　　税引前キャッシュ・フロー

　　−20,000,000円×（1−40%）＝ −12,000,000円
　　税引前キャッシュ・フロー　　法人税率　税引後キャッシュ・フロー

④ 固定製造間接費（第1年度〜第6年度まで同額）

　　−10,000,000円×（1−40%）＝ −6,000,000円
　　税引前キャッシュ・フロー　　法人税率　税引後キャッシュ・フロー

　　減価償却費を除く現金支出分

⑤ 新規設備の減価償却費（第1年度〜第6年度まで同額）

$$\frac{\overset{取得原価}{60,000,000円}-\overset{残存価額}{6,000,000円}}{\underset{耐用年数}{6年}}=9,000,000円$$

　　9,000,000円×40%＝ +3,600,000円
　　　　　　　　　法人税率　税引後キャッシュ・フロー

⑥ 新規設備の除却にかかる差額キャッシュ・フロー

　　固定資産除却損　　6,000,000円×40%　　　＝ +2,400,000円
　　　　　　　　　　　　　　　　　法人税率　　　税引後キャッシュ・フロー

　　処分コスト　　　　−4,000,000円×（1−40%）＝ −2,400,000円
　　　　　　　　　　税引前キャッシュ・フロー　　法人税率　税引後キャッシュ・フロー

　　　　　　　　　　　　　　　　　　　　　± 　　0円

参　考　仕訳を示すと次のとおりになる。（単位：万円）

（固定資産除却損）	600	（設　　備）	600	←非現金支出費用
（処分コスト）	400	（現　　金）	400	←現金支出費用

（2）正味現在価値の計算

現　　在		−60,000,000円	
第1年度末	+21,600,000円	×0.9524＝	+20,571,840円
第2年度末	+21,600,000円	×0.9070＝	+19,591,200円
第3年度末	+21,600,000円	×0.8638＝	+18,658,080円
第4年度末	+21,600,000円	×0.8227＝	+17,770,320円
第5年度末	+21,600,000円	×0.7835＝	+16,923,600円
第6年度末	（+21,600,000円±0円）×0.7462＝		+16,117,920円
正味現在価値			+49,632,960円

（3）単純回収期間法

$$\frac{60,000,000円}{21,600,000円}=2.77\cdots年 \quad \therefore 2.8年$$

3 年間需要28,000個の需要見込みの場合の差額キャッシュ・フロー（問6）

(1) 差額キャッシュ・フローの集計（単位：万円）

	現在	第1年度末	第2年度末	第3年度末	第4年度末	第5年度末	第6年度末

投資時点のキャッシュ・フロー

新規設備の投資額	−6,000						

第1年度末から第6年度末までの毎年の税引後キャッシュ・フロー（新規設備による部分）

		第1年度末	第2年度末	第3年度末	第4年度末	第5年度末	第6年度末
売 上 高 ①		+6,000	+6,000	+6,000	+6,000	+6,000	+6,000
材 料 費 ②		−2,400	−2,400	−2,400	−2,400	−2,400	−2,400
変動製造間接費 ③		−1,200	−1,200	−1,200	−1,200	−1,200	−1,200
固定製造間接費 ④		− 600	− 600	− 600	− 600	− 600	− 600
減 価 償 却 費 ⑤		+ 360	+ 360	+ 360	+ 360	+ 360	+ 360
合 計		+2,160	+2,160	+2,160	+2,160	+2,160	+2,160

第1年度末から第6年度末までの毎年の税引後キャッシュ・フロー（現有設備による生産販売量減少分）

		第1年度末	第2年度末	第3年度末	第4年度末	第5年度末	第6年度末
売上高減少分 ⑦		−1,200	−1,200	−1,200	−1,200	−1,200	−1,200
材料費減少分 ⑧		+ 480	+ 480	+ 480	+ 480	+ 480	+ 480
変動製造間接費減少分 ⑨		+ 360	+ 360	+ 360	+ 360	+ 360	+ 360
合 計		− 360	− 360	− 360	− 360	− 360	− 360

第6年度末における新規設備の除却にかかる差額キャッシュ・フロー

							第6年度末
新規設備の処分 ⑥							± 0

① 売上高（第1年度〜第6年度まで同額）

$$10,000個 × @10,000円 = \underset{\text{税引前キャッシュ・フロー}}{+100,000,000円}$$

$$\underset{\text{税引前キャッシュ・フロー}}{+100,000,000円} × (1 − \underset{\text{法人税率}}{40\%}) = \underset{\text{税引後キャッシュ・フロー}}{+60,000,000円}$$

② 材料費（第1年度〜第6年度まで同額）

$$10,000個 × @4,000円 = \underset{\text{税引前キャッシュ・フロー}}{−40,000,000円}$$

$$\underset{\text{税引前キャッシュ・フロー}}{−40,000,000円} × (1 − \underset{\text{法人税率}}{40\%}) = \underset{\text{税引後キャッシュ・フロー}}{−24,000,000円}$$

③ 変動製造間接費（第1年度〜第6年度まで同額）

$$10,000個 × @2,000円 = \underset{\text{税引前キャッシュ・フロー}}{−20,000,000円}$$

$$\underset{\text{税引前キャッシュ・フロー}}{−20,000,000円} × (1 − \underset{\text{法人税率}}{40\%}) = \underset{\text{税引後キャッシュ・フロー}}{−12,000,000円}$$

④ 固定製造間接費（第1年度〜第6年度まで同額）

$$\underset{\text{税引前キャッシュ・フロー}}{−10,000,000円} × (1 − \underset{\text{法人税率}}{40\%}) = \underset{\text{税引後キャッシュ・フロー}}{−6,000,000円}$$

減価償却費を除く現金支出分

⑤ 新規設備の減価償却費（第1年度〜第6年度まで同額）

$$\frac{\overset{\text{取得原価}}{60,000,000円} − \overset{\text{残存価額}}{6,000,000円}}{\underset{\text{耐用年数}}{6年}} = 9,000,000円$$

$$9,000,000円 × \underset{\text{法人税率}}{40\%} = \underset{\text{税引後キャッシュ・フロー}}{+3,600,000円}$$

⑥ 新規設備の除却にかかる差額キャッシュ・フロー

$$固定資産除却損 \quad 6,000,000円 × \underset{\text{法人税率}}{40\%} = \underset{\text{税引後キャッシュ・フロー}}{+2,400,000円}$$

$$処分コスト \quad \underset{\text{税引前キャッシュ・フロー}}{−4,000,000円} × (1 − \underset{\text{法人税率}}{40\%}) = \underset{\text{税引後キャッシュ・フロー}}{−2,400,000円}$$

$$± \quad 0円$$

⑦ 売上高減少分（第1年度〜第6年度まで同額）

$$2,000個 × @10,000円 = \underset{\text{税引前キャッシュ・フロー}}{−20,000,000円}$$

$$\underset{\text{税引前キャッシュ・フロー}}{−20,000,000円} × (1 − \underset{\text{法人税率}}{40\%}) = \underset{\text{税引後キャッシュ・フロー}}{−12,000,000円}$$

⑧ 材料費減少分（第1年度〜第6年度まで同額）

$$2,000個 × @4,000円 = \underset{\text{税引前キャッシュ・フロー}}{+8,000,000円}$$

$$\underset{\text{税引前キャッシュ・フロー}}{+8,000,000円} × (1 − \underset{\text{法人税率}}{40\%}) = \underset{\text{税引後キャッシュ・フロー}}{+4,800,000円}$$

解答・解説

⑨ 変動製造間接費減少分（第1年度〜第6年度まで同額）

$\underset{\text{税引前キャッシュ・フロー}}{2,000個 \times @3,000円 = +6,000,000円}$

$\underset{\text{税引前キャッシュ・フロー}}{+6,000,000円} \times (\underset{\text{法人税率}}{1-40\%}) = \underset{\text{税引後キャッシュ・フロー}}{+3,600,000円}$

なお、現有設備を稼働することにより生ずる固定製造間接費および減価償却費については、生産販売量が減少することになっても発生額総額は変化しないため無関連原価になる。

(2) 正味現在価値の計算

現　　在			−60,000,000円
第1年度末（＋21,600,000円−3,600,000円）	×0.9524	=	＋17,143,200円
第2年度末（＋21,600,000円−3,600,000円）	×0.9070	=	＋16,326,000円
第3年度末（＋21,600,000円−3,600,000円）	×0.8638	=	＋15,548,400円
第4年度末（＋21,600,000円−3,600,000円）	×0.8227	=	＋14,808,600円
第5年度末（＋21,600,000円−3,600,000円）	×0.7835	=	＋14,103,000円
第6年度末（＋21,600,000円−3,600,000円±0円）	×0.7462	=	＋13,431,600円
正味現在価値			＋31,360,800円

第2問

1 税引後加重平均資本コスト率

負　　債	20%×5% = 1%
留保利益	30%×10% = 3%
普 通 株	50%×16% = 8%
合　　計	12%

2 甲Ⅰ型設備を使用する場合の税引後キャッシュ・フロー

(1) キャッシュ・フローのまとめ　　　　　　　　　　　　　　　　　　　　　　　（単位：万円）

	導 入 時	1年度末	2年度末	3年度末	4年度末
① 売 上 収 入	—	—	—	—	—
② 材料P購入額		−3,600	−3,600	−3,600	−3,600
③ 直 接 労 務 費		− 600	− 600	− 600	− 600
④ 維 持 費		−1,200	−1,200	−1,200	−1,200
⑤ 減価償却費法人税影響額		＋ 450	＋ 450	＋ 450	＋ 450
⑥ 最終年度の甲Ⅰ型設備売却額		—	—	—	＋1,000
税引後キャッシュ・フロー		−4,950	−4,950	−4,950	−3,950

(2) 税引後キャッシュ・フローの計算

① 売上収入：　売上収入は、甲Ⅰ型設備を使用し続けても乙Ⅰ型設備を導入しても製品Kの販売量および販売価格は変わらないので、無関連となる。

② 材料P購入額

(イ) 各年度の材料P購入量　20,000個×10kg＝200,000kg

(ロ) 各年度の材料P購入額　200,000kg×@300円×(1−40%)＝3,600万円（キャッシュ・アウトフロー）

③ 直接労務費　各年度末　1,000万円×(1−40%)＝600万円（キャッシュ・アウトフロー）

④ 維 持 費　各年度末　2,000万円×(1−40%)＝1,200万円（キャッシュ・アウトフロー）

⑤ 減価償却費法人税影響額

(イ) 減価償却費　$\dfrac{10,000万円 − 10,000万円 \times 10\%}{8 年} = 1,125万円$

(ロ) 減価償却費による法人税影響額　1,125万円×40％＝450万円（キャッシュ・インフロー）

⑥　最終年度の甲Ⅰ型設備売却額

売却額は残存価額（1,000万円）と同じである。（キャッシュ・インフロー）

3　乙Ⅰ型設備を導入する場合の税引後キャッシュ・フロー

(1) キャッシュ・フローのまとめ　　　　　　　　　　　　　　　　　　　　　　　（単位：万円）

	導入時	1年度末	2年度末	3年度末	4年度末
①　投　　資　　額	−12,000				
②　教　育　訓　練　費	−　180				
③　甲Ⅰ型設備売却額	＋　4,000				
④　甲Ⅰ型設備売却時法人税影響額	＋　600				
⑤　売　上　収　入	—	—	—	—	—
⑥　材料Ｑ購入額		−3,360	−3,264	−3,168	−3,072
⑦　材料保管費節約額		＋　60	＋　60	＋　60	＋　60
⑧　直　接　労　務　費		−　420	−　420	−　420	−　420
⑨　維　　持　　費		−　480	−　480	−　480	−　480
⑩　減価償却費法人税影響額		＋　540	＋　540	＋　540	＋　540
⑪　乙Ⅰ型設備売却額		—	—	—	＋5,000
⑫　乙Ⅰ型設備売却時法人税影響額		—	—	—	＋　640
税引後キャッシュ・フロー	− 7,580	−3,660	−3,564	−3,468	＋2,268

(2) 税引後キャッシュ・フローの計算

①　投　資　額　12,000万円（キャッシュ・アウトフロー）

②　教育訓練費　300万円×（1−40％）＝180万円（キャッシュ・アウトフロー）

③　導入時点の甲Ⅰ型設備売却額　4,000万円（キャッシュ・インフロー）

④　導入時点の甲Ⅰ型設備売却時法人税影響額

(イ) 導入時点の甲Ⅰ型設備売却時の帳簿価額　10,000万円−1,125万円×4年＝5,500万円

(ロ) 導入時点の甲Ⅰ型設備売却時法人税影響額

固定資産売却損益　5,500万円−4,000万円＝1,500万円（固定資産売却損）

導入時点の甲Ⅰ型設備売却時法人税影響額

1,500万円×40％＝600万円（キャッシュ・インフロー）

⑤　売上収入：　売上収入は、甲Ⅰ型設備を使用し続けても乙Ⅰ型設備を導入しても製品Ｋの販売量および販売価格は変わらないので、無関連となる。

⑥　材料Ｑ購入額

(イ) 各年度の材料Ｑ購入量　20,000個×8kg＝160,000kg

(ロ) 各年度の材料Ｑ購入額

1年度末　160,000kg×@350円×（1−40％）＝3,360万円（キャッシュ・アウトフロー）

2年度末　160,000kg×@340円×（1−40％）＝3,264万円（キャッシュ・アウトフロー）

3年度末　160,000kg×@330円×（1−40％）＝3,168万円（キャッシュ・アウトフロー）

4年度末　160,000kg×@320円×（1−40％）＝3,072万円（キャッシュ・アウトフロー）

⑦　材料保管費節約額　各年度末　100万円×（1−40％）＝60万円（キャッシュ・インフロー）

⑧　直　接　労　務　費　各年度末　700万円×（1−40％）＝420万円（キャッシュ・アウトフロー）

⑨　維　　持　　費　各年度末　800万円×（1−40％）＝480万円（キャッシュ・アウトフロー）

⑩　減価償却費法人税影響額
　　(イ)　減価償却費　$\dfrac{12,000万円 - 12,000万円 \times 10\%}{8年} = 1,350万円$
　　(ロ)　減価償却費による法人税影響額　1,350万円×40%＝540万円（キャッシュ・インフロー）
⑪　最終年度の乙Ⅰ型設備売却額　5,000万円（キャッシュ・インフロー）
⑫　最終年度の乙Ⅰ型設備売却時法人税影響額
　　(イ)　最終年度の乙Ⅰ型設備売却時の帳簿価額　12,000万円－1,350万円×4年＝6,600万円
　　(ロ)　最終年度の乙Ⅰ型設備売却時法人税影響額
　　　　　固定資産売却損益　6,600万円－5,000万円＝1,600万円（固定資産売却損）
　　　　　最終年度の乙Ⅰ型設備売却時法人税影響額
　　　　　　1,600万円×40%＝640万円（キャッシュ・インフロー）

4　各年度末の増分キャッシュ・フロー

　　各年度の増分キャッシュ・フローは、乙Ⅰ型設備を導入しない場合を前提に計算するので、乙Ⅰ型設備を導入する場合のキャッシュ・フロー（前記 3 で算定）から、甲Ⅰ型設備を利用する場合のキャッシュ・フロー（前記 2 で算定）を差し引くことにより計算する。

(1)　増分キャッシュ・フローのまとめ　　　　　　　　　　　　　　　　　　　　（単位：万円）

	導入時	1年度末	2年度末	3年度末	4年度末
乙Ⅰ型設備キャッシュ・フロー	－7,580	－3,660	－3,564	－3,468	＋2,268
甲Ⅰ型設備キャッシュ・フロー		－4,950	－4,950	－4,950	－3,950
増分キャッシュ・フロー	－7,580	＋1,290	＋1,386	＋1,482	＋6,218

(2)　各年度の増分キャッシュ・フローの計算
　　　導　入　時　－7,580万円（キャッシュ・アウトフロー）　　　　　　∴－75,800,000円
　　　1年度末　－3,660万円－（－4,950万円）＝＋1,290万円（キャッシュ・インフロー）∴＋12,900,000円
　　　2年度末　－3,564万円－（－4,950万円）＝＋1,386万円（キャッシュ・インフロー）∴＋13,860,000円
　　　3年度末　－3,468万円－（－4,950万円）＝＋1,482万円（キャッシュ・インフロー）∴＋14,820,000円
　　　4年度末　＋2,268万円－（－3,950万円）＝＋6,218万円（キャッシュ・インフロー）∴＋62,180,000円

5　正味現在価値

(1)　割引計算のまとめ

(2)　各年度増分キャッシュ・フローの割引計算および正味現在価値の計算
　　　導　入　時　　　　　　　　　　－7,580.0000万円　　　　∴－75,800,000円
　　　1年度末　　＋1,290万円×0.8929＝＋1,151.8410万円　　∴＋11,518,410円
　　　2年度末　　＋1,386万円×0.7972＝＋1,104.9192万円　　∴＋11,049,192円
　　　3年度末　　＋1,482万円×0.7118＝＋1,054.8876万円　　∴＋10,548,876円
　　　4年度末　　＋6,218万円×0.6355＝＋3,951.5390万円　　∴＋39,515,390円
　　　　正味現在価値　　　　　　　　－　316.8132万円　　　∴－　3,168,132円

65 構造的意思決定 Ⅵ

第1問

問1

(1) 第1年度の年間純現金流入額 　6,800　万円

(2) 第1年度の税引後年間純現金流入額 　5,200　万円

(3) 税引後純現金流入額の現在価値合計 　12,927　万円

(4) 回収することが { できる。 / ~~できない。~~

回収できる場合に投資額を上回る金額 　4,527　万円

問2

損益分岐点の年間の製造・販売量 　3,483　個

問3

(1) 　6　年

(2) { H社製 / ~~K社製~~ } の設備のほうが { ~~H社製~~ / K社製 } よりも 　3,748　万円有利である。

第2問

問1　A社の投資資金の税引後加重平均資本コスト率 　6　%

問2　Y機械のほうが有利となる年間稼働現金支出費用は、 　4,210　万円以下である。

解答へのアプローチ

第1問

1. H社製の設備を採用した場合の正味現在価値の計算
2. H社製の損益分岐点年間製造・販売量の計算
3. 反復投資の意思決定

第2問

1. 税引後加重平均資本コスト率の計算
2. 優劣分岐点の年間稼働現金支出費用の計算

解 説

第1問

1 H社製の設備を採用した場合の正味現在価値

(1) 年間純現金流入額（法人税を考慮しない場合）

5,000個×（4万円−2万円）−（6,000万円−2,800万円）＝6,800万円

(2) 税引後年間純現金流入額（法人税を考慮した場合）

6,800万円×（1−40%）＋2,800万円×40%＝5,200万円

(3) 税引後年間純現金流入額の現在価値合計

5,200万円×2.486[※1]＝12,927.2万円　　∴12,927万円

[※1] 年金現価係数
0.909＋0.826＋0.751＝2.486

(4) 正味現在価値の計算（投資額を上回る金額）

12,927.2万円−8,400万円＝4,527.2万円　　∴4,527万円

2 H社製の損益分岐点年間製造・販売量の計算

損益分岐点の年間の製造・販売量をXとして、投資額8,400万円が回収できる販売量を求める。

〔｛X個×（4万円−2万円）−（6,000万円−2,800万円）｝×（1−40%）＋2,800万円×40%〕×2.486＝8,400万円

$$｛（2X−3,200万円）×（1−40%）＋1,120万円｝×2.486＝8,400万円$$

$$（1.2X−1,920万円＋1,120万円）×2.486＝8,400万円$$

$$2.9832X−1,988.8万円＝8,400万円$$

$$2.9832X＝8,400万円＋1,988.8万円$$

$$2.9832X＝10,388.8万円$$

$$X＝3,482.434\cdots個　　∴3,483個$$

3 設備投資の最有利案選択

(1) 比較期間の計算

相互排他的投資案の比較については、必ず、同じ経済的耐用年数の期間で比較検討しなければならない。

したがって、比較する投資案の経済的耐用年数が異なる本問の場合には、同じ期間で比較検討するために設備の除却時点で同一の設備に再び投資する前提に基づいて、各投資案の耐用年数の最小公倍数の期間を求めて比較検討することになる。なお、本問の場合には、経済的耐用年数6年で比較検討する。

(2) 最有利案の選択

製品Gの製造のために購入するH社製またはK社製の設備は、どちらの設備を購入しても得られる売上収入は同額になるため、問3の場合、販売価格は無関連収益と考え意思決定を行う際に考慮する必要がなくなる。したがって、現金支出費用のみを対象として最有利案の選択を行えばよい。

また、固定販売費・管理費についても、H社製またはK社製のどちらの設備を購入しても同額発生するので、無関連原価となり意思決定を行う際に考慮しなくてよい。

なお、製造販売量が同量であるため変動販売費・管理費についても、同額発生することとなるので、無関連原価となり意思決定を行う際に考慮しなくてよい。

以上のことを考慮して計算すると、次のとおりになる。

① H社製の場合の正味現在価値

(イ) 税引後年間現金流出額

$\{-(5,000個×1.7万円)-2,700万円^{※2}\}×(1-40\%)+2,800万円×40\%=(-)5,600万円$

※2 年間固定費 6,000万円－2,800万円－500万円＝2,700万円

(ロ) 税引後年間現金流出額の現在価値合計

$(-)5,600万円×4.354^{※3}=(-)24,382.4万円$

※3 年金現価係数 0.909＋0.826＋0.751＋0.683＋0.621＋0.564＝4.354

(ハ) 設備投資額の現在価値合計

$(-)8,400万円×(1+0.751)=(-)14,708.4万円$

(ニ) 正味現在価値

$-24,382.4万円－14,708.4万円＝(-)39,090.8万円$

② K社製の場合の正味現在価値

(イ) 税引後年間現金流出額

$\{-(5,000個×2.3万円)-1,700万円^{※4}\}×(1-40\%)+2,550万円×40\%=(-)6,900万円$

※4 年間固定費 4,750万円－2,550万円－500万円＝1,700万円

(ロ) 税引後年間現金流出額の現在価値合計

$(-)6,900万円×4.354^{※3}=(-)30,042.6万円$

(ハ) 設備投資額の現在価値合計

$(-)5,100万円×(1+0.826+0.683)=(-)12,795.9万円$

(ニ) 正味現在価値

$-30,042.6万円－12,795.9万円＝(-)42,838.5万円$

③ 比　較

H社製の場合　（－）39,090.8万円＞K社製の場合　（－）42,838.5万円

∴ H社製の方が3,748万円有利である。

第2問

1 税引後加重平均資本コスト率

税引後加重平均資本コスト率は、各資本コスト率に各資本の構成比率を乗じて算定した数値の合計により求める。なお、借入金の資本コスト率は税引前で与えられているので、税引後に修正した数値で算定することに注意する必要がある。

普通株の資本コスト率　60%×8%　　　　　　＝4.8%

借入金の資本コスト率　40%×5%×(1－40%)＝1.2%

　　計：税引後加重平均資本コスト率　　　　6.0%

2 最小公倍数と投資回数

X機械とY機械は耐用年数が異なるので、反復投資を前提として最小公倍数の期間で比較する。

(1) 最小公倍数による期間は6年

(2) 投資回数

① X機械は現在、2年後、4年後の3回投資が必要となる。

② Y機械は現在、3年後の2回投資が必要となる。

3 正味現在価値の計算

(1) X機械の正味現在価値
- ① 投資額の現在価値合計

　　$-6{,}400$万円$\times(1+0.8900+0.7921)=-17{,}165.44$万円

- ② 税引後現金支出費用の現在価値合計
  - (イ) 各年の税引後現金支出費用

　　　$-3{,}800$万円$\times(1-40\%)+2{,}880$万円[※1]$\times40\%=-1{,}128$万円

  - (ロ) 税引後現金支出費用の現在価値合計

　　　$-1{,}128$万円$\times4.9174$[※2]$=-5{,}546.8272$万円

- ③ 残存価格収入の現在価値合計

　　640万円$\times(0.8900+0.7921+0.7050)=1{,}527.744$万円

- ④ X機械の正味現在価値

　　①＋②＋③＝$-21{,}184.5232$万円

[※1] 減価償却費

$$\frac{6{,}400\text{万円}-640\text{万円}}{2\text{年}}=2{,}880\text{万円}$$

[※2] 6年の年金現価係数

$0.9434+0.8900+0.8396+0.7921+$
$0.7473+0.7050=4.9174$

(2) Y機械の正味現在価値（現金支出費用をYとする）
- ① 投資額の現在価値合計

　　$-8{,}000$万円$\times(1+0.8396)=-14{,}716.8$万円

- ② 税引後現金支出費用の現在価値合計
  - (イ) 各年の税引後現金支出費用

　　　$-\mathrm{Y}$万円$\times(1-40\%)+2{,}400$万円[※3]$\times40\%=-0.6\mathrm{Y}$万円$+960$万円

  - (ロ) 税引後現金支出費用の現在価値合計

　　　$(-0.6\mathrm{Y}$万円$+960$万円$)\times4.9174=-2.95044\mathrm{Y}$万円$+4{,}720.704$万円

- ③ 残存価格収入の現在価値合計

　　800万円$\times(0.8396+0.7050)=1{,}235.68$万円

- ④ Y機械の正味現在価値

　　①＋②＋③＝$-2.95044\mathrm{Y}$万円$-8{,}760.416$万円

[※3] 減価償却費

$$\frac{8{,}000\text{万円}-800\text{万円}}{3\text{年}}=2{,}400\text{万円}$$

(3) 正味現在価値の比較

　　$-21{,}184.5232$万円（X機械）$=-2.95044\mathrm{Y}$万円$-8{,}760.416$万円（Y機械）

　　　　　　$2.95044\mathrm{Y}$万円$=12{,}424.1072$万円

　　　　　　　　　$\mathrm{Y}=4{,}210.933\cdots$万円$\rightarrow4{,}210$万円（1万円未満切り捨て）

構造的意思決定 Ⅶ

問1
(1) H社製設備の正味現在価値　（－）　20,172　万円
　　K社製設備の正味現在価値　（－）　19,306　万円
(2) 年間の生産販売量が　3,840　個以上であれば、~~H社製設備~~ / K社製設備　が有利である。
(3) 新設備を導入する場合には、~~H社製設備~~ / K社製設備　が有利である。

問2
(1) 現有設備の正味現在価値　（－）　19,976　万円
(2) 現有設備の正味現在価値と ~~H社製設備~~ / K社製設備 の正味現在価値を比較すると、~~H社製設備~~ / K社製設備のほう / ~~現有設備~~ が

　　670　万円大きく有利である。よって、~~H社製設備に取り替えるべきである。~~ / K社製設備に取り替えるべきである。/ ~~現有設備を継続使用すべきである。~~

解答・解説

解答へのアプローチ

1. 各種設備投資案のキャッシュ・フロー計算
2. 優劣分岐点分析
3. 正味現在価値による有利案の選択
4. 取替投資の意思決定

解 説

　製品Aの販売価格は、新設備にしても売上収入は同額になるため、本問の場合、販売価格は無関連収益となり意思決定を行う際に考慮する必要がなくなる。

　したがって、現金支出費用のみを対象として意思決定を行うことになる。

1 正味現在価値の計算

(1) H社製の正味現在価値

① 税引後年間現金流出額

$(-7,500万円-3,500万円)×(1-40\%)+1,800万円^{※1}×40\%=(-)5,880万円$

※1　減価償却費
$$\frac{6,000万円-600万円}{3年}$$
$$=1,800万円$$

② 税引後年間現金流出額の現在価値合計

$(-)5,880万円×2.4869=(-)14,622.972万円$

③ 経済的耐用年数終了時の処分価値(残存価額)の現在価値

$600万円×0.7513=(+)450.78万円$

④ 設備投資額の現在価値合計

$6,000万円×1=(-)6,000万円$

⑤ 正味現在価値の計算

$-14,622.972万円+450.78万円-6,000万円=(-)20,172.192万円$　　　∴　$(-)20,172万円$

(2) K社製の正味現在価値

① 税引後年間現金流出額

$(-5,000万円-5,000万円)×(1-40\%)+2,100万円^{※2}×40\%=(-)5,160万円$

※2　減価償却費
$$\frac{7,000万円-700万円}{3年}$$
$$=2,100万円$$

② 税引後年間現金流出額の現在価値合計

$(-)5,160万円×2.4869=(-)12,832.404万円$

③ 経済的耐用年数終了時の処分価値(残存価額)の現在価値

$700万円×0.7513=(+)525.91万円$

④ 設備投資額の現在価値合計

$7,000万円×1=(-)7,000万円$

⑤ 正味現在価値の計算

$-12,832.404万円+525.91万円-7,000万円=(-)19,306.494万円$　　　∴　$(-)19,306万円$

2 優劣分岐点の年間生産販売量

(1) H社製の正味現在価値

$\{(-1.5万円×X個-3,500万円)×(1-40\%)+1,800万円×40\%\}×2.4869+600万円×0.7513-6,000万円$

$=\{(-1.5X-3,500万円)×(1-40\%)+720万円\}×2.4869+600万円×0.7513-6,000万円$

$=(-0.9X-2,100万円+720万円)×2.4869+600万円×0.7513-6,000万円$

$=-2.23821X-5,222.49万円+1,790.568万円+450.78万円-6,000万円$

$=-2.23821X-8,981.142万円$

(2) K社製の正味現在価値

$\{(-1万円 \times X個 - 5,000万円) \times (1 - 40\%) + 2,100万円 \times 40\%\} \times 2.4869 + 700万円 \times 0.7513 - 7,000万円$

$= \{(-X - 5,000万円) \times (1 - 40\%) + 840万円\} \times 2.4869 + 700万円 \times 0.7513 - 7,000万円$

$= (-0.6X - 3,000万円 + 840万円) \times 2.4869 + 700万円 \times 0.7513 - 7,000万円$

$= -1.49214X - 7,460.7万円 + 2,088.996万円 + 525.91万円 - 7,000万円$

$= -1.49214X - 11,845.794万円$

(3) 優劣分岐点の年間生産販売量

$-2.23821X - 8,981.142万円 = -1.49214X - 11,845.794万円$

$-2.23821X + 1.49214X = -11,845.794万円 + 8,981.142万円$

$-0.74607X = -2,864.652万円$

$X = 3,839.655\cdots個 \qquad \therefore \text{3,840個}$

(4) 検　証

　　H社製とK社製の優劣を判断する場合には、優劣分岐点の年間生産・販売量（3,840個）を考慮して行うことになる。なお、本問の場合には、3,840個以上の場合に有利な設備を判断するため、年間生産・販売量を3,840個と仮定し、各設備の正味現在価値を計算して判断する。

①　H社製の正味現在価値　　3,840個 $\times$（-2.23821万円）$- 8,981.142万円 = -17,575.8684万円$

②　K社製の正味現在価値　　3,840個 $\times$（-1.49214万円）$- 11,845.794万円 = -17,575.6116万円$

③　判　断　H社製　$-17,575.8684万円 <$ K社製　$-17,575.6116万円$　　$\therefore$ K社製の方が有利

　　なお、フル稼働時の90%の生産量は、4,500個（5,000個 $\times$ 90%）であり、3,840個以上ならばK社製設備の方が有利である。

3　設備投資の最有利案の選択

(1) 現有設備の正味現在価値

① 税引後年間現金流出額

$(-9,000万円 - 4,000万円) \times (1 - 40\%) + 750万円^{※3} \times 40\% = (-)7,500万円$

※3　減価償却費
$$\frac{2,750万円 - 500万円}{3年} = 750万円$$

② 税引後年間現金流出額の現在価値合計

$(-)7,500万円 \times 2.4869 = (-)18,651.75万円$

③ 経済的耐用年数終了時の処分価値（残存価額）の現在価値

$500万円 \times 0.7513 = (+)375.65万円$

④ 売却しないために得られない売却額の現在価値

$(-)1,000万円 \times 1 = (-)1,000万円$

⑤ 売却しないために得られない売却損のタックス・シールド

(イ) 売　却　損

$1,000万円 - 2,750万円 = 1,750万円$

(ロ) 売却損のタックス・シールドの現在価値

$1,750万円 \times 40\% = (-)700万円$

⑥ 正味現在価値の計算

$-18,651.75万円 + 375.65万円 - 1,000万円 - 700万円 = (-)19,976.1万円$　　$\therefore$ $(-)19,976万円$

(2) 設備投資の最有利案の選択

① H社製とK社製の比較

H社製の正味現在価値　$(-)20,172万円$
K社製の正味現在価値　$(-)19,306万円$　}　比較　　$\therefore$ K社製の方が866万円有利

② 最有利案の選択

K社製の正味現在価値　$(-)19,306万円$
現有設備の正味現在価値　$(-)19,976万円$　}　比較　　$\therefore$ K社製の方が670万円有利

67 構造的意思決定 Ⅷ

問1　加重平均資本コスト率　　　　8　％

問2　正味現在価値　　（＋）　　20,502,208　円

解答へのアプローチ

1. 加重平均資本コスト率の計算
2. 各年度の販売予測値計算
3. 各年度のキャッシュ・フロー計算
4. 正味現在価値計算

解　説

1 加重平均資本コスト率

（1）総資本の構成割合

留保利益	24,750,000円	15%
資　本　金	33,000,000円	20%
社　　　債	66,000,000円	40%
長期借入金	41,250,000円	25%
	165,000,000円	100%

（2）加重平均資本コスト率

	構成割合	資 本 コ ス ト 率	
留 保 利 益	15%	× 14.40%	= 2.16%
資　本　金	20%	× 14.85%	= 2.97%
社　　　債	40%	× 8.10%×（1−50%)	= 1.62%
長期借入金	25%	× 10.00%×（1−50%)	= 1.25%
		加重平均資本コスト率	8.00%

2 各年度の販売量予測値

第1年度　10,000個×35%＋5,000個×50%＋2,000個×15%＝6,300個
第2年度　12,000個×35%＋6,000個×50%＋2,400個×15%＝7,560個
第3年度　10,000個×35%＋5,000個×50%＋2,000個×15%＝6,300個
第4年度　　9,000個×35%＋4,500個×50%＋1,800個×15%＝5,670個
第5年度　　7,000個×35%＋3,500個×50%＋1,400個×15%＝4,410個

3 各年度のキャッシュ・フロー

第1年度　6,300個×（@12,500円−@5,200円）−10,000,000円＝35,990,000円
第2年度　7,560個×（@12,500円−@5,200円）−12,000,000円＝43,188,000円
第3年度　6,300個×（@12,500円−@5,200円）−12,000,000円＝33,990,000円
第4年度　5,670個×（@12,500円−@5,200円）−12,000,000円＝29,391,000円
第5年度　4,410個×（@12,500円−@5,200円）−12,000,000円＝20,193,000円

4 各年度の税引後キャッシュ・フロー

第1年度　35,990,000円×（1−50%)＋12,000,000円[※1]×50%＝23,995,000円
第2年度　43,188,000円×（1−50%)＋12,000,000円[※1]×50%＝27,594,000円
第3年度　33,990,000円×（1−50%)＋12,000,000円[※1]×50%＝22,995,000円
第4年度　29,391,000円×（1−50%)＋12,000,000円[※1]×50%＝20,695,500円
第5年度　20,193,000円×（1−50%)＋12,000,000円[※1]×50%＝16,096,500円

※1　減価償却費
$$\frac{80,000,000円 \times 0.9}{6 年} = 12,000,000円$$

5 現在価値合計

第 1 年度	23,995,000円	×0.9259 =	22,216,970.5円
第 2 年度	27,594,000円	×0.8573 =	23,656,336.2円
第 3 年度	22,995,000円	×0.7938 =	18,253,431.0円
第 4 年度	20,695,500円	×0.7350 =	15,211,192.5円
第 5 年度	（16,096,500円 + 10,000,000円[※2] + 5,000,000円[※3]）×0.6806 =		21,164,277.9円

現在価値合計　100,502,208.1円

[※2] 売却金額　（80,000,000円 − 12,000,000円 × 5 年）×50% = 10,000,000円

[※3] 売却損の法人税影響額

① 売　　　却　　　損　10,000,000円 − 20,000,000円 = 10,000,000円

② 売却損の法人税影響額　10,000,000円 × 50% = 5,000,000円

6 正味現在価値

100,502,208.1円 − 80,000,000円 = 20,502,208.1円　　∴20,502,208円

戦略的原価計算 Ⅰ

問1　伝統的全部原価計算による製品単位あたり総原価

X = 2,400 円
Y = 3,250 円
Z = 1,400 円

問2　目標販売単価

X = 3,000.0 円
Y = 4,062.5 円
Z = 1,750.0 円

問3　活動基準原価計算による製品単位あたり総原価

X = 2,385 円
Y = 2,920 円
Z = 4,100 円

問4

① = 1,350,000 円
② = 小　または少
③ = 30,000 円
④ = 1,320,000 円
⑤ = 大　または多
⑥ = 0 円

解答へのアプローチ

1. 伝統的全部原価計算による製品別総原価の計算
2. 製品別目標販売単価の計算
3. 活動基準原価計算による製品別総原価の計算
4. 伝統的全部原価計算と活動基準原価計算の比較

解　説

1　伝統的全部原価計算による製品別総原価の計算

	製品 X	製品 Y	製品 Z	合　計
直 接 材 料 費	1,200,000円	4,000,000円	250,000円	5,450,000円
直 接 労 務 費	1,600,000円	4,000,000円	200,000円	5,800,000円
製 造 間 接 費 販売費・一般管理費	2,000,000円	5,000,000円	250,000円	7,250,000円
合　　　計	4,800,000円	13,000,000円	700,000円	18,500,000円

(1) 直接材料費の計算

製品X　2,000個×@　600円＝1,200,000円

製品Y　4,000個×@1,000円＝4,000,000円

製品Z　　500個×@　500円＝　250,000円

(2) 直接労務費の計算

製品X　2,000個×0.8時間（＝1,600時間）×@1,000円＝1,600,000円

製品Y　4,000個×1.0時間（＝4,000時間）×@1,000円＝4,000,000円

製品Z　　500個×0.4時間（＝　200時間）×@1,000円＝　200,000円

(3) 製造間接費、販売費および一般管理費の計算

製品X　1,600時間×@1,250円[※1]＝2,000,000円

製品Y　4,000時間×@1,250円[※1]＝5,000,000円

製品Z　　200時間×@1,250円[※1]＝　250,000円

> ※1　予定配賦率の計算　$\dfrac{7,250,000円}{5,800時間}＝@1,250円$

(4) 製品別単位あたり総原価の計算

製品X　　4,800,000円÷2,000個＝@2,400円

製品Y　13,000,000円÷4,000個＝@3,250円

製品Z　　　700,000円÷　500個＝@1,400円

2　製品別目標販売単価の計算

製品X　@2,400円÷（1－20%）＝@3,000.0円

製品Y　@3,250円÷（1－20%）＝@4,062.5円

製品Z　@1,400円÷（1－20%）＝@1,750.0円

3　活動基準原価計算による製品別総原価の計算

	製品 X	製品 Y	製品 Z	合 計
直 接 材 料 費	1,200,000円	4,000,000円	250,000円	5,450,000円
直 接 労 務 費	1,600,000円	4,000,000円	200,000円	5,800,000円
製 造 間 接 費 販 売 費・一 般 管 理 費				
機械作業コスト・プール	1,000,000円	1,600,000円	400,000円	3,000,000円
段取作業コスト・プール	10,000円	20,000円	100,000円	130,000円
生産技術コスト・プール	300,000円	420,000円	480,000円	1,200,000円
材料倉庫コスト・プール	120,000円	400,000円	25,000円	545,000円
品質保証コスト・プール				
Z専用減価償却費	――円	――円	80,000円	80,000円
そ　の　他	60,000円	120,000円	75,000円	255,000円
包装出荷コスト・プール	160,000円	320,000円	400,000円	880,000円
管理活動コスト・プール	320,000円	800,000円	40,000円	1,160,000円
合　　　　計	4,770,000円	11,680,000円	2,050,000円	18,500,000円

(1) 機械作業コスト・プールの配賦（機械運転時間基準）

製品X　2,000個×1.25時間（＝2,500時間）×@400円[※2]＝1,000,000円

製品Y　4,000個×1.0 時間（＝4,000時間）×@400円[※2]＝1,600,000円

製品Z　 500個×2.0 時間（＝1,000時間）×@400円[※2]＝ 400,000円

※2 配賦率の計算
$$\frac{3,000,000円}{7,500時間}＝@400円$$

(2) 段取作業コスト・プールの配賦（段取時間基準）

製品X　 10時間×@1,000円[※3]＝ 10,000円

製品Y　 20時間×@1,000円[※3]＝ 20,000円

製品Z　100時間×@1,000円[※3]＝100,000円

※3 配賦率の計算
$$\frac{130,000円}{130時間}＝@1,000円$$

(3) 生産技術コスト・プールの配賦（製品仕様書作成時間基準）

製品X　500時間×@600円[※4]＝300,000円

製品Y　700時間×@600円[※4]＝420,000円

製品Z　800時間×@600円[※4]＝480,000円

※4 配賦率の計算
$$\frac{1,200,000円}{2,000時間}＝@600円$$

(4) 材料倉庫コスト・プールの配賦（直接材料出庫金額基準）

製品X　1,200,000円×10%[※5]＝120,000円

製品Y　4,000,000円×10%[※5]＝400,000円

製品Z　 250,000円×10%[※5]＝ 25,000円

※5 配賦率の計算
$$\frac{545,000円}{5,450,000円}＝10\%$$

(5) 品質保証コスト・プールの配賦

① 　Z専用検査機械減価償却費…Z製品に直課

② 　その他の品質保証費（抜取検査回数基準）

製品X　 20回×@3,000円[※6]＝ 60,000円

製品Y　 40回×@3,000円[※6]＝120,000円

製品Z　 25回×@3,000円[※6]＝ 75,000円

※6 配賦率の計算
$$\frac{255,000円}{85回}＝@3,000円$$

(6) 包装出荷コスト・プールの配賦（出荷回数基準）

製品X　 4回×@40,000円[※7]＝160,000円

製品Y　 8回×@40,000円[※7]＝320,000円

製品Z　10回×@40,000円[※7]＝400,000円

※7 配賦率の計算
$$\frac{880,000円}{22回}＝@40,000円$$

(7) 管理活動コスト・プールの配賦（直接作業時間基準）

製品X　1,600時間×@200円[※8]＝320,000円

製品Y　4,000時間×@200円[※8]＝800,000円

製品Z　 200時間×@200円[※8]＝ 40,000円

※8 配賦率の計算
$$\frac{1,160,000円}{5,800時間}＝@200円$$

(8) 製品別単位あたり総原価の計算

製品X　 4,770,000円÷2,000個＝@2,385円

製品Y　11,680,000円÷4,000個＝@2,920円

製品Z　 2,050,000円÷ 500個＝@4,100円

4 製品品種別原価の歪み（内部補助）

製　品　品　種	製　品　X	製　品　Y	製　品　Z
伝統的全部原価計算による単価	2,400円	3,250円	1,400円
活動基準原価計算による単価	2,385円	2,920円	4,100円
差引：単位あたりの歪み金額	＋　　　15円	＋　　　330円	△　　2,700円
製　品　の　販　売　量	2,000個	4,000個	500個
原　価　の　歪　み　総　額	＋　　30,000円	＋　1,320,000円	△　1,350,000円

69 戦略的原価計算 Ⅱ

第1問

① 研究・開発 コスト……………… 　1,000 　万円

② 生産・構築 コスト……………… 　627,000 　万円

③ 運用・支援 コスト……………… 　1,900 　万円

④ 退役および廃業 コスト……………… 　500 　万円

第2問

問1　時間価値を無視した場合のライフサイクル利益 　2,149,000 　円

問2　正味現在価値 　（＋）　1,316,542.6 　円

解答へのアプローチ

1. ライフサイクル・コストの分類と集計
2. ライフサイクル利益の計算
3. 正味現在価値の計算

解　説

1 ライフサイクル・コストの分類と集計

(1) 研究・開発コスト

製 品 企 画 費	800万円
製品システムや製造工程の設計費	200万円
合　　　計	1,000万円

(2) 生産・構築コスト

製造用の材料費など	125,000万円
生 産 施 設 の 購 入 費	500,000万円
顧 客 仕 様 へ の 改 造 費	2,000万円
合　　　計	627,000万円

(3) 運用・支援コスト

広　　　告　　　費	1,000万円
製 品 輸 送 費	200万円
使 用 者 側 の 保 全 費	700万円
合　　　計	1,900万円

(4) 退役および廃棄コスト

廃 棄 処 分 費 用	500万円
	500万円

解答・解説

314

2 ライフサイクル利益の計算

(1) ライフサイクル収益

（1,600個＋3,600個）×@700円＋4,000個×@650円＋1,500個×@600円 ＝7,140,000円

(2) ライフサイクル・コスト

① 研 究 ・ 開 発 コ ス ト	1,000,000円	
② 生 産 ・ 構 築 コ ス ト	1,556,000円	
③ 運 用 ・ 支 援 コ ス ト	1,361,000円	
④ 退役および廃棄コスト	1,074,000円	4,991,000円

(3) ライフサイクル利益　2,149,000円

3 正味現在価値の計算

(1) 各年度のキャッシュ・フローの予測

現　　　在		（－）1,000,000円
1 年度末		（±）　　　　0円
2 年度末	1,600個×@700円－（268,000円＋237,000円）	＝（＋）　615,000円
3 年度末	3,600個×@700円－（558,000円＋472,500円＋244,000円）	＝（＋）1,245,500円
4 年度末	4,000個×@650円－（580,000円＋522,000円＋330,000円）	＝（＋）1,168,000円
5 年度末	1,500個×@600円－（150,000円＋129,500円＋500,000円）	＝（＋）　120,500円

(2) 正味現在価値の計算

現　　　在	（－）1,000,000円×1.0000	＝（－）1,000,000.00円
1 年度末	（±）　　　　0円×0.9091	＝（±）　　　　0.00円
2 年度末	（＋）　615,000円×0.8264	＝（＋）　508,236.00円
3 年度末	（＋）1,245,500円×0.7513	＝（＋）　935,744.15円
4 年度末	（＋）1,168,000円×0.6830	＝（＋）　797,744.00円
5 年度末	（＋）　120,500円×0.6209	＝（＋）　74,818.45円
		（＋）1,316,542.60円

戦略的原価計算

70 戦略的原価計算 Ⅲ

第1問

問1

	1年目	2年目	3年目	4年目
A車	4 回	4 回	4 回	3 回
B車	3 回	4 回	3 回	4 回
C車	3 回	3 回	3 回	2 回

問2

トータル・コストが、A車では 3,475,000 円、B車では 3,314,000 円、C車では 3,258,500 円であるため C 車を購入すべきである。

問3

トータル・コストの現在価値が、A車では 3,097,318 円、B車では 3,039,561 円、C車では 3,073,084 円であるため B 車を購入すべきである。

第2問

(単位：千円)

	第1案	第2案	第3案
ライフサイクル収益	(4,800,000)	(3,818,000)	(3,150,000)
ライフサイクル・コスト			
研 究 開 発 費	(476,000)	(476,000)	(476,000)
設 　計 　費	(288,000)	(288,000)	(288,000)
製 造 原 価	(3,341,000)	(2,453,000)	(1,901,000)
マーケティングコスト	(275,000)	(252,800)	(239,000)
流 通 コ ス ト	(180,000)	(128,200)	(96,000)
顧客サービスコスト	(171,000)	(132,150)	(108,000)
合 　　計	4,731,000	(3,730,150)	(3,108,000)
ライフサイクル利益	(69,000)	(87,850)	(42,000)

解答へのアプローチ

第1問
1. 整備回数の計算
2. ライフサイクル・コストの計算
3. 正味現在価値の計算

第2問
1. ライフサイクル収益の計算
2. ライフサイクル・コストの計算
3. ライフサイクル利益の計算

解答・解説

解　説

第 1 問

1 整備回数の計算

(1) B 車の各年度の整備回数

1 年目　$\dfrac{36,000\text{km}}{10,000\text{km}} = 3.6$　∴ 3 回整備して6,000km走行し、2 年目を迎える。

2 年目　$\dfrac{6,000\text{km} + 36,000\text{km}}{10,000\text{km}} = 4.2$　∴ 4 回整備して2,000km走行し、3 年目を迎える。

3 年目　$\dfrac{2,000\text{km} + 36,000\text{km}}{10,000\text{km}} = 3.8$　∴ 3 回整備して8,000km走行し、4 年目を迎える。

4 年目　$\dfrac{8,000\text{km} + 36,000\text{km}}{10,000\text{km}} = 4.4$　∴ 4 回整備して4,000km走行し、処分される。

(2) C 車の各年度の整備回数

$\dfrac{36,000\text{km}}{12,000\text{km}} = 3$　∴ 3 回（ただし、処分時点では整備不要であるため、4 年目は 2 回で済む）

2 各車両のトータル・コストの計算

(1) A 車　現時点　　　　　　　　　　　　　　　　　　　　　　　　　　　　　1,575,000円

1 年目　30,000円 + 3,600ℓ[※1] × @100円 + 4 回 × @6,000円 + 100,000円　　　= 　514,000円

2 年目　30,000円 + 3,600ℓ[※1] × @100円 + 4 回 × @6,000円 + 100,000円　　　= 　514,000円

3 年目　30,000円 + 3,600ℓ[※1] × @100円 + 4 回 × @6,000円 + 100,000円　　　= 　514,000円

4 年目　30,000円 + 3,600ℓ[※1] × @100円 + 3 回 × @6,000円 + 100,000円 − 150,000円 = 　358,000円

　　　　　　　　　　　　　　　　　　　　　　　　　　　　　　　　　　　　3,475,000円

　　※1　年間ガソリン消費量　$\dfrac{36,000\text{km}}{10\text{km}} = 3,600\,ℓ$

(2) B 車　現時点　　　　　　　　　　　　　　　　　　　　　　　　　　　　　1,890,000円

1 年目　45,000円 + 2,400ℓ[※2] × @100円 + 3 回 × @6,000円 + 100,000円　　　= 　403,000円

2 年目　45,000円 + 2,400ℓ[※2] × @100円 + 4 回 × @6,000円 + 100,000円　　　= 　409,000円

3 年目　45,000円 + 2,400ℓ[※2] × @100円 + 3 回 × @6,000円 + 100,000円　　　= 　403,000円

4 年目　45,000円 + 2,400ℓ[※2] × @100円 + 4 回 × @6,000円 + 100,000円 − 200,000円 = 　209,000円

　　　　　　　　　　　　　　　　　　　　　　　　　　　　　　　　　　　　3,314,000円

　　※2　年間ガソリン消費量　$\dfrac{36,000\text{km}}{15\text{km}} = 2,400\,ℓ$

(3) C 車　現時点　　　　　　　　　　　　　　　　　　　　　　　　　　　　　2,152,500円

1 年目　60,000円 + 2,000ℓ[※3] × @100円 + 3 回 × @6,000円 + 100,000円　　　= 　378,000円

2 年目　60,000円 + 2,000ℓ[※3] × @100円 + 3 回 × @6,000円 + 100,000円　　　= 　378,000円

3 年目　60,000円 + 2,000ℓ[※3] × @100円 + 3 回 × @6,000円 + 100,000円　　　= 　378,000円

4 年目　60,000円 + 2,000ℓ[※3] × @100円 + 2 回 × @6,000円 + 100,000円 − 400,000円 = 　−28,000円

　　　　　　　　　　　　　　　　　　　　　　　　　　　　　　　　　　　　3,258,500円

　　※3　年間ガソリン消費量　$\dfrac{36,000\text{km}}{18\text{km}} = 2,000\,ℓ$

3 各車両のトータル・コストの現在価値の計算

(1) A 車　1,575,000円 + 514,000円 × 0.909 + 514,000円 × 0.826 + 514,000円 × 0.751 + 358,000円 × 0.683 = 3,097,318円

(2) B 車　1,890,000円 + 403,000円 × 0.909 + 409,000円 × 0.826 + 403,000円 × 0.751 + 209,000円 × 0.683 = 3,039,561円

(3) C 車　2,152,500円 + 378,000円 × 0.909 + 378,000円 × 0.826 + 378,000円 × 0.751 − 28,000円 × 0.683 = 3,073,084円

第2問

1 第1案のライフサイクル利益の計算

(1) ライフサイクル収益 　　　　6,000台×@800千円＝ 　　　　4,800,000千円
(2) ライフサイクル・コスト
　研　究　開　発　費 　　　　　　　　　　　　476,000千円
　設　　　計　　　費 　　　　　　　　　　　　288,000千円
　製　造　原　価 　461,000千円＋6,000台×@480千円＝ 3,341,000千円
　マーケティングコスト 203,000千円＋6,000台×@ 12千円＝ 275,000千円
　流　通　コ　ス　ト 12,000千円＋6,000台×@ 28千円＝ 180,000千円
　顧客サービスコスト 45,000千円＋6,000台×@ 21千円＝ 171,000千円 　4,731,000千円
(3) ライフサイクル利益 　　　　　　　　　　　　　　　　　69,000千円

2 第2案のライフサイクル利益の計算

(1) ライフサイクル収益 　　　　4,150台×@920千円＝ 　　　　3,818,000千円
(2) ライフサイクル・コスト
　研　究　開　発　費 　　　　　　　　　　　　476,000千円
　設　　　計　　　費 　　　　　　　　　　　　288,000千円
　製　造　原　価 　461,000千円＋4,150台×@480千円＝ 2,453,000千円
　マーケティングコスト 203,000千円＋4,150台×@ 12千円＝ 252,800千円
　流　通　コ　ス　ト 12,000千円＋4,150台×@ 28千円＝ 128,200千円
　顧客サービスコスト 45,000千円＋4,150台×@ 21千円＝ 132,150千円 　3,730,150千円
(3) ライフサイクル利益 　　　　　　　　　　　　　　　　　87,850千円

3 第3案のライフサイクル利益の計算

(1) ライフサイクル収益 　　　　3,000台×@1,050千円＝ 　　　　3,150,000千円
(2) ライフサイクル・コスト
　研　究　開　発　費 　　　　　　　　　　　　476,000千円
　設　　　計　　　費 　　　　　　　　　　　　288,000千円
　製　造　原　価 　461,000千円＋3,000台×@480千円＝ 1,901,000千円
　マーケティングコスト 203,000千円＋3,000台×@ 12千円＝ 239,000千円
　流　通　コ　ス　ト 12,000千円＋3,000台×@ 28千円＝ 96,000千円
　顧客サービスコスト 45,000千円＋3,000台×@ 21千円＝ 108,000千円 　3,108,000千円
(3) ライフサイクル利益 　　　　　　　　　　　　　　　　　42,000千円

戦略的原価計算 Ⅳ

① ＝ | 予防 | ⎫
② ＝ | 評価 | ⎬ 順不同
③ ＝ | 1,100 | 万円
④ ＝ | 内部失敗 | ⎫
⑤ ＝ | 外部失敗 | ⎬ 順不同
⑥ ＝ | 2,850 | 万円

解答へのアプローチ

1. 品質原価の分類と集計
2. 品質適合コストと品質不適合コストの比較

解　説

1 品質原価の分類と集計

　品質原価計算とは製品の品質を確保することが、高品質の製品との激烈な競争に生き抜くための重要な戦略であるとする認識が高まり、品質保証にどれほどの原価をかけているかを知るための原価計算をいう。
　なお、品質原価は次のように分類される。

(1) 品質適合コスト
　① 予防原価……製品の規格に一致しない製品の生産を予防するコスト
　　　　　　　　品質保証教育訓練費、品質管理部門個別固定費、製品設計改善費、製造工程改善費など
　② 評価原価……製品の規格に一致しない製品を発見するためのコスト
　　　　　　　　購入材料の受入検査費、各工程の中間品質検査費、製品の出荷検査費、自社製品の出荷後のサンプリング、他社製品の品質調査費など

(2) 品質不適合コスト
　① 内部失敗原価……工場内で発生する部品、製品の仕損、補修のためのコスト
　　　　　　　　　　仕損費、手直費など
　② 外部失敗原価……欠陥製品の販売によって発生するコスト
　　　　　　　　　　クレーム調査出張旅費、取替え・引取り運送費、返品廃棄処分費、損害賠償費、値引き・格下げ損失、販売製品補修費など

2 品質適合コストと品質不適合コストの比較

	20X3年	20X5年	
予防原価および評価原価	1,500万円	2,600万円	→ 1,100万円増加
内部失敗原価および外部失敗原価	3,500万円	650万円	→ 2,850万円減少
	5,000万円	3,250万円	→ 1,750万円減少

319

戦略的原価計算 V

a （品質適合コスト）
b （品質不適合コスト）
c （予　防　原　価）……… | 13,320 | 万円
d （評　価　原　価）……… | 10,080 | 万円
e （内 部 失 敗 原 価）……… | 3,600 | 万円
f （外 部 失 敗 原 価）……… | 2,250 | 万円

g （　　　9,900　　　）
h （　　　25,650　　　）
i （　　　15,750　　　）

解答へのアプローチ

1. 品質原価の分類と集計
2. 品質適合コストと品質不適合コストの比較

解　説

1 品質原価の分類と集計

　品質原価計算とは製品の品質を確保することが、高品質の製品との激烈な競争に生き抜くための重要な戦略であるとする認識が高まり、品質保証にどれほどの原価をかけているかを知るための原価計算をいう。
　なお、品質原価は次のように分類される。
(1) 品質適合コスト
　① 予防原価……製品の規格に一致しない製品の生産を予防するコスト
　　　　　　　　品質保証教育訓練費、品質管理部門個別固定費、製品設計改善費、製造工程改善費など
　② 評価原価……製品の規格に一致しない製品を発見するためのコスト
　　　　　　　　購入材料の受入検査費、各工程の中間品質検査費、製品の出荷検査費、自社製品の出荷後のサンプリング、他社製品の品質調査費など
(2) 品質不適合コスト
　① 内部失敗原価……工場内で発生する部品、製品の仕損、補修のためのコスト
　　　　　　　　　　仕損費、手直費など
　② 外部失敗原価……欠陥製品の販売によって発生するコスト
　　　　　　　　　　クレーム調査出張旅費、取替え・引取り運送費、返品廃棄処分費、損害賠償費、値引き・格下げ損失、販売製品補修費など

2 各種金額の算定

(1) 20X3年

① 予 防 原 価

品 質 保 証 教 育 費	900万円
製 品 設 計 改 善 費	4,950万円
	5,850万円

② 評 価 原 価

受 入 材 料 検 査 費	1,440万円
他社製品品質調査費	450万円
製 品 出 荷 検 査 費	5,760万円
	7,650万円

③ 内 部 失 敗 原 価

不 良 品 手 直 費	10,800万円
仕 損 費	7,650万円
	18,450万円

④ 外 部 失 敗 原 価

販 売 製 品 補 修 費	9,900万円
返 品 廃 棄 処 分 費	3,150万円
	13,050万円

(2) 20X5年

① 予 防 原 価

品 質 保 証 教 育 費	1,530万円
製 品 設 計 改 善 費	11,790万円
	13,320万円

② 評 価 原 価

受 入 材 料 検 査 費	1,917万円
他社製品品質調査費	558万円
製 品 出 荷 検 査 費	7,605万円
	10,080万円

③ 内 部 失 敗 原 価

不 良 品 手 直 費	1,350万円
仕 損 費	2,250万円
	3,600万円

④ 外 部 失 敗 原 価

販 売 製 品 補 修 費	900万円
返 品 廃 棄 処 分 費	1,350万円
	2,250万円

3 20X3年と20X5年の比較

(1) 20X3年

品 質 適 合 コ ス ト　　5,850万円 ＋　7,650万円 ＝ 13,500万円

品質不適合コスト　18,450万円 ＋ 13,050万円 ＝ 31,500万円

(2) 20X5年

品 質 適 合 コ ス ト　13,320万円 ＋ 10,080万円 ＝ 23,400万円

品質不適合コスト　　3,600万円 ＋　2,250万円 ＝　5,850万円

(3) 比 較

品 質 適 合 コ ス ト　13,500万円 － 23,400万円 ＝　9,900万円　（増加）

品質不適合コスト　31,500万円 －　5,850万円 ＝ 25,650万円　（減少）

　　　　　　　　　　45,000万円 － 29,250万円 ＝ 15,750万円　（減少）

戦略的原価計算

73 戦略的原価計算 Ⅵ

第1問

① 原 価 企 画 ② 許 容 ③ 成 行

④ 目 標 ⑤ 25,600 万円 ⑥ 30,600 万円

⑦ 5,000 万円 ⑧ 1,602 万円 ⑨ 28,998 万円

⑩ 原 価 維 持 ⑪ 原 価 改 善

第2問

問1

目標製造原価	90,000	円
成行製造原価	100,000	円
製造原価削減目標額	10,000	円

問2

(1) 金額的に大きく削減すべきは CPU であり、次いで メモリ さらに ハードディスク の

順序で検討しなければならない。

(2) キーボード は、むしろ原価を 2,750 円増加させて機能を改善し、他社の製品との差別化を

はかる余地がある。

(3) この新製品の価値は成行製造原価の 90 ％しかなく、成行製造原価を 10 ％削減しなければならな

い。

解答へのアプローチ

第1問

1. 原価企画・原価維持・原価改善の用語と意味の理解
2. 許容原価、成行原価および目標原価の用語と意味、計算方法の理解

第2問

1. 目標原価計算における価値指数の計算とその意味の理解

解 説

第1問

1 許容原価の計算
(1) 目標売上高 ➡ 予定販売価格80万円/個×予定生産販売量400個＝32,000万円
(2) 目標利益 ➡ 目標売上高32,000万円×目標売上高利益率20％＝6,400万円
(3) 許容原価 ➡ 目標売上高32,000万円−目標利益6,400万円＝25,600万円

2 成行原価の計算
成行原価 ➡ 直接材料費　1.8万円/kg×15kg/個×400個　　　＝10,800万円
　　　　　　変動加工費　2.6万円/時間×9時間/個×400個＝ 9,360万円
　　　　　　固定加工費　2.9万円/時間×9時間/個×400個＝10,440万円
　　　　　　合　　計　　　　　　　　　　　　　　　　　30,600万円

3 許容原価と成行原価の比較
許容原価　25,600万円＜成行原価　30,600万円　　差：5,000万円（原価低減目標額）

4 原価低減可能額の計算
直接材料費　1.8万円/kg×10％×15kg/個×400個　　　＝1,080万円
固定加工費　2.9万円/時間×5％×9時間/個×400個＝　522万円
合　　計　　　　　　　　　　　　　　　　　　　　　1,602万円

5 目標原価の計算
成行原価30,600万円−原価低減可能額1,602万円＝28,998万円

6 原価企画・原価維持・原価改善の相互関係

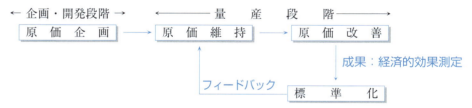

第2問

1 目標原価および成行原価の計算
(1) 目標製造原価の計算　（250,000円−250,000円×10％）×40％＝90,000円
(2) 成行製造原価の計算　100,000円
(3) 製造原価削減目標額の計算　90,000円−100,000円＝10,000円
(4) 比較計算表の作成
　① 部品別目標製造原価の計算
　　　ＣＰＵ　　　　　　90,000円×32.5％＝29,250円
　　　メモリ　　　　　　90,000円×20.0％＝18,000円
　　　ハードディスク　　90,000円×22.5％＝20,250円
　　　キーボード　　　　90,000円×12.5％＝11,250円
　　　ディスプレイ　　　90,000円×12.5％＝11,250円

② 部品別成行製造原価の計算

ＣＰＵ	100,000円×35.5％＝35,500円
メモリ	100,000円×21.5％＝21,500円
ハードディスク	100,000円×23.0％＝23,000円
キーボード	100,000円× 8.5％＝ 8,500円
ディスプレイ	100,000円×11.5％＝11,500円

2 差異（目標製造原価－成行製造原価）の計算

ＣＰＵ	29,250円－ 35,500円＝－ 6,250円
メモリ	18,000円－ 21,500円＝－ 3,500円
ハードディスク	20,250円－ 23,000円＝－ 2,750円
キーボード	11,250円－ 8,500円＝＋ 2,750円
ディスプレイ	11,250円－ 11,500円＝－ 250円
合 計	90,000円－100,000円＝－10,000円

3 価値指数の計算

ＣＰＵ $\dfrac{29,250円}{35,500円}×100＝ 82.3\cdots\% \quad \therefore 82\%$

メモリ $\dfrac{18,000円}{21,500円}×100＝ 83.7\cdots\% \quad \therefore 84\%$

ハードディスク $\dfrac{20,250円}{23,000円}×100＝ 88.0\cdots\% \quad \therefore 88\%$

キーボード $\dfrac{11,250円}{8,500円}×100＝132.3\cdots\% \quad \therefore 132\%$

ディスプレイ $\dfrac{11,250円}{11,500円}×100＝ 97.8\cdots\% \quad \therefore 98\%$

合 計 $\dfrac{90,000円}{100,000円}×100＝ 90\%$

4 結 論

したがって、この新製品は成行製造原価の90％の価値しかない。つまり、成行製造原価の10％（1－90％）、金額的には、10,000円の原価を削減しなければならない。

なお、比較計算表をまとめると次のようになる。

（単位：円）

部品別	目標製造原価		成行製造原価		差 異	価値指数
	金 額	％	金 額	％	金 額	％
Ｃ Ｐ Ｕ	29,250	32.5	35,500	35.5	－ 6,250	82
メ モ リ	18,000	20.0	21,500	21.5	－ 3,500	84
ハードディスク	20,250	22.5	23,000	23.0	－ 2,750	88
キ ー ボ ー ド	11,250	12.5	8,500	8.5	＋ 2,750	132
ディスプレイ	11,250	12.5	11,500	11.5	－ 250	98
合 計	90,000	100.0	100,000	100.0	－10,000	90

MEMO

簿記書籍のご案内

最新傾向にも対応しており合格のノウハウが満載です。
自宅での復習や試験直前の最終チェックに、ぜひお役立てください。

ステップアップ問題集　応用力養成

簿記検定の合格に向けて応用力を養成するための問題集です。

- 3級商簿
- 2級商簿
- 2級工簿
- 1級商業簿記・会計学
- 1級工業簿記・原価計算

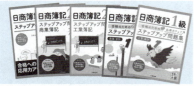

過去問題集　総仕上げ

簿記検定の合格に向けて実践力を養成するための過去問題集です。

- 日商1級

理論問題集　応用力養成

簿記検定の合格に向けて実践力を養成するための理論問題集です。

- 日商1級・全経上級

農業簿記検定　教科書

農業簿記の基礎を体系的に学習したい方にオススメです。

- 農業簿記検定3級
- 農業簿記検定2級
- 農業簿記1級財務会計編
- 農業簿記1級原価計算編
- 農業簿記1級管理会計編

農業簿記検定　問題集

農業簿記の基礎を体系的に学習したい方におススメです。

- 農業簿記検定3級
- 農業簿記検定2級
- 農業簿記1級財務会計編
- 農業簿記1級原価計算編
- 農業簿記1級管理会計編

注）商品ラインナップ及び書籍名、販売期間、定価は変更の可能性がございます。最新情報は大原ブックストアにてご確認ください。

書籍のご購入は、「資格の大原書籍販売サイト 大原ブックストア」へ

大原ブックストア

https://www.o-harabook.jp/

検索エンジンで ▶▶▶▶ 大原　ブックストア　検索

会員特典 会員登録(年会費無料・入会金なし)でさらにおトクに！

特典1 大原出版発刊の書籍がいつでも**10%OFF！**
クーポンコードのご入力で、10%割引でご購入いただけます。
(他の出版社発刊書籍など、一部割引対象外の商品がございます)

特典2 便利なマイページ機能がつかえる！
お気に入りリストで、購入を考えたい商品や気になる商品をリストで確認できます。
購入履歴の確認や、複数のお届け場所からの選択も可能です。

最新情報
- 新刊の発売情報はサイトをチェック
- 大事な改正情報もタイムリーに掲載

〜大原ブックストア以外でもお買い求めいただけます〜
- 大原グループ各校窓口で購入 (取扱いのない学校もございますのでお電話にてご確認ください)
- 全国の書店、大学生協で購入

簿記講座開講案内

通信講座

大原の簿記通信講座は、いつでもどこでもご自身のペースで学習できる「Web通信」、自宅からリアルタイムで受講できる「Webライブ」をご用意しています。自宅学習にありがちの「疑問点があっても解消できない」等といった不安を解消できるよう万全なサポート体制が整っていますので、安心して学習できます。

Web通信　合格Webアプリ

インターネット環境があれば、いつでもどこでも、大原の講義が受講できます。
Webならではの便利な機能が充実しており、大きな学習効果が得られます。

スマホ・タブレット端末でも再生スピードを変更できる！

❶ 講義映像　❸ 続きから再生　❺ スピード再生
❷ インデックス　❹ 画面サイズ　❻ スキップ機能

※スマートフォン・タブレット端末では、端末に標準でインストールされているブラウザおよび動画プレーヤーにて、映像を再生いたします。
　パソコンでご利用可能な映像再生の機能のうち「続きから再生、画面サイズの変更、スキップ機能」はご利用いただけません。

Webライブ　Web講義付き　合格Webアプリ

自宅からリアルタイムで受講できる新しい学習スタイル！

インターネットを通じて場所に縛られない学習スタイル「Webライブ」は、自宅のPC・タブレット等で受講可能です！
講義日程が決まっているライブ配信だから、学習計画が立てやすいのも魅力の一つです。さらにライブ講義の欠席時の補講や復習に便利なWeb講義も付いていますので安心して学習できます！

特長❶ 臨場感のある講義が受けられる！
特長❷ 学習ペースを一定に保てる！

通学講座　Web講義付き

予習や復習に活用！
急な仕事や用事で欠席しても大丈夫！

「教室通学」「映像通学」よりお選びください。どの学校も通学に便利で、快適な学習環境をご提供しております。
サポート体制も万全ですので、安心して学習に専念することが可能です。

教室通学　合格Webアプリ

決まった日程・時間に大原に通学し、教室で講義を受ける学習スタイルです。大原の専任講師の熱意あふれる講義を、同じ目的を持った仲間と一緒に受講します。

映像通学　合格Webアプリ

講義を収録した映像を大原校内の個別視聴ブースにて視聴する学習スタイルです。自分のスケジュールに合わせて無理なく受講することができます。

スマホやタブレットでいつでも、どこでも学習できます!!

大好評！　講義動画をアプリにダウンロードできます！

電車の中でも　自習室でも　空いた時間でも　快適にストレスなく学習できます!!

 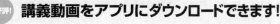

1 まずは[資格の大原 合格Webアプリ]スマホ・タブレットにインストール

2 ご自宅の無線LAN（Wi-Fi）環境で講義動画をアプリにダウンロード

3 ●電波のない環境でも講義動画を再生できます！
●通信費やデータ容量制限を気にすることなく視聴できます！

※Web通信講座やWebフォロー（Web講義標準装備を含む）など動画が視聴可能なコースを受講している方がご利用いただけます。
※Web講義のダウンロードには、Android・iOSの[合格Webアプリ]が必要です（無料）。パソコンにはダウンロードできません。
※ダウンロードした動画は2週間視聴可能となります。受講期間内であれば何度でもダウンロード可能です。

最新傾向を分析した大原の直前対策なら合格できる！
大原の直前対策 [日商簿記1級]

1級模擬試験パック（全13回） 1級学習経験者対象

大原の本試験に即した問題で答案作成の練習をする「直前模擬試験」、「全国統一公開模擬試験」。
本試験レベルの総合問題で合格に必要な答案作成能力を高めて、大原最終模擬試験である「全国統一公開模擬試験」で予行演習をして本番に備えます。

カリキュラム

1級直前模擬試験（12回）
大原の本試験に即した問題を解いて本試験で得点力アップ！
本試験レベルの総合問題で実践的な答案作成能力を養成します。

→

1級全国統一公開模擬試験（1回）
本試験でも実力が発揮できる予行演習に最適！
受験者数が全国最大規模。大原最終模擬試験で弱点の再確認を行い、本番に備えます。

開講時期

検定月	通信講座発送開始時期	通学講座開講時期
6月検定対策	4月上旬発送開始	4月中旬から順次
11月検定対策	9月中旬発送開始	9月下旬から順次

詳しい日程等は、大原ホームページをご覧になるか、パンフレットをご請求ください。

受講料（消費税込）

	一般価格	大学生協等割引価格		一般価格	大学生協等割引価格
Web通信	39,700円	37,710円	Webライブ 映像通学 教室通学	47,800円	45,410円

1級全国統一公開模擬試験（全1回） 予行演習に最適！

開講時期

検定月	通信講座発送開始時期	通学講座
6月検定対策	4月上旬発送開始	5月下旬から順次
11月検定対策	9月中旬発送開始	11月上旬から順次

詳しい日程等は、大原ホームページをご覧になるか、パンフレットをご請求ください。

受講料（消費税込）

	一般価格	大学生協等割引価格		一般価格	大学生協等割引価格
資料通信	4,300円	4,080円	教室通学	4,300円	4,080円

※上記受講料における消費税は、税率10％で計算されています。（今後の消費税率の変更等を理由に受講料等を改定する場合があります。）
※掲載のカリキュラム・受講料・その他の内容は、改良のため事前の予告なしに変更する場合があります。予めご了承ください。

講座のお問い合わせは
https://www.o-hara.jp/contact_index

最新情報・講座のお申込みは
資格の大原 HP　https://www.o-hara.jp/

簿記1級と並び簿記資格の最高峰試験
全経簿記上級に合格しよう！

全経簿記上級 直前対策

全経簿記上級試験の出題範囲は日商簿記1級の学習範囲とほぼ同じであり、合格者は税理士試験の受験資格を得られるなど日商簿記1級合格と同等の評価を受けている試験です。日商簿記1級の学習を修了された方なら、この直前対策で十分合格がめざせます。

大原が日商1級＆全経上級W合格をオススメする理由！

1　日商1級合格を目標とする方
全経上級は日商1級と同じ論点が違う角度で問われますので、全経上級のトレーニングを通じて、論点のより深い理解を得ることができます。このトレーニングが日商1級の合格可能性を飛躍的に高めます！

2　税理士試験を目標にする方
全経上級のトレーニングを通じて、論点のより深い理解を得ることができますので、合格後、新たな目標となる税理士試験簿記論、財務諸表論の合格可能性を飛躍的に高めます！なお、合格者には日商1級と同様に税理士試験の受験資格が付与されます。

2月・7月検定対策向け 学習カリキュラム　●受講形態　Web通信・映像通学

| 6月 | ▶ | 7月 |
| 12月 | ▶ | 2月 |

全経上級直前対策講義〔全4回〕 → 全経上級直前模擬試験＋全国統一公開模擬試験〔全9回〕 → 全経上級受験

全経上級直前対策講義
日商簿記検定1級受験後、4回の講義で日商簿記1級と全経簿記上級との相違点の確認や全経簿記上級でのみ出題される項目の問題演習を中心に行い、応用問題や本試験問題レベルを解答できる実力を身に付けていきます。

全経上級直前模擬試験＋全国統一公開模擬試験
毎回の試験ごとに出題傾向を分析し作成する、大原のオリジナル問題は、全経簿記上級受験の最終仕上げに最適です。

※掲載のカリキュラム・受講料・その他の内容は、改良のため事前の予告なしに変更する場合があります。予めご了承ください。

講座のお問い合わせは
https://www.o-hara.jp/contact_index

最新情報・講座のお申込みは
資格の大原 HP　https://www.o-hara.jp/

簿記からのステップアップ

簿記の知識は企業から求められるだけではなく、様々な資格と関連があります。簿記は税理士や公認会計士をはじめとする資格をめざす上でベースとなる知識であり、その後のステップアップを有利に展開することができます。

■ 簿記の知識で大きなアドバンテージ！

公認会計士

会計系資格の最高峰。近年、ビジネスの多様化・国際化に伴い、企業経営に多くの会計スキルが必要な時代。そのため、公認会計士が活躍するフィールドはますます拡大しています！日商簿記の学習経験があれば、大きなアドバンテージを持って試験に臨むことができます！

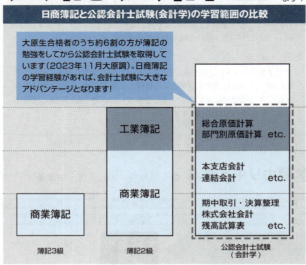

日商簿記と公認会計士試験(会計学)の学習範囲の比較

大原生合格者のうち約6割の方が簿記の勉強をしてから公認会計士試験を取得しています(2023年11月大原調)。日商簿記の学習経験があれば、会計士試験に大きなアドバンテージとなります！

2006年～2023年大原生合格者※の合格実績累計 (新試験制度制定後)

9,566名

社会人講座 8,755名　専門課程 811名
※2024年2月1日現在

<2006年～2023年公認会計士論文式試験 大原生合格者数内訳>
2023年308名(社会人講座277名・専門課程31名)、2022年334名(社会人講座299名・専門課程35名)、
2021年397名(社会人講座360名・専門課程37名)、2020年399名(社会人講座345名・専門課程54名)、
2019年470名(社会人講座418名・専門課程52名)、2018年486名(社会人講座438名・専門課程48名)、
2017年482名(社会人講座434名・専門課程48名)、2016年406名(社会人講座365名・専門課程41名)、
2015年381名(社会人講座343名・専門課程38名)、2014年389名(社会人講座333名・専門課程56名)、
2013年439名(社会人講座380名・専門課程59名)、2012年401名(社会人講座356名・専門課程45名)、
2011年606名(社会人講座549名・専門課程57名)、2010年625名(社会人講座579名・専門課程46名)、
2009年742名(社会人講座683名・専門課程59名)、2008年1,242名(社会人講座1,176名・専門課程66名)、
2007年964名(社会人講座933名・専門課程31名)、2006年495名(社会人講座487名・専門課程8名)

※大原生合格者とは、合格目標年度の大原グループ公認会計士コースで合格に必要な科目(科目合格者(注)の場合は採り科目)の講義等をすべて受講して最終合格された方をいいます。(注)科目合格者については、合格標準年度の前年度または前々年度に全国大原グループ公認会計士コースに必要な科目の講義等を受講、かつ受講した年度に当該科目に合格した方のみを、合格者に含めています。
※旧一次試験の試験合格者による短答免除者は含まれておりません。(2024年2月1日現在)
※資格の大原の合格実績には、公開模試のみの受験生、出版教材のみの購入者、資料請求者、情報提供のみの登録者、無料の役務提供者は一切含まれておりません。

■ 税理士法人から大手企業まで幅広い就職・転職！

税理士

税理士は会計＋税務の知識でコンサルティングを行う職業です。
日商簿記の知識をそのまま活かすことができる試験であり、
科目合格が認められていることから働きながら学習されている方も多いです。

3級で税理士！

日商簿記3級の知識で簿記・財表の学習がスタートできます。

今年も税理士試験官報合格者の半数以上が大原生です!!

■2023年度(第73回)税理士試験大原生官報合格占有率
(2024年2月10日現在)

53.3%

大原生合格者数
320名 (専門課程5名含む)
／全国官報合格者数 **600名**

※大原生合格者は、全国大原グループにおいて合格するための授業、模擬試験等すべて含まれたコースで、税理士試験合格に必要な受験科目の半数以上を受講した方を対象としています。
※資格の大原の合格実績には、公開模試のみの受験生、出版教材のみの購入者、資料請求者、情報提供のみの登録者、無料の役務提供者は一切含まれておりません。

税理士を目指すチャンス！

受験資格要件が緩和！
簿記・財表は受験資格が不要に！

必須科目である簿記論・財務諸表論の受験資格が無くなった事により、誰でも税理士を目指すチャンスが大きく広がりました。今まで受験資格が無かった方も、簿記論・財務諸表論を合格(学習)し、会計事務所等への就職・転職をすることで、税理士等の業務の補助事務などの職歴による税法科目の受験資格(業務従事期間2年以上)を満たせることとなっております。

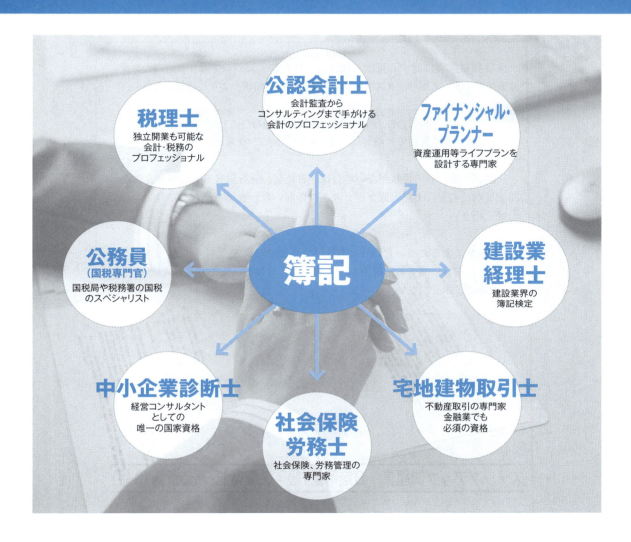

正誤・法改正に伴う修正について

本書掲載内容に関する正誤・法改正に伴う修正については「資格の大原書籍販売サイト　大原ブックストア」の「正誤・改正情報」よりご確認ください。

https://www.o-harabook.jp/
資格の大原書籍販売サイト　大原ブックストア

正誤表・改正表の掲載がない場合は、書籍名、発行年月日、お名前、ご連絡先を明記の上、上記大原ブックストアの問い合わせフォームよりお問い合わせください。

※お電話によるお問い合わせはお受けできません。
　また、内容に関する解説指導・ご質問対応等は行っておりません。
　予めご了承ください。

ステップアップ問題集　日商簿記1級　工業簿記・原価計算（3版）

- ■発行年月日　2007年2月15日　初　版　発　行
　　　　　　　　2025年4月1日　3版6刷発行
- ■著　者　　　資格の大原　簿記講座
- ■発行所　　　大原出版株式会社
　　　　　　　　〒101-0065
　　　　　　　　東京都千代田区西神田1-2-10
　　　　　　　　TEL 03-3292-6654
- ■印刷・製本　セザックス株式会社

本書の全部または一部を無断で転載、複写（コピー）、改変、改ざん、配信、送信、ホームページ上に掲載することは、著作権法で定められた例外を除き禁止されており、権利侵害となります。上記のような使用をされる場合には、その都度事前に許諾を得てください。また、電子書籍においては、有償・無償にかかわらず本書を第三者に譲渡することはできません。

© O-HARA PUBLISHING CO., LTD 2025 Printed in Japan

ISBN978-4-86486-608-8 C1034

○ 解答用紙のご利用にあたって ○

本書の解答用紙は抜き取り方式となっております。
抜き取り方法は裏面を参照して下さい。

なお、解答用紙だけの販売はしておりません。解き
直しを希望される方は、あらかじめコピーをしてい
ただくか、資格の大原書籍販売サイト　大原ブック
ストア内の「解答用紙ＤＬサービス」よりダウンロー
ドし、印刷してご利用下さい。

----

https://www.o-harabook.jp/
資格の大原書籍販売サイト　大原ブックストア

解答用紙の抜き取り方法について

本書の解答用紙は、抜き取り方式の小冊子となっております。
解答用紙の小冊子は、この白紙に軽くのりづけされていますので、
下記の要領に従い、本書から引き抜いて下さい。

解答用紙の束をしっかりつかむ

静かに引き抜く

解答用紙の抜き取り時の損傷等につきましては、お取替えはご容赦願います。

日商簿記1級

合格のための 応用力アップ
ステップアップ問題集

工簿・原計

解答用紙

大原出版

CONTENTS
コンテンツ

1	費目別計算のまとめ	P.2	42	直接原価計算 I	P.45
2	個別原価計算	P.4	43	直接原価計算 II	P.46
3	部門別個別原価計算 I	P.5	44	直接原価計算 III	P.47
4	部門別個別原価計算 II	P.7	45	直接原価計算 IV	P.48
5	部門別個別原価計算 III	P.8	46	直接原価計算 V	P.49
6	部門別個別原価計算 IV	P.9	47	直接原価計算 VI	P.50
7	部門別個別原価計算 V	P.9	48	直接原価計算 VII	P.51
8	部門別個別原価計算 VI	P.10	49	直接原価計算 VIII	P.52
9	部門別個別原価計算 VII	P.11	50	直接原価計算 IX	P.53
10	部門別個別原価計算 VIII	P.12	51	直接原価計算 X	P.54
11	部門別個別原価計算 IX	P.14	52	直接原価計算 XI	P.55
12	総合原価計算 I	P.15	53	直接原価計算 XII	P.56
13	総合原価計算 II	P.16	54	業務的意思決定 I	P.57
14	総合原価計算 III	P.17	55	業務的意思決定 II	P.57
15	総合原価計算 IV	P.17	56	業務的意思決定 III	P.58
16	総合原価計算 V	P.18	57	業務的意思決定 IV	P.59
17	総合原価計算 VI	P.19	58	業務的意思決定 V	P.60
18	総合原価計算 VII	P.20	59	業務的意思決定 VI	P.61
19	総合原価計算 VIII	P.20	60	構造的意思決定 I	P.62
20	総合原価計算 IX	P.21	61	構造的意思決定 II	P.63
21	総合原価計算 X	P.22	62	構造的意思決定 III	P.63
22	総合原価計算 XI	P.23	63	構造的意思決定 IV	P.64
23	総合原価計算 XII	P.24	64	構造的意思決定 V	P.65
24	標準原価計算 I	P.25	65	構造的意思決定 VI	P.66
25	標準原価計算 II	P.26	66	構造的意思決定 VII	P.67
26	標準原価計算 III	P.27	67	構造的意思決定 VIII	P.68
27	標準原価計算 IV	P.28	68	戦略的原価計算 I	P.68
28	標準原価計算 V	P.29	69	戦略的原価計算 II	P.69
29	標準原価計算 VI	P.30	70	戦略的原価計算 III	P.70
30	標準原価計算 VII	P.31	71	戦略的原価計算 IV	P.71
31	標準原価計算 VIII	P.33	72	戦略的原価計算 V	P.71
32	標準原価計算 IX	P.34	73	戦略的原価計算 VI	P.72
33	標準原価計算 X	P.35			
34	標準原価計算 XI	P.37			
35	標準原価計算 XII	P.38			
36	標準原価計算 XIII	P.39			
37	原価・営業量・利益関係の分析 I	P.41			
38	原価・営業量・利益関係の分析 II	P.42			
39	原価・営業量・利益関係の分析 III	P.42			
40	予算編成 I	P.43			
41	予算編成 II	P.44			

① 費目別計算のまとめ

| 標準解答時間 | 45分 | 問題 | P.2 | 解答・解説 | P.108 |

第1問

材　　料			（単位：円）
月 初 棚 卸 高 （　　　　）	直 接 材 料 費 （　　　　）	→	仕掛品勘定へ
当月実際購入額	間 接 材 料 費		
購 入 代 価 （　　　　）	A 材 料 費 （　　　　）	→	製造間接費勘定へ
引 取 運 賃 （　　　　）	B 材 料 費 （　　　　）		
買 入 手 数 料 （　　　　）	＿＿＿＿＿＿ （　　　　）		
＿＿＿＿＿ （　　　　）	月末実地棚卸高 （　　　　）		
（　　　　）	（　　　　）		

＿＿＿＿＿＿＿＿＿＿		現　　金	
（　　　　）｜（　　　　）		（　　　　）｜（　　　　）	

第2問

賃 金 給 料		（単位：円）
当月支給総額	前月末未払額 （　　　　）	
基 本 賃 金 （　　　　）	直 接 工	
加 給 金 （　　　　）	直 接 労 務 費 （　　　　）	
諸 手 当 （　　　　）	間 接 労 務 費 （　　　　）	
当月末未払額 （　　　　）	＿＿＿＿＿＿＿ （　　　　）	
	間接工および事務職員	
	間 接 労 務 費 （　　　　）	
（　　　　）	（　　　　）	

第3問

問1

① 問題文の　(A)　～　(F)　の中に適切な語句を記入しなさい。

(A)		(B)		(C)	
(D)		(E)		(F)	

② 資料 1. に基づき、各操業水準の月間機械稼働時間を求めなさい。

理論的生産能力… ＿＿＿＿＿＿ 時間　　　　実際的生産能力… ＿＿＿＿＿＿ 時間

平 均 操 業 度… ＿＿＿＿＿＿ 時間　　　　期待実際操業度… ＿＿＿＿＿＿ 時間

解答用紙

2

③　佐藤が推薦した基準操業度および予算を採用した場合の製造間接費勘定（単位：円）を作成しなさい。

製　造　間　接　費

実 際 発 生 額 （ 　　　　　　　 ）	正 常 配 賦 額 （ 　　　　　　　 ）
	予 算 差 異 （ 　　　　　　　 ）
	操 業 度 差 異 （ 　　　　　　　 ）

④　上記③の基準操業度を（A）とした場合の製造間接費勘定（単位：円）を作成しなさい。

製　造　間　接　費

実 際 発 生 額 （ 　　　　　　　 ）	正 常 配 賦 額 （ 　　　　　　　 ）
	予 算 差 異 （ 　　　　　　　 ）
	操 業 度 差 異 （ 　　　　　　　 ）

⑤　上記③の予算を（E）とした場合の製造間接費勘定（単位：円）を作成しなさい。

製　造　間　接　費

実 際 発 生 額 （ 　　　　　　　 ）	正 常 配 賦 額 （ 　　　　　　　 ）
	予 算 差 異 （ 　　　　　　　 ）
	操 業 度 差 異 （ 　　　　　　　 ）

問 2

製　造　間　接　費　　　　　　　（単位：円）

実 際 発 生 額 （ 　　　　　　　 ）	正 常 配 賦 額 （ 　　　　　　　 ）
予 算 差 異 （ 　　　　　　　 ）	操 業 度 差 異 （ 　　　　　　　 ）

標準解答時間 **45分** | 問題 **P.4** | 解答・解説 **P.113**

② 個別原価計算

問1　原価計算表の作成（単位：円）

摘　　要	＃101	＃201	＃202	＃203	＃201-1	＃202-1
月初仕掛品原価	3,100,500					
当月製造費用						
直接材料費						
直接労務費						
直接経費						
製造間接費						
小　　計						
仕損品評価額						
仕　損　費						
製造原価						
備　　考	完成・販売	完成・販売	非原価項目	仕　掛　中	＃201へ賦課	完　　成

　　　　注：不要な箇所には「―」を記入すること。

問2　仕掛品勘定の記入（単位：円）

仕　　掛　　品

前　月　繰　越	3,100,500	製　　　　品　（　　　　　　　）
材　　　　料　（　　　　　　　）		仕　損　損　失　（　　　　　　　）
賃　金　給　料　（　　　　　　　）		（　　　　　　）（　　　　　　　）
買　　掛　　金　（　　　　　　　）		（　　　　　　）（　　　　　　　）
製　造　間　接　費　（　　　　　　）		次　月　繰　越　（　　　　　　　）
（　　　　　　）（　　　　　　）		
（　　　　　　　）		（　　　　　　　）

問3　製造間接費実際発生額の内訳

間　接　材　料　費　[　　　　　　　　　　　　　] 円

間　接　労　務　費　[　　　　　　　　　　　　　] 円

間　接　経　費　　　[　　　　　　　　　　　　　] 円

問4　各種原価差異の計算

材料消費価格差異　〔　　　　〕[　　　　　　　　] 円

賃　率　差　異　　〔　　　　〕[　　　　　　　　] 円

予　算　差　異　　〔　　　　〕[　　　　　　　　] 円

操　業　度　差　異　〔　　　　〕[　　　　　　　] 円

　　　　注：上記解答欄の〔　〕内には、借方差異であれば借方、貸方差異であれば貸方と記入すること。

解答用紙

4

部門別個別原価計算 Ⅰ

第1問

問1 直接配賦法により補助部門費を配賦する場合

直接配賦法　　　　　　　　　製造間接費予算部門別配賦表　　　　　　　　（単位：千円）

費　目	合　計	製　造　部　門		補　助　部　門					
^	^	切　削　部		組　立　部		材料倉庫部		動　力　部	
^	^	固定費	変動費	固定費	変動費	固定費	変動費	固定費	変動費
部 門 費 合 計									
動 力 部 費									
材料倉庫部費									
製 造 部 門 費									

部門別正常配賦率　　切削部　＠　　　　　　千円
　　　　　　　　　　組立部　＠　　　　　　千円

製造指図書別正常配賦額　　　No.1　　　　　　　No.2
　　切　削　部　　　　　　　　千円　　　　　　千円
　　組　立　部　　　　　　　　千円　　　　　　千円
　　正常配賦額合計　　　　　　千円　　　　　　千円

問2　簡便法としての相互配賦法により補助部門費を配賦する場合

簡便法としての相互配賦法　　　製造間接費予算部門別配賦表　　　　　　　（単位：千円）

費　目	合　計	製　造　部　門		補　助　部　門					
^	^	切　削　部		組　立　部		材料倉庫部		動　力　部	
^	^	固定費	変動費	固定費	変動費	固定費	変動費	固定費	変動費
部 門 費 合 計									
第 1 次 配 賦									
動 力 部 費									
材料倉庫部費									
第 2 次 配 賦									
動 力 部 費									
材料倉庫部費									
製 造 部 門 費									

部門別正常配賦率　　切削部　＠　　　　　　千円
　　　　　　　　　　組立部　＠　　　　　　千円

製造指図書別正常配賦額　　　No.1　　　　　　　No.2
　　切　削　部　　　　　　　　千円　　　　　　千円
　　組　立　部　　　　　　　　千円　　　　　　千円
　　正常配賦額合計　　　　　　千円　　　　　　千円

問3 階梯式配賦法により補助部門費を配賦する場合

製造間接費予算部門別配賦表

階梯式配賦法 （単位：千円）

費　　　目	合　計	製　造　部　門				補　助　部　門			
		切　削　部		組　立　部		（　　　　）		（　　　　）	
		固定費	変動費	固定費	変動費	固定費	変動費	固定費	変動費
部 門 費 合 計									
（　　　　　）									
（　　　　　）									
製 造 部 門 費									

（注）（　　　）には補助部門の配賦順位を考慮し、適切な名称を記入しなさい。

部門別正常配賦率　　切削部　　@　　　　　　　　千円

　　　　　　　　　　組立部　　@　　　　　　　　千円

製造指図書別正常配賦額　　　　　No. 1　　　　　　　No. 2
　　　　切　　削　　部　　　　　　　　千円　　　　　　　　千円
　　　　組　　立　　部　　　　　　　　千円　　　　　　　　千円
　　　　正常配賦額合計　　　　　　　　千円　　　　　　　　千円

第2問

連立方程式法の相互配賦法により補助部門費を配賦する場合

製造間接費予算部門別配賦表

連立方程式法の相互配賦法 （単位：千円）

費　　　目	合　計	製　造　部　門				補　助　部　門			
		切　削　部		組　立　部		材 料 倉 庫 部		動　力　部	
		固定費	変動費	固定費	変動費	固定費	変動費	固定費	変動費
部 門 費 合 計									
動 力 部 費									
材 料 倉 庫 部 費									
製 造 部 門 費									

※金額がマイナスの場合は「△」と付すこと。

部門別正常配賦率　　切削部　　@　　　　　　　　千円

　　　　　　　　　　組立部　　@　　　　　　　　千円

製造指図書別正常配賦額　　　　　No. 1　　　　　　　No. 2
　　　　切　　削　　部　　　　　　　　千円　　　　　　　　千円
　　　　組　　立　　部　　　　　　　　千円　　　　　　　　千円
　　　　正常配賦額合計　　　　　　　　千円　　　　　　　　千円

④ 部門別個別原価計算 Ⅱ

標準解答時間 **30分** ｜ 問題 **P.8** ｜ 解答・解説 **P.123**

問1

（1）10月の動力部費1kWhあたりの実際配賦率 [　　　　　　　]円/kWh

（2）切削部に対する実際配賦額 [　　　　　　　]円

問2

動　力　部

変動費実際発生額	[　　　]	切削部への配賦額	[　　　]
固定費実際発生額	[　　　]	組立部への配賦額	[　　　]
		[　　　]	[　　　]
		[　　　]	[　　　]
	[　　　]		[　　　]

問3

a [　　　　　　　]　　　b [　　　　　　　]　　　c [　　　　　　　]

d [　　　　　　　]　　　e [　　　　　　　]

動　力　部

変動費実際発生額	6,568,000	切削部への配賦額	[　　　]
固定費実際発生額	5,927,000	組立部への配賦額	[　　　]
		[　　　]	[　　　]
	12,495,000		12,495,000

問4

動　力　部

変動費実際発生額	6,568,000	切削部への配賦額	[　　　]
固定費実際発生額	5,927,000	組立部への配賦額	[　　　]
		総　差　異	[　　　]
	12,495,000		12,495,000

予　算　差　異

[　　　]	[　　　]

能　率　差　異

[　　　]	[　　　]

（注）予算差異、能率差異勘定は、借方、貸方のどちらか一方に記入し、不要な [　　　] 内には
―――を記入すること。

7

標準解答時間 **30分** | 問題 **P.9** | 解答・解説 **P.126**

⑤ 部門別個別原価計算 Ⅲ

ⓐ ＝ [　　　　]　　ⓑ ＝ [　　　　]　　ⓒ ＝ [　　　　]　　ⓓ ＝ [　　　　]

勘定連絡（単位：千円）

切　削　部

(自) V	（　　）	(正)		（　　）	
F	（　　）	予　算　差　異		（　　）	
(工) F	（　　）	操　業　度　差　異		（　　）	
(材) V	（　　）				
F	（　　）				
(動) V	（　　）				
F	（　　）				
	（　　）			（　　）	

組　立　部

(自) V	（　　）	(正)		（　　）	
F	（　　）	予　算　差　異		（　　）	
(工) F	（　　）	操　業　度　差　異		（　　）	
(材) V	（　　）				
F	（　　）				
(動) V	（　　）				
F	（　　）				
	（　　）			（　　）	

動　力　部

(自) V	（　　）	V　切削部への配賦額	（　　）	
F	（　　）	組立部への配賦額	（　　）	
(工) F	（　　）	F　切削部への配賦額	（　　）	
(材) V	（　　）	組立部への配賦額	（　　）	
F	（　　）	〔　　　〕差　異	（　　）	
	（　　）		（　　）	

(注) F ………固定費　　V………変動費　　(自)………自部門第1次集計費
　　(正)………製造部門別正常配賦額　　(工)………工場事務部よりの配賦額
　　(材)………材料倉庫部よりの配賦額　　(動)………動力部よりの配賦額
　　〔　　〕内には適切な文字を、（　　）内には適切な金額を記入しなさい。

8

6

| 標準解答時間 | 30分 | 問題 | P.10 | 解答・解説 | P.130 |

部門別個別原価計算 Ⅳ

(1) 相互に配賦し終えた最終の補助部門費

材料部変動費 ☐ 千円　　材料部固定費 ☐ 千円

動力部変動費 ☐ 千円　　動力部固定費 ☐ 千円

(2) 実際部門費配賦表（単位：千円）

費　　　目	合計	製　造　部　門				補　助　部　門			
		加　工　部		組　立　部		材　料　部		動　力　部	
		F	V	F	V	F	V	F	V
部門費合計									
動力部　F									
V									
材料部　F									
V									
製造部門費									

（注）Fは固定費、Vは変動費を意味する。なお、金額がマイナスの場合は「−」を付すこと。

7

| 標準解答時間 | 20分 | 問題 | P.11 | 解答・解説 | P.132 |

部門別個別原価計算 Ⅴ

予算・実績比較表

実際作業時間における予算額

費　　目	固　定　費	変　動　費	合　　　計	実　　　績	差　　　異	
補助材料費	円	円	円	円	（　）	円
間接工賃金	円	円	円	円	（　）	円
間接経費	円	円	円	円	（　）	円
部門費合計	円	円	円	円	（　）	円
動力部費	円	円	円	円	（　）	円
製造部費	円	円	円	円	（　）	円

（注）（　）には、借方差異の場合は「−」、貸方差異の場合は「＋」と記入しなさい。

9

8 部門別個別原価計算 Ⅵ

標準解答時間 **30分**　問題 **P.12**　解答・解説 **P.133**

(1) 予算実績比較表（単位：円）

費　　目	実際操業度における予算許容額			実　　績	差　　異	
	固 定 費	変 動 費	合　　計			
補 助 材 料 費						( )
工 場 消 耗 品 費						( )
間 接 工 賃 金						( )
給　　　　料						( )
福 利 施 設 負 担 額						( )
減 価 償 却 費						( )
保　険　料						( )
修　繕　料						( )
旅 費 交 通 費						( )
事 務 用 消 耗 品 費						( )
計：第 1 次 集 計 額						( )
補助部門費配賦額						
工 場 事 務 部 門 費						( )
動 力 部 門 費						( )
材 料 倉 庫 部 門 費						( )
補助部門費配賦額計						( )
合　　　計						( )

(注)（　）内には、「借」又は「貸」を記入しなさい。なお、不要な解答欄には「─」を記入しなさい。

(2) 差異分析

① 総 差 異　　　　　　　　　　　　□□□□□ 円（　　）

② 予 算 差 異　　　　　　　　　　　□□□□□ 円（　　）

　(イ) 切削部門固有の差異　　　　　□□□□□ 円（　　）

　(ロ) 補助部門費配賦額から生じた差異　□□□□□ 円（　　）

③ 操 業 度 差 異　　　　　　　　　　□□□□□ 円（　　）

(注)（　）内には、「借」又は「貸」を記入しなさい。

⑨ 部門別個別原価計算 Ⅶ

標準解答時間 **30分** 問題 **P.13** 解答・解説 **P.138**

問 1

指図書別原価計算表

	No.101	No.102	No.103	合　　計
直 接 材 料 費	円	円	円	円
直 接 労 務 費				
切 削 部	円	円	円	円
組 立 部	円	円	円	円
製 造 間 接 費				
切 削 部	円	円	円	円
組 立 部	円	円	円	円
	円	円	円	円

（注）不要な解答欄には「─」を記入しなさい。

問 2　各部門の関係勘定（単位：円）

切　削　部　費

自 部 門 費 （　　　　　）	正 常 配 賦 額 （　　　　　）
動 力 部 固 定 費 （　　　　　）	総 　差 　異 （　　　　　）
動 力 部 変 動 費 （　　　　　）	
（　　　　　）	（　　　　　）

切削部予算差異	切削部操業度差異
（　　　　　）｜（　　　　　）	（　　　　　）｜（　　　　　）

組　立　部　費

自 部 門 費 （　　　　　）	正 常 配 賦 額 （　　　　　）
動 力 部 固 定 費 （　　　　　）	総 　差 　異 （　　　　　）
動 力 部 変 動 費 （　　　　　）	
（　　　　　）	（　　　　　）

組立部予算差異	組立部操業度差異
（　　　　　）｜（　　　　　）	（　　　　　）｜（　　　　　）

動　力　部　費

自 部 門 費 （　　　　　）	切削部への配賦額 （　　　　　）
総 　差 　異 （　　　　　）	組立部への配賦額 （　　　　　）
（　　　　　）	（　　　　　）

動力部予算差異

（　　　　　）｜（　　　　　）

（注）不要な（　）内には「─」を記入しなさい。

| 標準解答時間 | 45分 | 問題 | P.14 | 解答・解説 | P.141 |

⑩ 部門別個別原価計算 Ⅷ

解答にあたってはすべて（単位：円）で記入すること。

材　料

月 初 有 高	（　　　　　）	直 接 材 料 費	（　　　　　）
当 月 仕 入 高	（　　　　　）	間 接 材 料 費	（　　　　　）
		価 格 差 異	（　　　　　）
		月 末 有 高	（　　　　　）
	（　　　　　）		（　　　　　）

賃　金　給　料

当 月 支 給 額	（　　　　　）	月 初 未 払 額	（　　　　　）
月 末 未 払 額	（　　　　　）	直 接 労 務 費	（　　　　　）
		間 接 労 務 費	（　　　　　）
		賃 率 差 異	（　　　　　）
	（　　　　　）		（　　　　　）

製　造　間　接　費

間 接 材 料 費	（　　　　　）	切 削 部	（　　　　　）
間 接 労 務 費	（　　　　　）	組 立 部	（　　　　　）
間 接 経 費	（　　　　　）	材 料 倉 庫 部	（　　　　　）
		動 力 部	（　　　　　）
		工 場 事 務 部	（　　　　　）
	（　　　　　）		（　　　　　）

仕　掛　品

月 初 仕 掛 品	（　　　　　）	完 成 品 原 価	（　　　　　）
当 月 製 造 費 用		月 末 仕 掛 品	（　　　　　）
直 接 材 料 費	（　　　　　）		
直 接 労 務 費	（　　　　　）		
切削部費配賦額	（　　　　　）		
組立部費配賦額	（　　　　　）		
	（　　　　　）		（　　　　　）

解答用紙

12

切 削 部

第一次集計額			部門別正常配賦額	(	)
変 動 費	(	)	予 算 差 異	(	)
固 定 費	(	)	操 業 度 差 異	(	)
工場事務部費配賦額					
固 定 費	(	)			
動力部費配賦額					
変 動 費	(	)			
固 定 費	(	)			
材料倉庫部費配賦額					
変 動 費	(	)			
固 定 費	(	)			
	(	)		(	)

組 立 部

第一次集計額			部門別正常配賦額	(	)
変 動 費	(	)	予 算 差 異	(	)
固 定 費	(	)	操 業 度 差 異	(	)
工場事務部費配賦額					
固 定 費	(	)			
動力部費配賦額					
変 動 費	(	)			
固 定 費	(	)			
材料倉庫部費配賦額					
変 動 費	(	)			
固 定 費	(	)			
	(	)		(	)

材 料 倉 庫 部

第一次集計額			材料倉庫部費配賦額		
変 動 費	(	)	変 動 費	(	)
固 定 費	(	)	固 定 費	(	)
			予 算 差 異	(	)
	(	)		(	)

動 力 部

第一次集計額			動力部費配賦額		
変 動 費	(	)	変 動 費	(	)
固 定 費	(	)	固 定 費	(	)
			予 算 差 異	(	)
	(	)		(	)

工 場 事 務 部

第一次集計額			工場事務部費配賦額		
固 定 費	(	)	固 定 費	(	)

標準解答時間 **45分**　問題 **P.16**　解答・解説 **P.146**

⑪ 部門別個別原価計算 Ⅸ

【原価計算関係勘定】
(注) [ ] 内には相手勘定科目名または翌月繰越を、( ) 内には金額（単位：千円）を記入し、各勘定を締切りなさい。使用できる相手勘定科目は、材料、賃金・手当、製造間接費−切削部、製造間接費−組立部、仕掛品、製品および原価差異とする。また配賦差異を予算差異と操業度差異に分析し、『 』内に借方または は貸方を記入しなさい。

仕　　掛　　品

前　月　繰　越	1,246	[　　　　]	(　　　　)
[　　　　]	(　　　　)	[　　　　]	(　　　　)
[　　　　]	(　　　　)		
[　　　　]	(　　　　)		
[　　　　]	(　　　　)		
	(　　　　)		(　　　　)

賃　率　差　異

[　　　　]	(　　　　)	前　月　繰　越	40
		[　　　　]	(　　　　)
	(　　　　)		(　　　　)

製造間接費−切削部

諸　　勘　　定	(　　　　)	[　　　　]	(　　　　)
		[　　　　]	(　　　　)
	(　　　　)		(　　　　)

製造間接費−組立部

諸　　勘　　定	(　　　　)	[　　　　]	(　　　　)
[　　　　]	(　　　　)		
	(　　　　)		(　　　　)

切 削 部 配 賦 差 異 ＝ (　　　　) 『 　　　 』
　内訳：予 算 差 異 ＝ (　　　　) 『 　　　 』
　　　　操 業 度 差 異 ＝ (　　　　) 『 　　　 』
組 立 部 配 賦 差 異 ＝ (　　　　) 『 　　　 』
　内訳：予 算 差 異 ＝ (　　　　) 『 　　　 』
　　　　操 業 度 差 異 ＝ (　　　　) 『 　　　 』

解答用紙

14

12

標準解答時間 **20分** ｜ 問題 **P.18** ｜ 解答・解説 **P.149**

総合原価計算 Ⅰ

〔第 1 工程〕

(1) 月末仕掛品原価 　⬚ 円

　　内訳：A 原料費 　⬚ 円

　　　　　加 工 費 　⬚ 円

(2) 異 常 減 損 費 　⬚ 円

　　内訳：A 原料費 　⬚ 円

　　　　　加 工 費 　⬚ 円

(3) 完成品総合原価 　⬚ 円

　　内訳：A 原料費 　⬚ 円

　　　　　加 工 費 　⬚ 円

(4) 完成品単位原価 　@⬚ 円

〔第 2 工程〕

(1) 月末仕掛品原価 　⬚ 円

　　内訳：前工程費 　⬚ 円

　　　　　加 工 費 　⬚ 円

(2) 完成品総合原価 　⬚ 円

　　内訳：前工程費 　⬚ 円

　　　　　加 工 費 　⬚ 円

(3) 完成品単位原価 　@⬚ 円

（注）完成品単位原価の計算上、端数が生じる場合には、円位未満第 2 位で四捨五入すること。（例：123.45→123.5）

13 総合原価計算 Ⅱ

標準解答時間 **30分** 問題 **P.19** 解答・解説 **P.151**

〔仕掛品関係勘定〕（単位：円）

第 1 工程仕掛品

月初仕掛品原価			完成品総合原価		
A 素 材 費	(	)	A 素 材 費	(	)
加 工 費	(	)	加 工 費	(	)
当月製造費用			正 常 仕 損 費	(	)
A 素 材 費	(	)	仕損品評価額	(	)
加 工 費	(	)	異 常 仕 損 費		
			A 素 材 費	(	)
			加 工 費	(	)
			正 常 仕 損 費	(	)
			月末仕掛品原価		
			A 素 材 費	(	)
			加 工 費	(	)
			正 常 仕 損 費	(	)
	(	)		(	)

第 2 工程仕掛品

月初仕掛品原価			完成品総合原価		
前 工 程 費	(	)	前 工 程 費	(	)
B 原 料 費	(	)	B 原 料 費	(	)
加 工 費	(	)	加 工 費	(	)
当月製造費用			月末仕掛品原価		
前 工 程 費	(	)	前 工 程 費	(	)
B 原 料 費	(	)	B 原 料 費	(	)
加 工 費	(	)	加 工 費	(	)
	(	)		(	)

解答用紙

| 標準解答時間 | 15分 | 問題 | P.20 | 解答・解説 | P.153 |

⑭ 総合原価計算 Ⅲ

月末仕掛品原価 ☐ 円　　完成品総合原価 ☐ 円

完成品単位原価 @☐ 円

| 標準解答時間 | 20分 | 問題 | P.21 | 解答・解説 | P.154 |

⑮ 総合原価計算 Ⅳ

① 月末仕掛品原価 ☐ 円　　⑥ 加工費配賦差異 ☐ 円 （　　）

② 正 常 仕 損 費 ☐ 円　　⑦ 予 算 差 異 ☐ 円 （　　）

③ 異 常 仕 損 費 ☐ 円　　⑧ 操 業 度 差 異 ☐ 円 （　　）

④ 完成品総合原価 ☐ 円　　（　）内には、借方または貸方を記入しなさい。

⑤ 完成品単位原価 @☐ 円

費目別計算のまとめ

個別原価計算

部門別個別原価計算

総合原価計算

標準原価計算

標準解答時間 **30分** 問題 **P.22** 解答・解説 **P.156**

16 総合原価計算 Ⅴ

【仕掛品関係勘定連絡図】（単位：円）

第 1 工程仕掛品

月初仕掛品原価 （　　　　）	完成品総合原価 （　　　　）
当月製造費用	異常減損費 （　　　　）
A 原 料 費 （　　　　）	月末仕掛品原価 （　　　　）
加 工 費 （　　　　）	
（　　　　）	（　　　　）

完成品単位原価 @ ⬚ 円

半 製 品

月初半製品棚卸高 （　　　　）	第 2 工程振替高 （　　　　）
第1工程完了品原価 （　　　　）	月末半製品棚卸高 （　　　　）
（　　　　）	（　　　　）

第 2 工程仕掛品

月初仕掛品原価 （　　　　）	完成品総合原価 （　　　　）
当月製造費用	月末仕掛品原価 （　　　　）
前 工 程 費 （　　　　）	
B 原 料 費 （　　　　）	
C 原 料 費 （　　　　）	
D 原 料 費 （　　　　）	
加 工 費 （　　　　）	
（　　　　）	（　　　　）

17 標準解答時間 **15分** 問題 **P.23** 解答・解説 **P.158**

総合原価計算 Ⅵ

〔第1工程〕

(1) 月末仕掛品原価 ☐ 円

(2) 完成品総合原価 ☐ 円

(3) 完成品単位原価 ☐ 円

〔第2工程〕

(1) 月末仕掛品原価 ☐ 円

(2) 異 常 仕 損 費 ☐ 円

(3) 完成品総合原価 ☐ 円

(4) 完成品単位原価 ☐ 円

| 標準解答時間 | 45分 | 問題 | P.24 | 解答・解説 | P.160 |

18 総合原価計算 Ⅶ

問1　第1工程正常配賦率　@　　　　　　　円　　第2工程正常配賦率　@　　　　　　　円

問2　(a)　完成品総合原価　　　　　　　　　　　　(b)　月末仕掛品原価

　　　　　　第1工程……………………　　　　　円　　　　　　第1工程……………………　　　　　円

　　　　　　第2工程……………………　　　　　円　　　　　　第2工程……………………　　　　　円

　　　(c)　完成品単位原価　　　　　　　　　　　　(d)　異常仕損費……………………　　　　　円

　　　　　　第1工程……………………　@　　　　円

　　　　　　第2工程……………………　@　　　　円

問3　第1工程予算差異……(　　　　　)円　〔　　　　　〕　　(注)(　　)内には差異の金額を〔　　〕

　　　第2工程予算差異……(　　　　　)円　〔　　　　　〕　　　　　内には借方差異または貸方差異を明示

　　　電力部予算差異……(　　　　　)円　〔　　　　　〕　　　　　すること。

| 標準解答時間 | 30分 | 問題 | P.26 | 解答・解説 | P.164 |

19 総合原価計算 Ⅷ

問1

	製　品　甲	製　品　乙
①　月末仕掛品原価	円	円
②　完成品総合原価	円	円
③　完成品単位原価	@　　　　円	@　　　　円

問2　(　　)内には、借方差異または貸方差異を明示すること。

　　　製造間接費配賦差異　　　　　　　　　　円　(　　　　　　　)

標準解答時間 **45分** 問題 **P.27** 解答・解説 **P.166**

⑳ 総合原価計算 Ⅸ

問1 （単位：円）

第 1 工 程 仕 掛 品 — A

月初仕掛品原価	（	）	完 成 品 原 価	（	）
当 月 製 造 費 用			月末仕掛品原価	（	）
直 接 材 料 費	（	）			
直 接 加 工 費	（	）			
組 間 接 費	（	）			
	（	）		（	）

第 2 工 程 仕 掛 品 — A

月初仕掛品原価	（	）	完 成 品 原 価	（	）
当 月 製 造 費 用			月末仕掛品原価	（	）
前 工 程 費	（	）			
直 接 加 工 費	（	）			
組 間 接 費	（	）			
	（	）		（	）

第 1 工 程 仕 掛 品 — B

月初仕掛品原価	（	）	完 成 品 原 価	（	）
当 月 製 造 費 用			月末仕掛品原価	（	）
直 接 材 料 費	（	）			
直 接 加 工 費	（	）			
組 間 接 費	（	）			
	（	）		（	）

第 2 工 程 仕 掛 品 — B

月初仕掛品原価	（	）	完 成 品 原 価	（	）
当 月 製 造 費 用			月末仕掛品原価	（	）
前 工 程 費	（	）			
直 接 加 工 費	（	）			
組 間 接 費	（	）			
	（	）		（	）

問2

第1工程組間接費配賦差異 ［　　　　　　　　　　　］円（　　　　　）

第2工程組間接費配賦差異 ［　　　　　　　　　　　］円（　　　　　）

（注）　（　）内には、借方差異または貸方差異を明示すること。

㉑ 標準解答時間 **45分** | 問題 **P.28** | 解答・解説 **P.169**

総合原価計算 X

第1問

仕　掛　品　　　　　　　　　　　　（単位：円）

月初仕掛品原価		完成品総合原価	
直 接 材 料 費		製 　品 　H	
加 　工 　費		製 　品 　K	
小 　　計		小 　　計	
当 月 製 造 費 用		異 常 仕 損 費	
直 接 材 料 費		仕 損 品 評 価 額	
加 　工 　費		月 末 仕 掛 品 原 価	
小 　　計		直 接 材 料 費	
		加 　工 　費	
		小 　　計	
合 　　計		合 　　計	

製品Hの1台あたり製造原価 [　　　　] 円　　製品Kの1台あたり製造原価 [　　　　] 円

第2問　（注）　計算上端数が生じた場合は、円位未満第4位を四捨五入し第3位までを明示しなさい。

	製 　品 　X	製 　品 　Y
月 末 仕 掛 品 原 価	[　　　　] 円	[　　　　] 円
完 成 品 総 合 原 価	[　　　　] 円	[　　　　] 円
完 成 品 単 位 原 価	@ [　　　] 円	@ [　　　] 円

解答用紙

22 総合原価計算 XI

| 標準解答時間 | 30分 | 問題 | P.30 | 解答・解説 | P.172 |

問1

第1工程原価計算表

摘 要	数 量	原 料 S	換 算 量	加 工 費	合 計
当 月 投 入	kg	円	kg	円	円
月 末 仕 掛 品	kg	円	kg	円	円
差 引	kg	円	kg	円	円
正 常 減 損	kg	—— 円	kg	—— 円	—— 円
差 引	kg	円	kg	円	円
月 初 仕 掛 品	kg	円	kg	円	円
完 了 品	kg	円	kg	円	円

問2

連結原価配分表

	最終製品の正常販売金額	分離後個別加工費	分離後個別販売費	分離点における正常販売金額	連結原価配分額
		分 離 後 正 常 個 別 費			
製 品 X	円	円	円	円	円
製 品 Y	円	円	円	円	円
合 計	円	円	円	円	円

問3

製品別実績損益計算書 （単位：円）

	製 品 X	製 品 Y	合 計
Ⅰ 売 上 高	( )	( )	( )
Ⅱ 売 上 原 価			
1. 連 結 原 価 配 分 額	( )	( )	( )
2. 分 離 後 個 別 加 工 費	( )	( )	( )
売 上 原 価 合 計	( )	( )	( )
売 上 総 利 益	( )	( )	( )
Ⅲ 販 売 費	( )	( )	( )
営 業 利 益	( )	( )	( )

23 総合原価計算 XII

標準解答時間 **30分** 問題 **P.31** 解答・解説 **P.174**

問1 第1工程完成品の連結原価 ……………………………… [　　　　　　　　] 円

　　第1工程完成品のうち牛乳の連結原価配賦額 ………… [　　　　　　　　] 円

　　第1工程完成品のうちクリームの連結原価配賦額 …… [　　　　　　　　] 円

問2

製 品 別 月 次 損 益 計 算 書　　（単位：円）

	練　　　乳	バタークリーム	合　　　計
売 上 高	（　　　　　）	（　　　　　　）	（　　　　　　）
売 上 原 価	（　　　　　）	（　　　　　　）	（　　　　　　）
売上総利益	（　　　　　）	（　　　　　　）	（　　　　　　）

解答用紙

標準解答時間 **30分**　問題 **P.32**　解答・解説 **P.176**

㉔ 標準原価計算 Ⅰ

（A）正常減損費を明示した「製品K 1 kgあたりの標準原価カード」

	標 準 消 費 量		標 準 価 格		金	額
直 接 材 料 費	（　　　）kg	×	@（　　　）円	＝	（　　　）円	
直 接 労 務 費	（　　　）時間	×	@（　　　）円	＝	（　　　）円	
製 造 間 接 費	（　　　）時間	×	@（　　　）円	＝	（　　　）円	
小　　計					（　　　）円	
正 常 減 損 費	（　　　）円	×	（　　　）%	＝	（　　　）円	

製品K 1 kgあたりの標準原価（　　　）円

（B）標準原価計算勘定体系図（単位：円）

仕掛直接材料費

月初仕掛品原価	（　　　　　　）	完成品製造原価	（　　　　　　）	┐→製品勘定へ
実際直接材料費	（　　　　　　）	正 常 減 損 費	（　　　　　　）	┘
		原 価 差 異	（　　　　　　）	
		月末仕掛品原価	（　　　　　　）	
	（　　　　　　）		（　　　　　　）	

（1）異 常 減 損 費 ＝ ☐ 円（　　　　）

仕掛直接労務費

月初仕掛品原価	（　　　　　　）	完成品製造原価	（　　　　　　）	┐→製品勘定へ
実際直接労務費	（　　　　　　）	正 常 減 損 費	（　　　　　　）	┘
		原 価 差 異	（　　　　　　）	
		月末仕掛品原価	（　　　　　　）	
	（　　　　　　）		（　　　　　　）	

（1）異 常 減 損 費 ＝ ☐ 円（　　　　）　（2）☐ ＝ ☐ 円（　　　　）

仕掛製造間接費

月初仕掛品原価	（　　　　　　）	完成品製造原価	（　　　　　　）	┐→製品勘定へ
実際製造間接費	（　　　　　　）	正 常 減 損 費	（　　　　　　）	┘
		原 価 差 異	（　　　　　　）	
		月末仕掛品原価	（　　　　　　）	
	（　　　　　　）		（　　　　　　）	

（1）変動費予算差異 ＝ ☐ 円（　　　　）　（2）固定費予算差異 ＝ ☐ 円（　　　　）

（3）能 率 差 異 ＝ ☐ 円（　　　　）　（4）操 業 度 差 異 ＝ ☐ 円（　　　　）

（5）異 常 減 損 費 ＝ ☐ 円（　　　　）

各種差異の解答の際、（　　）内には有利な差異には有利差異、または不利な差異には不利差異を記入しなさい。

25

25 標準原価計算 Ⅱ

標準解答時間 **30分** 問題 **P.33** 解答・解説 **P.178**

問1 製品H1個あたりの標準原価カード

費 目	標 準 消 費 量		標 準 価 格		金 額
標準直接材料費	( ) kg	×	@ ( )円	=	( )円
標準直接労務費	( ) 時間	×	@ ( )円	=	( )円
標準製造間接費	( ) 時間	×	@ ( )円	=	( )円
小 計					( )円
正 常 仕 損 費	( )円	×	( )%	=	( )円
			製品H1個あたりの標準原価		( )円

問2

(1) 標準原価計算勘定連絡図 (単位:円)

仕 掛 品

月初仕掛品原価	( )	完成品原価	( )
実際直接材料費	( )	正 常 仕 損 費	( )
実際直接労務費	( )	仕 損 品	( )
実際製造間接費	( )	原 価 差 異	( )
		月末仕掛品原価	( )
	( )		( )

→製品勘定へ

(2) 上記原価差異の内訳

直接材料費差異の分析

① [   ] = [円 ( )]   ② [   ] = [円 ( )]

直接労務費差異の分析

① [   ] = [円 ( )]   ② [   ] = [円 ( )]

製造間接費差異の分析

① [   ] = [円 ( )]   ② [   ] = [円 ( )]

③ [   ] = [円 ( )]   ④ [   ] = [円 ( )]

⑤ [   ] = [円 ( )]

(注) □の中には適切な名称または金額を記入し、また、( ) 内には、「有利」または「不利」を記入すること。

	標準解答時間 **45分**	問題 **P.34**	解答・解説 **P.180**

26 標準原価計算 Ⅲ

問1 標準原価カードの作成

	標準消費量		標準価格		金額
直 接 材 料 費	____ kg	×	____ 円/kg	=	____ 円
直 接 労 務 費	____ 時間	×	____ 円/時間	=	____ 円
製 造 間 接 費	____ 時間	×	____ 円/時間	=	____ 円

製品α1個あたりの正味標準製造原価 ____ 円

正 常 仕 損 費 ____ 円

製品α1個あたりの総標準製造原価 ____ 円

問2 仕掛品勘定の作成（単位：円）

仕　掛　品

月初仕掛品原価 （　　）	完成品総合原価 （　　）
当月実際直接材料費 （　　）	異 常 仕 損 費 （　　）
当月実際直接労務費 （　　）	材料消費価格差異 （　　）
当月実際製造間接費 （　　）	材料消費数量差異 （　　）
労 働 賃 率 差 異 （　　）	労 働 時 間 差 異 （　　）
予 算 差 異 （　　）	能 率 差 異 （　　）
	操 業 度 差 異 （　　）
	月末仕掛品原価 （　　）
（　　）	（　　）

問3 標準原価カードの作成

	標準消費量		標準価格		金額
直 接 材 料 費	____ kg	×	____ 円/kg	=	____ 円
直 接 労 務 費	____ 時間	×	____ 円/時間	=	____ 円
製 造 間 接 費	____ 時間	×	____ 円/時間	=	____ 円

製品α1個あたりの総標準製造原価 ____ 円

問4 仕掛品勘定の作成（単位：円）

仕　掛　品

月初仕掛品原価 （　　）	完成品総合原価 （　　）
当月実際直接材料費 （　　）	原 価 差 異 （　　）
当月実際直接労務費 （　　）	月末仕掛品原価 （　　）
当月実際製造間接費 （　　）	
（　　）	（　　）

問5 各種差異分析

材料消費価格差異	[　]	円
材料消費数量差異	[　]	円
労 働 賃 率 差 異	[　]	円
労 働 時 間 差 異	[　]	円
予 算 差 異	[　]	円
能 率 差 異	[　]	円
操 業 度 差 異	[　]	円

注：[　]内には有利差異であれば有利、不利差異であれば不利と明示すること。

| | 標準解答時間 | 45分 | 問題 | P.36 | 解答・解説 | P.185 |

27 標準原価計算 Ⅳ

問 1

(単位：千円)

	完成品原価	月末仕掛品原価	標準原価差異
正常仕損費を含まない原価標準で良品の原価を計算する場合			（　　）
正常仕損費を含む原価標準で良品の原価を計算する場合			（　　）

問 2

(単位：千円)

標準原価差異の分析		正常仕損費を含まない原価標準で良品の原価を計算する場合	正常仕損費を含む原価標準で良品の原価を計算する場合
直接材料費差異（甲材料）	総　差　異	（　　　　）	（　　　　）
	価　格　差　異	（　　　　）	（　　　　）
	消費量差異	（　　　　）	（　　　　）
直接材料費差異（乙材料）	総　差　異	（　　　　）	（　　　　）
	価　格　差　異	（　　　　）	（　　　　）
	消費量差異	（　　　　）	（　　　　）
直接労務費差異	総　差　異	（　　　　）	（　　　　）
	賃　率　差　異	（　　　　）	（　　　　）
	時　間　差　異	（　　　　）	（　　　　）
製造間接費差異	総　差　異	（　　　　）	（　　　　）
	予　算　差　異	（　　　　）	（　　　　）
	能　率　差　異	（　　　　）	（　　　　）
	操業度差異	（　　　　）	（　　　　）

問 3

(単位：千円)

	仕損関連の差異	仕損無関連の差異
直接材料消費量差異（甲材料）	（　　　　）	（　　　　）
直接材料消費量差異（乙材料）	（　　　　）	（　　　　）
直接労働時間差異	（　　　　）	（　　　　）
製造間接費能率差異	（　　　　）	（　　　　）
合　　計	（　　　　）	（　　　　）

問 4

(単位：千円)

標準原価計算の場合	

28 標準原価計算 V

問1 製造間接費の発生額を費目別に管理するために役立つ差異は、□ である。

（注）上記答えは、該当する差異の番号で記入しなさい。

問2 6月の「仕掛品－製造間接費」勘定

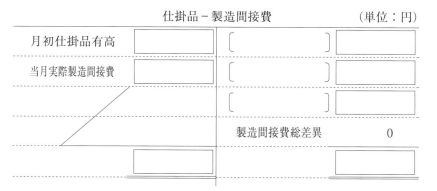

問3

(単位：円)

予　算　差　異		変動費能率差異	
操　業　度　差　異		固定費能率差異	

| | 標準解答時間 | 25分 | 問題 | P.39 | 解答・解説 | P.190 |

29 標準原価計算 Ⅵ

問 1

(1) 総差異 [　　　　　円（　）]

(2)

	価 格 差 異	消 費 量 差 異		歩 留 差 異		配 合 差 異
原料P	円（　）	円（　）	=	円（　）	+	20,000円（＋）
原料Q	円（　）	円（　）	=	円（　）	+	円（　）
原料R	円（　）	円（　）	=	円（　）	+	円（　）
計	円（　）	円（　）	=	円（　）	+	円（　）

問 2

（単位：円）

原　　　料

（　　　　　　　　）

価 格 差 異

（　　　　　）|（　　　　　　）

原料配合差異

（　　　　　）|（　　　　　）

仕 掛 － 原 料 費

（　　　　　）|（　　　　　　）

製　　　品

（　　　　　）|

原 料 歩 留 差 異

（　　　　　）|（　　　　　）

解答用紙

30

30

標準原価計算 Ⅶ

| 標準解答時間 | 45分 | 問題 | P.40 | 解答・解説 | P.192 |

第1問

（注意）下記の標準原価計算関係勘定連絡図（単位：円）の（　）内には、計算した金額を記入しなさい。ただし、原料受入価格差異勘定、原料配合差異勘定および原料歩留差異勘定には（　）が借方と貸方の両方に印刷されているが、計算した金額は、借方または貸方のどちらかを判断して記入しなさい。なお、不要な（　）内には「－」を記入すること。

```
            買   掛   金                              原        料
  ─────────┬──────────          131,950 │(           )
           │(          )        ──────────┼──────────
                                (          ) │

           原料受入価格差異
  ──────────┬──────────
  (         )│(         )

           仕掛－原料費                              製        品
   180,000 │(          )         (          ) │
  ──────────┼──────────         ──────────┼──────────
  (         )│   240,000

           原料配合差異                              原料歩留差異
  ──────────┬──────────          ──────────┬──────────
  (        )│(        )           (        )│(        )
```

費目別計算のまとめ

個別原価計算

部門別個別原価計算

総合原価計算

標準原価計算

31

第2問

標準原価差異の解答にあたっては、有利差異か不利差異であるかを解答数値の後に（有利）または（不利）と記入することによって明示すること。

(1) 完成品総合原価 [   ] 円　　(2) 月末仕掛品原価 [   ] 円

(3) 原　　料　　費

　　　(イ) 消費価格差異 [円（   ）]　　(ロ) 配　合　差　異 [円（   ）]

　　　　　原　料　A [円（   ）]　　　　　原　料　A [77,760円（ 有利 ）]

　　　　　原　料　B [円（   ）]　　　　　原　料　B [円（   ）]

　　　　　原　料　C [円（   ）]　　　　　原　料　C [円（   ）]

　　　(ハ) 歩　留　差　異 [円（   ）]

　　　　　原　料　A [円（   ）]

　　　　　原　料　B [円（   ）]

　　　　　原　料　C [円（   ）]

(4) 直 接 労 務 費

　　　(イ) 賃　率　差　異 [円（   ）]　　(ロ) 能　率　差　異 [円（   ）]

　　　(ハ) 歩　留　差　異 [円（   ）]

(5) 製 造 間 接 費

　　　(イ) 予　算　差　異 [円（   ）]　　(ロ) 固定費能率差異 [円（   ）]

　　　(ハ) 変動費能率差異 [円（   ）]　　(ニ) 操　業　度　差　異 [円（   ）]

　　　(ホ) 歩　留　差　異 [円（   ）]

31

標準解答時間	45分	問題	P.42	解答・解説	P.197

標準原価計算 Ⅷ

問1　原価計算関係諸勘定（単位：円）

第 1 工 程 仕 掛 品

月初仕掛品原価	（　　　）	完了品原価	（　　　　　）
当月製造費用		原 価 差 異	（　　　　　）
直接材料費	（　　　）	月末仕掛品原価	（　　　　　）
直接労務費	（　　　）		
製造間接費	（　　　）		
	（　　　）		（　　　　　）

第 2 工 程 仕 掛 品

月初仕掛品原価	（　　　）	最終完成品原価	（　　　　　）	→ 製品勘定へ
当月製造費用		原 価 差 異	（　　　　　）	
直接労務費	（　　　）	月末仕掛品原価	（　　　　　）	
製造間接費	（　　　）			
前 工 程 費	（　　　）			
	（　　　）		（　　　　　）	

問2　第1工程・第2工程の各種原価差異

　（注）（　）内に有利または不利を記入しなさい。なお、能率差異は標準配賦率により計算すること。

〈第1工程〉

消 費 価 格 差 異 =		円（　　）	賃 率 差 異 =		円（　　）
配 合 差 異 =	2,000	円（ 不利 ）	原 料 歩 留 差 異 =		円（　　）
労 働 能 率 差 異 =		円（　　）	労 働 歩 留 差 異 =		円（　　）
予 算 差 異 =		円（　　）	製造間接費能率差異 =		円（　　）
操 業 度 差 異 =		円（　　）	製造間接費歩留差異 =		円（　　）

〈第2工程〉

賃 率 差 異 =		円（　　）	労 働 時 間 差 異 =		円（　　）
予 算 差 異 =		円（　　）	製造間接費能率差異 =		円（　　）
操 業 度 差 異 =		円（　　）			

| | 標準解答時間 | 30分 | 問題 | **P.43** | 解答・解説 | **P.202** |

32 標準原価計算 Ⅸ

問1

　勘定記入（単位：円）

切削工程 – 仕掛品

月初仕掛品原価	（　　　　）	完 成 品 原 価	（　　　　）
当 月 製 造 費 用		原 　価 　差 　異	（　　　　）
直 接 材 料 費	（　　　　）	月末仕掛品原価	（　　　　）
直 接 労 務 費	（　　　　）		
製 造 間 接 費	（　　　　）		
	（　　　　）		（　　　　）

組立工程 – 仕掛品

月初仕掛品原価	（　　　　）	最終完成品原価	（　　　　）
当 月 製 造 費 用		原 　価 　差 　異	（　　　　）
前 　工 　程 　費	（　　　　）	月末仕掛品原価	（　　　　）
直 接 労 務 費	（　　　　）		
製 造 間 接 費	（　　　　）		
	（　　　　）		（　　　　）

問2

　原価差異の原因別分析

	切 削 工 程	組 立 工 程 第1作業	組 立 工 程 第2作業
価 格 差 異	円（　　）		
数 量 差 異	円（　　）		
賃 率 差 異	円（　　）	円（　　）	円（　　）
時 間 差 異	円（　　）	円（　　）	円（　　）
予 算 差 異	円（　　）	円（　　）	
操 業 度 差 異	円（　　）	円（　　）	
能 率 差 異	円（　　）	円（　　）	円（　　）

（注）（　　）の中には、有利または不利と記入すること。

34

標準解答時間 **45分**　問題 **P.44**　解答・解説 **P.206**

33 標準原価計算 Ⅹ

勘定記入（単位：千円）

材　　　　料

月 初 有 高		当 月 消 費	
K － 1 （　　　　）		K － 1 （　　　　）	
K － 2 （　　　　）		K － 2 （　　　　）	
K － 4 （　　　　）		K － 4 （　　　　）	
小　計 （　　　　）		小　計 （　　　　）	
当 月 購 入		月 末 有 高	
K － 1 （　　　　）		K － 1 （　　　　）	
K － 2 （　　　　）		K － 2 （　　　　）	
K － 4 （　　　　）		K － 4 （　　　　）	
小　計 （　　　　）		小　計 （　　　　）	
合　計 （　　　　）		合　計 （　　　　）	

購 入 材 料 価 格 差 異

K － 1 （　　　　）		K － 4 （　　　　）	

〔第 1 工 程〕

直 接 材 料 費 － 仕 掛

月 初 仕 掛 品 （　　　　）		完　成　品 （　　　　）	
当 月 消 費 （　　　　）		月 末 仕 掛 品 （　　　　）	
		（　　　　）	
（　　　　）		（　　　　）	

直 接 労 務 費 － 仕 掛

月 初 仕 掛 品 （　　　　）		完　成　品 （　　　　）	
当 月 消 費 （　　　　）		月 末 仕 掛 品 （　　　　）	
		（　　　　）	
（　　　　）		（　　　　）	

製 造 間 接 費 － 仕 掛

月 初 仕 掛 品 （　　　　）		完　成　品 （　　　　）	
第 1 次 集 計 額 （　　　　）		月 末 仕 掛 品 （　　　　）	
動力部費配賦額 （　　　　）		（　　　　）	
		（　　　　）	
		（　　　　）	
（　　　　）		（　　　　）	

〔第 2 工 程〕

直接材料費(および前工程費) －仕掛

月 初 仕 掛 品	(	)	完 成 品	(	)
前 工 程 費	(	)	月 末 仕 掛 品	(	)
当 工 程 費	(	)	☐	(	)
	(	)		(	)

直 接 労 務 費 － 仕 掛

月 初 仕 掛 品	(	)	完 成 品	(	)
当 月 消 費	(	)	月 末 仕 掛 品	(	)
			☐	(	)
	(	)		(	)

製 造 間 接 費 － 仕 掛

月 初 仕 掛 品	(	)	完 成 品	(	)
第 1 次 集 計 額	(	)	月 末 仕 掛 品	(	)
動力部費配賦額	(	)	☐	(	)
☐	(	)	☐	(	)
	(	)		(	)

動 力 部 費

実 際 発 生 額	(	)	配 賦 額		
			第 1 工 程		
			変 動 費	(	)
			固 定 費	(	)
			第 2 工 程		
			変 動 費	(	)
			固 定 費	(	)
			☐	(	)
	(	)		(	)

(注) ( ) には金額を、☐ は適切な語句を記入しなさい。

| 標準解答時間 | 45分 | 問題 | P.46 | 解答・解説 | P.213 |

34 標準原価計算 XI

問1　勘定記入（単位：円）

仕　掛　品

前 月 繰 越	（　　　　　）	製　　　　品	（　　　　　）
材　　　　料	（　　　　　）	次 月 繰 越	（　　　　　）
賃 金 給 料	（　　　　　）		
製 造 間 接 費	（　　　　　）		
	（　　　　　）		（　　　　　）

指図書別原価計算表

摘　要	No.79	No.80	No.81	合　計
前 月 繰 越	（　　　　）	（　　　　）	（　　　　）	（　　　　）
直 接 材 料 費	（　　　　）	（　　　　）	（　　　　）	（　　　　）
直 接 労 務 費	（　　　　）	（　　　　）	（　　　　）	（　　　　）
製 造 間 接 費	（　　　　）	（　　　　）	（　　　　）	（　　　　）
合　　計	（　　　　）	（　　　　）	（　　　　）	（　　　　）
備　　考				

問2　差異分析

受入価格差異　（　　）　　円

数 量 差 異　No.79（　　）　円　No.80（　　）　円　No.81（　　）　円

賃 率 差 異　（　　）　円

時 間 差 異　No.79（　　）　円　No.80（　　）　円　No.81（　　）　円

予 算 差 異　（　　）　円

操 業 度 差 異　（　　）　円

能 率 差 異　No.79（　　）　円　No.80（　　）　円　No.81（　　）　円

（注）カッコの中には、有利差異には＋不利差異には－の符号を記入しなさい。

37

35 標準原価計算 XII

| 標準解答時間 | 45分 | 問題 | P.47 | 解答・解説 | P.216 |

【標準原価計算関係勘定連絡図（単位：円)】（注）不要なカッコには、「—」を記入しなさい。

材 料

前 月 繰 越	（　　　　）	《　　　　》	（　　　　）
諸　　　口	（　　　　）	《　　　　》	（　　　　）
（買掛金等）		《　　　　》	（　　　　）
		次 月 繰 越	（　　　　）
	（　　　　）		（　　　　）

《　　　　》		《　　　　》	
（　　　　）	（　　　　）	（　　　　）	
（　　　　）	（　　　　）		

賃 金 給 料

諸　　　口	（　　　　）	前 月 繰 越	（　　　　）
次 月 繰 越	（　　　　）	仕 掛 品	（　　　　）
		製 造 間 接 費	（　　　　）
		原 価 差 異	（　　　　）
	（　　　　）		（　　　　）

| 《　　　　》 | | 《　　　　》 | |
| （　　　　） | （　　　　） | （　　　　） | （　　　　） |

製 造 間 接 費

実 際 発 生 額	（　　　　）	仕 掛 品	（　　　　）
		原 価 差 異	（　　　　）
	（　　　　）		（　　　　）

| 《　　　　》 | | 《　　　　》 | | 《　　　　》 | |
| （　　　　） | （　　　　） | （　　　　） | （　　　　） | （　　　　） | （　　　　） |

仕 掛 品

前 月 繰 越	（　　　　）	製　　　品	（　　　　）
材　　　料	（　　　　）	次 月 繰 越	（　　　　）
賃 金 給 料	（　　　　）		
製 造 間 接 費	（　　　　）		
	（　　　　）		（　　　　）

製 品

前 月 繰 越	（　　　　）	売 上 原 価	（　　　　）
仕 掛 品	（　　　　）	次 月 繰 越	（　　　　）
	（　　　　）		（　　　　）

36 標準原価計算 XⅢ

標準解答時間 **45分** 問題 **P.48** 解答・解説 **P.219**

第1問

(注) 期末残高については次期繰越とし、金額はまず標準原価を記入し、その下の行に追加配賦額を、さらにその下の行に両者の合計額(実際原価)を記入しなさい。

(単位:円、直接材料費のみ)

材　料

買　掛　金	2,750,000	仕　掛　品	1,978,900
材料受入価格差異	(　　　　　)	材料数量差異	364,100
		次　期　繰　越	(　　　　　)
			(　　　　　)
			(　　　　　)
	(　　　　　)		(　　　　　)
前　期　繰　越	(　　　　　)		

仕　掛　品

材　料	1,978,900	製　品	1,925,000
材料受入価格差異	(　　　　　)	次　期　繰　越	(　　　　　)
材料数量差異	(　　　　　)		(　　　　　)
			(　　　　　)
	(　　　　　)		(　　　　　)
前　期　繰　越	(　　　　　)		

製　品

仕　掛　品	1,925,000	売　上　原　価	1,732,500
材料受入価格差異	(　　　　　)	次　期　繰　越	(　　　　　)
材料数量差異	(　　　　　)		(　　　　　)
			(　　　　　)
	(　　　　　)		(　　　　　)
前　期　繰　越	(　　　　　)		

売　上　原　価

製　品	1,732,500	損　益	(　　　　　)
材料受入価格差異	(　　　　　)		
材料数量差異	(　　　　　)		
	(　　　　　)		(　　　　　)

材料受入価格差異

買　掛　金	1,000,000	売　上　原　価	(　　　　　)
		製　品	(　　　　　)
		仕　掛　品	(　　　　　)
		材　料	(　　　　　)
		材料数量差異	(　　　　　)
	1,000,000		1,000,000

材 料 数 量 差 異

材　　　　　料	364,100	売 上 原 価	（		）
材料受入価格差異　（	）	製　　　　　品	（		）
		仕　掛　品	（		）
（	）		（		）

第 2 問

問 1　下記の（　　）内に計算した差異の金額を、〔　　〕内には借方または貸方を記入しなさい。

(1)　　原料受入価格差異 = （　　　　　　　　　　）円〔　　　　　〕

(2)　　原料消費量差異 = （　　　　　　　　　　）円〔　　　　　〕

(3)　　加工費配賦差異 = （　　　　　　　　　　）円〔　　　　　〕

問 2　（注）勘定記入は、相手勘定科目と金額を記入すること。原料費は、原料の種類別ではなく、原料の種類別に計算した金額の合計額で記入してよい。期末有高については次期繰越とし、金額はまず標準原価を記入し、その下の行に追加配賦額を、さらにその下の行に両者の合計額（実際原価）を記入しなさい。

（単位：円）

仕　掛　品

売　上　原　価

製　品

問 3

当年度の実際営業利益 = （　　　　　　　　　）円

原価・営業量・利益関係の分析 I

標準解答時間 45分　問題 P.50　解答・解説 P.225

第1問

問題1

問1

a = _____ 円　　b = _____ 円

問2

a = _____ 円　　b = _____ 円

問題2

(1) 年間の損益分岐点の販売量　= _____ 個

(2) 売上高営業利益率が20%になる販売量 = _____ 個

(3) 安　全　率　= _____ %

　　損益分岐点比率　= _____ %

第2問

問1

(1) 経営レバレッジ係数 = _____　　(2) 営業利益の増減率 = _____ %

問2

(1) 税引前の目標経常利益額 = _____ 円　(2) 年間の目標販売量 = _____ 個

問3

損益分岐点の年間販売量 = _____ 個

第3問

問1

① _____ 円　　② _____ 円

問2

_____ 個

問3

_____ 個

38 原価・営業量・利益関係の分析 Ⅱ

| 標準解答時間 | 30分 | 問題 | P.52 | 解答・解説 | P.229 |

第 1 問

問 1 　製　品　H ☐ 個　　製　品　K ☐ 個

問 2 　税引前年間目標経常利益額 ☐ 円

問 3 　製　品　H ☐ 個　　製　品　K ☐ 個

第 2 問

問 1 　製　品　H ☐ 円　　製　品　K ☐ 円

問 2 　税引前年間目標経常利益額 ☐ 円

問 3 　製　品　H ☐ 円　　製　品　K ☐ 円

39 原価・営業量・利益関係の分析 Ⅲ

| 標準解答時間 | 45分 | 問題 | P.53 | 解答・解説 | P.231 |

問 1 　① 　損益分岐点の販売量 ☐ kg

　　　② 　売上高経常利益率が10%になる販売量 ☐ kg

　　　③ 　税引前の目標経常利益額 ☐ 円

　　　④ 　目標経常利益額を達成する販売量 ☐ kg

　　　⑤ 　目標販売量のときの安全率 ☐ %

問 2 　⑥ 　20X5年度における損益分岐点の販売量 ☐ kg

解答用紙

42

標準解答時間 **30分**　問題 **P.54**　解答・解説 **P.233**

⑩ 予算編成 Ⅰ

（注）下記の □ の中には適当な名称を、（　　）の中には金額を記入しなさい。

1. 20X1年度予定損益計算書（単位：万円）

売　　上　　高	（　　　　　　）
差引：変動売上原価	（　　　　　　）
変 動 製 造 マ ー ジ ン	（　　　　　　）
差 引：変 動 販 売 費	（　　　　　　）
□	（　　　　　　）
差引：固　定　費	
製 造 固 定 費　（　　　　　　）	
販 売 固 定 費　（　　　　　　）	
一 般 管 理 固 定 費　（　　　　　　）	（　　　　　　）
直接原価計算の営業利益	（　　　　　　）
固定費調整：	（　　　　　　）
全部原価計算の営業利益	（　　　　　　）
差 引：支 払 利 息	（　　　　　　）
□	（　　　　　　）
差 引：法 人 税 等	（　　　　　　）
当 期 純 利 益	（　　　　　　）

2. 20X1年度末予定貸借対照表（単位：万円）

流　動　資　産		流　動　負　債	
現　　　　　金　（　　　　）		買　　掛　　金　（　　　　）	
売　　掛　　金　（　　　　）		短 期 借 入 金　（　　　　）	
製　　　　　品　（　　　　）		□　（　　　　）	
材　　　　　料　（　　　　）		未 払 法 人 税 等　（　　　　）	
そ　の　他　（　　　　）		流 動 負 債 計　（　　　　）	
流 動 資 産 計　（　　　　）		固　定　負　債	
固　定　資　産		社　　　　　債　（　　　　）	
土　　　　　地　（　　　　）		負　債　計　（　　　　）	
建 物 ・ 設 備　（　　　　）		純　資　産	
差引：減価償却		資　本　金　（　　　　）	
累 計 額　（　　　　）		利 益 準 備 金　（　　　　）	
固 定 資 産 計　（　　　　）		新 築 積 立 金　（　　　　）	
資　産　合　計　（　　　　）		繰 越 利 益 剰 余 金　（　　　　）	
		純 資 産 計　（　　　　）	
		負債・純資産合計　（　　　　）	

原価・営業量・利益関係の分析

予算編成

直接原価計算

業務的意思決定

構造的意思決定

43

41 予算編成 Ⅱ

標準解答時間 45分　問題 P.56　解答・解説 P.236

〔20X6年度の予定損益計算書〕（単位：万円）

売　上　高	（　　　　　）	
売　上　原　価	（　　　　　）	
売　上　総　利　益	（　　　　　）	
販売費・一般管理費	（　　　　　）	
営　業　利　益	（　　　　　）	
支　払　利　息	（　　　　　）	
経　常　利　益	（　　　　　）	
法　人　税　等	（　　　　　）	
当　期　純　利　益	（　　　　　）	

〔20X6年度の予定貸借対照表〕（単位：万円）

流　動　資　産		流　動　負　債	
現　　　　　金	（　　　　　）	買　　掛　　金	1,116
売　　掛　　金	2,880	短　期　借　入　金	（　　　　　）
製　　　　　品	（　　　　　）	未　払　利　息	（　　　　　）
材　　　　　料	（　　　　　）	未　払　法　人　税　等	（　　　　　）
その他流動資産	1,760	流　動　負　債　合　計	（　　　　　）
流　動　資　産　合　計	（　　　　　）	固　定　負　債	
固　定　資　産		社　　　　　債	5,000
土　　　　　地	4,080	負　債　合　計	（　　　　　）
建　物　・　設　備	（　　　　　）	純　資　産	
減価償却累計額	（△　　　　）	資　　本　　金	7,200
固　定　資　産　合　計	（　　　　　）	利　益　準　備　金	1,800
		新　築　積　立　金	（　　　　　）
		繰　越　利　益　剰　余　金	（　　　　　）
		純　資　産　合　計	（　　　　　）
資　産　合　計	（　　　　　）	負債・純資産合計	（　　　　　）

42 直接原価計算 Ⅰ

標準解答時間 **45分** 問題 **P.58** 解答・解説 **P.238**

(A)　　　　　　　　東 京 営 業 所 差 異 分 析 表 （単位：円）　　　　　20X5年4月

(1) 予 算 営 業 利 益……………………………………………………………10,000,000

(2) 売 上 価 格 差 異……………………………………（　　　）

(3) 売 上 数 量 差 異

　　① 市 場 占 拠 率 差 異…………（　　　）

　　② 市 場 総 需 要 量 差 異…………（　　　）

　　　　売上数量差異合計〔①＋②〕……………（　　　）

(4) 売 上 高 差 異〔(2)＋(3)〕……………（　　　）

(5) 標準売上原価数量差異……………………………（　　　）

　　　　標準売上総利益差異〔(4)＋(5)〕……………………（　　　）

(6) 変動販売費数量差異……………………………………（　　　）

(7) 変動販売費予算差異……………………………………（　　　）

(8) 固定販売費予算差異……………………………………（　　　）

　　　　販 売 費 差 異 合 計〔(6)＋(7)＋(8)〕……………………（　　　）

(9) 実 際 営 業 利 益………………………………………

(B)　　　　　　　　　販 売 費 予 算 ・ 実 績 比 較 表 （単位：円）

費　　　　目	利 益 計 画	業績測定予算	実 　　　　　績	数 量 差 異	予 算 差 異
変 動 販 売 費					
販 売 手 数 料	800,000		766,200	（　）	（　）
接 　待 　費	320,000		310,800	（　）	（　）
旅 費 交 通 費	200,000		299,500	（　）	（　）
事務用消耗品費	120,000		143,500	（　）	（　）
小 　　　計	1,440,000		1,520,000	（　）	
固 定 販 売 費					
給 　　　料	840,000		860,700	──	（　）
法 定 福 利 費	260,000		260,000	──	（　）
そ 　の 　他	1,460,000		1,430,300		（　）
小 　　　計	2,560,000		2,551,000	──	（　）
合 　　　計	4,000,000		4,071,000	（　）	（　）

　上記を作成する際、[　　　　　　　]の中および空欄には、計算した数値を記入し、（　）内には、プラスまたはマイナスの符号を記入しなさい。

原価・営業量・利益関係の分析

予算編成

直接原価計算

業務的意思決定

構造的意思決定

45

43 直接原価計算 Ⅱ

標準解答時間 **45分** 問題 **P.59** 解答・解説 **P.240**

下記の（　）内には計算した数値を、〔　〕内には20X4年度営業利益（または経営資本営業利益率）に加算する場合は＋の記号を、控除する場合は－の記号を記入しなさい。

問1　20X4年度と比較して、20X5年度の営業利益は（　　　　　）円減少した。

問2　20X4年度と比較して、20X5年度の経営資本営業利益率は（　　　　　）％減少した。

問3　　　　　　　　　　営業利益差異分析表　　　　　　　　　　単位：円

　1．20X4年度営業利益 ……………………………………………………（　　　　　）

　2．製品販売価格差異 ………………………〔　〕（　　　　　）

　3．市場総需要量差異 ………………………〔　〕（　　　　　）

　4．市場占拠率差異 …………………………〔　〕（　　　　　）

　5．製品販売数量差異（3＋4）……………〔　〕（　　　　　）

　6．売上高差異（2＋5）……………………………………………〔　〕（　　　　　）

　7．変動売上原価価格差異 …………………〔　〕（　　　　　）

　8．変動売上原価数量差異 …………………〔　〕（　　　　　）

　9．変動売上原価差異（7＋8）……………………………………〔　〕（　　　　　）

　10．変動販売費価格差異 ……………………〔　〕（　　　　　）

　11．変動販売費数量差異 ……………………〔　〕（　　　　　）

　12．変動販売費差異（10＋11）……………………………………〔　〕（　　　　　）

　13．貢献利益差異（6＋9＋12）……………………………………〔　〕（　　　　　）

　14．製造固定費差異 …………………………〔　〕（　　　　　）

　15．販売・一般管理固定費差異 ……………〔　〕（　　　　　）

　16．固定費差異（14＋15）…………………………………………〔　〕（　　　　　）

　17．差異合計（13＋16）……………………………………………〔　〕（　　　　　）

　18．20X5年度営業利益（1＋17）…………………………………（　　　　　）

問4　　　　　　　　　経営資本営業利益率差異分析表　　　　　　　単位：％

　1．20X4年度経営資本営業利益率 ………………………………………（　　　　　）

　2．売上高営業利益率差異 …………………〔　〕（　　　　　）

　3．経営資本回転率差異 ……………………〔　〕（　　　　　）

　4．差異合計（2＋3）………………………………………………〔　〕（　　　　　）

　5．20X5年度経営資本営業利益率 ………………………………………（　　　　　）

| | | 標準解答時間 | **45分** | 問題 | **P.60** | 解答・解説 | **P.243** |

44 直接原価計算 Ⅲ

第1問

問1

	新製品X導入前	新製品X導入案	新製品X導入後
税 引 後 利 益	万円	万円	万円
投　資　額	40,000 万円	万円	万円
投 資 利 益 率	％	％	％

問2

	新製品X導入前	新製品X導入案	新製品X導入後
資金使用資産総額	38,000 万円	万円	万円
売　　上　　高	（　　　　）万円	（　　　　）万円	（　　　　）万円
費　　　　　用	（　　　　）万円	（　　　　）万円	（　　　　）万円
税 引 前 利 益	（　　　　）万円	（　　　　）万円	（　　　　）万円
法　人　税	（　　　　）万円	（　　　　）万円	（　　　　）万円
税 引 後 利 益	（　　　　）万円	（　　　　）万円	（　　　　）万円
資 本 コ ス ト	（　　　　）万円	（　　　　）万円	（　　　　）万円
経済的付加価値額	（　　　　）万円	（　　　　）万円	（　　　　）万円

第2問

問1　月間の原価予想額 = ［　　　　　］円 + ［　　　　　］円/枚 × ピザ製造・販売量

問2　月間の損益分岐点販売量 = ［　　　　　］枚

問3　ピザ投資案の年間投資利益率 = ［　　　　　］％

問4　年間投資利益率が21.6％になる月間のピザ販売量 = ［　　　　　］枚

問5

	新宿店	渋谷店
ピザ投資案導入前　投資利益率	％	％
ピザ投資案導入後　投資利益率	％	％

問6　（注）①、②、③、④、⑤は、不要な文字を消しなさい。

①	増加、減少	⑥	％
②	増加、減少	⑦	万円
③	採用する、採用しない	⑧	万円
④	採用する、採用しない	⑨	万円
⑤	有利、不利	⑩	万円

| | | | 標準解答時間 | **30分** | 問題 | **P.62** | 解答・解説 | **P.246** |

45 直接原価計算 Ⅳ

(A)　製造指図書別変動製造原価計算表（11月、単位：千円）

	#100	#101	#102	#103	#104	#105	合 計
月初仕掛品原価	115	—	—	—	—	—	115
当月製造費用							
直接材料費							
変動加工費							
切削部							
仕上部							
合　　計							

(B)　原価計算関係勘定連絡図（一部分のみ、単位：千円）

　　(注)　下記の勘定に必要事項を記入して、勘定を締め切りなさい。なお、仕上部の勘定は省略されている。

仕掛品－直接材料費

月初仕掛品原価	100	完 成 品 原 価	
当 月 発 生 額		月末仕掛品原価	

変動加工費－切削部

月初仕掛品原価	15	完 成 品 原 価	
当 月 発 生 額		月末仕掛品原価	

固定加工費－切削部

当 月 発 生 額		当 月 予 算 額	

(C)　工場の生産損益計算書（11月、単位：千円）

	#100	#101	#102	#104	合 計
生産品の販売金額					
差引：変動売上原価					
変 動 販 売 費					
変 動 費 合 計					
工場貢献利益					
差引：固定加工費					
切 削 部					
仕 上 部					
工場事務部					
工場実際固定費合計					
固定販売費・一般管理費					
固定費合計					
工場営業利益					

| | | 標準解答時間 | 30分 | 問題 | P.63 | 解答・解説 | P.248 |

46 直接原価計算 Ⅴ

問1　当月の月末仕掛品原価総額

(1)　全部原価計算を採用した場合　　[　　　　　　　　　]　円

(2)　直接原価計算を採用した場合　　[　　　　　　　　　]　円

問2　月次損益計算書（単位：円）

(1)　全部原価計算の損益計算書

Ⅰ. 売　　上　　高　　　　　　　　　　　　　　　　　　　　　……………

Ⅱ. 売　上　原　価

　1.　月初製品棚卸高　　　　　　　……………

　2.　当月製品製造原価　　　　　　―――――

　　　　　小　　　計　　　　　　　……………

　3.　月末製品棚卸高　　　　　　　―――――

　　　　　差　　　引　　　　　　　……………

　4.　原　価　差　異　　　　　　　―――――　　　　―――――

　　　　　売　上　総　利　益　　　　　　　　　　　　……………

Ⅲ. 販売費および一般管理費

　1.　販　　　売　　　費　　　　　……………

　2.　一　般　管　理　費　　　　　―――――　　　　―――――

　　　　　営　業　利　益　　　　　　　　　　　　　　＝＝＝＝＝

(2)　直接原価計算の損益計算書

Ⅰ. 売　　上　　高　　　　　　　　　　　　　　　　　　　　　……………

Ⅱ. 変　動　売　上　原　価

　1.　月初製品棚卸高　　　　　　　……………

　2.　当月製品製造原価　　　　　　―――――

　　　　　小　　　計　　　　　　　……………

　3.　月末製品棚卸高　　　　　　　―――――

　　　　　差　　　引　　　　　　　……………

　4.　原　価　差　異　　　　　　　―――――　　　　―――――

　　　　　変動製造マージン　　　　　　　　　　　　　……………

Ⅲ. 変　動　販　売　費　　　　　　　　　　　　　　　　―――――

　　　　　貢　献　利　益　　　　　　　　　　　　　　……………

Ⅳ. 固　　定　　費

　1.　加　　　工　　　費　　　　　……………

　2.　販　　　売　　　費　　　　　……………

　3.　一　般　管　理　費　　　　　―――――　　　　―――――

直接原価計算の営業利益　　　　　　　　　　　　　　……………

　　固定費調整

　　　　月末仕掛品に含まれる固定加工費　　　……………

　　　　月末製品に含まれる固定加工費　　　　―――――

　　　　　　　　計　　　　　　　　　　　　　……………

　　　　月初仕掛品に含まれる固定加工費　　　……………

　　　　月初製品に含まれる固定加工費　　　　―――――

　　　　全部原価計算の営業利益　　　　　　　　＝＝＝＝＝

原価・営業量・利益関係の分析

予算編成

直接原価計算

業務的意思決定

構造的意思決定

49

47 直接原価計算 Ⅵ

標準解答時間 **45分** 問題 **P.64** 解答・解説 **P.251**

損益計算書（全部原価計算）　　　　　　（単位：円）

売 上 高		(　　　　　　　)
売上原価		
期首製品棚卸高	(　　　　　　　)	
当期製品製造原価	(　　　　　　　)	
合　計	(　　　　　　　)	
期末製品棚卸高	(　　　　　　　)	
差　引	(　　　　　　　)	
原価差異		
第1工程		
予算差異	(　　　　　　　)	
操業度差異	(　　　　　　　)	
小　計	170,000	
第2工程		
予算差異	(　　　　　　　)	
操業度差異	(　　　　　　　)	
小　計	170,000	
差異合計	340,000	(　　　　　　　)
売上総利益		(　　　　　　　)
販売費・一般管理費		(　　　　　　　)
営業利益		(　　　　　　　)

損益計算書（直接原価計算）　　　　　　（単位：円）

売 上 高		(　　　　　　　)
変動売上原価		
期首製品棚卸高	(　　　　　　　)	
当期製品製造原価	(　　　　　　　)	
合　計	(　　　　　　　)	
期末製品棚卸高	(　　　　　　　)	
差　引	(　　　　　　　)	
変動原価差異		
第1工程	20,000	
第2工程	0	
差異合計	20,000	(　　　　　　　)
変動製造マージン		(　　　　　　　)
変動販売費		(　　　　　　　)
貢献利益		(　　　　　　　)
固 定 費		
第1工程加工費	(　　　　　　　)	
第2工程加工費	(　　　　　　　)	
販 売 費	(　　　　　　　)	
一般管理費	(　　　　　　　)	(　　　　　　　)
営業利益		(　　　　　　　)

固 定 費 調 整　　　　　　（単位：円）

直接原価計算の営業利益		(　　　　　　　)
加算項目		
期末仕掛品固定費		
第1工程	(　　　　　　　)	
第2工程	(　　　　　　　)	
期末製品固定費	(　　　　　　　)	(　　　　　　　)
控除項目		
期首仕掛品固定費		
第1工程	(　　　　　　　)	
第2工程	(　　　　　　　)	
期首製品固定費	(　　　　　　　)	(　　　　　　　)
全部原価計算の営業利益		(　　　　　　　)

解答用紙

48 直接原価計算 Ⅶ

| 標準解答時間 | 45分 | 問題 | P.66 | 解答・解説 | P.255 |

(注1)[　]内には不利差異であれば「－」、有利差異であれば「＋」を明示すること。
(注2)販売量差異は計画販売量と実際販売量の差に製品Ｈ1個あたりの予算貢献利益を乗じて計算すること。

問1　予算損益計算書の作成（単位：円）

予 算 損 益 計 算 書

Ⅰ．売　　上　　高　　　　　　　　　（　　　　　　）
Ⅱ．標 準 変 動 費
　　売 上 原 価　（　　　　　　）
　　販　　売　　費　（　　　　　　）
　　標準変動費計　　　　　　　（　　　　　　）
　　　貢 献 利 益　　　　　　　（　　　　　　）
Ⅲ．固　　定　　費
　　製 造 間 接 費　（　　　　　　）
　　販　　売　　費　（　　　　　　）
　　一 般 管 理 費　（　　　　　　）
　　固 定 費 計　　　　　　　（　　　　　　）
　　　予算営業利益　　　　　　（　　　　　　）

問2　実績損益計算書の作成（単位：円）

実 績 損 益 計 算 書

Ⅰ．売　　上　　高　　　　　　　　　（　　　　　　）
Ⅱ．標 準 変 動 費
　　売 上 原 価　（　　　　　　）
　　販　　売　　費　（　　　　　　）
　　標準変動費計　　　　　　　（　　　　　　）
　　　標準貢献利益　　　　　　（　　　　　　）
Ⅲ．標準変動費差異　　　　　　（[　　]　　　　）
　　　実績貢献利益　　　　　　（　　　　　　）
Ⅳ．固　　定　　費
　　製 造 間 接 費　（　　　　　　）
　　販　　売　　費　（　　　　　　）
　　一 般 管 理 費　（　　　　　　）
　　固 定 費 計　　　　　　　（　　　　　　）
　　　実績営業利益　　　　　　（　　　　　　）

問3　営業利益差異分析表の作成（単位：円）

営 業 利 益 差 異 分 析 表

1.　予 算 営 業 利 益 ……………………………………………………………（　　　　　　）
2.　販 売 活 動 差 異
　　　販 売 価 格 差 異　………………………（[　　]　　　　）
　　　販 売 量 差 異　………………………（[　　]　　　　）
　　　変 動 販 売 費 予 算 差 異　………………………（[　　]　　　　）
　　　固 定 販 売 費 予 算 差 異　………………………（[　　]　　　　）
　　　　販 売 活 動 差 異 計 ……………………………………………（[　　]　　　　）
3.　製 造 活 動 差 異
　　　材 料 消 費 価 格 差 異　………………………（[　　]　　　　）
　　　材 料 消 費 数 量 差 異　………………………（[　　]　　　　）
　　　労 働 賃 率 差 異　………………………（[　　]　　　　）
　　　労 働 時 間 差 異　………………………（[　　]　　　　）
　　　変 動 製 造 間 接 費 予 算 差 異　………………………（[　　]　　　　）
　　　変 動 製 造 間 接 費 能 率 差 異　………………………（[　　]　　　　）
　　　固 定 製 造 間 接 費 予 算 差 異　………………………（[　　]　　　　）
　　　　製 造 活 動 差 異 計 ……………………………………………（[　　]　　　　）
4.　一 般 管 理 活 動 差 異 ……………………………………………………（[　　]　　　　）
5.　実 績 営 業 利 益 ……………………………………………………………（　　　　　　）

問4　販売量差異の分析（単位：円）
　　　市 場 総 需 要 量 差 異　………………………（[　　]　　　　）
　　　市 場 占 拠 率 差 異　………………………（[　　]　　　　）

51

49 直接原価計算 Ⅷ

標準解答時間 **30分** ｜ 問題 **P.67** ｜ 解答・解説 **P.258**

問 1　予算営業利益

　　　　[　　　　　　　]円

問 2　損益分岐点における各製品の販売量

　　　　　　製　品　A　　　　　　　　製　品　B

　　　　[　　　　　　　]台　[　　　　　　　　　]台

問 3　予算販売量および予算営業利益

　　　　　　製　品　A　　　　　　　製　品　B　　　　　　予算営業利益

　　　　[　　　　　　　]台　[　　　　　　　]台　[　　　　　　　]円

問 4　予算販売量および予算営業利益

　　　　　　製　品　A　　　　　　　製　品　B　　　　　　予算営業利益

　　　　[　　　　　　　]台　[　　　　　　　]台　[　　　　　　　]円

問 5　予算販売量および予算営業利益

　　　　　　製　品　A　　　　　　　製　品　B　　　　　　予算営業利益

　　　　[　　　　　　　]台　[　　　　　　　]台　[　　　　　　　]円

解答用紙

標準解答時間 **30分** 問題 **P.68** 解答・解説 **P.261**

50 直接原価計算 Ⅸ

第1問

問1　K社の月間の損益分岐点の売上高 ＝ [　　　　　] 万円

問2　税引前の営業利益が、
　　　売上高の10%になる売上高　　 ＝ [　　　　　] 万円

問3　目標利益を達成する売上高　　 ＝ [　　　　　] 万円

第2問

問1　月間の最適セールス・ミックスは、

　　　X_1 を [　　　　　] 個、X_2 を [　　　　　] 個生産・販売する組合せである。

問2　税引前の月間営業利益 ＝ [　　　　　] 万円

問3　X_2 1個あたりの貢献利益が [　　　　　] 円より少なくなれば、最適セールス・ミックスは変化する。

第3問

問1

製品H [　　　　　] 個　　　　製品T [　　　　　] 個　　　　製品K [　　　　　] 個

問2

製品H [　　　　　] 個　　　　製品T [　　　　　] 個　　　　製品K [　　　　　] 個

問3

製品H [　　　　　] 円　　　　製品T [　　　　　] 円　　　　製品K [　　　　　] 円

問4

製品H [　　　　　] 個　　　　製品T [　　　　　] 個　　　　製品K [　　　　　] 個

年　間　営　業　利　益 [　　　　　] 円

53

| 標準解答時間 | 45分 | 問題 | P.70 | 解答・解説 | P.265 |

51 直接原価計算 X

第1問

問1　変動加工費率＝（　　　　　　　　）円/時

　　　固定加工費＝（　　　　　　　　）万円

問2

予算原案の予定損益計算書

製品品種	A	B	C	D	合計
計画販売量（個）	10,000	4,000	9,000	12,000	
製品単位あたり貢献利益（円）	（　　　）	（　　　）	（　　　）	（　　　）	
貢献利益（万円）	（　　　）	（　　　）	（　　　）	（　　　）	（　　　）
差引：固定費					
固定加工費（万円）					（　　　）
固定販管費（万円）					1,330
予算営業利益（万円）					（　　　）

問3

改訂案の予定損益計算書

製品品種	A	B	C	D	合計
計画販売量（個）	（　　　）	（　　　）	（　　　）	（　　　）	
製品単位あたり貢献利益（円）	（　　　）	（　　　）	（　　　）	（　　　）	
貢献利益（万円）	（　　　）	（　　　）	（　　　）	（　　　）	（　　　）
差引：固定費					
固定加工費（万円）					（　　　）
固定販管費（万円）					1,330
予算営業利益（万円）					（　　　）
差引：予算原案の営業利益（万円）					（　　　）
改訂による営業利益の増加額（万円）					（　　　）

第2問

問1　損益分岐点の販売量

　　　ＳＴ製品＝[　　　　　　　]台　　　ＤＸ製品＝[　　　　　　　]台

問2　目標営業利益を獲得する販売量

　　　ＳＴ製品＝[　　　　　　　]台　　　ＤＸ製品＝[　　　　　　　]台

第3問

問1　最適セールス・ミックス

　　　ＳＴ製品＝[　　　　　　　]台　　　ＤＸ製品＝[　　　　　　　]台

問2　条件変更後の最適セールス・ミックス

　　　ＳＴ製品＝[　　　　　　　]台　　　ＤＸ製品＝[　　　　　　　]台

解答用紙

52 直接原価計算 Ⅺ

標準解答時間 **30分** 問題 **P.72** 解答・解説 **P.269**

第1問

問1

事業部別予算損益計算書 （単位：千円）

	A 事 業 部		C 事 業 部	
1．売上高				
(1) 外部市場への外部販売高	(	)	(	)
(2) C事業部への内部販売高	(	) ( )		
2．標準変動費				
(1) 変動製造原価	(	)	( )	
(2) 変動販売費	(	) ( )	( )	( )
差引：貢献利益		( )		( )
3．管理可能事業部固定費		( )		( )
差引：管理可能営業利益		( )		( )
4．管理可能投資額に対する資本コスト		( )		( )
差引：税引前管理可能残余利益		( )		( )
5．管理不能事業部関連費				
(1) 管理不能事業部固定費	(	)	( )	
(2) 本部費用および事業部共通費	(	)	( )	
(3) 管理不能投資額に対する資本コスト	(	) ( )	( )	( )
差引：税引前純残余利益		( )		( )

問2

	名　　称	比率または金額
比　率		＿＿＿＿＿＿＿％
金　額		＿＿＿＿＿＿＿千円

問3

（注）　計算上端数が生じた場合は、小数点第1位を四捨五入しなさい。

A事業部からC事業部への内部振替価格は、1個あたり ＿＿＿＿＿＿ 円である。

第2問

部品Sの1個あたり内部振替価格 ＿＿＿＿＿＿ 円

55

53 直接原価計算 XII

標準解答時間 30分　問題 P.74　解答・解説 P.271

問1

① 市価差引基準　　　　　　　　　円

② 全部原価基準　　　　　　　　　円

③ 変動費基準　　　　　　　　　　円

問2

事業部損益計算書　　　　　　　　　（単位：円）

	A事業部	B事業部	C事業部
売　上　高			
外部の顧客に対する売上高	(　　　)	(　　　)	(　　　)
他事業部への内部振替高	(　　　)	(　　　)	(　　　)
計	(　　　)	(　　　)	(　　　)
変　動　費			
自事業部製品の変動製造費	(　　　)	(　　　)	(　　　)
他事業部からの内部振替高	(　　　)	(　　　)	(　　　)
変動販売費	(　　　)	(　　　)	(　　　)
貢献利益	(　　　)	(　　　)	(　　　)
管理可能固定費			
固定製造費	(　　　)	(　　　)	(　　　)
管理可能事業部固定費	(　　　)	(　　　)	(　　　)
管理可能営業利益	(　　　)	(　　　)	(　　　)
管理可能投資額に対する資本コスト	(　　　)	(　　　)	(　　　)
税引前管理可能残余利益	(　　　)	(　　　)	(　　　)

問3

A事業部　　　　　　　　　％

B事業部　　　　　　　　　％

C事業部　　　　　　　　　％

問4

ア　　　　　　　　

イ　　　　　　　　

ウ　　　　　　　　

エ　　　　　　　　

解答用紙

56

54

| 標準解答時間 | 45分 | 問題 | P.76 | 解答・解説 | P.275 |

業務的意思決定 Ⅰ

第1問

問1 A案のほうが、B案よりも原価が ＿＿＿＿＿ 円 { 高 い / 低 い } ので、A案のほうが { 不 利 / 有 利 } である。

問2 部品Oの年間必要量が ＿＿＿＿＿ 個以上ならば、{ A 案 / B 案 } のほうが有利である。

(注) ☐ の中には計算した数値を記入し、不要な文字を二重線で抹消しなさい。

第2問

問1

ⓐ = ＿＿＿＿＿　　　　　ⓑ = ＿＿＿＿＿

問2

P－1案のほうが、P－2案よりも原価が ＿＿＿＿＿ 円 { 高 い / 低 い } ので、P－1案のほうが { 有 利 / 不 利 } である。(不要な文字を消し必要な文字に○印をつけなさい。)

問3

部品Oの月間必要量が ＿＿＿＿＿ 個以上ならば、{ P－1案 / P－2案 } のほうが有利である。(不要な文字を消し必要な文字に○印をつけなさい。)

問4

P－1案のほうが、P－3案よりも原価が ＿＿＿＿＿ 円 { 高 い / 低 い } ので、P－1案のほうが { 有 利 / 不 利 } である。(不要な文字を消し必要な文字に○印をつけなさい。)

55

| 標準解答時間 | 30分 | 問題 | P.78 | 解答・解説 | P.277 |

業務的意思決定 Ⅱ

問1 第3製造部の製造間接費の原価分解

(1) 製品1組あたりの変動製造間接費 ＝ ＿＿＿＿＿ 万円

(2) 月間の固定製造間接費 ＝ ＿＿＿＿＿ 万円

問2 第3製造部長の6ヵ月間の給料総額 ＝ ＿＿＿＿＿ 万円

57

問 3

(1) 次期6ヵ月間の生産量が □ 組より多ければ、{ 内製 / 購入 } が有利である。
    内製、購入のどちらでもよい。

(2) 次期6ヵ月間の生産量が □ 組より少なければ、{ 内製 / 購入 } が有利である。
    内製、購入のどちらでもよい。

(3) 次期6ヵ月間の生産量が □ 組に等しければ、{ 内製 / 購入 } が有利である。
    内製、購入のどちらでもよい。

問 4

(1) 外部倉庫の賃借料節約額は、内製というコース選択にとっては〔　〕であるといえる。

(2) 次期6ヵ月間の生産量が □ 組より多ければ、{ 内製 / 購入 } が有利である。
    内製、購入のどちらでもよい。

56 業務的意思決定 Ⅲ

標準解答時間 45分　問題 P.80　解答・解説 P.279

第1問

問1
　(イ) □　　(ロ) □　　(ハ) □

問2　解答にあたっては、□内には金額を、{ }内は不要な文章を二重線で消しなさい。

第2問
　注文を受けると総額で □ 円の { 差額損失 / 差額利益 } となるのでK工業㈱からの注文を { 受けるべきでない。/ 受けるべきである。 }

不要な語句は ――― で消しなさい。

57 業務的意思決定 Ⅳ

標準解答時間 45分　問題 P.82　解答・解説 P.281

第1問

	甲　案	乙　案	丙　案	丁　案
差　額　収　益	0 円	(　　　) 円	(　　　) 円	(　　　) 円
差　額　原　価				
変動製造原価		(　　　) 円	(　　　) 円	(　　　) 円
割増残業手当				
第 1 工 程		(　　　) 円	(　　　) 円	(　　　) 円
第 2 工 程		(　　　) 円	(　　　) 円	(　　　) 円
追 加 固 定 費		(　　　) 円	(　　　) 円	(　　　) 円
仕 入 代 価		(　　　) 円	(　　　) 円	(　　　) 円
仕 入 諸 掛		(　　　) 円	(　　　) 円	(　　　) 円
変 動 販 売 費		(　　　) 円	(　　　) 円	(　　　) 円
差額原価合計	0 円	(　　　) 円	(　　　) 円	(　　　) 円
差　額　利　益	0 円	(　　　) 円	(　　　) 円	(　　　) 円

（注）差額利益がマイナスの場合には、金額の前に「△」をつけること。

結論：　　　　内に適切な語句を記入しなさい。

　　上記計算の結果、増加利益が一番大きいのは、　　　　案である。他の条件を考慮する必要がなければ　　　　案を採用するのが最も有利である。

第2問

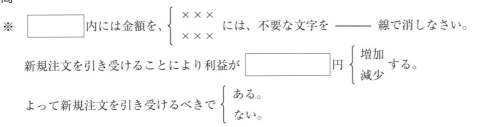

| | 標準解答時間 | 30分 | 問題 | P.84 | 解答・解説 | P.284 |

58 業務的意思決定 V

第1問

※ 差額欄は、追加加工する場合－追加加工しない場合＝差額で記入しなさい。なお、（　）内および

　　　　　　　の中には金額を、$\begin{cases} ××× \\ ××× \end{cases}$ には不要な文字を ―――― 線で消しなさい。

	追加加工する場合	追加加工しない場合	差　　額
売　上　高			
┌製品H	――――	（　　　　円）	
└製品Kおよび副産物	（　　　　円）	――――	（　　　　円）
総　原　価			
┌製造原価	（　　　　円）	（　　　　円）	
└販売管理費	（　　　　円）	（　　　　円）	（　　　　円）
営　業　利　益	（　　　　円）	（　　　　円）	（　　　　円）

よって追加加工することにより利益が　　　　　　円 $\begin{cases} 増加 \\ 減少 \end{cases}$ するため、追加加工 $\begin{cases} すべきである。 \\ すべきでない。 \end{cases}$

第2問

問1・2については　　　　　　の中には金額を、$\begin{cases} ××× \\ ××× \end{cases}$ には不要なものを ―――― で消しなさい。

問1

製品Aは $\begin{cases} 利　益 \\ 損　失 \end{cases}$ が　　　　　　円のため、製造販売を $\begin{cases} 継　続 \\ 中　止 \end{cases}$ すべきである。

製品Cは $\begin{cases} 利　益 \\ 損　失 \end{cases}$ が　　　　　　円のため、製造販売を $\begin{cases} 継　続 \\ 中　止 \end{cases}$ すべきである。

問2

差額利益が　　　　　　円増加するので、$\begin{cases} 製品A \\ 製品B \\ 製品C \end{cases}$ を追加販売すべきである。

解答用紙

60

| 標準解答時間 | 20分 | 問題 | P.86 | 解答・解説 | P.285 |

59 業務的意思決定 Ⅵ

問1

経済的発注量 [　　　　　　　] 個

年 間 発 注 費 [　　　　　　　] 円

年 間 保 管 費 [　　　　　　　] 円

問2

経済的発注量 [　　　　　　　] 個

問3

年 間 発 注 費 [　　　　　　　] 円

年 間 保 管 費 [　　　　　　　] 円

材 料 値 引 額 [　　　　　　　] 円

結論：この数量値引を ｛ 受けるべきである。
　　　　　　　　　　　 断るべきである。
　　　　　　　　　　　 受ける・断るのどちらともいえない。

※上記カッコ内の文章は、不要なものを二重線で抹消すること。

| | | | 標準解答時間 | **30分** | 問題 | **P.88** | 解答・解説 | **P.287** |

60 構造的意思決定 Ⅰ

第1問 ※ 回収期間は小数点未満第3位を切り上げなさい。

問1 回 収 期 間 ☐ 年

問2 回 収 期 間 ☐ 年

第2問

問1 正味現在価値 ☐ 万円

問2 ※ 収益性指数および内部利益率は、小数点未満第3位を四捨五入し、割引回収期間は、小数点未満第3位を切り上げなさい。

正味現在価値 ☐ 万円

収 益 性 指 数 ☐

内 部 利 益 率 ☐ ％

割 引 回 収 期 間 ☐ 年

問3 ※ 不要な文字を二重線で消しなさい。

この投資は $\begin{bmatrix} 有 & 利 \\ 不 & 利 \end{bmatrix}$ な投資である。

第3問 ※ 単純投下資本利益率は、小数点未満第3位を四捨五入しなさい。

問 当初投資額を使用した場合の単純投下資本利益率 ☐ ％

現 価 係 数 表

n ＼ r	10%	11%	12%	13%	14%	15%	16%	17%	18%	19%	20%
1	0.909	0.901	0.893	0.885	0.877	0.870	0.862	0.855	0.847	0.840	0.833
2	0.826	0.812	0.797	0.783	0.769	0.756	0.743	0.731	0.718	0.706	0.694
3	0.751	0.731	0.712	0.693	0.675	0.658	0.641	0.624	0.609	0.593	0.579
4	0.683	0.659	0.636	0.613	0.592	0.572	0.552	0.534	0.516	0.499	0.482
計	3.169	3.103	3.038	2.974	2.913	2.856	2.798	2.744	2.690	2.638	2.588

解答用紙

| | 標準解答時間 | 30分 | 問題 | P.89 | 解答・解説 | P.290 |

61 構造的意思決定 Ⅱ

下記の（　）内には、現金流入額であれば＋を、現金流出額であれば－の記号を記入しなさい。

問1　年々のキャッシュ・フロー

	T_0	T_1	T_2	T_3
設備投資A案	（　）万円	（　）万円	（　）万円	（　）万円
設備投資B案	（　）万円	（　）万円	（　）万円	（　）万円

問2

	例；設備投資G案	設 備 投 資 A 案	設 備 投 資 B 案
正味現在価値	123.4万円→123万円	万円	万円
内 部 利 益 率	34.5%　→ 35%	%	%
収 益 性 指 数	6.789　→ 6.79		

【現価係数表】

n＼r	8 %	9 %	10%	11%	12%	13%	14%	15%	16%
1	0.9259	0.9174	0.9091	0.9009	0.8929	0.8850	0.8772	0.8696	0.8621
2	0.8573	0.8417	0.8264	0.8116	0.7972	0.7831	0.7695	0.7561	0.7432
3	0.7938	0.7722	0.7513	0.7312	0.7118	0.6931	0.6750	0.6575	0.6407
計	2.5770	2.5313	2.4868	2.4437	2.4019	2.3612	2.3217	2.2832	2.2460

| | 標準解答時間 | 20分 | 問題 | P.90 | 解答・解説 | P.292 |

62 構造的意思決定 Ⅲ

	現在時点	第1年末	第2年末	第3年末	正味現在価値
A　案	円	円	円	円	円
B　案	円	円	円	円	円
差額キャッシュ・フロー	円	円	円	円	円

（注）キャッシュ・アウトフローには、金額の前に「－」を付すこと。また、差額キャッシュ・フローは、現在使用している設備をそのまま使用する案（現状維持案：B案）を基準に計算すること。

【結論】 { A案 / B案 } のほうが有利であるため、採用すべきである。（不要な文字を二重線で消しなさい）

| | 標準解答時間 | 30分 | 問題 | P.91 | 解答・解説 | P.293 |

63 構造的意思決定 Ⅳ

第1問 カッコ内には＋または－の符号を付すこと。

1．A案の減価償却費 　　　　　　　　　　　　　　　　　　　　　円

2．A案の年間税引後現金支出額 　　　　　　　　　　　　　　　　円

3．B案の設備を売却しないために逸する法人税節税額 　　　　　　円

4．B案の最終年度における売却損の法人税節税額 　　　　　　　　円

5．A案の正味現在価値 　　　　　　（　　）　　　円

　　B案の正味現在価値 　　　　　　（　　）　　　円

結論：したがって、新設備（A案）に取り替える $\begin{cases} べきである。 \\ べきでない。 \end{cases}$

（注）　不要な文字を二重線で消しなさい。

第2問

投資案Zの内部投資利益率 　　　　　　　％

したがって、このZ案を $\begin{cases} 採用すべきである。 \\ 採用すべきでない。 \end{cases}$ 　（注）　不要な文字を二重線で消しなさい。

［第1問および第2問の付属資料］　3年後の現価係数および年金現価係数

	現 価 係 数	年金現価係数
資本コスト率10%	0.7513	2.4869
資本コスト率11%	0.7312	2.4437
資本コスト率12%	0.7118	2.4018
資本コスト率13%	0.6931	2.3612
資本コスト率14%	0.6750	2.3216
資本コスト率15%	0.6575	2.2832
資本コスト率16%	0.6407	2.2459

解答用紙

| 標準解答時間 | 45分 | 問題 | P.92 | 解答・解説 | P.295 |

64 構造的意思決定 V

第1問

問1

[   ] 円

問2

[   ] 円

問3

[   ] 円

問4

[   ] 円

問5

[   ] 年

問6

[   ] 円

第2問

問1

[   ] %

問2

甲Ⅰ型設備の減価償却による法人税影響額 [   ] 円

乙Ⅰ型設備の減価償却による法人税影響額 [   ] 円

問3

[   ] 円

問4

[   ] 円

問5

現時点 [   ] 円

1年度 [   ] 円

2年度 [   ] 円

3年度 [   ] 円

4年度 [   ] 円

問6

乙Ⅰ型設備を導入した方が [   ] 円 { 有利なので取替えるべきである。 / 不利なので取替えるべきでない。 }

注： { } 内の適切と思われる方に○を付けること。

65

65 構造的意思決定 Ⅵ

標準解答時間 45分　問題 P.94　解答・解説 P.302

第1問

[　　]の中には計算した金額を記入し、{　　}内は、いずれか不要の文字を二重線で抹消しなさい。

問1

(1) 第1年度の年間純現金流入額　[　　　　　　]万円

(2) 第1年度の税引後年間純現金流入額　[　　　　　　]万円

(3) 税引後純現金流入額の現在価値合計　[　　　　　　]万円

(4) 回収することが { できる。/ できない。 }

回収できる場合に投資額を上回る金額　[　　　　　　]万円

問2　損益分岐点の年間の製造・販売量　[　　　　]個

問3

(1) [　　　　]年

(2) { H社製 / K社製 } の設備のほうが { H社製 / K社製 } よりも [　　　　　　]万円有利である。

第2問

問1　A社の投資資金の税引後加重平均資本コスト率　[　　　　　]％

問2　Y機械のほうが有利となる年間稼働現金支出費用は、[　　　　　　]万円以下である。

解答用紙

66

標準解答時間 **25分** 問題 **P.96** 解答・解説 **P.306**

66 構造的意思決定 Ⅶ

(注) 下記 [　　　] の中に、適切な数字を記入しなさい。なお、正味現在価値の（　）の内に、プラスまたはマイナスの符号を記入しなさい。また、各問の(2)および(3)においては、不要な文字または文章を二重線で消しなさい。

問1

(1) H社製設備の正味現在価値 [（　）　　　　　] 万円

　　 K社製設備の正味現在価値 [（　）　　　　　] 万円

(2) 年間の生産販売量が [　　　　　　　　　] 個以上であれば、$\begin{cases} \text{H社製設備} \\ \text{K社製設備} \end{cases}$ が有利である。

(3) 新設備を導入する場合には、$\begin{cases} \text{H社製設備} \\ \text{K社製設備} \end{cases}$ が有利である。

問2

(1) 現有設備の正味現在価値 [（　）　　　　　] 万円

(2) 現有設備の正味現在価値と $\begin{cases} \text{H社製設備} \\ \text{K社製設備} \end{cases}$ の正味現在価値を比較すると、$\begin{cases} \text{H社製設備} \\ \text{K社製設備} \\ \text{現 有 設 備} \end{cases}$ のほうが

[　　　　　　　　　] 万円大きく有利である。よって、$\begin{cases} \text{H社製設備に取り替えるべきである。} \\ \text{K社製設備に取り替えるべきである。} \\ \text{現有設備を継続使用すべきである。} \end{cases}$

67

| 標準解答時間 | 45分 | 問題 | P.98 | 解答・解説 | P.309 |

構造的意思決定 Ⅷ

問1　加重平均資本コスト率　[　　　　　　]％

問2　正味現在価値　[（　）　　　　　　]円

　　　（注）　カッコ内には、「＋」または「－」の記号を記入しなさい。

68

| 標準解答時間 | 30分 | 問題 | P.100 | 解答・解説 | P.311 |

戦略的原価計算 Ⅰ

問1　伝統的全部原価計算による製品単位あたり総原価　　X ＝ [　　　　　　] 円

　　　　　　　　　　　　　　　　　　　　　　　　　　　Y ＝ [　　　　　　] 円

　　　　　　　　　　　　　　　　　　　　　　　　　　　Z ＝ [　　　　　　] 円

問2　目標販売単価　　　　　　　　　　　　　　　　　　X ＝ [　　　　　　] 円

　　　　　　　　　　　　　　　　　　　　　　　　　　　Y ＝ [　　　　　　] 円

　　　　　　　　　　　　　　　　　　　　　　　　　　　Z ＝ [　　　　　　] 円

問3　活動基準原価計算による製品単位あたり総原価　　　X ＝ [　　　　　　] 円

　　　　　　　　　　　　　　　　　　　　　　　　　　　Y ＝ [　　　　　　] 円

　　　　　　　　　　　　　　　　　　　　　　　　　　　Z ＝ [　　　　　　] 円

問4　　　　　　　　　　　　　　　　　　　　　　　　　① ＝ [　　　　　　] 円

　　　　　　　　　　　　　　　　　　　　　　　　　　　② ＝ [　　　　]

　　　　　　　　　　　　　　　　　　　　　　　　　　　③ ＝ [　　　　　　] 円

　　　　　　　　　　　　　　　　　　　　　　　　　　　④ ＝ [　　　　　　] 円

　　　　　　　　　　　　　　　　　　　　　　　　　　　⑤ ＝ [　　　　]

　　　　　　　　　　　　　　　　　　　　　　　　　　　⑥ ＝ [　　　　　　] 円

解答用紙

標準解答時間 **30分**　問題 **P.102**　解答・解説 **P.314**

69 戦略的原価計算 Ⅱ

戦略的原価計算

第1問

① ［　　　　　　　］コスト……………［　　　　　　　　］万円

② ［　　　　　　　］コスト……………［　　　　　　　　］万円

③ ［　　　　　　　］コスト……………［　　　　　　　　］万円

④ ［　　　　　　　］コスト……………［　　　　　　　　］万円

第2問

問1　時間価値を無視した場合のライフサイクル利益　［　　　　　　　　　］円

問2　正味現在価値　［（　）　　　　　　　］円

　　（注）　カッコ内には、「＋」または「－」の記号を記入しなさい。

69

70 　標準解答時間 **30分**　問題 **P.103**　解答・解説 **P.316**

戦略的原価計算 Ⅲ

第1問

問1

	1年目	2年目	3年目	4年目
A車	4　　回	4　　回	4　　回	3　　回
B車	回	回	回	回
C車	回	回	回	回

問2

トータル・コストが、A車では 　　　　　　 円、B車では 　　　　　　 円、C車では

　　　　　　 円であるため 　　　　　　 車を購入すべきである。

問3

トータル・コストの現在価値が、A車では 　　　　　　 円、B車では 　　　　　　 円、C車では

　　　　　　 円であるため 　　　　　　 車を購入すべきである。

第2問

(単位：千円)

	第1案	第2案	第3案
ライフサイクル収益	(　　　　)	(　　　　)	(　　　　)
ライフサイクル・コスト			
研　究　開　発　費	(　　　　)	(　　　　)	(　　　　)
設　　　計　　　費	(　　　　)	(　　　　)	(　　　　)
製　　造　　原　　価	(　　　　)	(　　　　)	(　　　　)
マーケティングコスト	(　　　　)	(　　　　)	(　　　　)
流　通　コ　ス　ト	(　　　　)	(　　　　)	(　　　　)
顧客サービスコスト	(　　　　)	(　　　　)	(　　　　)
合　　　　計	4,731,000	(　　　　)	(　　　　)
ライフサイクル利益	(　　　　)	(　　　　)	(　　　　)

解答用紙

70

| 標準解答時間 | 10分 | 問題 | P.104 | 解答・解説 | P.319 |

71 戦略的原価計算 Ⅳ

① =

② =

③ =   万円

④ =

⑤ =

⑥ =   万円

戦略的原価計算

| 標準解答時間 | 30分 | 問題 | P.105 | 解答・解説 | P.320 |

72 戦略的原価計算 Ⅴ

a (   )

b (   )

c (   ) ………   万円

d (   ) ………   万円

e (   ) ………   万円

f (   ) ………   万円

g (   )

h (   )

i (   )

71

| 標準解答時間 | 45分 | 問題 | P.106 | 解答・解説 | P.322 |

73 戦略的原価計算 Ⅵ

第1問

① [　　　] ② [　　　] ③ [　　　] ④ [　　　]

⑤ [　　　] 万円 ⑥ [　　　] 万円 ⑦ [　　　] 万円 ⑧ [　　　] 万円

⑨ [　　　] 万円 ⑩ [　　　] ⑪ [　　　]

第2問

問1

目標製造原価 [　　　] 円　　成行製造原価 [　　　] 円　　製造原価削減目標額 [　　　] 円

問2

(1) 金額的に大きく削減すべきは [　　　] であり、次いで [　　　] さらに [　　　]
の順序で検討しなければならない。

(2) [　　　] は、むしろ原価を [　　　] 円増加させて機能を改善し、他社の製品との差別化を
はかる余地がある。

(3) この新製品の価値は成行製造原価の [　　　] %しかなく、成行製造原価を [　　　] %削減しなければな
らない。

［付属資料］比較計算表（単位：円）

　当社ではパソコンの製造・販売をしていることから、ＣＰＵ、メモリ、ハードディスク、キーボードおよびディスプレイを部品別に分析している。また、比較計算表の「目標製造原価」欄の「％」は、製品特性に構成部品がどの程度貢献するのかという貢献度の割合を表し、「成行製造原価」欄の「％」は、部品別の構成率を表している。

　さらに「目標製造原価」欄の「％」についての説明は次のとおりである。

　顧客にアンケートを実施した結果、顧客が求めるパソコンの特性として、主に「処理速度が速い」、「ハードディスクの容量が大きい」、「軽さ」などの結果が得られたとする。そこで、各構成部品が顧客の要求するパソコンの特性に対してどの程度貢献しているのか、貢献度を明らかにする。仮にＣＰＵは、処理速度、ハードディスクの容量、軽さと関係があると判断され、処理速度に22.5％、ハードディスクの容量に7.5％、軽さに2.5％貢献すると判明し、製品特性全体に対し32.5％貢献することが明らかとなる。

　したがって、このパソコンの目標製造原価が？円であるから、ＣＰＵはその32.5％で製造すべきであると考えることができる。

| 部品別 | 目標製造原価 | | 成行製造原価 | | 差　異 | 価値指数 |
	金　額	％	金　額	％	金　額	％
Ｃ　Ｐ　Ｕ		32.5		35.5		
メ　モ　リ		20.0		21.5		
ハードディスク		22.5		23.0		
キ　ー　ボ　ー　ド		12.5		8.5		
ディスプレイ		12.5		11.5		
合　計		100.0		100.0		

（注）価値指数＝$\dfrac{\text{目標製造原価}}{\text{成行製造原価}}$

　　なお、価値指数の計算上、％
未満の端数は四捨五入しなさい。